O VATICANO
E OS JUDEUS

David I. Kertzer

O VATICANO E OS JUDEUS

Os papas e a ascensão do anti-semitismo moderno

Tradução de
MARIA LUIZA X. DE A. BORGES

Rocco
Rio de Janeiro – 2003

Título original
THE POPES AGAINST THE JEWS
The Vatican's Role in the Rise of Modern Anti-Semitism

Publicado mediante acordo com Alfred A. Knopf, Inc.

EDITORA ROCCO LTDA.
Rua Rodrigo Silva, 26 – 4º andar
20011-040 – Rio de Janeiro – RJ
Tel.: (21)2507-2000 – Fax: (21)2507-2244
rocco@rocco.com.br
www.rocco.com.br

Printed in Brazil/Impresso no Brasil

preparação de originais
Y. A. FIGUEIREDO

CIP-Brasil. Catalogação na fonte.
Sindicato Nacional dos Editores de Livros, RJ.

K48p Kertzer, David I, 1948–
O Vaticano e os Judeus: os papas e a ascensão do anti-semitismo moderno/David I. Kertzer; tradução de Maria Luiza X. de A. Borges. – Rio de Janeiro: Rocco, 2003.

Tradução de: The Popes against the Jews: the Vatican's role in the rise of modern anti-semitism
Apêndice: Papas e seus secretários de Estado
Inclui bibliografia
ISBN 85-325-1588-6

1. Igreja Católica – Relações – Judaísmo. 2. Judaísmo – Relações – Igreja Católica. 3. Cristianismo e anti-semitismo. 4. Papado – História. I. Título

CDD — 261.26
03-0916 CDU — 261.1

Para Seth,
o encanto de um pai

e para minha irmã Eva,
uma das poucas afortunadas

Sumário

Introdução

O cardeal Edward Cassidy, chefe da Comissão do Vaticano para Relações Religiosas com os Judeus, convocou repórteres para anunciar os resultados, esperados havia muito, de suas investigações. Era 16 de março de 1998 – 11 anos depois que o papa João Paulo II pedira à comissão que determinasse qual era a responsabilidade da Igreja, se é que ela tinha alguma, pelo massacre de milhões de judeus europeus durante a Segunda Guerra Mundial. Dificilmente se poderia imaginar um assunto mais explosivo para a Igreja. Haviam se passado 35 anos desde que a peça de Rolf Hochhuth, The Deputy, suscitara pela primeira vez a acusação de cumplicidade papal no Holocausto, despertando o escândalo católico no mundo inteiro. Ainda assim, a sugestão de que o Vaticano tinha alguma responsabilidade pelo que acontecera aos judeus continuava a incomodar sensibilidades católicas. Desse modo, o nervosismo se combinava à curiosidade, quando o relatório foi finalmente divulgado para um público claramente dividido entre os que temiam que ele viesse a criticar a Igreja e os que temiam que não o fizesse.

Intensificando o drama e sublinhando a significação do evento, o próprio papa escreveu uma introdução ao relatório. João Paulo II saudou o documento da comissão – "Nós nos lembramos: Uma reflexão sobre o *Shoah*"* – como parte importante dos preparativos da Igreja para as celebrações do milênio que se aproximavam. Para observar apropriadamente o jubileu, escreveu o papa, os filhos e filhas da Igreja deviam purificar seus corações pelo exame

* Holocausto em hebraico. (N. da T.)

de sua responsabilidade por pecados cometidos no passado. Expressou a esperança de que, fornecendo uma descrição precisa dos pecados passados, o relatório da comissão ajudaria a assegurar que horrores como o Holocausto jamais se repetiriam. O preâmbulo do relatório fez eco a esse tema, não só enfatizando o compromisso do papa com o arrependimento por pecados passados, como vinculando a adequada compreensão do passado à construção de um futuro mais luminoso.[1]

No cerne do problema, como os membros da comissão do Vaticano reconheceram, estava o fato de que o Holocausto tivera lugar "em países de antiga civilização cristã". Poderia haver alguma ligação, perguntavam eles, entre a destruição dos judeus da Europa e "as atitudes de cristãos em relação a judeus ao longo dos séculos"?

Os que temiam que o relatório viesse a criticar papas anteriores ou ações passadas da Igreja logo tiveram o alívio de saber que a resposta da comissão a essa questão foi um sonoro "não". É verdade, admitiu o relatório, que os judeus haviam sido discriminados e usados como bodes expiatórios durante séculos e, deploravelmente, algumas interpretações equivocadas dos ensinamentos cristãos haviam vez por outra alimentado esse comportamento. Mas tudo isso dizia respeito a uma história mais antiga, uma história que já estava em grande parte superada no início do século XIX.

No parecer da comissão, o século XX era o período-chave para a compreensão das raízes do Holocausto e, em particular, das razões por que a Igreja não tinha qualquer responsabilidade por ele. Foi nesse século turbulento que emergiram as novas correntes intelectuais e políticas associadas ao nacionalismo extremo. Em meio às sublevações econômicas e sociais da época, as pessoas começaram a acusar os judeus de exercer uma influência desproporcional. "Começou assim a difundir-se", afirmaram os membros da comissão, "um antijudaísmo que era essencialmente mais sociológico e político do que religioso". Essa nova forma de antagonismo aos judeus foi ademais moldada por teorias raciais que fizeram sua primeira aparição na segunda metade do século XIX e atingiram sua terrível apoteose na glorificação de uma raça ariana superior, pelos nazistas. Longe de apoiar essas ideologias racistas, sustentaram os membros da comissão do Vaticano, a Igreja sempre as condenara.

E assim, segundo o relatório, cabia fazer uma distinção crucial. O que surgiu no final do século XIX e se alastrou como praga venenosa no século XX, foi "anti-semitismo baseado em teorias contrárias ao constante ensinamento da Igreja". Puseram em contraste esse anti-semitismo com o "antijudaísmo", atitudes antigas de desconfiança e hostilidade, de que "cristãos foram também culpados", mas que, segundo o relatório do Vaticano, nada tinham a ver com o ódio aos judeus que levou ao Holocausto.

Quando li a reportagem sobre a entrevista coletiva à imprensa no Vaticano, e mais tarde o texto do relatório da comissão, ficou claro para mim que havia algo de terrivelmente errado com a história que o Vaticano estava contando. É uma história que muitos gostariam que tivesse acontecido, mas não é o que realmente aconteceu. É esta segunda história, por vezes dramática, por vezes quase inacreditável, que tentarei contar nas páginas que se seguem.

O quanto essa história é pouco conhecida foi algo que compreendi pelas reações de leitores a meu recente livro *O seqüestro de Edgardo Mortara*. O livro fala de um menino judeu de seis anos em Bolonha, na Itália, que em 1858 foi arrancado da família por ordens do inquisidor local. Tendo sido secretamente batizado por um criado – pelo menos era o que se afirmava –, o menino, sustentava o inquisidor, era agora católico e não podia permanecer num lar judaico.

"Está querendo dizer que ainda havia Inquisição em 1858?", leitores me perguntaram. "Pensava que a Inquisição existira nos séculos XVI ou XVII." Continuei também a ouvir – especialmente de leitores não-judeus – como fora espantoso para eles saber que obrigar judeus a usar distintivos amarelos e mantê-los aprisionados em guetos não haviam sido invenções dos nazistas no século XX, mas uma política patrocinada pelos papas durante centenas de anos.

Embora várias histórias sobre as tensas relações entre a Igreja Católica Romana e os judeus tenham sido publicadas, a maioria se concentra num passado mais remoto. Outras examinam a doutrina da Igreja, ocupam-se de exegese bíblica ou analisam vários outros textos, e assim não apreendem a luta real entre a Igreja e os judeus. Alguém, eu pensei, precisava escrever um livro sobre a Igreja e os judeus nos tempos modernos, um livro que usasse documentos de arquivo originais – talvez nunca examinados antes – para contar uma história que permaneceu, sob aspectos importantes, desconhecida.

Vale a pena enfatizar este último ponto, porque, embora pesquisas recentes – especialmente na Itália – tenham trazido à luz informações novas e importantes sobre o Vaticano e os judeus, muita coisa continuou enterrada nos arquivos. Sob essa luz, o anúncio feito em 1998 pelo cardeal Ratzinger de que, pela primeira vez, os arquivos do Santo Ofício da Inquisição estavam sendo abertos a estudiosos, ofereceu uma oportunidade ímpar. Fontes nunca vistas pelos estudiosos estavam disponíveis agora, oferecendo a sedutora perspectiva de novos achados na história da Igreja. Este livro repousa maciçamente nesses documentos recém-disponibilizados dos arquivos da Inquisição, bem como de outros arquivos do Vaticano abertos para pesquisa em anos recentes. Juntamente com os indícios relatados na literatura especializada – sobretudo na Itália e na França – ao longo dos últimos anos, essas novas fontes iluminam uma história que até agora permaneceu oculta.[2]

No início de 1998, notícias da iminente divulgação do relatório do Vaticano sobre o Holocausto haviam gerado a esperança de que a própria Igreja poderia ajudar a retificar a ignorância que envolvia a história das relações da Igreja com os judeus. O papa João Paulo II fizera muito para promover um espírito ecumênico e relações mais cálidas entre a Igreja Católica e os judeus, e pedira à comissão que não tivesse medo de defrontar as verdades do passado. A comissão não empreendeu a sua missão levianamente, tendo estudado a questão por mais de uma década antes de formular as suas conclusões. Sem dúvida, 36 anos depois da abertura do Concílio do Vaticano II, chegara para a Igreja a hora de encarar o seu próprio passado constrangedor.[3]

A passagem-chave do relatório sobre a ascensão do anti-semitismo moderno explica:

> No final do século XVIII e no início do século XIX, os judeus haviam alcançado em geral uma posição em pé de igualdade com a de outros cidadãos na maioria dos Estados e certo número deles mantinha posições influentes na sociedade. Nesse mesmo contexto histórico, porém, notoriamente no século XIX, estabeleceu-se um nacionalismo falso e exacerbado. Num clima de momentosa mudança social, os judeus foram muitas vezes acusados de exercer uma influência desproporcional sobre os seus números. Começou assim a se disseminar em graus variados pela maior parte da Europa um antijudaísmo que era essencialmente mais sociológico e político do que religioso.

O anti-semitismo abraçado pelo regime nazista, segue dizendo o relatório, foi o produto dessa nova forma social e política de antijudaísmo, que era alheia à Igreja, e que se misturava a novas idéias raciais que estavam similarmente em desacordo com a doutrina cristã.

Essa argumentação, infelizmente, não é o produto de uma Igreja que quer se confrontar com sua história. Se os judeus adquiriram direitos iguais na Europa nos séculos XVIII e XIX, foi somente sobrepondo-se aos protestos irados, ruidosos e de fato indignados do Vaticano e da Igreja. E se judeus, no século XIX, começaram a ser acusados de exercer uma influência desproporcional e perigosa, e se uma forma de antijudaísmo, "que era essencialmente mais sociológico e político do que religioso", estava ganhando forma, isso se deveu, em considerável medida, aos esforços da própria Igreja Católica Romana.

Como este livro mostrará, a distinção estabelecida no relatório entre o "antijudaísmo" – de que alguns cristãos não nomeados e desinformados foram infelizmente culpados no passado – e o "anti-semitismo", que levou aos horrores do Holocausto, simplesmente não sobreviverá ao escrutínio histórico.

A noção de que a Igreja fomentou apenas idéias "religiosas" sobre os judeus, e não imagens negativas de seus perniciosos efeitos sociais, econômicos, culturais e políticos – estes últimos identificados com o anti-semitismo moderno – é claramente desmentida pelos registros históricos. Quando os movimentos anti-semitas modernos tomaram forma no final do século XIX, a Igreja desempenhou um papel de destaque, advertindo constantemente as pessoas do crescente "perigo judaico". Quais eram, afinal, os dogmas principais desse movimento anti-semítico moderno, senão advertências como estas: os judeus estão tentando controlar o mundo; os judeus já estenderam seus tentáculos vorazes em torno dos centros nervosos da Áustria, França, Hungria, Polônia e Itália; os judeus são rapaces e implacáveis, procurando a todo custo pôr as mãos em todo o ouro do mundo, sem ter qualquer preocupação com o número de cristãos que arruínam nesse processo; os judeus são impatrióticos, um corpo estranho que está sempre ameaçando o bem-estar das pessoas em cujo meio vivem; são necessárias leis especiais para proteger a sociedade, restringindo os direitos dos judeus e isolando-os. Cada um desses elementos do anti-semitismo moderno foi não só abraçado pela Igreja como ativamente promulgado por órgãos eclesiásticos oficiais e não-oficiais.

A nítida distinção traçada pela comissão entre antijudaísmo e anti-semitismo não foi uma novidade do documento de 1998. No rastro da Segunda Guerra Mundial, estudiosos e teólogos próximos da Igreja começaram a buscar uma maneira de defender a Igreja da acusação de ter ajudado a lançar os fundamentos do Holocausto. A distinção anti-semitismo/antijudaísmo logo se tornou um artigo de fé que eximia a Igreja de qualquer responsabilidade pelo que acontecera. Não demorou muito, e milhões de pessoas passaram a admitir a realidade histórica dessa distinção.[4]

Dado o importante papel desempenhado nesta história, como veremos, pela revista jesuíta *Civiltà cattolica*, fiquei especialmente impressionado com o uso dessa distinção numa recente história desse periódico. Escrito pelo respeitado historiador da Igreja e padre jesuíta Giuseppe De Rosa, o livro foi publicado por ocasião do 150º aniversário da revista em 2000.

O padre De Rosa registra com pesar a campanha de cem anos de duração de *Civiltà cattolica* contra os judeus, observando que a revista só mudou de curso em 1965, no rastro do Concílio do Vaticano II. "É no entanto necessário", ele acrescenta, "notar que esses [artigos hostis] não eram uma questão de 'anti-semitismo', cujo ingrediente essencial é o ódio aos judeus por causa de sua 'raça', mas sim antijudaísmo, que se opõe aos judeus e os combate por razões religiosas e sociais". Em seguida, arrola algumas das acusações que eram feitas regularmente nas páginas da revista: "que os judeus combatiam a Igreja, que praticavam o assassinato ritual de crianças cristãs, que tinham enorme poder político em suas mãos, a ponto de controlar governos e, acima de tudo, que possuíam grande fortuna, adquirida pela usura, e assim possuíam uma influência econômica incrivelmente forte, que usavam em detrimento do cristianismo e dos povos cristãos." O padre De Rosa acrescenta, com toda razão, que a revista não estava sozinha ao fazer semelhantes acusações, pois elas enchiam as páginas de muitas publicações representativas do pensamento católico.

À guisa de ilustração do antijudaísmo da *Civiltà cattolica* (em contraposição ao anti-semitismo), ele oferece algumas passagens de artigos da revista assinados pelos padres Rondina e Ballerini na década de 1890. Estes falam da sede dos judeus de dominação do mundo, de sua fome de ouro, e de sua crença de que os cristãos não são melhores que animais. Nas palavras dos autores, onde quer que vivam os judeus "formam uma nação estrangeira, e inimiga jurada do bem-estar [do povo]". Que deveriam fazer os bons católicos diante dessa terrível ameaça à sua subsistência e felicidade? A resposta proposta nas páginas de *Civiltà cattolica* era clara: a "igualdade civil" dos judeus deve ser imediatamente revogada, pois "eles não têm nenhum direito a ela", permanecendo para sempre "estrangeiros em todo país, inimigos do povo de cada país que os tolerava".[5]

Há uma lógica desconcertante por trás dos usos da distinção antijudaísmo/anti-semitismo feitos tanto pelo padre De Rosa quanto pela própria comissão do Vaticano, pois eles partilham um subtexto perturbador. Sugerem que, se for possível rotular as atitudes e ações promulgadas pela Igreja de "religiosas", elas podem ser minimizadas e, de todo modo, apresentadas como sendo de tipo muito diferente do das formas verdadeiramente perigosas de anti-semitismo. Tal distinção permite também à Igreja Católica Romana sustentar que ela não desempenhou nenhum papel na disseminação pela Europa do ódio aos judeus que tornou o Holocausto possível.

Mas o padre De Rosa tem dificuldade em desenvolver essa argumentação, pois não pode ignorar publicações eclesiásticas que abrangem as seis décadas anteriores ao Holocausto e que são hoje facilmente encontráveis em bibliotecas pelo mundo todo. Assim, à natureza "religiosa" das acusações feitas aos judeus pela Igreja, ele acrescenta a "social". Fazendo-o, tem condições de incluir o que é historicamente óbvio, e na verdade patente nos exemplos que ele mesmo dá: grande parte da campanha antijudaica da Igreja envolveu ataques aos judeus não só como inimigos da Igreja mas como inimigos da nação, como ameaças não só à religião cristã mas ao povo cristão. No entanto, com a adição dessa nova categoria, toda a distinção cuidadosamente construída entre anti-semitismo e antijudaísmo evapora.

Há uma outra verdade incômoda que essa história oficial das relações da Igreja com os judeus obscurece. A legislação aprovada na década de 1930 pelos nazistas em suas Leis de Nuremberg e pelos fascistas italianos com suas leis raciais – que despojaram os judeus de seus direitos como cidadãos – foi moldada em medidas que a própria Igreja impingira enquanto detivera poder para tanto. No século XIX, os judeus dos Estados papais continuavam sendo processados quando pegos sem o distintivo amarelo em suas roupas, imposto por conselhos eclesiásticos durante mais de seiscentos anos. Na altura da década de 1850, o papa ainda estava tratando de expulsar judeus da maior parte das cidades e terras que controlava, e obrigando-os a viver nas poucas cidades que tinham guetos para aprisioná-los. Os judeus eram proibidos de ocupar cargos públicos, de lecionar para crianças cristãs e até de manter relações de amizade com cristãos. A ideologia da Igreja preconizava que qualquer contato com judeus contaminava a sociedade mais ampla, que os judeus eram perpétuos estrangeiros, uma ameaça perene aos cristãos.[6]

Em última análise, a afirmação da Igreja de que não é responsável pelo tipo de anti-semitismo que tornou o Holocausto possível reduz-se a isto: A Igreja Católica Romana nunca pediu, ou aprovou, o assassinato em massa dos judeus. Sim, os judeus deviam ser despojados de seus direitos de cidadãos. Sim, deviam ser impedidos de ter contato com o resto da sociedade. Mas a caridade cristã e a teologia cristã proibiam bons cristãos de arrebanhá-los e matá-los.

No entanto, se o Vaticano nunca aprovou o extermínio dos judeus – de fato, opôs-se a ele (ainda que silenciosamente) –, os ensinamentos e ações da Igreja, inclusive dos próprios papas, ajudaram a torná-lo possível. Esta é a triste mas decisiva verdade que o relatório da Comissão do Vaticano deixou de admitir – e na verdade nega veementemente. Essa responsabilidade era uma questão, como muitos observaram, não só de um condicionamento de séculos da população cristã a ver os judeus como odiosos, mas de algo muito mais recente e direto também. A transição dos velhos preconceitos medievais contra os judeus para o moderno movimento anti-semita político, que se desenvolveu no meio século que precedeu o Holocausto, encontrou na Igreja um de seus mais importantes arquitetos.

Através dos séculos, a Igreja condicionou as pessoas a verem os judeus como demoníacos, uma ameaça à sociedade. Donald Niewyk, em seu estudo do anti-semitismo alemão e da trajetória para a Solução Final, expressa a questão da seguinte maneira: "Para a vasta maioria desses partidários [do regime nazista], para quem o 'problema judaico' era absolutamente central, a perseguição aos judeus pelos nazistas não parecia nada de imensamente extraordinário. O velho anti-semitismo criara um clima em que o 'novo' anti-semitismo era, no mínimo, aceitável para milhões de alemães."[7]

Evidentemente, ao identificar as raízes do anti-semitismo nazista, devemos reconhecer o fato de que havia mais protestantes que católicos na Alemanha. Mas meu objetivo aqui é outro, e meu foco não está nos próprios nazistas. O que faço é antes aceitar o desafio do papa João Paulo II para examinar o papel desempenhado pela Igreja Católica Romana no ódio e na perseguição históricos aos judeus. Nisso, concentro-me em particular no modo como formas católicas "tradicionais" de lidar com os judeus transformaram-se no anti-semitismo moderno.

Não posso resistir, porém, a acrescentar aqui um par de breves observações sobre o próprio Holocausto. Primeiro, como podemos explicar o caso da Áustria, um país esmagadoramente católico, que ainda não foi capaz de fazer face ao papel entusiástico que seu povo desempenhou na matança nazista dos judeus? Haverá algum significado no fato de Adolf Hitler, um católico batizado, ter passado seus primeiros anos na Áustria, onde o movimento Cristão Social anti-semita apoiado pelo Vaticano era tão ativo na época? Na verdade, o próprio Hitler admitiu ter sido inspirado pelo líder desse movimento, Karl Lueger. Como explicar o papel desproporcionalmente grande que os austríacos desempenharam no Holocausto? Se podemos dar crédito aos números de Simon Wiesenthal, metade dos crimes do Holocausto foram cometidos por austríacos, embora eles constituíssem menos de um décimo da população do Grande Reich Alemão.[8] E, para entrar num terreno ainda mais controverso, poderia haver alguma ligação entre a eficiência da dizimação de milhões de judeus na Polônia e o profundo anti-semitismo inculcado na população católica do país? Claramente, a Solução Final na Polônia foi produto dos nazistas não dos poloneses, que também foram vítimas dos nazistas. Mas se quisermos dar algum sentido a histórias sobre a colaboração – ou pelo menos indiferença – polonesa católica no que estava acontecendo com seus compatriotas judeus, só o podemos fazer no contexto da triste história relatada nestas páginas.

O relatório de 1998 da Comissão do Vaticano oferece um outro desafio, ainda que de maneira não intencional. Ao escrever sobre "antijudaísmo", aquelas formas de discriminação de judeus que eram reconhecidamente ligadas ao cristianismo, os membros da comissão nunca se desviam do uso da voz passiva e permanecem vagos quanto a quem precisamente incorria nessas atitudes e ações hoje condenadas pela Igreja. Dizem-nos que existiram em séculos passados sentimentos de antijudaísmo "em alguns grupos cristãos", mas são estranhamente reticentes em reconhecer qualquer responsabilidade institucional da Igreja por tais sentimentos ou pelas ações que deles emanaram. Que o próprio Vaticano estava entre as causas primárias dessa aversão não é admitido em momento algum.

Ali onde os papas atuavam como governantes temporais, como o fizeram nos Estados Papais até que eles foram absorvidos numa Itália unificada ao longo do período 1859-70, a discriminação de judeus era política pública. De fato, os judeus eram enviados para guetos, obrigados a usar distintivos judaicos nas roupas para que todos soubessem de sua condição aviltada, e proibidos de ter interação social normal com seus vizinhos cristãos. Os papas e o Vaticano trabalhavam com afinco para manter os judeus em seu lugar subserviente – proibindo-os de possuir imóveis, de exercer profissões, de freqüentar a universidade, de viajar livremente – e faziam tudo isso em conformidade com o direito canônico e a crença secular de que, dessa maneira, estavam defendendo os princípios mais básicos do cristianismo.

Se este é um livro sobre a Igreja e os judeus, é também a história da própria Igreja Católica Romana em sua constrangida transição para os tempos modernos. Durante muitas décadas depois da extinção final dos Estados Papais, o Vaticano manteve uma luta acerba contra o que rotulava de idéias "modernas". Para os papas, a modernidade significava todas as coisas que a doutrina da Igreja rejeitava: liberdade de religião, de expressão, de imprensa; a idéia da separação entre a Igreja e o Estado. Nessa luta, os judeus vieram a ocupar um lugar surpreendentemente importante. Pois foi a despeito da oposição dos papas – para quem eles eram párias por decreto divino – que, no decurso do século XIX, os judeus foram emancipados num país após outro. Essa admissão dos judeus a condições de igualdade cívica com os cristãos contrariava frontalmente a doutrina da Igreja. Assim, compreensivelmente, os judeus, como os principais beneficiários dos tempos modernos e das novas idéias de liberdade e igualdade, tornaram-se aos olhos dos prelados do Vaticano símbolos preeminentes da modernidade que detestavam. A revisão da doutrina da Igreja sobre os judeus demorou a chegar, o resultado de um processo penoso que só se consumaria com o Concílio do Vaticano II, quase duas décadas depois do fim da Segunda Guerra Mundial.

Este não é, contudo, um livro sobre a batalha do bem contra o mal. A Igreja, seja o que mais possa ser, é uma instituição humana, composta de papas, cardeais, bispos, inquisidores, monges, simples párocos, e leigos leais (e não tão leais). A história que conto nestas páginas é a história dessas pessoas. A narrativa inclui sua cota de oportunismo e logro, mas em sua maior parte é a história de pessoas que estavam convencidas de estar levando a cabo a própria obra de Deus. Se eu não conseguir dar vida à sua visão de mundo, não terei levado a cabo a minha tarefa. Ficará claro também que a Igreja, apesar de sua estrutura hierárquica, não é monolítica. Nesse sentido, é enganoso falar sobre como "a Igreja" agiu em relação aos judeus. Precisamos olhar para a panóplia de diferentes jogadores, pessoas com perspectivas e interesses que só se superpunham em parte. Entre elas, estão figuras importantes da Igreja que lutaram em vão para mudar a política do Vaticano em relação aos judeus, para tratar os judeus mais humanamente. Neste sentido, a história que conto é uma história de oportunidades perdidas, de trilhas não tomadas.

Começamos em 1814, após a derrota dos exércitos de Napoleão, com o restabelecimento dos Estados Papais, aquela faixa da Itália central que se estendia de Roma para o norte, até Bolonha e Ferrara. As duas décadas anteriores haviam sido devastadoras para o Vaticano: com a marcha das tropas francesas pela península italiana abaixo, os Estados Papais haviam sido perdidos, como o fora a própria Cidade Santa de Roma, e dois papas sucessivos foram compelidos a um exílio humilhante. Na França e em outros países do continente, os bens da Igreja haviam sido confiscados e ordens religiosas, extintas. Entre as muitas outras questões com que Pio VII se confrontou em seu retorno a Roma estava a do que fazer com relação aos judeus, cujos guetos tinham tido seus portões derrubados pelos franceses. A decisão do papa de forçar o retorno dos judeus aos guetos não foi uma conclusão automática. Provou-se parte de uma escolha mais ampla, historicamente decisiva: devia a Igreja tentar se adaptar aos tempos modernos, como alguns reclamavam, ou devia o papa restabelecer a antiga ordem, como a maior parte dos cardeais insistia em que era seu dever sagrado? A triste saga dos papas e dos judeus na metade do século que se seguiria é a história das conseqüências da decisão de tomar o segundo caminho. Ela significou o ressuscitamento da Inquisição e esforços redobrados da Igreja para converter os judeus com a ajuda da polícia.[9]

Os monarcas europeus repostos em seus tronos após a queda de Napoleão em 1814 tinham plena consciência do quanto seu poder se tornara tênue, e nenhum deles estava numa posição mais perigosa que os próprios papas. Para setores influentes da opinião pública, os princípios subjacentes à Revolução Francesa solapavam a noção de que a posição que se tem na vida deve ser baseada no nascimento, e enfatizavam, ao contrário, que todos deviam gozar de direitos iguais. Muitos agora rejeitavam o direito divino dos soberanos e a noção de uma hierarquia social e política divinamente determinada. Em 1820 e novamente em 1831, revoltas populares contra a teocracia ameaçaram dar cabo à soberania papal. E depois, em 1848, deflagrou-se a revolução, derrubando por um breve período o regime papal e forçando o papa a deixar Roma. Onze anos mais tarde, o assalto final começou, e forças que lutavam por uma nação italiana unida rapidamente puseram abaixo grande parte dos Estados Papais. Em 1870, o último remanescente cambaleante do domínio papal desmoronou quando a própria cidade de Roma caiu.

De repente, os papas não estavam mais em condições de manter os judeus no lugar que acreditavam lhes ter sido divinamente destinado. De início, isso pareceu apenas um incômodo menor para o Vaticano, dada a enormidade das outras mudanças que enfrentava. Não demorou, porém, para que a emancipação dos judeus – contra a qual os papas haviam lutado por tanto tempo – começasse a assumir mais importância para a Igreja. Na verdade, os judeus se tornaram a personificação de todos os males dos tempos modernos.

Aqui, devemos ter o cuidado de não ver a história retroativamente. Embora hoje seja claro para nós que a unificação da Itália era permanente, e que a Igreja teria de se adaptar às novas circunstâncias, é compreensível que os papas da época não partilhassem essa visão. Para eles, a queda dos Estados Papais não significava que não poderiam se reerguer. Afinal, os franceses haviam assumido o controle de Roma duas vezes na virada do século XIX, só para serem repelidos ambas as vezes. E tão recentemente quanto em 1848 o papa havia sido obrigado a fugir da Cidade Santa em meio à revolta popular, só para retornar ao poder menos de dois anos depois.

Na luta contra a mudança, os papas das últimas décadas do século fizeram uso de novos instrumentos. Desses, nenhum foi mais importante que a imprensa católica, a que foi atribuída a missão de combater as forças perversas do liberalismo e do secularismo. Foi na imprensa católica que a batalha da Igreja contra o liberalismo passou durante algum tempo a se concentrar nos judeus, que eram pintados como conspiradores malignos – de conluio com os maçons – a serviço do diabo. E, em considerável medida, como veremos, foi através da imprensa que a hostilidade tradicional da Igreja contra os judeus se transformou no anti-semitismo moderno.

Talvez o aspecto mais surpreendente dessa campanha eclesiástica contra os judeus do final do século XIX tenha sido o modo como lançou mão das formas mais medievais de ataque antijudaico: o chamado "libelo de sangue". Esta era a afirmação de que o judaísmo ordenava a seus adeptos capturar crianças cristãs, mutilálas e torturá-las da maneira mais penosa possível, e depois sangrálas até a última gota. A necessidade que os judeus tinham de sangue de crianças cristãs era insaciável, como milhares de descrições em jornais católicos informavam a seus leitores. A religião judaica, segundo os jornais, exigia esse sangue para muitos fins rituais, desde a feitura do *matzá* do *Pessach* até as celebrações do casamento. Mas essas acusações não foram tampouco simples questão de especulação ociosa da imprensa. Não por coincidência, as últimas décadas do século viram um ressurgimento na Europa de acusações contra judeus pelo assassinato de crianças cristãs, denúncias que levaram a numerosos julgamentos, cobertos em horripilantes detalhes na imprensa católica.

Os judeus haviam enfrentado essas acusações durante centenas de anos, e sofrido as fúrias assassinas periódicas que elas desencadeavam. Ao se defender, haviam muitas vezes se voltado para Roma em busca da ajuda do papa. E, de fato, do século XIII em diante, alguns pontífices tinham feito tudo que podiam para proteger os judeus do libelo de sangue. Assim também, no final do século XIX e início do século XX, em resposta à nova explosão de acusações de assassinato ritual, os judeus haviam novamente recorrido aos papas, pedindo mais uma vez a sua ajuda – mas dessa vez em vão. A hostilidade que esses apelos modernos encontrou nos diz muito sobre os extremos de anti-semitismo que preponderavam nos níveis mais elevados da Igreja na aurora do século XX.

Em 1917, a Revolução Russa apresentou à Igreja um novo inimigo, o comunismo ateu, cuja expansão ameaçava destruir o cristianismo. Como alguns dos líderes do movimento comunista eram judeus, era inevitável, no contexto da visão de mundo do Vaticano, que também o comunismo viesse a ser associado ao judaísmo, a ameaça comunista à ameaça judaica.

Para compreender a reação do Vaticano à ascensão do fascismo italiano e do nacional-socialismo alemão, temos de compreender esse medo do comunismo. Ao longo do século XIX, líderes do Vaticano haviam testemunhado, com crescente horror, a ascensão de um movimento socialista de massas na Europa. O problema não era simplesmente que o socialismo se opunha à ordem existente e manifestava franca hostilidade aos padres e à Igreja. Na altura das duas últimas décadas do século XIX, o movimento socialista já criara uma densa rede de associações, sociedades de ajuda mútua, clubes recreativos, jornais e centros sociais locais que ofereciam um mundo alternativo àquele por tanto tempo fornecido pela Igreja, e apenas por ela. No lugar do salão da paróquia, surgiu o salão sindical; no lugar da visão milenar da Igreja, surgiu a visão de um paraíso dos operários; no lugar da missa semanal em que a comunidade local se reunia, surgiu a reunião semanal do partido socialista. Era uma rede que envolvia com força particular aquela classe proletária emergente que a Igreja considerava tão ameaçadora, representando tudo que era novo. Na Itália, como em outros países, no final do século o movimento socialista e seus sindicatos estavam se espalhando rapidamente também pela zona rural, onde a influência da Igreja entre o povo fora até então incontestada. A ameaça, tal como a Igreja a via, apenas se agravou, e muito, com a Revolução Russa, que radicalizou as forças socialistas em toda a Europa. No final da Primeira Guerra Mundial, em meio às grandes revoltas sociais e às crescentes queixas populares, parecia que a revolução poderia se disseminar por toda a Europa. Para o Vaticano, estava em curso uma guerra santa, contra um formidável inimigo ímpio.

Foi nesse contexto que o fascismo, sob suas várias formas – na Itália e depois na Alemanha e na Espanha –, surgiu para cair nas graças do Vaticano. Os regimes fascistas foram acolhidos como uma defesa enviada por Deus contra o grande mal socialista.[10] Após ter se recusado por 68 anos a reconhecer a legitimidade do Estado italiano, em 1929 o Vaticano assinou um tratado com Mussolini. O catolicismo romano tornou-se a religião oficial do Estado na Itália, e Mussolini foi exaltado como um enviado do céu. Não que as relações entre os fascistas e o Vaticano fossem isentas de conflito. Tanto os fascistas italianos quanto o regime nazista punham suas próprias ideologias acima de todas as outras, e não admitiam nenhuma autoridade igual à sua própria, posição que a Igreja só podia ver com desagrado. Contudo, à medida que as campanhas fascista italiana e anti-semita nazista avançaram, o anti-semitismo arraigado da própria Igreja ajudou a alimentar o apoio popular a elas, e explica também a debilidade da resposta que ela própria deu aos horrores crescentes.

Até hoje, a grande e crescente literatura sobre a responsabilidade do Vaticano pelo Holocausto concentrou-se quase inteiramente numa única questão: o que fez o papa Pio XII durante a Segunda Guerra Mundial? Teria ele podido fazer mais para salvar os judeus da Europa? Toco apenas brevemente neste debate aqui, em parte porque o terreno já está tão coberto, mas sobretudo porque penso que o foco obsessivo nessa questão é um erro. Como assinalou o mais eminente estudioso italiano de Pio XII e do Holocausto, Giovanni Miccoli, no momento em que a guerra eclodiu, os dados já estavam em grande parte lançados: "O mecanismo da perseguição e da morte seguiu um curso que se tornou cada vez mais difícil deter."[11]

O mais importante para se compreender o papel da Igreja em possibilitar o Holocausto não é a descoberta do que Pio XII fez ou deixou de fazer. Muito mais importante é trazer à luz o papel que seus predecessores desempenharam ao longo das décadas anteriores, desumanizando os judeus, estimulando grande número de europeus a vê-los como maus e perigosos. É somente nesse contexto que podemos entender por que a legislação especial, que serviu na década de 1930 como o primeiro passo rumo ao Holocausto, tornando os judeus cidadãos de segunda classe, foi recebida com indiferença, se não com prazer, por grandes segmentos da população européia. Mesmo para o objetivo mais limitado de interpretar o comportamento de Pio XII durante a guerra, precisamos compreender esse período mais longo da história. Somente à sua luz podemos compreender por quê, quando milhões de judeus estavam sendo assassinados, Pio XII nunca pôde se decidir a pronunciar publicamente a palavra "judeu".

Curiosamente, a pesquisa sobre as relações entre o Vaticano e os judeus no século XIX e nas primeiras quatro décadas do século XX continua minguada. É emblemático o fato de que, enquanto as publicações sobre o modo como a Inquisição romana tratou os judeus nos séculos XVI e XVII somam muitos milhares de páginas, os estudos sobre a Inquisição e os judeus no século XIX são praticamente inexistentes.

A história que conto aqui pela primeira vez sobre Achille Ratti nos anos que precederam imediatamente sua investidura como papa Pio XI em 1922 pode ser vista sob essa luz. Na literatura sobre o silêncio do papa Pio XII durante o Holocausto, ele é freqüentemente comparado, desfavoravelmente, com Pio XI, o "papa bom", retratado como um firme adversário do anti-semitismo. Nessa perspectiva, as omissões de Pio XII teriam sido deficiências pessoais, refletindo falhas de caráter. Assim, no recente bestseller de John Cornwell, *Hitler's Pope*, o "silêncio" de Pio XII é vinculado à sua aversão pessoal aos judeus juntamente com seu programa político conservador que privilegiava a manutenção de boas relações com o regime nazista. Mas e se constatarmos que o benevolente predecessor de Pio XII partilhava as mesmas idéias clamorosamente anti-semitas? O problema, teríamos então de concluir, reside não na personalidade ou nas qualidades morais de um único papa, mas numa cultura muito mais disseminada de anti-semitismo vaticano.

Se sustento nestas páginas que a negação pelo Vaticano da responsabilidade da Igreja pelo anti-semitismo é desmentida pelos fatos, que a Igreja institucional, dos papas para baixo, desempenhou importante papel no desenvolvimento do anti-semitismo moderno, não é minha intenção sugerir que a culpa pelo Holocausto deve ser lançada unicamente sobre a Igreja Católica Romana. Essa seria uma conclusão absurda. Afinal, como se observou antes, a Alemanha tinha mais protestantes que católicos, e sabemos que o anti-semitismo moderno era muito difundido também entre os protestantes. Isso não surpreende muito, já que o anti-semitismo católico e o protestante têm raízes comuns no cristianismo pré-Reforma.

A visão que Martinho Lutero tinha dos judeus não era mais lisonjeira que a das autoridades do Vaticano contra as quais ele se rebelou. Cristo, Lutero escreveu, via os judeus como "cobras peçonhentas, rancorosas, vingativas e traiçoeiras, assassinos e filhos do Demônio, que ... fazem o mal secretamente, porque não se atrevem a fazê-lo às claras". Em seu ensaio de 1543, Sobre os judeus e suas mentiras, Lutero estigmatizou os judeus como uma "peste de parasitas nojentos" que buscavam a dominação do mundo. Recomendou com insistência que seus livros, sinagogas, escolas e casas fossem queimados.[12]

Tampouco se pode atribuir diretamente todo o anti-semitismo europeu a qualquer modalidade de cristianismo. Muitos dos adversários mais encarniçados da Igreja durante os séculos XVIII e XIX professaram, eles mesmos, um tipo bastante abominável de anti-semitismo. Voltaire foi não só um ardoroso anticlerical e oponente do poder da Igreja como um crítico mordaz dos judeus, a quem descreveu como "um povo ignorante e bárbaro, que combina a mais sórdida avareza com a mais detestável superstição". E seria difícil encontrar concepções mais cruéis sobre os judeus no século XIX que aquelas expressas por alguns dos fundadores do movimento socialista, inclusive o próprio Karl Marx. Para tomar apenas um exemplo, Pierre-Joseph Proudhon pediu a abolição da religião judaica, dizendo: "Não foi à toa que os cristãos os chamaram deicidas. O judeu é o inimigo da humanidade. Essa raça devia ser mandada de volta para a Ásia ou exterminada."[13]

É também verdade que a crença no extermínio como a solução adequada para a "questão judaica" – o plano que levou ao Holocausto – nunca foi esposada pela Igreja e, de fato, conflitava com sua doutrina básica. A meta nazista de uma sociedade racialmente purificada – um dos pilares da campanha alemã para exterminar os judeus – tampouco foi jamais partilhada pela Igreja; também ela era claramente contrária à teologia católica.

No entanto, a eliminação física dos judeus da Europa teve lugar no fim de uma longa estrada, e, como espero que as páginas que se seguem deixarão claro, foi uma estrada que a Igreja Católica fez muito para ajudar a construir. Em muitos dos países em que o Holocausto se desenvolveu – entre eles a Áustria, a Polônia, a França e a Itália –, o anti-semitismo havia sido durante muitas décadas estreitamente identificado com o catolicismo. Na verdade, nos últimos anos do século XIX, o anti-semitismo formava um aspecto cada vez mais – não menos – importante da identidade católica. E, longe de ser simplesmente um vestígio de atitudes medievais, o anti-semitismo promulgado em nome da Igreja nesses países durante esses anos era de muitas maneiras algo de novo.

Essa história tem muitos aspectos, e apenas alguns podem ser discutidos aqui. Meu objetivo é lograr uma visão tão direta quanto possível do pensamento e das ações dos próprios papas. Essa abordagem focaliza uma das defesas mais comuns oferecidas contra a responsabilidade da Igreja pelo anti-semitismo moderno, que sustenta que, na medida em que um anti-semitismo católico existiu no passado, ele foi o lamentável produto de um bando de renegados, reacionários, ou simplesmente dos desinformados e ignorantes. Nessa visão, os papas, incorporando como o fazem os ideais mais elevados da Igreja, sempre teriam adotado uma postura benevolente em relação aos judeus.

Essas tentativas de retratar os papas como benfeitores dos judeus, como seus protetores contra explosões de violência popular cujas raízes estão fora da Igreja, têm uma longuíssima história. Típicas delas são os comentários feitos no artigo "Jews and Judaism" encontrado na edição de 1910 da abalizada *Catholic Encyclopedia*. Longe de mostrar qualquer aversão papal em face dos judeus, o autor afirma, a história "é testemunha ... dos esforços incansáveis e enérgicos dos pontífices romanos em favor dos judeus, especialmente quando, ameaçados ou efetivamente acossados por perseguição, eles recorreram à Santa Sé em busca de proteção. Ela registra os numerosos protestos dos papas contra a violência da multidão contra a raça judaica, e dirige assim a atenção do estudioso de história para a verdadeira causa das perseguições aos judeus, a saber, o ódio popular aos filhos de Israel".

O artigo cita quatro razões principais para esse ódio popular aos judeus: (1) "A profunda e ampla diferença racial entre judeus e cristãos"; (2) "a mútua aversão religiosa que levou as massas judaicas a ver os cristãos como idólatras, e os cristãos a encarar os judeus como os assassinos do Divino Salvador da humanidade, e a acreditar de bom grado na acusação do uso de sangue cristão na celebração do *Pessach* judaico, na dessacralização da Sagrada Eucaristia etc."; (3) "a rivalidade comercial que moveu os cristãos a acusar os judeus de desonestidade, a se ressentir do modo como falsificam moedas, sua usura etc."; e (4) "as susceptibilidades patrióticas das nações particulares em meio às quais os judeus formaram em geral um elemento estrangeiro, e a cujos interesses respectivos nem sempre mostraram uma devoção acima de suspeita". Dadas todas essas razões, conclui o artigo da *Catholic Encyclopedia*, "pode-se compreender facilmente como o ódio popular aos judeus derrotou com demasiada freqüência os esforços beneficentes da Igreja, e notoriamente de seus pontífices supremos, em relação a eles".[14]

Não há nenhuma maneira clara de descobrir as atividades e as linhas de ação dos papas em relação aos judeus, senão examinando como os papas lidaram com eles, quando tinham o poder de fazer o que queriam. Esse foi o caso num único lugar, os Estados Papais, as terras que os papas detiveram outrora como soberanos temporais. Para o meu propósito aqui, o período mais importante é o mais recente, e por isso concentro-me nos papas e nos Estados Papais no século XIX, uma época em que os judeus estavam ganhando direitos civis em outros Estados da Europa Central e Ocidental, e nas décadas seguintes, que conduziram ao Holocausto.

A ascensão do anti-semitismo começou logo após a derrocada dos Estados Papais. Ao examinar esse período, acompanho os papas tão de perto quanto possível, documentando o papel desempenhado por eles e por aqueles que os serviam na promoção da ascensão do anti-semitismo moderno no final do século XIX e até certa altura do século XX. O quadro resultante tem pouca relação com a recente apresentação que o Vaticano fez da mesma história.

"A própria história", diz-nos o relatório da Comissão do Vaticano, "é memoria futuri", uma memória do futuro. Mas as lições que extraímos dessa história são um guia precário para o futuro se forem baseadas num passado que gostaríamos que tivesse acontecido, e não naquele que verdadeiramente aconteceu.

Não posso resistir a concluir esta introdução com algumas reflexões pessoais que se relacionam com o porquê deste livro ter sido escrito. Quando comecei a fazer minhas peregrinações ao Vaticano para trabalhar nos arquivos da Inquisição e nos Arquivos Secretos do Vaticano, algo do passado de minha própria família começou a voltar lentamente.

Quando eu tinha apenas um ano, meu pai, que era rabino, assumiu uma nova atividade, tornando-se diretor dos assuntos inter-religiosos para o Comitê Judaico Americano, cargo que exerceu pelos 12 anos seguintes. Sua missão – iniciada apenas quatro anos depois do fim da Segunda Guerra Mundial – era trabalhar com sacerdotes católicos e ministros protestantes na construção de um novo entendimento entre judeus e cristãos. Ele se lançou à empreitada com grande energia intelectual e senso de propósito. O que lhe dava particular prazer era a atitude receptiva que encontrava entre o clero cristão com quem trabalhava.

Logo ficou claro para mim, mesmo sendo uma criança pequena, que meu pai gostava especialmente de seus colegas católicos. Sentia-se evidentemente mais à vontade com os padres católicos do que com os ministros protestantes. Judeus e católicos, fui levado de algum modo a acreditar, tinham mais em comum que judeus e protestantes. Em parte, isso provinha das agruras comuns sofridas por judeus e católicos como imigrantes nos Estados Unidos, enfrentando juntos o *establishment* protestante. Mas isso não era tudo, embora seja difícil dizer exatamente o que era.

Dos prêmios que meu pai recebeu em sua carreira, lembro dois que eram exibidos com muito orgulho em nossa casa. Um deles era a estrela de bronze que lhe fora concedida por seu serviço como capelão do exército na Itália e na França na Segunda Guerra Mundial. O segundo era um grande e imponente (pelo menos para uma criança) medalhão de bronze que lhe fora dado no Vaticano, um tributo às suas contribuições para a promoção de uma maior compreensão entre católicos e judeus.

Imagino que alguns dos que lerão este livro dirão que, se meu objetivo mais profundo é seguir o exemplo de meu pai, eu me saí mal. O retrato que traço do tratamento dado pela Igreja aos judeus desde o tempo de Napoleão até o tempo de Hitler é de fato sombrio, um retrato que alguns considerarão sem dúvida ofensivo. E, como um crítico poderia por certo acrescentar, se estou tentando levar adiante os esforços de meu pai para melhorar as relações entre católicos e judeus, criticar um relatório recente de uma comissão do Vaticano como uma adulteração da história parece uma estranha maneira de fazê-lo.

Gostaria de pensar que, apesar dessas aparências, ao revolver os arquivos do Vaticano e ao tentar lançar nova luz sobre a história da Igreja e dos judeus, estive continuando o trabalho de meu pai. Em colaboração com muitos corajosos e bons padres católicos, meu pai sentiu-se privilegiado por poder desempenhar um pequeno papel num desenvolvimento que teria enorme importância. Com o Concílio do Vaticano II, no início da década de 1960, a Igreja afastou-se de sua visão dos judeus como o povo pérfido que crucificara Jesus. Removeu referências negativas aos judeus da liturgia, empreendeu uma completa revisão do que era ensinado sobre os judeus nas escolas católicas e no catecismo, e, misericordiosamente, pôs um ponto final na crença católica do assassinato ritual judaico. Os judeus se alegraram com essas mudanças, mas não foram seus únicos beneficiários, pois as atitudes modificadas provaram-se um tônico também para a Igreja.

O chamado que o papa João Paulo II fez ao mundo católico, na aurora do novo milênio, a se confrontar com seu passado com olhos limpos emana de uma crença cristã na necessidade de arrependimento do pecado. No ano jubileu de 2000, milhões de pessoas testemunharam a visão do pontífice enfermo em Jerusalém e em Roma, suas mãos trêmulas agarrando seu texto, oferecendo sentidas desculpas pelos pecados do passado. Por todo o mundo, não-católicos – tanto quanto católicos – se comoveram com a sinceridade do papa e seu senso de missão.

Meus próprios motivos ao escrever este livro são naturalmente diferentes. Não são desculpas que procuro, mas uma compreensão mais clara do passado. Graças aos arquivos do Vaticano que só recentemente se tornaram disponíveis, podemos agora pôr esse passado mais à mostra. A história verdadeira precisa ser contada, mesmo porque ela é muito mais do que uma história sobre a Igreja Católica e os judeus. É uma história humana mais geral, encontrada em diferentes formas, em diferentes lugares e em diferentes épocas, no entanto muitas vezes repetida. É uma história muito antiga de uma religião poderosa ou de um povo poderoso que acredita em sua própria condição, divinamente determinada, de único detentor da Verdade e repositório de tudo o que é bom, e, lançada contra ele, uma minoria desprezada, o Outro, o agente do mal. Não deveria ter sido necessário o Holocausto a nos ensinar o quanto essas visões do mundo podem ser perigosas, mas desde a destruição dos milhões de judeus devemos – a seus sobreviventes e a nós mesmos – aprender essa lição.

PARTE UM

Mantendo os judeus em seu lugar

1

Uma oportunidade perdida

A história das relações do Vaticano com os judeus ao longo dos dois últimos séculos poderia por certo ter seguido um caminho diferente. Em muitas partes do Ocidente, o final do século XVIII e o início do XIX marcaram um divisor de águas, à medida que velhas idéias, produtos da Idade Média, deram lugar a maneiras novas, modernas, de olhar o mundo. Os judeus se beneficiaram dessas mudanças, passando a ser beneficiados cada vez mais com os mesmos direitos de seus vizinhos cristãos. Para a Igreja, ligada a uma perspectiva medieval teocrática ao longo do século XVIII, o momento decisivo veio com a derrota das forças de Napoleão e a restauração dos Estados Papais em 1814.

Embora Napoleão tivesse sido derrotado, o impacto do período napoleônico e, de maneira mais geral, o legado da Revolução Francesa continuaram a moldar o curso da história européia pelas décadas seguintes. No século XVIII, afora por um minúsculo número de intelectuais, o exercício do poder por monarcas e pela nobreza, em parceria com a Igreja, era amplamente aceito, embora não raro gerasse descontentamento. A posição de uma pessoa na sociedade era determinada por seu nascimento. De maneira decisiva, a Revolução Francesa trouxe consigo uma visão muito diferente da sociedade e da base da autoridade legítima. O governo deveria emanar da vontade do povo, e o lugar das pessoas na vida deveria ser determinado por suas capacidades, não pelo acidente de seu nascimento. As pessoas tinham direitos fundamentais, e entre eles estavam o direito a professar qualquer religião que escolhessem, o direito a pensar como bem entendiam e o direito a uma imprensa livre.

Embora na época tudo isso tenha tido pouco efeito sobre os camponeses, que compunham a grande maioria, teve um efeito profundo naquele segmento alfabetizado da população cujas simpatias moldariam o curso dos desenvolvimentos políticos. Essas correntes ideológicas foram incomodadas, ademais, pela expansão da Revolução Industrial, que estava transformando a vida social e econômica numa parte cada vez maior do continente. A sensação de que o mundo estava nas garras de enormes forças de mudança era generalizada, partilhada tanto pela antiga elite, que via essas tendências como arautos do desastre, como pelas novas classes, que as viam como prenúncios de um futuro mais luminoso. Com os aristocratas permanecendo no poder em praticamente toda a Europa nas três décadas que se seguiram à derrota de Napoleão, a oposição política – impedida de agir abertamente – assumiu a forma de complôs e conspirações, fermentadas com revoltas populares periódicas. O governo reagia com repressão, censura e apelos cada vez mais ineficazes às velhas verdades e à natureza divinamente determinada do governo pelos aristocratas e pela Igreja.

Ao retornar do exílio em 1814, o papa Pio VII enfrentou a tarefa de reconstruir uma Igreja cujas instituições estavam em ruínas. Era exatamente num momento como esse que novas orientações podiam ser consideradas. O papa, contudo, rejeitou o conselho dos que o instavam a se adaptar à nova era, a abandonar os velhos métodos medievais; em vez disso, tomou uma série de decisões que se provariam carregadas de conseqüências para o futuro da Igreja e teriam enorme peso sobre a história subseqüente dos judeus da Europa.

O fim do século XVIII não fora um tempo propício para um papa. Governantes civis, não mais dispostos a partilhar o poder com a Igreja, e hostis a qualquer interferência estrangeira, procuravam meios de limitar a influência do Vaticano. Em 1773, sob o peso dessas pressões, o papa Clemente XIV foi forçado a dispersar a ordem jesuíta, vista havia muito como o agente do poder papal no estrangeiro. Seu sucessor, Pio VI, que assumiu o cargo dois anos depois, enfrentou humilhações muito maiores, tendo sido compelido a terminar seu papado de um quarto de século fora da Itália, um prisioneiro indefeso dos franceses.[1]

Embora não tenha sido o mais forte dos papas – na verdade, era conhecido por seu nepotismo, sua vaidade e seu amor pela pompa –, Pio VI tinha pelo menos convicções sólidas, a julgar pela rapidez com que agia. A atitude benigna de seus predecessores com os judeus o enraivecia. Nas primeiras décadas do século XVIII, as restrições sufocantes aos judeus estabelecidas em meados do século XVI haviam sido um tanto relaxadas. Os judeus tinham obtido permissão para viajar mais livremente e o direito de vender mercadorias novas, deixando de ficar limitados à venda de roupas velhas e trapos. De todos esses papas, Clemente XIV foi sem dúvida o mais tolerante. Um de seus primeiros atos ao subir ao trono papal em 1769 foi retirar o controle sobre o gueto de Roma das mãos do Santo Ofício da Inquisição, transferindo-o para o gabinete do cardeal vigário de Roma. Os judeus foram mais uma vez autorizados a praticar a medicina, a trabalhar como artesãos e até a abrir pequenas fábricas de seda e chapéus.[2]

Tudo isso era intolerável para Pio VI, que imediatamente após sua eleição divulgou um edito que aterrorizou os judeus dos Estados Papais. Sua importância dificilmente pode ser exagerada, pois após várias décadas em que parecera estar se movendo para um tratamento mais tolerante dos judeus, a Igreja retornou às práticas do século XVI. E longe de representar um breve intervalo de retrocesso num curso geral rumo à modernidade, o edito tornou-se o esquema seguido pelos sucessores de Pio até uma altura avançada do século XIX.[3]

"Entre as preocupações pastorais que ocupam a alma de sua Santidade de nosso Senhor [i.e., o papa] no princípio de seu Pontificado", o edito começava, "a primeira prioridade é aquela que protege a religião católica da corrupção entre os Fiéis. Considerando, portanto, a necessidade de proteger os fiéis do perigo de subversão que pode resultar da excessiva familiaridade com judeus, a exata observância das medidas tomadas pelos gloriosos predecessores [do papa] é absolutamente necessária". Aqui, Pio VI saltou seu predecessor imediato para citar exemplos anteriores de adequado rigor em relação aos judeus. Tendo consultado os cardeais inquisidores do Santo Ofício, anunciou o papa, ele estava promulgando esse novo edito e ordenando sua rigorosa imposição em todos os Estados Papais. A tarefa de superintender os judeus seria devolvida aos inquisidores.

Os judeus deviam ser mantidos em quarentena social para não infectar a população cristã. A instituição do gueto, destinada a esse fim, tinha mais de duzentos anos de idade, quando Pio VI iniciou seu pontificado. Antes que o papa Paulo IV assumisse o poder em 1555, os judeus dos Estados Papais já estavam livres para viver onde queriam. Mas o novo papa, que anteriormente chefiara o recém-criado Santo Ofício da Inquisição, tinha idéias próprias e fortes sobre o modo como se devia lidar com os judeus. Um de seus primeiros atos como papa foi publicar uma bula que rescindia todos os privilégios anteriores dos judeus, proibia-os de exercer qualquer ocupação que não a venda de trapos, ou de possuir qualquer terra ou casa, e ordenava que fossem confinados ao gueto. Após o edito do papa, estabeleceram-se guetos naquelas cidades dos Estados Papais em que judeus residiam, forçando-os a viver em bairros apinhados cercados por muros que os isolavam da população cristã, com portões que os trancafiavam à noite. O gueto de Roma situava-se às margens do Tibre, uma parte da cidade particularmente insalubre, sujeita a inundações.

Paulo IV, cujo reinado de terror atingiu não só os judeus como muitos outros, era tão malquisto que sua morte, em 1559, foi recebida com manifestações generalizadas de regozijo público. O povo da Cidade Santa saqueou o palácio da Inquisição e, antes de derrubar uma estátua do papa, riu quando um judeu pôs no alto da cabeça desta o chapéu amarelo de opróbrio que o papa o obrigara a usar.[4]

Mas, embora Paulo IV tivesse partido, o gueto ficou. Na verdade, a vida para os judeus ficou pior quando, em 1593, o papa Clemente VIII declarou que só seria permitido aos judeus viver nos guetos de duas cidades, Roma e Ancona. Os que moravam em outras cidades foram obrigados a deixá-las. Carregando seus pertences nas costas, os judeus seguiram para aqueles lugares onde ainda lhes era permitido viver, fosse nos Estados Papais fosse nos Estados vizinhos que ainda os toleravam. Posteriormente, na primeira metade do século seguinte, quando as terras do duque de Ferrara e do duque de Urbino foram absorvidas nos Estados Papais, os guetos em que os judeus viviam ali – em Ferrara, Lugo, Cento, Urbino, Senigaglia e Pesaro – foram autorizados a subsistir. Em conseqüência, quando Pio VI chegou ao trono de São Pedro em 1775 e emitiu sua ordem restabelecendo as antigas restrições, os judeus viviam em oito guetos, trancafiados todas as noites por trás de muros altos e portões pesados.[5]

Após a ordem papal de 1775, um judeu que quisesse passar mesmo que uma única noite fora do gueto tinha de solicitar permissão especial. Sua ausência só era permitida por um período limitado e por boa razão. No tempo que passava fora do gueto, não podia morar na mesma casa com cristãos, nem "falar-lhes com familiaridade".

Qualquer pessoa era capaz de identificar um judeu, porque, nos termos de uma outra medida papal do século XVI reiterada pelo edito de 1775, os judeus eram obrigados a usar um distintivo especial nas roupas. "Judeus de ambos os sexos devem usar um sinal de cor amarela, pelo qual são distinguidos dos demais, e devem usá-lo sempre em todas as horas e lugares, seja nos guetos, seja quando estão fora deles." Os homens deviam usar o sinal amarelo no chapéu e as mulheres sobre o cabelo descoberto. E para que não se dessem ares, os judeus eram proibidos de andar de coches ou charretes.[6]

Não era permitido aos judeus manter lojas ou armazéns fora do gueto, e seu isolamento social era estritamente imposto: "Os judeus não podem jogar, comer, beber nem ter qualquer outra familiaridade ou conversa com cristãos, nem cristãos com judeus, seja em prédios, casas ou vinhedos, e tampouco na rua, ou em albergues, tabernas, lojas ou outros lugares. E os donos de albergues, de bodegas e de lojas não devem permitir conversa entre cristãos e judeus, sob a pena, para os judeus, de dez *scudi* e uma sentença de prisão indeterminada, e, para os cristãos, de dez *scudi* e outros castigos corporais."[7]

Para melhor assegurar que os cristãos não fossem conspurcados pelo contato com os judeus, o edito de 1775 restabeleceu a proibição papal anterior da contratação de ajuda doméstica cristã. "Os judeus não podem manter criados ou criadas, nem fazer uso deles ainda que pelo mais breve momento, nem empregá-los para limpar o gueto, nem para acender o fogo, nem para lavar suas roupas, nem para fazer qualquer outra tarefa para eles."[8]

Qualquer possibilidade de um cristão ser submetido à visão de um ritual judaico devia ser também zelosamente afastada. Não só os cristãos eram proibidos de pôr o pé numa sinagoga ou de assistir a qualquer rito judaico, como os judeus não tinham permissão de realizar qualquer cerimonial ao levar seus mortos para o cemitério, nem de ter quaisquer inscrições em suas lápides, que deviam permanecer sem inscrições.

Finalmente, Pio VI ordenou o restabelecimento do sermão compulsório, ou "forçado", em que os judeus, em bases rotativas, eram obrigados a se sentar e ouvir um padre atacar sua religião. "Sendo o sermão o meio mais poderoso e eficiente de obter a conversão dos judeus ... ordenamos aos rabinos que tenham todo o cuidado e a devida diligência para assegurar que ... o número apropriado de homens e mulheres compareça, o número sendo fixado separadamente para cada gueto de acordo com seu tamanho."[9]

Duas décadas depois que Pio VI assumiu o trono papal e emitiu seu edito sobre os judeus, o próprio reino papal enfrentou uma catástrofe. Em 1796, soldados franceses, com sua doutrina de direitos iguais para todos, invadiram os Estados Papais. Em janeiro de 1798, Napoleão ordenou às suas tropas que marchassem sobre a própria Roma. No mês seguinte, o papa, de oitenta anos de idade e enfermo, foi preso. Forçado a se manter em movimento pela península italiana acima e por fim até a França, morreu em 1799. O homem que tanto gostava de cerimoniais pomposos foi enterrado num cemitério comum.[10]

Parecia que o fim do papado estava à vista. Mas os exércitos franceses começaram a sofrer reveses e, exatamente um mês após a morte do papa, os soldados franceses se retiraram da Cidade Santa. Os judeus de Roma ficaram especialmente vulneráveis a retaliações da parte dos que tentavam restaurar a velha ordem, pois eram vistos, com indignação, como beneficiários dos franceses, que haviam derrubado os portões dos guetos e emancipado seus ocupantes. Agora, com tropas vindas de Nápoles retomando a cidade para o papa, os judeus receberam ordem de voltar para o gueto e foram mais uma vez obrigados a usar o detestado sinal amarelo na cabeça.[11]

Em meio ao caos da retirada francesa, os cardeais levaram três meses para conseguir se reunir em seu conclave, realizado em Veneza. Ali, mês após mês, lutaram em torno da escolha de um novo papa. Finalmente, nos últimos dias de março de 1800, elegeram o bispo de Imola, cardeal Chiaramonti, um candidato de conciliação e de posição intermediária.

O novo papa, que homenageou seu predecessor tomando o nome de Pio VII, retornou a Roma naquele ano e restaurou por um breve lapso o governo papal. Em uma de suas primeiras e mais importantes ações, elevou Ercole Consalvi a cardeal e nomeou-o seu secretário de Estado. Consalvi se provaria um dos grandes estadistas da Europa e o mais notável secretário de Estado que a Igreja jamais teve.

Consalvi nascera em Roma em 1757 e fora educado na Academia dos Eclesiásticos Nobres, uma espécie de campo de treinamento para papas e secretários de Estado. Em 1798, durante a ocupação francesa da Itália, fora preso pelas tropas francesas e exilado. Quando se tornou secretário de Estado de Pio VII, Consalvi reconhecia algo que a maioria de seus colegas não via: o mundo mudara; a Igreja tinha de se adaptar aos tempos modernos ou enfrentar o desastre.

Para levar a cabo a missão que estabeleceu para si, Consalvi teria não só de passar a perna em Napoleão e em outros adversários da Igreja, como também de manobrar seus colegas cardeais, para os quais a mudança era anátema, de fato obra do diabo. As verdades da Igreja, eles sustentavam, eram imutáveis.

Com apenas alguns meses no cargo, o cardeal Consalvi decidiu confidenciar suas frustrações para seu amigo cardeal Annibale della Genga, que, no devido tempo, iria se tornar o próximo papa.

Eram três horas de uma madrugada de dezembro de 1800 quando o incansável secretário de Estado escreveu sua carta para Della Genga. "O pouco que se realizou na correção e na melhora das coisas custou-me suor e sangue e... sofrimento espiritual. Tenho falado em vão, dizendo que a revolução [francesa] fez para a política e a moralidade o que o dilúvio fez para a física, mudando toda a face da terra, e que Noé, ao sair da arca, tomou vinho e comeu carne e fez outras coisas que nunca fizera antes do dilúvio. Tentando fazer as pessoas refletirem no fato de que simplesmente dizer que isso ou aquilo não era feito antes, e que nossas leis são ótimas como são, e não deveríamos tentar mudar coisa alguma, e coisas semelhantes, são erros da mais séria espécie."[12]

Mas logo Napoleão estava de novo em movimento, retomando a península italiana. Em 1809, os franceses mais uma vez ocuparam Roma, e compeliram Pio VII ao exílio na França. Mais uma vez, os portões dos guetos foram abertos e de novo os judeus ganharam plenos direitos. Mais uma vez, os judeus tiveram a esperança de que seus dias de vida confinada, de serem arrastados para a igreja para ouvir sermões compulsórios e de usar distintivos amarelos tinham terminado para sempre. Mas a liberdade dos judeus foi efêmera. Seus exércitos derrotados, o regime de Napoleão ruiu em 1814, abrindo caminho para a restauração dos Estados Papais.

As negociações de paz do pós-guerra começaram em Paris e depois se transferiram para Viena. Consalvi, que representava os Estados Papais ali, estava numa posição frágil, pois era ministro de uma potência que não possuía praticamente nenhum exército e estava em óbvia confusão. Apesar disso, ele foi capaz de recuperar quase todos os territórios papais, uma enorme vitória para o talentoso cardeal. Enquanto se esforçava em Viena, porém, as notícias que recebia de Roma não eram boas. Seus colegas cardeais, pensava ele, não haviam aprendido nada com as experiências das duas últimas guerras. Agora que o papa estava de volta ao poder, desejavam simplesmente retornar a seu velho estilo. Enquanto ele trabalhava em Viena para restaurar os Estados Papais, em Roma as reformas que Napoleão introduzira estavam sendo rapidamente abandonadas.

Em junho de 1815, três dias depois da assinatura do acordo final de paz, Consalvi enviou a Roma uma carta destinada ao cardeal Bartolomeo Pacca, o homem que estava servindo como secretário de Estado durante sua ausência. "Se foi difícil, e Deus sabe que foi, conseguir de volta o que foi obtido", escreveu Consalvi, "será ainda mais difícil não o perder. Rogo-lhe que ouça o que tenho a lhe dizer. Se tomarmos o caminho errado, se cometermos algum erro irremediável, não conservaremos por mais de seis meses os territórios que recuperamos. Espero em Deus que o futuro não reserve a confirmação desta profecia, mas lamentavelmente é isso mesmo que acontecerá, se dermos algum passo em falso."[13]

O tratamento dos judeus provou ser uma das questões em torno das quais essa luta entre Consalvi e os linhas-duras – conhecidos como os *zelanti* – se deu. Quando retornou pela primeira vez da França para a Itália em 1814, Consalvi soube de um plano para a restauração do domínio papal elaborado para o papa por Giuseppe Sala, um monge muito ligado ao cardeal Pacca. O "Plano de reforma submetido a Pio VII", proposto por Sala, dedicava grande atenção aos judeus, cuja liberdade recém-conquistada era um sinal de perigo para os conservadores.

"Outra desordem que precisa ser retificada", Sala escreveu, "é a excessiva liberdade adquirida pelos judeus, que vivem atualmente em perfeita comunhão com os cristãos." Todas as antigas restrições deviam ser restabelecidas, ele insistiu, pois eram baseadas na sabedoria secular dos pontífices. Novas idéias perversas estavam em circulação na terra: "Desde que começou a haver príncipes sentados nos tronos [da Europa] imbuídos das máximas da filosofia moderna, os judeus se agarraram à sua oportunidade de se livrar de sua opressão e souberam como se aproveitar da situação para ganhar as graças dos ministros e dos monarcas." Os esforços dos judeus haviam sido tão bem-sucedidos, Sala relatou, "que logo eles estavam misturados aos súditos católicos e situados no mesmo nível que eles, e até obtiveram plena liberdade e proteção para o exercício de suas superstições". Era escandaloso: "Esses inimigos implacáveis do cristianismo e esses autores perpétuos de fraudes e falcatruas encontraram apoio daquelas mesmas mãos que os deveriam estar controlando e reprimindo." A situação presente tornara-se intolerável: "Em muitos lugares, tendo se tornado ricos e poderosos, eles vivem promiscuamente entre os católicos, contratando-os como criados, vivendo junto com eles." Sala soubera que alguns judeus na Toscana estavam agora promovendo bailes em suas casas para as quais convidavam cristãos do lugar. Em um caso, ele relatou, tinham "até tido a impudência de convidar o pároco local".[14]

Quando se inteirou dessas propostas, Consalvi disse ao papa que semelhante plano significava desastre, que era preciso introduzir reformas, se a intenção era solidificar o domínio papal. Em decorrência de seus protestos, o plano de Sala, que já fora publicado e distribuído, foi suprimido. Mas a estrela de Sala, ainda que ofuscada por Consalvi, voltaria a brilhar, pois, quando se tornou papa, Della Ganga fez dele cardeal.[15]

Para Consalvi, as exigências eclesiásticas de que os judeus retornassem a seus guetos não passava de mais um sinal da recusa dos cardeais a ver que os tempos haviam mudado. Não era hora de reintroduzir todas as antigas restrições. As nações avançadas da Europa vinham concedendo recentemente mais e mais direitos aos judeus, e as revoluções tanto americana quanto francesa haviam proclamado a igualdade de todos os cidadãos. Empurrar os judeus de volta para os guetos era dar munição aos que afirmavam que o papado era um anacronismo, uma relíquia vã da sociedade medieval.

Imediatamente após retornar do Congresso de Viena, ao tentar arrancar o controle das políticas papais das mãos dos *zelanti*, Consalvi começou a ser bombardeado com pedidos de instrução sobre como lidar com os judeus. Quando, por exemplo, a autoridade papal responsável por Lugo, a leste de Bolonha, perguntou o que fazer diante do fato de que crianças judias tinham obtido permissão para freqüentar as escolas públicas ali, o cardeal lhe disse que não se intrometesse.

Especialmente significativa foi a carta que Consalvi escreveu ao delegado papal em Ferrara, Tommaso Bernetti, um homem que mais tarde serviria, ele próprio, como secretário de Estado. Em resposta a um pedido de instrução de Bernetti sobre o que fazer em relação aos judeus de Ferrara, Consalvi escreveu: "Pôr os judeus de volta em seu antigo estado de servidão depois que gozaram de plena liberdade e de todos os direitos da cidadania, e pô-los de volta nesse estado num momento em que as potências, ao devolver à Santa Sé os seus Estados, esperavam que as coisas seriam deixadas como tinham sido sob governos anteriores, produziria as mais desagradáveis conseqüências políticas e, de fato, econômicas. Caso se vissem tratados dessa maneira, os judeus deixariam os Estados [Papais]."[16]

Mas Consalvi estava se batendo por uma causa perdida. Ele tinha prioridades mais elevadas que o problema dos judeus, e sabia que só podia conseguir que o papa agisse contra o conselho da grande maioria dos outros cardeais da Cúria até certo ponto. Mesmo antes que o Congresso de Viena terminasse, os portões dos guetos de Roma haviam sido novamente fechados, e, em agosto de 1814, a Inquisição, abolida pelos franceses, foi restaurada. Estudantes judeus foram expulsos da universidade e mais uma vez passou-se a exigir dos rabinos que participassem do humilhante ritual do carnaval, em que, vestindo roupas grotescas, faziam oferendas às autoridades romanas sob os apupos de uma multidão.[17]

Os judeus de Roma, confinados no coração do reino papal, sentiam-se impotentes, mas a situação dos que viviam nos territórios ao norte era muito diferente. Tinham ficado livres do controle da Igreja por muito mais tempo – quase duas décadas – e, após a queda de Napoleão, estando seus territórios sob controle austríaco, tinham tido razões para esperar que eles não seriam devolvidos ao papa. Quando, em 1815, o Congresso de Viena determinou de fato a devolução desses territórios – conhecidos como as Legações – aos

Estados Papais, o governo austríaco deixou claro que se opunha ao restabelecimento das antigas restrições aos judeus.[18]

Na verdade, o ministro especial do imperador austríaco, encarregado de coordenar a transferência das Legações do controle da Áustria para o do papa, interveio em favor dos judeus, em setembro de 1815. Com sua ajuda, os judeus de Ferrara prepararam uma petição dirigida ao cardeal Consalvi e ao papa, citando as cláusulas dos recentes acordos de paz. Uma delegação de judeus levou a petição a Roma.

Em setembro de 1815, quando se preparavam para seu encontro com Consalvi, os judeus de Ferrara rascunharam algumas notas (em francês) para o ministro austríaco rever. Sua frase-chave dizia: "Os judeus ... invocando a proteção de Sua Excelência, o Ministro Imperial [austríaco], compreendem que as Legações foram devolvidas à Santa Sé pela Casa da Áustria sem nenhuma distinção entre seus habitantes. Assim a Santa Sé não pode, sem violar o ato de cessão, tratar os judeus diferentemente de outros cidadãos."[19]

A petição final que prepararam, escrita em nome de todos os judeus dos territórios recentemente cedidos, pedia que fosse permitido aos judeus ocupar-se livremente de comércio; que não fossem obrigados a usar uma insígnia amarela; e que lhes fosse permitido adquirir imóveis, viver fora dos guetos e praticar a medicina, o direito e outras profissões. "Faz vinte anos que os judeus das Legações estão de posse desses direitos, desde o momento em que a revolução trouxe suas leis que situavam os judeus no mesmo nível dos demais cidadãos." Em conseqüência, continuava a petição, "os judeus criados e educados nesse período estão inteiramente acostumados a desfrutar, vendo-a como quase natural, a cidadania comum que agora solicitam".[20]

O representante da comunidade judaica de Ferrara levou a petição a Roma, acompanhado pelo rabino do pequeno gueto de Lugo, que representava não só os judeus dali como também os de Bolonha e Cento. Encontraram-se primeiro com o cardeal Consalvi e depois foram recebidos pelo papa Pio VII.

Os dois homens esperaram em Roma pela resposta do papa à sua petição, mas semanas se arrastaram e eles começaram a temer que tivessem sido esquecidos. Numa nota enviada a Consalvi a 17 de novembro de 1815, lembraram-no de sua missão e rogaram que os judeus "não fossem devolvidos àquele estado de existência política em que viviam no fim do século passado". Fazendo apelo à misericórdia do papa, pediram que ele permitisse aos judeus "manter aquele estado civil que nos últimos vinte anos a civilização moderna e os sentimentos liberais dos atuais governos da Europa lhes haviam assegurado".[21]

Nessa mesma data, o ministro austríaco enviou novo apelo em seu próprio nome a Consalvi. Lembrou ao secretário de Estado que em setembro lhe mandara uma carta insistindo numa resposta positiva ao rogo dos judeus. Pediu mais uma vez que fosse permitido aos judeus viver "sem medo de serem mandados de volta àquele estado precário, aviltado, em que se encontravam perto do fim do século passado, deixando-os em vez disso em paz para desfrutar do estado civil que a civilização e os sentimentos liberais das cortes européias lhes tinham proporcionado ao longo dos últimos vinte anos".[22]

Uma minuta da resposta de Consalvi ao ministro austríaco encontra-se entre os papéis do secretário de Estado, nos arquivos estatais de Roma. É um documento de valor inestimável, pois não só revela as idéias de Consalvi sobre o que deveria ser feito em relação aos judeus, como deixa claro que Pio VII o proibia de agir. Embora não traga nenhuma data, o rascunho foi redigido provavelmente no final de novembro de 1815.

"O abaixo assinado cardeal secretário de Estado", começava a nota,

> examinou a petição apresentada pelos Delegados dos judeus que vivem nas terras devolvidas à Santa Sé pelo Congresso de Viena. Vossa Excelência julgou conveniente recomendar a petição ao abaixo-assinado, porque os rogos nela contidos parecem de acordo com as medidas administrativas adotadas pelas Grandes Potências Aliadas e com os entendimentos

> alcançados entre os governos de Roma e Viena na restituição dessas terras.
>
> Vossa Excelência, em vossa sabedoria, talvez saiba quais são meus próprios sentimentos a esse respeito, mas estes são distintos dos deveres de meu cargo, por isso acreditei ser meu dever transmitir os conteúdos da supracitada petição a Sua Santidade. Já obtive sua resposta. Por mais que as circunstâncias do tempo possam sugerir que não é apropriado devolver os judeus àquele estado precário em que se encontravam em 1796, Sua Santidade não acredita oportuno emitir um decreto público, solene, como os suplicantes judeus gostariam, de que sejam postos em pé de igualdade com outros súditos pontifícios.
>
> O coração piedoso e justo de Sua Santidade permite – na verdade, ordena que seja permitido – aos judeus permanecer *de facto* na condição em que estiveram nos últimos vinte anos, embora apenas com as modificações capazes de tornar tal tolerância compatível com as doutrinas de nossa Santa Religião. Desagrada-lhe igualmente, contudo, fazer quaisquer inovações públicas expressas, diferentes do que a grande maioria de seus Santos predecessores, ainda que em outros tempos e circunstâncias, acreditava apropriada para o bem da Igreja e do Estado.

Consalvi concluiu: "É portanto com o maior desprazer que não posso, no momento, responder de maneira inteiramente positiva às solicitações de Vossa Excelência..."[23]

Consalvi continuaria a fazer todo o possível para neutralizar os esforços dos *zelanti* para manter os judeus rebaixados, mas suas opções eram limitadas. Num caso típico, em novembro de 1817, os judeus de Ancona rogaram-lhe que tomasse alguma providência em relação ao arcebispo de Ancona. Exigindo que as antigas restrições aos judeus fossem restabelecidas, o arcebispo ordenara que as lojas administradas por judeus fora do gueto fossem fechadas. "Sua Santidade [i.e., o papa]", escreveu o cardeal Consalvi ao arcebispo, "tendo dedicado ao assunto cuidadosa consideração, embora louve Vossa Excelência pelo zelo que demonstrou... deve observar ao mesmo tempo que se a medida [ordenada pelo arcebispo] fosse plenamente aplicada, disso resultaria um grande perigo para o comércio." Assim, o papa pediu ao arcebispo que concedesse permissões especiais aos judeus. Eles deveriam ser autorizados a manter os armazéns e as lojas que tinham fora do gueto. No entanto, acrescentou o secretário de Estado, a lei que proibia aos judeus contratar criadas ou amas-de-leite deveria continuar em vigor.[24]

Até a morte de Pio VII em 1823, Consalvi levou adiante seus esforços para modernizar os Estados Papais e evitar que os *zelanti* trouxessem de volta os traços mais arcaicos do governo eclesiástico.[25] Nesses esforços, porém, tinha poucos aliados em meio ao alto clero, e o papa só contrariava o sentimento dominante dos cardeais até certo ponto. Embora fosse um homem de disposição afável, conhecido por sua benevolência, Pio VII não era especialmente confiante na justeza de seus próprios julgamentos no tocante à doutrina da Igreja. O retrato que o cardeal Nicholas Wiseman traçou do pontífice, numa tentativa de defendê-lo contra a acusação de não ser muito inteligente, oferece um débil elogio: "Embora não dotado de gênio, nem talvez de capacidades acima da média, as que ele possuía eram plenamente cultivadas e vigorosamente aplicadas."[26]

Quanto aos judeus, a batalha perdida de Consalvi em 1814-1815 provou-se carregada de conseqüências. Graças à invasão francesa, os judeus tinham sido libertos, tinham conquistado os mesmos direitos civis dos cristãos, e tinham sido soltos do gueto. Os austríacos, que desempenharam um papel-chave na restauração dos territórios dos Estados Papais, instaram o papa a não mandar os judeus de volta para os guetos, que viam como um resquício arcaico em descompasso com a administração esclarecida dos tempos modernos. Pio VII ficou dividido: apoiava-se pesadamente em seu secretário de Estado, e assim as alegações de Consalvi sem dúvida o impressionavam. No entanto, sua própria idéia de que era dever do papa tratar os judeus como degradados para sempre, perpetuamente condenados pela morte de Cristo, combinada com os estímulos quase universais dos cardeais à sua volta, tornava-o relutante a dar o passo decisivo. Tivesse ele agido de outra maneira, tivesse o cardeal Consalvi prevalecido, toda a história das relações da Igreja com os judeus ao longo do século e meio seguinte teria podido seguir um curso muito diferente.

2

Batismos forçados

Um dia no final de outubro de 1815, um jovem deixou o gueto de Roma, passou perto do Coliseu e entrou na rua escura e estreita onde ficava a Casa dos Catecúmenos. O prédio, embora não particularmente imponente numa cidade cheia de monumentos e palácios suntuosos, inspirava um tipo particular de terror entre os judeus do lugar. Jeremiah Anticoli, 24 anos de idade, à procura de uma nova vida, havia contido esse medo o bastante para passar pela porta, mas devia estar tremendo quando bateu nela. Ele não era, contudo, o único judeu ali, naquele momento. Havia outros lá dentro – alguns dos quais tinham vindo livremente, outros tinham sido trazidos à força e presos em quartos trancados.

O reitor, Dom Filippo Colonna, o padre que dirigia a instituição, foi rapidamente notificado da nova chegada, um motivo de celebração – pois prometia a salvação de uma alma que de outro modo estava condenada –, a conquista de um novo recruta para a Igreja. O fato de Jeremiah ser judeu tornava a perspectiva do batismo ainda mais gloriosa, pois a conversão de judeus encerrava especial significação para a Igreja.

Estar naquele lugar estranho, cheio de cruzes e pinturas religiosas, com freiras em seus hábitos e padres de batina preta, deixava Jeremiah constrangido. Mas, quando o reitor lhe perguntou se viera para receber a santa graça e tornar-se um membro da Igreja, respondeu: "Sì."

"É casado?" Dom Filippo perguntou.

"Sou", Jeremiah respondeu. "Tenho uma esposa."

"E qual é o nome dela?" perguntou o reitor.

"Pazienza."

"E vocês têm filhos?"

"Tenho, um menino pequeno, Lazzaro."

"Que idade tem o pequeno Lazzaro?"

"Cerca de sete meses", Jeremiah respondeu.

"Você tomou uma decisão muito importante", disse-lhe o reitor, "movido sem dúvida pelo espírito do Senhor. Mas, para ser recebido pela Igreja, deve mostrar seu empenho. Deve partilhar a bênção que está prestes a receber ofertando sua mulher e seu filho à Igreja também."

Se Jeremiah ficou surpreso com esse pedido, não sabemos. Talvez não, porque no curto tempo transcorrido desde que o reitor voltara do exílio, após o retorno de Pio VII e o restabelecimento do regime papal, vários homens do gueto haviam se apresentado naquele recinto. A mesma pergunta fora feita a todos. Durante os 15 meses anteriores, o que estava prestes a acontecer com a mulher e o filho de Jeremiah já acontecera com quatro outras jovens mulheres de Roma e seus filhos. Entre os habitantes do gueto, esses não eram acontecimentos que podiam ser facilmente esquecidos.

Assim que o rapaz assinou o compromisso, o reitor levou-o mais que depressa às salas do vice-regente, arcebispo Frattini, que, como representante principal do cardeal vigário de Roma, administrava essas questões. O arcebispo, por sua vez, convocou o magistrado criminal do vicariato e lhe deu sua ordem: deveria reunir um pelotão de policiais e retirar a moça e seu bebê do gueto aquela noite.[1]

Quando o servente cristão destrancou o portão do gueto aquela noite, deixando entrar uma carruagem acompanhada por sua escolta policial, o medo se espalhou entre os judeus. Os que não ouviram o som indesejável da carruagem e dos cavaleiros logo foram despertados por seus vizinhos, que sussurravam o drama que estava então se desenrolando. Saindo de sua carruagem, o magistrado pediu para ver os três *fattori* do gueto. Esses funcionários, eleitos a cada seis meses por seus pares judeus, eram os homens por cujo intermédio o governo papal lidava com a gente do gueto.

O magistrado mostrou-lhes a ordem que lhe fora dada pelo vice-regente. Ela o instruía a localizar Pazienza Picciacio, de 19 anos, e seu filho bebê, Lazzaro, levá-los do gueto e entregá-los na Casa dos Catecúmenos naquela noite.

Agourentamente para o magistrado, uma multidão crescente de judeus começou a cercar sua carruagem, sem se intimidar com o pequeno grupo de policiais. Enfurecidos com a exigência do magistrado, cobriram-no de injúrias para depois se voltar irritados também para seus próprios *fattori*, ameaçando-os com horríveis conseqüências se cedessem à pretensão do magistrado.

O reitor, que mais tarde descreveu esses eventos em seu diário, tinha suas próprias idéias sobre o objeto da raiva dos judeus. Os judeus, pensava ele, estavam tentando se apoderar do bebê, que prefeririam matar a ver transformado em cristão. Como escreveu: "Ao ouvir a ordem de entregar a mulher judia e seu filho, os judeus começaram a se agitar. Alguns deles, armados com porretes de ferro, ameaçaram matar o bebê."

Com sua missão escapando ao controle, o confuso magistrado enviou alguns de seus homens em busca de reforço. Mas quando o segundo pelotão policial chegou, vindo do vizinho Campidoglio, a massa de judeus estava mais inchada. O magistrado continuava incapaz de pôr as mãos em Pazienza e seu bebê. Foi só quando mais um grupo de reforço chegou, e eles ameaçaram prender os próprios *fattori* se não apresentassem imediatamente a mãe e o filho, que o magistrado conseguiu tomá-los em custódia. Pazienza e o filho foram postos na carruagem; o cocheiro chicoteou os cavalos, e eles saíram chocalhando pelas ruas calçadas de pedras, deixando para trás os ultrajados judeus do gueto.

Em poucos minutos, quando os sinos tocavam a meia-noite, o magistrado entregou seus dois tutelados a um impaciente reitor. Mas o magistrado não estava satisfeito porque o tratamento que lhe fora dispensado no gueto não podia ficar sem punição. Retornando na manhã seguinte ao gabinete do vice-regente, relatou com indignação o que acontecera. O arcebispo, contrariado com este último exemplo da insubordinação judaica, ordenou a prisão dos principais instigadores do tumulto; seu julgamento e punição serviriam de advertência de tal modo que, da próxima vez que um judeu tivesse de ser retirado do gueto, o decoro adequado prevaleceria.

Durante as seis semanas seguintes, todos os dias, Pazienza, em seus 19 anos, foi visitada por uma sucessão de padres e freiras. Cada um tentava com todas as suas forças fazê-la ver a luz e abrir sua alma para o Espírito Santo. Hora após hora, Pazienza, cujo bebê lhe fora tomado desde que chegara, e que era mantida trancada num quarto, era submetida a súplicas sinceras de que abraçasse a verdadeira fé e aceitasse o batismo. O próprio reitor passava uma ou duas horas por dia com ela, desempenhando sua missão sagrada, como o fazia uma constelação cambiante de colegas seus. No entanto, apesar das histórias que contavam sobre os êxtases do batismo e os tormentos que aguardavam os não batizados no além, e sem se deixar tentar pela perspectiva de acabar com aquelas longas horas de pregação diária, Pazienza continuava repetindo que nascera judia e seria sempre judia. Queria apenas que lhe permitissem voltar para casa com seu bebê, dizia. O reitor aplicou a ela o termo que ele e seus colegas sempre usavam quando se defrontavam com tamanha resistência determinada: Pazienza era *ostinata* – obstinada.[2]

Assim, após 39 dias, segundo a lei da Igreja que regulava essas tentativas de conversão, Pazienza foi entregue aos cuidados do *fattori* do gueto para ser levada de volta para casa, um dos fracassos do reitor.[3] Oito dias depois, a 11 de janeiro de 1816, teve de volta seu marido, Jeremiah, que voltara atrás ele próprio ao saber que sua mulher não o acompanharia na conversão. Sabiam bem que nunca veriam seu bebê de novo, pois apenas alguns dias depois de Pazienza e Lazzaro terem sido levados para a Casa dos Catecúmenos, o menino fora batizado. Numa cerimônia realizada pelo próprio vice-regente, Lazzaro, o bebê judeu, tornou-se um cristão e recebeu um nome que simbolizava sua nova identidade. Chamava-se agora Bernardo Maria Fortunato Andrea Cardeli.[4]

O gueto e a Casa dos Catecúmenos eram as duas pedras angulares da política da Igreja para os judeus. O gueto corporificava todas as restrições que os papas julgavam apropriado impor aos judeus, ao passo que a Casa dos Catecúmenos era o lugar destinado a salvá-los, o portal pelo qual judeus podiam escapar do gueto e ingressar na sociedade normal, cristã.

O gueto era necessariamente um lugar soturno, refletindo a posição degradada dos judeus como o povo que rejeitara e matara Cristo e fora depois desterrado por Deus. Em contraposição, a Casa dos Catecúmenos era um lugar santo, refletindo a misericórdia de Deus e Seu poder salvífico. Cada conversão de um judeu ali refletia a glória e a supremacia divinamente determinada da Igreja Católica Romana. A conversão dos judeus era, de fato, um dos elementos centrais da visão milenar da Igreja, pois, segundo a crença cristã, no fim dos tempos, com a Segunda Vinda, os judeus se converteriam.[5]

Os judeus que entravam na Casa dos Catecúmenos e se preparavam para o batismo – que para os adultos ocorria em geral após um período de estudos de vários meses de duração – ocupavam, portanto, um terreno particularmente santificado da Cidade Santa. Na verdade, em ocasiões especiais os próprios papas haviam presidido ao batismo dos judeus da Casa dos Catecúmenos. O papa Benedito XIII marcou as celebrações do jubileu do ano santo de 1725 oficiando um desses batismos, como o faria Benedito XIV um quarto de século depois.

Os batismos de judeus eram um ponto alto de uma das mais sagradas cerimônias anuais de Roma, a celebração da véspera do domingo de Páscoa na catedral do papa como bispo de Roma, São João Latrão. Em meados do século XIX, Ferdinand Gregrovius, um historiador alemão protestante que se tornaria um dos maiores especialistas mundiais na Roma medieval, testemunhou esses ritos. Deixou uma descrição evocativa, ainda que pouco lisonjeira: "Em 1853", escreveu ele,

> uma judia foi batizada [no batistério da catedral] diante de um grande ajuntamento de pessoas e com as mais solenes cerimônias. Essa filha de Judá, não bela como Rebeca mas de extrema

> feiúra, postou-se junto à pia batismal envolta num véu branco, tendo na mão uma vela acesa, o símbolo da iluminação, e depois que sua cabeça e a nuca haviam sido totalmente ungidas ... ela foi conduzida de volta a Latrão em procissão. O cardeal que a batizara abençoou-a diante do altar e, quando a cerimônia terminou, ele apontou para a mulher batizada e expressou para as pessoas sua alegria por ver um milagre tão sublime e divino consumado, por ver que uma pessoa que apenas um momento antes estava possuída de demônios, e era uma presa do inferno, fora subitamente revestida da inocência pura de uma criança e da luz pura de Deus.[6]

A Casa dos Catecúmenos de Roma foi fundada pelo papa Paulo III em 1543, e mantida sob rigoroso controle papal. Destinava-se a acolher tanto judeus quanto muçulmanos, mas seus residentes eram na maioria judeus.[7] Em 1634, o papa Urbano VIII reorganizou seu funcionamento, centralizando seus três setores num único local em Madona dei Monti, onde continuava operando no século XIX. De fato, o complexo, com o letreiro em latim sobre a entrada principal, continua lá hoje.

A primeira de suas três seções era a Casa dos Catecúmenos propriamente dita, onde os homens que vinham para ser batizados viviam, e onde permaneciam habitualmente por algum tempo após o batismo. Um prédio separado abrigava as mulheres que ingressavam na instituição. Era conhecido como mosteiro da Annunziatella, pois servia de residência permanente para muitas das convertidas, que se tornavam freiras. A terceira parte dos Catecúmenos, o Collegio, era um lugar onde os homens convertidos podiam receber instrução religiosa avançada e, para aqueles que alimentavam uma vocação religiosa, formação para o sacerdócio. Como padres, os ex-judeus eram particularmente apreciados pela Igreja por sua capacidade de fazer prosélitos entre seus ex-irmãos, familiarizados como eram com a vida no gueto e com as tradições judaicas. No entanto, os convertidos judeus eram considerados inadequados para missões pastorais e não lhes era permitido tornarem-se párocos.[8]

Embora fosse uma instituição religiosa, a Casa dos Catecúmenos tinha o poder da polícia papal atrás de si, e seus residentes não eram livres para ir e vir como bem queriam. Os regulamentos do século XVIII, sob os quais operava, especificavam que nenhum residente – fosse ou não batizado – podia sair sem a permissão do reitor. Os que eram encontrados fora da casa à noite estavam sujeitos a um mês de prisão, acorrentados, sob uma dieta de pão e água.[9]

Durante os séculos XVII e XVIII, a Casa dos Catecúmenos de Roma batizou cerca de dez a 12 judeus por ano, muitos de Roma, mas outros de terras próximas e longínquas. O mais impressionante quando se examinam as listas dos judeus batizados é sua peculiar distribuição por sexo e idade. De 1614 a 1798, os adultos que se apresentaram para ser batizados eram, por esmagadora maioria, homens. De fato, houve praticamente quatro homens judeus para cada mulher. E esses homens tendiam a ser jovens, a maioria na casa dos vinte anos.[10] Nesses anos, os judeus que optavam por abandonar o gueto e abraçar a fé católica vinham esmagadoramente das famílias mais pobres. O temível Francesco Rovira Bonet, reitor dos Catecúmenos de Roma durante 37 anos no final do século XVIII, deplorou a baixa qualidade dos judeus que ali ingressavam. "Aqueles que vêm à Casa dos Catecúmenos para abraçar a santa fé", ele escreveu, "lá chegam envergando trapos imundos ... e são tão asquerosos que dá calafrios olhá-los."[11]

O que estimulava esses judeus a dar esse passo apavorante, a transpor a soleira dos Catecúmenos? Certamente havia alguns com motivos puramente religiosos, isto é, que tinham algum tipo de inspiração religiosa e sentiam uma necessidade espiritual de se converter. Mas os indícios apontam para a predominância de interesses mais mundanos. A conversão oferecia aos judeus pobres uma maneira de escapar da pobreza do gueto e a oportunidade de gozar da liberdade associada à condição de cristão. Altos funcionários dos Catecúmenos, ajudados não só por outros clérigos como também por uma rede de patrocinadores aristocráticos, ajudavam os homens que se convertiam a encontrar emprego regular e um lugar para morar.

A derrota dos franceses e o novo arrebanhamento dos judeus no gueto atingiu os homens mais duramente, pois eram eles que tinham usado sua liberdade para sair em busca de um meio de vida, muitas vezes deixando suas mulheres e filhos para trás, no gueto. Para as mulheres judias, cujas vidas eram vividas no seio da comunidade judaica e, o mais das vezes, dentro da própria família, a perspectiva de deixar família e comunidade para entrar numa instituição estranha era pouco atraente. O futuro reservado às mulheres solteiras que entravam nos Catecúmenos – passar o resto de suas vidas num convento ou se casar com um homem encontrado para elas entre uma gente com quem não tinham nenhuma afinidade – era igualmente pouco atraente. As judias que entravam nos Catecúmenos o faziam em grande parte por causa de seus maridos, e, na vasta maioria dos casos, só quando forçadas pela polícia.[12]

Após a derrota francesa em 1814 e a restauração do Papa em Roma, o reitor dos Catecúmenos tornou-se mais uma vez capaz de convocar a plena força da lei no esforço de conquistar almas judaicas para a Igreja. Os anos anteriores tinham sido difíceis para Dom Filippo, e ele pretendia se esmerar para recuperar o terreno perdido. Dois casos ilustram isso de maneira particularmente dramática. O primeiro diz respeito ao batismo improvisado de uma criancinha por uma visitante do gueto; o segundo, a um judeu que fora batizado mas depois procurou retornar à sua antiga fé. Ambos haviam atormentado a consciência do reitor em seus anos de exílio durante a ocupação francesa. De volta a Roma, ele se apressou em endireitar as coisas.

O primeiro desses casos data de 1809, numa época em que o papa Pio VII permanecia precariamente em Roma, à mercê do exército de Napoleão. Uma viúva chamada Maddalena Pacifici, de uma cidade próxima de Roma, na diocese de Tivoli, partiu um dia para o gueto de Roma para fazer algumas compras. Ali, na companhia de duas mulheres de sua cidade natal, encontrou uma jovem judia chamada Rachel que se dispôs a atendê-la. Nos braços de Rachel, agitava-se sua filha de três meses, Rosa.

Segundo a história que Maddalena contaria mais tarde, a jovem mãe judia queixou-se de que seu bebê estava sempre doente. Quando Rachel estava prestes a se retirar para ir pegar as várias mercadorias que sua cliente cristã pedira, Maddalena se ofereceu para segurar o bebê, e Rachel – talvez com imprudência – aceitou, agradecida.

Era um dia chuvoso de primavera e a enxurrada pelas ruas do gueto deu uma idéia a Maddalena. Por que não fazer uma boa ação e assegurar que o bebê judeu doentio fosse salvo, de modo que, se morresse, sua alma fosse para o céu? Depois de um olhar furtivo para trás para se certificar de que ninguém estava olhando, Maddalena tirou o gorro de Rosa, pegou uma mancheia de água da sarjeta e pingou-a sobre a cabeça da criança enquanto pronunciava a fórmula batismal.

Mas Maddalena ainda não ficou satisfeita, pois, pensando bem, não tinha certeza de que água da rua era considerada boa o bastante para um batismo. Avistando uma fonte próxima, resolveu ir pelo seguro. Pedindo a uma de suas amigas para se postar de maneira a protegê-la de olhares inquisitivos, repetiu o batismo junto à fonte, proferindo as palavras: "Rosa, eu te batizo em nome do Pai, do Filho e do Espírito Santo."

Logo a mãe da criança voltou, os braços carregados com as coisas que Maddalena pedira. As mulheres concluíram sua negociação, Rachel nem de longe suspeitando de que sua vida jamais seria a mesma.

Em suas viagens a Roma, Maddalena gostava de se confessar e comungar, e foi o que tratou de fazer no dia seguinte. Para sua consternação, quando contou ao padre o que fizera, esperando ser parabenizada, seu confessor lhe disse que não poderia receber absolvição nem comungar até que fosse ao Tribunal Eclesiástico e relatasse o que fizera. Maddalena era uma mulher devota, mas ao sair da igreja estava hesitante em seguir as ordens do padre. Não queria adiar sua volta para casa envolvendo-se com o que ameaçava se tornar um caso de polícia. Tinha medo também do que os judeus poderiam lhe fazer se descobrissem seu gesto.

Mal chegou em casa, porém, sua consciência começou a incomodá-la. Resolveu então procurar seu próprio confessor, e também ele lhe disse que devia relatar o assunto a seu pároco. Isso feito, o pároco iniciou seu próprio interrogatório judicial, registrando não só o testemunho de Maddalena como também o das duas amigas que a haviam acompanhado, e mandou o pacote todo para o bispo de Tivoli, que o encaminhou para Roma.

Quando recebeu esses papéis, o reitor, Dom Filippo, foi ter com o papa. Ter ido diretamente ao papa reflete alguma coisa da desordem em que o governo papal se encontrava na época, pois normalmente ele teria procurado o vice-regente e, se alguma dúvida persistisse, teria enviado uma súmula ao Santo Ofício da Inquisição, pedindo autorização para tomar a criança. Mas a disposição do papa em receber o reitor de repente para tratar de um assunto como esse reflete também o antigo interesse do papa pelo trabalho da Casa dos Catecúmenos de Roma.

Mais tarde, o reitor relatou seu encontro com Pio VII, que teve lugar enquanto tropas francesas patrulhavam as ruas de Roma. "Encontrando-se tão coagido e privado de suas forças", escreveu o reitor, "o Santo Papa adiou a oblação da menininha, que permanecia nas mãos dos Infiéis, para uma ocasião mais oportuna, e exortou-me a guardar zelosamente os documentos que eu lhe mostrara." De fato, um mês depois, a 6 de junho de 1809, as tropas francesas marcharam sobre o palácio papal, capturaram o papa e levaram-no para um exílio que duraria cinco anos. Pouco depois da captura do papa, soldados franceses chegaram à Casa dos Catecúmenos e prenderam também o reitor, tirando-o de lá sem lhe dar tempo de apanhar nenhum de seus papéis. Dom Filippo foi deportado para a Córsega, onde permaneceu até a derrota francesa em 1814.

Uma das primeiras coisas que Dom Filippo fez ao voltar a Roma foi tentar encontrar os documentos que mostrara ao papa cinco anos antes; mas eles tinham desaparecido. Entrou em contato com o bispo de Tivoli, mas os papéis do bispo também tinham se perdido na violenta investida napoleônica. Felizmente – de fato, providencialmente, no relato do reitor – a própria Maddalena lá apareceu um dia para perguntar o que acontecera com a menininha do gueto. Depois de registrar novamente as lembranças de Maddalena, Dom Filippo entrou em contato com o vice-regente, que mandou a polícia ao gueto para retirar a criança e entregá-la ao reitor.

O que se segue reflete um padrão familiar nesses anos: um reitor zeloso, cujo único pensamento foi glorificar a Igreja pela conquista de pérfidas almas judias para Cristo, e um vice-regente politicamente mais cauteloso. Falando em nome dos judeus irados, os *fattori* foram ao vice-regente perguntar com que base a criança havia sido tomada. Alegaram também que, enquanto a validade do batismo realizado permanecia em dúvida, a criança não deveria ser mantida na Casa dos Catecúmenos. O resultado disso foi que, a 1º de junho de 1815, o vice-regente mandou novas instruções ao reitor, repreendendo-o por ter mantido a menina no mosteiro dos Catecúmenos. Lembrou-lhe da decisão de Benedito IV de que, enquanto casos como esse estavam sendo decididos, crianças pequenas deviam ser postas "*apud honestam Matronam*", junto a uma boa mulher (cristã).[13]

Dom Filippo ficou sem dúvida desgostoso tanto com o tom quanto com a substância da nota, mas ela em nada diminuiu sua determinação de ver a menina conquistada para a Igreja. De fato, passando por cima do vice-regente, enviou uma longa petição ao Santo Ofício da Inquisição pedindo autorização para levar a menina de volta para a Casa dos Catecúmenos. Sua petição citava vários precedentes e as decisões de uma variedade de papas. Todas elas concordavam que uma criança judia que fora batizada – com ou sem o conhecimento deles – não podia ser devolvida aos pais, pois com eles seria certamente desviada de sua religião. Seria então culpada de apostasia, um dos piores pecados imagináveis.

A 5 de julho de 1815, sob a presidência do papa Pio VII, os inquisidores desautorizaram o vice-regente e ordenaram que, enquanto o caso estava pendente, a criança devia ser devolvida à Casa dos Catecúmenos e abrigada em seu mosteiro. Seis meses depois, a 10 de janeiro de 1816, o Santo Ofício emitiu sua decisão final. O batismo de Rosa na rua do gueto era válido e ela não podia ser devolvida a seus pais judeus. Deveria permanecer no mosteiro da Casa dos Catecúmenos. A Igreja ganhara mais uma alma judaica.[14]

Uma outra questão não resolvida havia atormentado o reitor em seus anos de exílio na Córsega, um caso particularmente irritante, porque acontecera tão perto de casa. Em 1804, Salvatore Tivoli, então com 24 anos, aparecera à porta da Casa dos Catecúmenos e dissera ao reitor que queria se converter. Após um período de preparação, foi levado à pia batismal em dezembro daquele ano e batizado por um dos mais eminentes cardeais da Igreja, Giuseppe Albani. Em comemoração dessa honra, Tivoli recebeu o novo sobrenome de Labani, um anagrama de seu protetor. Não tendo para onde ir – estando proibido de voltar ao gueto e não tendo nenhum emprego – Giuseppe (porque ele recebeu o prenome do cardeal também) foi admitido pelo próprio reitor para servir como cozinheiro nos Catecúmenos.

Uma manhã, cerca de um ano depois, Giuseppe desapareceu. Alguns meses mais tarde, o reitor ficou sabendo que seu ex-cozinheiro fora visto a bordo de um navio que zarpava para a Turquia. Posteriormente, o reitor descobriu que Giuseppe, usando seu antigo nome, Salvatore, havia se estabelecido no bairro judeu de Adrianópolis, tendo abandonado sua nova religião. O reitor não conseguia tirar o caso do convertido apóstata da cabeça. Sua ira foi tanto maior quando, após a anexação francesa do grão-ducado da Toscana em 1808, ouviu rumores de que Tivoli se mudara para lá, e morava com os judeus em Livorno, certo de sua segurança. Durante sua remoção para a Córsega, Dom Filippo passara muitos meses ruminando essa história. "Durante todo esse tempo", ele lembrou mais tarde, "embora sempre confiando que Deus, em sua misericórdia, poria fim ao flagelo [i.e., a ocupação francesa] que Ele enviara para punir toda a humanidade, nunca parei de pensar na necessidade de remediar esse ultraje."

De fato, assim que foi libertado da custódia, Dom Filippo partiu para Livorno para providenciar a prisão do apóstata. Ao chegar lá, foi reconhecido e cumprimentado por um homem que vinha exatamente da paróquia cuja igreja ficava ao lado da Casa dos Catecúmenos em Roma. Quando o reitor explicou por que estava em Livorno, o homem lhe disse que sabia onde Tivoli morava, acrescentando algo que atiçou especialmente o interesse do reitor: não só o apóstata se casara recentemente, como sua mulher, Rebecca, estava grávida de oito meses.

Depois de fracassar em suas primeiras tentativas de fazer com que funcionários do grão-ducado prendessem Salvatore e sua mulher grávida, Dom Filippo pediu ajuda ao Vaticano. Em resposta, o secretário de Estado em exercício, Pacca, instruiu o cônsul pontifício na Toscana a pedir a prisão do casal Tivoli, sob a alegação de que eram procurados nos Estados Papais pelos crimes de apostasia e cumplicidade na apostasia. Quando sua primeira solicitação ao governador de Livorno ficou sem resposta, o cônsul intensificou a pressão diplomática. No dia 6 de junho, enviou uma segunda carta, deixando claro que estava agindo em nome do próprio papa. "Recebi de Sua Santidade", escreveu o cônsul, "através do Eminentíssimo Secretário de Estado, as ordens mais precisas e peremptórias. Sua Santidade me informa que a prisão dessas pessoas tem para ele a maior importância. Pede-me para agir oficialmente, assumindo os poderes do núncio papal em nome de Sua Sagrada Pessoa no Imperial e Real Governo Toscano. Ordena-me que requeira não apenas essa prisão, mas também assistência policial para levá-la a cabo."

Dez dias depois, Rebecca foi apanhada em Pisa e detida. Como parecia prestes a dar à luz a qualquer momento, foi levada não para a cadeia mas para um hospital e, de fato, deu à luz no dia seguinte. O cônsul papal interrogou-a em seu leito hospitalar, pois seu marido continuava solto. Quando ficou sabendo que, em observância às leis alimentares judaicas, Rebecca estava recusando a comida do hospital e recebendo suas refeições da família, o cônsul exigiu que essa prática fosse sustada. Temia, disse ele, que os judeus tentassem envenenar tanto a mulher quanto sua filhinha recém-nascida.

Os judeus de Livorno, que gozavam havia muito de direitos negados aos judeus de outros lugares da Itália, ficaram indignados e se queixaram às autoridades locais de que seus direitos estavam sendo atropelados. À medida que o caso se arrastava, o cardeal Pacca escreveu novamente, desta vez endereçando sua carta diretamente às autoridades toscanas. Pedia agora a prisão não só de Salvatore Tivoli e sua mulher mas também do irmão, da irmã e da mãe de Tivoli, bem como dos pais de Rebecca. Esses familiares, todos judeus, foram acusados de cumplicidade com a apostasia. O cardeal Pacca pediu ainda que o bebê fosse tomado da mãe e enviado para a Casa dos Catecúmenos.

Diante dessas pressões antagônicas, a Secretaria de Estado toscana chegou a uma decisão um mês depois: Salvatore Tivoli seria preso assim que fosse possível encontrá-lo, e entregue às autoridades do Vaticano. A criança seria igualmente tomada da mãe e enviada para a Casa dos Catecúmenos de Livorno, onde ficaria à disposição da Santa Sé. Mas a mãe da criança, assim como os outros parentes, não eram culpados aos olhos do governo toscano de nenhum crime e deveriam ser libertados.

O cardeal Pacca tomou as providências necessárias e a menina foi levada para Roma nos braços de uma ama-de-leite. Ela já fora batizada em Livorno – tendo o cônsul papal local lhe servido de padrinho – e recebera o nome Fortunata. Sua certidão de batismo a classifica como filha ilegítima, pois aos olhos da Igreja seu pai, embora um apóstata, continuava sendo um cristão, e não podia haver casamento válido entre um cristão e uma judia.[15]

Esses dois casos – ambos envolvendo o papa Pio VII e o batismo forçado de um bebê judeu – mostram a rapidez com que a Igreja tratou de se valer, em 1814-1815, de seus poderes de polícia recém-restabelecidos para impor seu programa de conversão dos judeus.

O caso de Maddalena, a viúva católica que batizou sub-repticiamente a criança no gueto, reflete uma prática que tivera curso durante séculos, e gerara uma interminável torrente de protestos dos judeus. Longe de se extinguir no século XIX, esses batismos forçados continuaram. Em reação aos pedidos de misericórdia que vinham dos pais cujos bebês haviam sido capturados pela polícia papal, as autoridades do Vaticano se aferravam à mesma posição que os papas haviam adotado durante séculos: os cristãos não deviam sair por aí batizando crianças judias contra a vontade de seus pais. No entanto, uma vez realizado, um batismo era válido, mesmo nos casos em que era ilícito. O Espírito Santo penetrara na criança, e no ato do batismo a alma da criança fora regenerada pelo espírito de Cristo. Um ato de Deus como esse não podia ser desfeito por meros seres humanos. Aquela criança agora era um católico, e não podia ser criada por pais judeus, pois eles solapariam a santa transformação. Na prática, isso significava que sempre que autoridades cristãs eram informadas sobre um desses batismos, davam ordem à polícia local de retirar a criança da casa dos pais e transportá-la para a Casa dos Catecúmenos (fosse em Roma ou na cidade em que os pais e a criança moravam).

A Igreja, contudo, nem sempre considerava uma má coisa que um cristão batizasse uma criança pequena secretamente, contra os desejos dos pais. As decisões do papa Benedito XIV nesses casos, em meados do século XVIII, continuaram sendo a lei canônica em vigor sobre a matéria, ao longo de todo o século XIX (e, de fato, até certa altura do século XX também). O papa declarou: "Caso encontre uma criança judia em perigo de morte, um cristão fará por certo algo de louvável e extremamente agradável a Deus ao proporcionar saúde eterna à criança através da água do batismo."[16] Por essa razão, o argumento de Maddalena de que Rachel lhe dissera que a pequenina Rosa era doentia, e, no relato de Maddalena, "podia morrer a qualquer momento", foi significativo. Não afetava a validade que o batismo poderia ter ou não, pois essa validade dependia somente da obediência ao rito apropriado. Mas a saúde da criança era central, quando se tratava de determinar se, aos olhos da Igreja, Maddalena agira bem ou mal.

Para os cardeais que integravam a Congregação do Santo Ofício da Inquisição, a questão crucial em casos de batismo forçado era determinar se o rito batismal apropriado fora seguido. Dois elementos tornavam esse rito válido e seus efeitos irrevogáveis. A fórmula batismal correta tinha de ser pronunciada enquanto a água era derramada sobre a cabeça da criança, e a pessoa que fazia o batismo tinha de ter a intenção correta – isto é, pretender seriamente que a criança fosse regenerada no espírito de Cristo. A fórmula era bastante simples: "Eu te batizo em nome do Pai, do Filho e do Espírito Santo." A água podia vir de qualquer lugar, até da rua, como no caso de Maddalena, contanto que fosse clara. Tampouco era preciso um padre para oficiar um batismo. Na verdade, a lei canônica não exigia sequer que a pessoa que batizava fosse um cristão. Até judeus podiam administrar um batismo válido, desde que seguissem o rito correto e tivessem a intenção correta.

A questão do que constituía um batismo válido esteve no cerne do caso de Perla Bises. A saga começou fora de Roma em 1814, quando duas meninas judias, Perla, de 11 anos, e sua irmã Sara, de seis, ficaram amigas de duas meninas cristãs, também irmãs, Maria, de 15 anos, e Giacinta, de seis. Um dia, Maria e Giacinta se aproximaram da pequena Sara perto da casa dela e a convidaram para se juntar a elas. Levaram-na à igreja local, onde, parando junto à pia de água benta perto da porta, Maria apanhou um pouco d'água na mão em concha e derramou-a sobre a cabeça de Sara, dizendo: "Sara, agora tu és uma cristã também, porque joguei Água Benta em tua cabeça." Com a água pingando de seu cabelo, Sara caiu em pranto e correu para casa para contar aos pais o que as amigas tinham feito.

Tivessem eles ouvido uma história como essa apenas um ano antes, os pais de Sara não teriam ficado excessivamente preocupados, mas os tempos eram outros. O papa acabara de retornar a Roma, o gueto estava sendo restaurado e a Inquisição, ressuscitada; os judeus estavam de novo vivendo no medo e na ansiedade. Temendo que a notícia do suposto batismo pudesse chegar a autoridades eclesiásticas a qualquer momento, os pais de Sara juntaram suas coisas e partiram os quatro para Livorno, onde, pensavam, estariam fora do alcance da Inquisição e da polícia papal.

Ali viveram, sem ser perturbados, durante três anos. Pelo que se via, se Maria alguma vez contara a alguém o que fizera com sua amiguinha judia, nem os inquisidores nem o reitor da Casa dos Catecúmenos tinham tido notícia disso. Após três anos em Livorno, confiantes de que o perigo passara, Lazzaro Bises, a mulher e as duas filhas voltaram a seu antigo lar. Era agosto de 1817.

O caso dos Bises tomou então um rumo estranho. A experiência de Sara na igreja continuava a obsedar sua irmã mais velha, Perla, que passou a ter crescente interesse pela idéia do batismo e de tornar-se cristã. A 8 de fevereiro de 1818, Perla, então com 15 anos, escapuliu de casa e foi até a Casa dos Catecúmenos, onde contou sua história ao reitor. Não só queria ser batizada, disse, como, acreditando que sua irmã já fora batizada, queria que o reitor a mandasse trazer para a Casa dos Catecúmenos também. Sem se fazer de rogado, Dom Filippo preparou cuidadosamente uma petição ao Santo Ofício da Inquisição, pedindo que se tomassem as medidas para trazer Sara e determinar se ela fora batizada.

Alguns dias depois, ele recebeu uma resposta, contendo instruções inusitadamente detalhadas. As duas irmãs cristãs, Maria e Giacinta, deveriam ser interrogadas, mas devia-se tomar cuidado para que não falassem a ninguém sobre a investigação. O secretário do Santo Ofício acrescentava que, em casos dessa espécie, tal juramento de silêncio era particularmente importante para impedir os gritos de indignação que provavelmente se ergueriam entre os judeus, caso eles soubessem dos procedimentos. Se a investigação determinasse que Sara havia sido batizada, ela deveria ser imediatamente capturada e enviada aos Catecúmenos.

Curiosamente, o secretário do Santo Ofício pôs-se um tanto na defensiva em suas instruções ao reitor: "Deve-se presumir que os judeus oporão toda a resistência que puderem para evitar que a menina lhes seja tomada. Por isso é aconselhável preparar as Atas dos procedimentos da maneira mais precisa, de modo que elas mostrem claramente a meticulosidade com que a Igreja procedeu, removendo assim qualquer pretexto possível que os judeus possam ter."

Uma investigação foi iniciada, sob a direção de um cardeal. Depois de interrogar as duas meninas, e conversar com os pais delas, o cardeal concluiu que o que ocorrera fora "uma simples brincadeira entre meninas", e que portanto a intenção correta necessária para um batismo válido estivera ausente. Ademais, a fórmula batismal apropriada não fora em absoluto pronunciada no momento em que Maria derramara a água na cabeça de Sara. Em conseqüência, Sara ficou com sua família. Foi a única filha que restou aos pais, pois Perla permaneceu na Casa dos Catecúmenos. A 2 de julho de 1818, foi batizada.[17]

Numa variante por vezes horripilante desses casos de luta por judeus batizados, surgiram nesses anos vários casos em que a batalha foi travada não em torno dos vivos, mas dos mortos.

Em janeiro de 1820, no grão-ducado da Toscana, onde, como vimos, o governo dava em geral maior proteção aos judeus, uma parteira cristã batizou secretamente a filha recém-nascida de Abram Castiglione.[18] Quando a criança morreu alguns dias depois, a parteira contou ao padre do lugar o que fizera, e ele insistiu em que a menina fosse enterrada no cemitério da igreja. Os protestos do pai, secundados pelos da influente comunidade judaica de Livorno, levaram as autoridades do grão-ducado a determinar que o pequenino cadáver deveria ser devolvido a Abram e permanecer com ele até que se pudesse chegar a uma decisão final. Seguiu-se uma investigação eclesiástica conduzida por um conselho composto por três teólogos da Igreja. O conselho concluiu que o batismo fora de fato válido e que o corpo da pequena cristã deveria ser enterrado em solo consagrado. Assim, seis meses após a morte do bebê, seu corpo em decomposição foi desenterrado do cemitério judaico e enterrado junto à igreja local.[19]

Esses casos envolviam tanto jovens quanto velhos. Em novembro de 1851, um ancião, Sabato Pavoncello, morreu num hospital de Roma. Ao aparecer para reclamar o corpo, a família teve um choque ao saber que ele não lhe poderia ser entregue, pois deveria receber um enterro católico. Os representantes do gueto correram ao cardeal vigário para pedir uma explicação e insistir na devolução dos restos de Sabato para um sepultamento judaico. O cardeal, por sua vez, perguntou a dirigentes do hospital o que acontecera. Em resposta, eles lhe mandaram uma declaração redigida pelo capelão católico do hospital.

Tendo sido chamado aquela manhã mesmo ao hospital, ele escreveu, havia sido dirigido ao leito de um judeu agonizante. O capelão suplicou ao homem que abraçasse a santa fé. "Sabato", disse-lhe, "o Messias, o Salvador do Povo de Israel, enviou-me a ti; Ele não quer que esperes mais, porque Ele veio, e quer que sejas batizado, e te tornes um Cristão." Então o capelão pediu: "Se queres ser batizado, e tornar-te um cristão, dá-me um sinal, fecha os olhos" – e aqui o capelão escreveu entre parênteses, "ele os tinha arregalados" – "e agarra minha mão". E – vejam! – continuou o capelão, o moribundo deu-lhe de fato esses dois sinais, fechando os olhos e segurando-lhe a mão com mais firmeza, e então ele o batizou. Revelou-se que aquilo não poderia ter tardado mais. Minutos após receber os ritos do batismo, Sabato morreu.

Para a Igreja, o caso era claro; o ancião morreu como católico, tendo sido válida e apropriadamente batizado, e assim escapando por pouco à condenação eterna. Era um evento a ser celebrado. Seu corpo não podia ser devolvido aos judeus.[20]

Mas ao longo de todas essas décadas do século XIX, enquanto a Igreja conservou seus poderes de polícia nos Estados Papais, o maior número de batismos forçados não veio de conversões no leito de morte, nem de cristãs como Maddalena, jogando água em crianças que encontravam no gueto. De fato, os agentes mais comuns da desgraça dos judeus em Roma não eram cristãos, mas judeus, e o mais das vezes parentes chegados. Como vimos antes, esses casos envolviam judeus do sexo masculino que se apresentavam voluntariamente nos Catecúmenos e depois "ofertavam" suas mulheres e filhos à Igreja.

No cerne da questão, estava a diretriz da Igreja, aplicada pela polícia de Roma ao longo de toda a primeira metade do século XIX, segundo a qual os judeus que ingressavam na Casa dos Catecúmenos tinham de ofertar à Igreja todos os seus dependentes. Como vimos, os que se apresentavam voluntariamente na casa eram, em sua maioria esmagadora, homens. Como gozavam de autoridade legal sobre mulher e filhos, os homens não só podiam ofertá-los à Igreja, como, de fato, as autoridades eclesiásticas exigiam que o fizessem.

As autoridades da Igreja apresentavam razões adicionais para a retirada da esposa de um homem do gueto contra a vontade dela. Um caso ocorrido em 1815 em Roma levou o consultor teológico da Inquisição a apresentar o seguinte raciocínio: um homem casado tem o direito natural de coabitar com sua mulher. "Mas", ele observou, "é proibido a maridos que se converteram à fé [católica] coabitar com suas mulheres [judias]." Além disso, "é também proibido em tais casos ao convertido ter relações sexuais com uma judia". Dada essa situação, concluiu, "é legítimo fazer com que ela venha para a Casa dos Catecúmenos para um curso de instrução por determinado número de dias, de tal modo que o impedimento, que de outra maneira impossibilitaria a coabitação do casal, possa ser removido".[21]

Em nenhum lugar a força usada pela Igreja contra os judeus, nesse período, foi mais clara que em casos deste tipo. Nos três anos e meio transcorridos de meados de 1814 ao fim de 1818, autoridades eclesiásticas enviaram a polícia ao gueto de Roma em 22 diferentes ocasiões, sempre à noite, para arrancar judeus à força e levá-los para a Casa dos Catecúmenos. Somente nesse breve período, a polícia carregou 17 mulheres casadas, três noivas e 27 crianças. As horas da noite eram horas de medo para os judeus de Roma.[22]

Um resultado comum desses casos era a desintegração da família. Quando Sabato Rosselli, de 63 anos, entrou na Casa dos Catecúmenos no dia 25 de janeiro de 1816, foi-lhe pedido que assinasse uma declaração ofertando sua mulher e seus três filhos. O reitor levou a promessa ao vice-regente, monsenhor Frattini, que ordenou à polícia retirar a mulher e os filhos do homem do gueto aquela noite. Ao chegarem aos Catecúmenos, não eram um grupo feliz. Preziosa, de cinqüenta anos, disse ao reitor que não tinha nenhuma intenção de se converter e por isso foi posta em uma das *stanze degl'Ostinati*, os quartos trancados reservados aos judeus "teimosos". Por mais que tentassem, o reitor e seus colegas não conseguiram chegar a lugar algum com ela. "Sempre persistindo em sua perversidade judaica", relatou o reitor em seu diário, "em vinte dias ela nunca deu o menor sinal de esperança para sua conversão." Em vez de gastar mais energia com ela, o vice-regente ordenou que fosse mandada de volta para o gueto.

Tal como a mãe, Moisés, de 18 anos, foi posto em confinamento solitário ao chegar. Nos primeiros dias que passou ali, o reitor relembrou, o rapaz permaneceu amuado e indiferente. O reitor culpava por isso as ameaças e os subornos feitos pelos judeus no gueto antes que a família fosse levada. Era em parte por essa razão – de que as autoridades suspeitavam em todos os casos em que judeus trazidos pela polícia se recusavam a se converter – que o reitor tinha sempre tanta pressa em ver as famílias retiradas do gueto. Uma vez que se ficava sabendo no gueto que um dos que ali viviam ingressara nos Catecúmenos, os membros da família eram, acreditava o reitor, sujeitos a intensa pressão por outros judeus, que os amedrontavam e subornavam para que resistissem às seduções sagradas que logo encontrariam.

Vez por outra, contudo, lembrou o reitor, Moisés parecia estar mudando de opinião: "Tendo visto por experiência a falsidade do que os judeus lhe haviam dito, começou a responder às interrogações e a pegar alguns livros [religiosos] para ler. Tudo isso deu um vislumbre de esperança de que veria a razão." Mas essas esperanças, no caso de Moisés, logo se frustraram. "A leitura dos livros, a contínua discussão das superstições falsas e fantasiosas dos rabinos, convenceu-o em parte em favor da Religião Católica, mas as promessas que os judeus lhe haviam feito o fortaleciam em seu desejo de retornar ao Gueto." Vendo que nem Moisés nem seu irmão de 16 anos, Alessandro, cederiam, o vice-regente ordenou que fossem ambos levados de volta para o gueto, apenas uma semana após o retorno de sua mãe.

O reitor teve mais sucesso com Salomão, de 15 anos. Uma vez que a recalcitrante mãe do menino foi tirada do caminho, e o reitor e os outros padres puderam passar horas com ele todos os dias, o menino cedeu. Foi batizado pouco mais de um mês após sua chegada a Roma, a 27 de fevereiro. Seu pai foi levado à pia sagrada três meses depois.[23]

Embora tivesse fracassado com Preziosa, o reitor tinha razões para não desistir muito depressa com essas mulheres. Muitas judias que, ao chegar aos Catecúmenos, diziam que nunca abandonariam sua religião tinham sido mais tarde convencidas a mudar de idéia. As autoridades eclesiásticas tinham uma arma poderosa para usar nessa luta pelas almas dessas mulheres teimosas, pelo menos no caso das que tinham filhos pequenos. Dizia-se às mulheres que, independentemente do que elas ou seus maridos fizessem, seus filhos logo seriam batizados. Autoridades eclesiásticas não devolviam crianças batizadas a seus pais judeus em nenhuma circunstância. Em suma, as mulheres tinham uma escolha simples. Podiam aceitar o batismo e com isso manter seus filhos, ou abandonar a Casa dos Catecúmenos sem eles.

Como vimos, apesar dessas pressões, muitas jovens mulheres permaneciam "obstinadas" até o fim, e voltavam para o gueto sabendo que jamais veriam seus filhos de novo. Foi o que ocorreu quando um outro jovem do gueto, Giuseppe Funaro, apresentou-se na Casa dos Catecúmenos em junho de 1815. Nessa noite, após a promessa de Giuseppe, a polícia entrou no gueto e capturou sua esposa de 22 anos, Fiore, e o filho de oito meses do casal, Angelo. Fiore foi posta num quarto para os *ostinati* e, embora seu filho tenha sido batizado apenas 12 dias após a chegada deles, e lhe fosse dito que o perderia se persistisse em sua obstinação, ela só se tornou mais intratável à medida que transcorria o mês que passou encerrada ali. No fim de julho foi, nas palavras do reitor, "mandada de volta para os judeus".[24]

Podemos apenas imaginar a pressão enfrentada por essas mulheres durante as semanas que passavam nos Catecúmenos. Tomemos o caso de Ezekiel Piatelli, um homem de 33 anos do gueto que chegou à Casa dos Catecúmenos no início de 1818. Quando o reitor lhe perguntou se era casado e se tinha filhos, ele contou que tinha uma mulher, Regina, de 25 anos, e dois filhos pequenos, uma menina de três anos, Anna, e Lazzar, nascido havia apenas três meses. Horas depois da chegada de Ezekiel, a polícia já fora enviada ao gueto e entregara a jovem e seus dois filhinhos aos Catecúmenos.

Tal como o reitor conta a história, Regina foi obstinada no início, mas, miraculosamente, passou a ver a luz. "Mal havia chegado", ele recordou, "ela pediu para ser posta no quarto para os *ostinati*, desejando unicamente voltar ao gueto. Passados apenas alguns dias, porém, mediante a graça do Senhor, declarou que queria abraçar a [verdadeira] religião." De fato, quatro meses depois foi batizada, e portanto jamais voltaria ao gueto. O que o reitor deixou de mencionar é que seus dois filhos tinham sido batizados apenas três dias após a chegada da família aos Catecúmenos.[25]

Problemas especiais surgiam quando se pensava que a mulher ofertada pelo marido à Casa dos Catecúmenos estava grávida, pois nesses casos havia duas almas, não uma, a salvar. E embora não pudesse batizar adultos sem o consentimento deles, no caso de um feto, e de um recém-nascido, não se precisava obter nenhum consentimento. O desdobramento desses princípios na prática dos Catecúmenos pode ser visto em vários relatos desses casos registrados nos diários dos reitores nesses anos

Setembro de 1823 foi um mês memorável na Cidade Santa. Pio VII, que já ocupava a cadeira de São Pedro havia mais de duas décadas, tendo sobrevivido à invasão napoleônica e ao exílio, e depois retornado em triunfo para Roma, acabara de morrer. O conclave de cardeais convocado para eleger seu sucessor fora inaugurado no segundo dia do mês. No dia 13, enquanto suas deliberações ainda prosseguiam, um homem de 38 anos do gueto, Pellegrino Toscano, apresentou-se ao reitor dos Catecúmenos. O reitor tinha desculpas para estar com a cabeça em outro lugar, pois Roma inteira estava tomada por rumores sobre quem seria o próximo papa. Dom Filippo estava especialmente interessado nas últimas notícias porque o homem responsável pelos Catecúmenos, o cardeal vigário de Roma, Annibale della Genga, embora não encarado originalmente como uma escolha provável, estava emergindo como um dos principais contendores.

Naquela noite, no entanto, o reitor estava aborrecido. Depois de obter de Pellegrino a "oferta" autenticada que permitia ao vicariato obter autorização para mandar a polícia ao gueto, descobriu que as autoridades cuja aprovação era necessária não estavam disponíveis.

Na verdade, o reitor teve de esperar apenas mais um dia pela autorização para ter a mulher de Pellegrino, Flaminia, capturada e trazida. Nesse meio tempo, porém, desenvolvera-se uma situação desagradável. Pouco depois de dizer a Dom Filippo que era casado e que sua mulher estava grávida de seis meses, tendo então assinado a oferta de sua mulher e de seu filho em gestação, o judeu mudara de idéia. A tinta em que a oferta fora escrita mal havia secado quando Pellegrino apareceu nas salas do reitor e lhe disse que não queria mais se tornar cristão. Além disso, informou ao reitor que estava retirando a oferta que fizera: sua mulher e o bebê que eles esperavam deviam ser deixados em paz. Mas uma surpresa desagradável esperava Pellegrino: "Disse a ele", o reitor lembrou mais tarde, "que já não era mais tempo para ele retirar a oferta que fizera, que sua mulher teria de vir e que, se seu filho viesse a nascer, teria de ser batizado."

Pellegrino ficou abalado com a resposta do reitor, mas ao longo das semanas seguintes nunca voltou a mudar de idéia. Não queria ter mais nada a ver com a Igreja e, terminados os seus quarenta dias obrigatórios nos Catecúmenos, voltou para o gueto. Sua mulher, contudo, era uma história diferente, porque o bebê que carregava fora prometido à Igreja, e assim, enquanto ela continuasse sendo judia, ele não lhe pertencia.

Apesar de todas as súplicas do reitor e dos outros padres e freiras que vinham a cada dia tentar argumentar com ela, Flaminia continuou obstinada. Quando o período de quarenta dias terminou, pediu para ir para casa, como o fizera seu marido. Mas os procedimentos que governavam a Casa dos Catecúmenos especificavam que o limite de quarenta dias para os *ostinati* não se aplicava a mulheres grávidas, que deviam permanecer no mosteiro até dar à luz, de modo que seu bebê pudesse ser protegido.

Enquanto foi mantida ali, Flaminia se recusou a comer a comida que lhe era dada, porque não era kosher. Soluçava e gemia da manhã à noite, queixando-se de estar trancada naquele quarto e das constantes arengas que padres e freiras lhe dirigiam.

Em conseqüência da comoção que Flaminia provocou, e do apoio que obteve dos funcionários do gueto, o cardeal vigário em exercício – o vigário anterior, Annibale della Genga tendo sido nesse ínterim elevado ao papado – anunciou que a mulher podia voltar para o gueto, mas somente sob certas condições. Os três *fattori* do gueto seriam chamados ao Tribunal e teriam de assinar a promessa de notificar as autoridades da Igreja assim que Flaminia entrasse em trabalho de parto, de modo que uma parteira cristã de confiança pudesse ser enviada para cuidar do nascimento. O vigário em exercício ameaçou os *fattori* com as mais duras punições se algo de "sinistro" acontecesse com o bebê ainda não nascido.

No dia 23 de dezembro, Flaminia entrou em trabalho de parto e os representantes do gueto, como haviam prometido, notificaram o gabinete do cardeal vigário, que por sua vez informou Dom Filippo. O reitor mandou buscar uma parteira, que ficou ao lado de Flaminia durante toda a noite e fez o parto de um garotinho na manhã seguinte. Assim que terminou de lavar e enfaixar o recém-nascido, a parteira se despediu da mãe e levou o menino para os Catecúmenos. Dois dias depois, o bebê foi batizado, com o coronel Filippo Silveni, oficial do exército pontifício, servindo-lhe de padrinho e dando-lhe o nome de Filippo Salvini. Como era costume em casos como esse, a conta pelos serviços da parteira foi mandada para os judeus.[26]

Enquanto esses dramas familiares envolviam em geral mulheres e crianças, era um outro tipo de "oferta" que provocava o maior tumulto no gueto. Isso ocorria quando a polícia vinha capturar judeus que não eram dependentes familiares diretos da pessoa que estava fazendo a oferta. Foi o que aconteceu quando, num dia de 1816, um frágil judeu de oitenta anos chamado David Citone foi até a via Madonna dei Monti e entrou pela porta dos Catecúmenos. Quando o reitor descobriu que, além de mulher, ele tinha um filho adulto que tinha uma criança pequena, providenciou para que tanto a mulher quanto a neta de quatro anos de Citone fossem capturadas pela polícia e levadas aos Catecúmenos. A tempestade de protestos promovida em seguida pelos judeus, que afirmavam não só que o homem era senil, mas que a autoridade legal pela menina pertencia ao pai dela, levou a prolongadas deliberações pelo Santo Ofício. Essas deliberações mal haviam começado quando o velho morreu, mas o Santo Ofício, em sua autoridade, determinou que sua oferta fora válida quando feita, e assim permanecia, a despeito de sua morte. A menina, cujos pais haviam suplicado em vão o direito de visitá-la, enquanto o caso estava sendo adjudicado, foi batizada e instalada no mosteiro dos Catecúmenos.[27]

Casos como esses poderiam ser multiplicados, mas a história que contam mudaria pouco. É certamente possível encontrar variações: jovens que ofereciam mulheres sob a alegação de que eram suas noivas, mas estas, uma vez levadas pela polícia aos Catecúmenos, diziam nunca ter havido noivado algum; mulheres e meninos que, depois que alguma testemunha afirmava terem eles expressado à toa um interesse em se tornar cristãos, eram levados à força para a Casa dos Catecúmenos pela polícia, encarcerados em quartos trancados, e expostos às súplicas e bajulações de uma sucessão de clérigos para que abraçassem a verdadeira fé. Além disso, havia todos os casos de crianças – um em 1863 com um menino de apenas nove anos – que apareciam à porta dos Catecúmenos e diziam querer deixar os pais e ser acolhidos pela Igreja. Seguiam-se os previsíveis protestos do gueto, juntamente com a previsível decisão das autoridades da Igreja em favor da Religião.

O sentimento de medo que pairava sobre o gueto nos anos que se seguiram ao retorno do papa a Roma, produzido pelas freqüentes incursões noturnas da polícia e da captura de mulheres e crianças, perdurou enquanto perduraram os Estados Papais. Mas os primeiros anos da restauração do regime papal foram os piores para os judeus sob esse aspecto, embora, como veremos, sob outros aspectos os sucessores de Pio VII o fizeram parecer magnânimo no tratamento que deu aos judeus. Nos quatro anos e meio que foram de meados de 1814 – quando a Casa dos Catecúmenos foi restabelecida – ao fim de 1818, sessenta mulheres e crianças foram arrancadas à força do gueto de Roma e confinadas na Casa dos Catecúmenos. Algumas voltaram; para as crianças pequenas, porém, era uma viagem sem volta.[28]

3

O gueto

A eleição de Annibale della Genga para suceder Pio VII em 1823 chegou como uma surpresa. Nicholas Wiseman, arcebispo de Westminster, recordou mais tarde a cena em que os cardeais entraram na capela Sistina para iniciar suas deliberações. "Talvez nem uma só pessoa ali presente", ele escreveu, "notasse um integrante daquela procissão, alto e emaciado, de andar trôpego e semblante pálido, como se tivesse acabado de se levantar do leito da doença para penetrar no da morte."[1] Embora Della Genga fosse então o cardeal vigário de Roma, poucos o conheciam, quer na Itália quer no exterior, em parte porque passava vários meses a cada ano confinado ao leito. Ninguém pensou nele inicialmente como um candidato plausível para o papado, mas, como era freqüente, também dessa vez duas facções principais polarizaram o conclave, cada uma com seu próprio candidato, e ambas foram incapazes de obter os votos necessários para a eleição. Dessa vez, também, a busca de uma outra pessoa no último instante levou a uma escolha inesperada.

O conclave que elegeu o combalido vigário só pode ser compreendido à luz do ressentimento que muitos cardeais alimentavam em relação a Ercole Consalvi, por tanto tempo secretário de Estado de Pio VII. Os esforços de Consalvi para modernizar a Igreja haviam se chocado com a persistente hostilidade da hierarquia da Igreja. Suas tentativas de limitar os privilégios da nobreza tampouco lhe haviam valido amigos entre os cardeais, quase todos originários de famílias nobres. Enquanto Pio VII viveu, os outros cardeais tiveram pouca escolha senão conter sua raiva, ao mesmo tempo que faziam tudo que estava ao seu alcance para frustrar as reformas de Consalvi. Agora, porém, estavam ansiosos por ver as políticas modernizantes do secretário – aquelas medidas modestas que ele fora capaz de tomar, apesar da oposição dos *zelanti* – derrubadas.

Em contraste com seu desprestígio entre seus colegas cardeais, Consalvi era tido em alta conta pelos governantes das grandes potências européias. Entre seus admiradores, nenhum era mais importante que o príncipe Klemens von Metternich, chanceler da Áustria e arquiteto do congresso da paz de Viena, que promovera a restauração após a derrota de Napoleão. Temendo que o modesto movimento modernizante da Igreja fosse sabotado pela eleição de um dos *zelanti*, Metternich entrou em contato com os líderes de outras nações católicas, numa vã tentativa de organizar apoio para a eleição do próprio Consalvi.

Com o avançar da eleição, pareceu que os piores temores de Metternich estavam prestes a se confirmar, pois o paladino dos *zelanti*, cardeal Antonio Severoli, logo se aproximou dos dois terços dos votos de que precisava para a eleição. Nesse momento, o estadista austríaco interveio. As cortes da Áustria, França e Espanha tinham todas o direito de excluir um candidato da eleição, desde que o fizessem antes que este recebesse os dois terços necessários. Quando Severoli se aproximou da vitória, Metternich mandou seu representante no conclave, cardeal Giuseppe Albani, anunciar a exclusão. Os *zelanti* ficaram indignados, mas logo se reagruparam, e Severoli pediu aos que o haviam apoiado que concentrassem seus votos em outro dos opositores de Consalvi, Annibale della Genga.[2]

"Os senhores elegeram um cadáver!" exclamou o enfermo cardeal vigário quando informado de sua eleição.

Della Genga tomou o nome Leão XII, um tributo ao papa Leão XI, o pontífice que conferira status de nobreza a seus ancestrais dois séculos antes. Um produto da Academia dos Eclesiásticos Nobres, iniciara uma carreira diplomática que terminara mal. Após servir como núncio de Pio VI na Suíça e na Alemanha, fora enviado à conferência de paz de Paris em 1814 por Pio VII antes que Consalvi retornasse do exílio. Viajara lentamente para Paris, levando 22 dias para chegar à capital francesa. Consalvi, com que o papa finalmente conseguira entrar em contato, chegou a Paris apenas alguns dias depois de Della Genga e ficou enfurecido ao saber que ele viajara num ritmo tão descansado que perdera as negociações iniciais. Seguiu-se uma cena extremamente desagradável, em que Consalvi acusou Della Genga de incompetência. O episódio teve conseqüências de longo prazo, pois marcou uma guinada na relação dos dois homens. Della Genga juntou-se aos *zelanti*, aqueles cardeais hostis a qualquer mudança, e com eles fez tudo o que pôde para frustrar os esforços do secretário de Estado para reformar os Estados Papais.

Apesar do desonroso retorno de Paris de Della Genga, em 1814, dois anos depois, Pio VII nomeou-o cardeal, e o pôs à frente da arquidiocese de Senigaglia. O novo cardeal, que alegava ser o ar de Senigaglia ruim para a sua saúde, renunciou ao posto dois anos mais tarde sem nunca ter posto os pés em sua arquidiocese. Dois anos depois disso, em 1820, quando o prestigioso cargo de vigário de Roma ficou vacante, Pio VII o nomeou para ocupá-lo.

Ao se tornar papa, Leão XII nomeou seu colega *zelanti*, cardeal Giulio della Somaglia, que o precedera como cardeal vigário de Roma, para substituir Consalvi como secretário de Estado. Na comunidade diplomática, a mudança inspirou pouca confiança no novo papa, pois Della Somaglia, então com 84 anos, passava boa parte do dia repousando.

O novo pontífice tampouco estava destinado a ser benquisto pelo povo de Roma. Pouco após sua sucessão, ele iniciou uma austera campanha de moralidade: a polícia recebeu ordens de impedir as tabernas de servir álcool, a valsa foi atacada como obscena, as estátuas de mulheres nuas foram retiradas da vista do público e todo homem encontrado seguindo os passos de uma mulher muito de perto devia ser preso. A campanha provocou a ira e a zombaria popular. De costume, os papas recebiam gritos de aclamação quando apareciam nas ruas da cidade; onde Leão XII passava, era saudado apenas por um silêncio turrão. Sensível a essa hostilidade, evitava sair.

Os *zelanti*, em contraposição, estavam satisfeitos. As reformas de Consalvi foram abandonadas. Uma censura mais rigorosa à imprensa foi estabelecida, os privilégios do alto clero que Pio VII abolira foram restaurados, e a oposição popular ao regime foi sufocada.

Os Estados Papais estavam em efervescência. Um bom exemplo era Ravenna, no norte. Confrontando-se com uma rede crescente de grupos clandestinos empenhados na derrubada do Estado teocrático, Leão XII enviou à cidade o inflexível cardeal Agostino Rivarola. O cardeal começou a erradicar os subversivos, supervisionando julgamentos em que quinhentas pessoas eram condenadas, e várias, executadas. Quando, em reação, o secretário de Rivarola foi assassinado, as prisões se multiplicaram. Autoridades papais ordenaram que vários rebeldes fossem enforcados, seus corpos deixados à vista do público para servir de advertência para outros. Nesse meio tempo, em Roma, o papa ajudava a definir o novo tom, recusando-se a comutar as penas de morte de dois líderes de uma célula revolucionária local que buscava a derrubada do domínio papal. Os dois rapazes foram enforcados em Roma em novembro de 1825.[3]

Os judeus ocuparam um lugar central nessa campanha de "recristianização". Abraçar as virtudes do passado e purgar o presente de todas as excrescências dos tempos modernos significava assegurar que os judeus ficassem confinados ao lugar que lhes fora divinamente destinado. Como cardeal vigário de Roma, Della Genga ficara indignado ao descobrir que nem todos os judeus da Cidade Santa haviam retornado a seu gueto após a restauração do regime papal. Um de seus principais projetos como cardeal vigário fora superintender uma modesta ampliação do gueto, para minar a queixa dos judeus de que todos eles não podiam caber no espaço apinhado entre os velhos muros do gueto. Agora, como papa, ele redobrou esses esforços. Em 1823, num de seus primeiros atos pontifícios, Leão XII ordenou a volta dos judeus ao gueto, como forma de "sobrepujar as conseqüências funestas da liberdade de que desfrutaram".[4]

Ao lado de sua campanha para fechar o cerco em torno do gueto, Leão XII restaurou um outro pilar da política da Igreja para os judeus: os sermões forçados. A *predica coatta* fora sugerida pela primeira vez ao papa Gregório XIII em 1584 por um ex-rabino convertido, Joseph Tzarphati, que fora batizado pelo próprio papa Júlio III. Havia muito que os judeus encaravam esses desertores como seus piores inimigos, e o caso de Tzarphati foi ilustrativo. Ele convenceu o papa de que seria possível conquistar mais convertidos obrigando os judeus a ouvir prédicas convertedoras.

Desde então, nas tardes de sábado, depois que os serviços do sabá na sinagoga se encerravam, centenas de judeus eram levados em fila até uma igreja próxima para ouvir, durante uma hora, censuras a seus rabinos, suas crenças e suas práticas. O pregador incumbido dessa missão era geralmente um dominicano – sendo os dominicanos conhecidos por seu zelo e seu conhecimento – e, muitas vezes, ele próprio um judeu convertido. Freqüentemente, o pregador propunha uma perspectiva cristã sobre a porção semanal do Pentateuco que fora lida naquele dia na sinagoga. O comparecimento era rigorosamente imposto. A freqüência com que se exigia que os judeus ouvissem esses sermões variou ao longo dos anos, mas com a chegada dos franceses no final do século XVIII eles foram abolidos.[5] Para grande alívio dos judeus, o papa Pio VII, quando voltou para Roma após a ocupação francesa, não mostrou nenhum interesse em trazê-los de volta. Para Leão XII, no entanto, esse lapso não passava de mais um sinal da fraqueza de seu predecessor.

Entre os beneficiários das novas políticas do papa estava o Santo Ofício da Inquisição, a que Leão XII recorreu em busca de ajuda aos seus esforços.[6] No primeiro ano de seu papado, ele mandou o Santo Ofício investigar em que medida as antigas restrições impostas aos judeus nos Estados Papais continuavam em vigor. O objetivo, como expressou um relatório interno da Inquisição, era "conter a iniqüidade dos judeus obstinados, de modo que o perigo de perversão do católico fiel" pudesse ser evitado. O relatório viu com consternação o fato de alguns judeus viverem fora dos guetos, alguns viajando de um lugar para outro sem as permissões especiais que eram obrigados a obter junto à sede local da diocese ou do inquisidor, e de alguns terem aberto lojas e negócios além dos muros do gueto. A lista de escândalos prosseguia: constava que homens judeus estavam mantendo relações com mulheres cristãs; que famílias judaicas estavam empregando criados e amas-de-leite cristãos; e que era possível ver judeus contratando cocheiros e andando por aí em carruagens, uma ofensa a sensibilidades cristãs. "Numa palavra", concluiu o relatório, "hoje encontram-se cristãos submetidos a judeus, ou pelo menos postos em pé de igualdade com eles, de modo que não subsiste praticamente nenhuma distinção entre eles. Não estamos longe, a esta altura, de vê-los admitidos à cidadania."[7]

Os esforços do novo papa para impor essas restrições aos judeus dependiam da burocracia de controle fornecida pela Inquisição e por várias outras agências dos Estados Papais. Mas tinham também um componente ideológico. Um dos primeiros sinais dessa nova ofensiva ideológica foi a publicação, em 1825, de um longo tratado sobre os judeus na *Revista Eclesiástica* de Roma, que foi posteriormente publicado como livreto separado e impresso quatro vezes em 1825-26. Escrito pelo procurador-geral da ordem dominicana, padre Ferdinand Jabalot, fora diretamente inspirado por Della Genga quando ainda era cardeal vigário de Roma.

O livreto ressuscitava muitas das acusações tradicionais feitas pelos católicos aos judeus: eles eram culpados de deicídio e ensandecidos pela cobiça do lucro e pelo desejo de provocar a ruína dos cristãos. Tão intenso era seu ódio ao cristianismo que nenhum mal era grande demais para eles: "Lavam as mãos em sangue cristão, ateiam fogo às igrejas, pisoteiam a Hóstia consagrada ... seqüestram crianças e extraem todo o seu sangue, violam virgens" e assim por diante.[8]

O número exíguo dos judeus na Itália – constituíam menos de 0,2% da população – não impediu Jabalot de lhes atribuir uma imensa – e perniciosa – influência. "Em muitas partes de nossa terra, os judeus tornaram-se os mais ricos proprietários. Em algumas cidades, não se pode obter dinheiro senão através deles, e o número de hipotecas que detêm sobre cristãos tornou-se tão grande que é por pouco que os cristãos ainda não se tornaram seus vassalos." Quanto ao caráter dos judeus, o retrato dificilmente poderia ser pior: "Por toda parte se ouve falar dos logros e fraudes que cometeram." Muitos deles são "batedores de carteira, trapaceiros, assassinos", e suas casas "são depósitos gerais de toda espécie de mercadoria roubada". Os judeus estão sempre ocupados em "trapacear e ludibriar cristãos", o que não era surpresa, já que o Talmude – a compilação sagrada dos judeus de comentários rabínicos às leis que governam tanto suas crenças religiosas quanto suas práticas sociais – estimulava os judeus a enganar cristãos em todas as oportunidades. Cristãos que tinham a infelicidade de cair nas suas garras, advertia Jabalot, estavam sujeitos a emergir "não só sem a camisa, mas sem a pele".[9]

Além das acusações católicas tradicionais, o texto de Jabalot fornece algumas das sementes do que se tornaria o principal foco das caracterizações dos judeus, mais tarde, no século XIX. Onde quer que vivam, escreveu o dominicano, os judeus "formam um Estado dentro de um Estado". A menos que os cristãos ajam rapidamente, eles "acabarão por conseguir reduzir os cristãos a seus escravos. Ai de nós se fecharmos os olhos! A dominação dos judeus será dura, inflexível, tirânica..."[10] O ano era 1825. Os judeus ainda não tinham recebido plenos direitos em nenhuma parte da Itália, tampouco na maior parte do resto da Europa.

O Papa gostou da obra de Jabalot e pouco tempo após sua publicação designou-o superior mundial da ordem dominicana.[11]

A solicitação feita pelo Santo Ofício, em 1823, de que os bispos e os inquisidores relatassem a situação dos judeus em sua jurisdição desencadeou uma efusão de queixas contra os judeus. Por toda parte, escreveram os bispos e os inquisidores, os judeus estavam desprezando as leis da terra, tentando se agarrar às liberdades que tinham conquistado durante a ocupação francesa.

A cidade de Pesaro, não longe de Ancona, era típica. O inquisidor ali relatou que no outono anterior, durante as festividades locais da colheita, judeus haviam dançado "promiscuamente" com cristãs, o que levara a pensar numa "particular propensão dos judeus a seduzir mulheres cristãs". Os portões do gueto de Pesaro não eram mais fechados à noite e conversas entre cristãos e judeus haviam-se tornado freqüentes; de fato, parecia aos judeus muito natural convidar cristãos para seus casamentos e circuncisões. Algumas famílias judaicas viviam agora fora do gueto, ele relatou. Outras, embora morando dentro dos muros do gueto, empregavam criadas cristãs, e essas mulheres tinham parado de assistir à missa e estavam ignorando os jejuns cristãos. O bispo de Pesaro enviou observações similares, concordando com o inquisidor quanto à necessidade de ação enérgica.[12]

Ao lado desses relatórios oficiais, o papa e o Santo Ofício receberam numerosas denúncias não solicitadas feitas por cidadãos comuns, queixando-se de que as antigas restrições impostas aos judeus não estavam mais sendo aplicadas. Uma carta de 1823 dirigida ao papa foi típica. Ela começava: "O povo de Pesaro, vendo as grandes desordens e os pecados que estão sendo continuamente cometidos em razão do excesso de liberdade dado ao mau e corrompido Povo Judeu ... pede a vossa Santidade que ponha um fim a essa Nação que tiraniza a Cristandade." A carta continuava: "O povo de Pesaro roga a vossa Santidade que tranque os Judeus de novo no Gueto, que os faça fechar os portões, e os faça usar sua insígnia, como era costume antes da invasão do iníquo e perverso Governo Francês."[13]

Tendo recebido os relatórios dos inquisidores e dos bispos, Leão XII conferenciou com os cardeais do Santo Ofício. No final de 1825, ordenou que todos os judeus dos Estados Papais fossem novamente encerrados nos antigos guetos, e que as antigas restrições a seus movimentos e à sua interação com cristãos fossem restabelecidas.

O novo cardeal vigário de Roma registrou a nova determinação a 18 de novembro de 1825. "Os judeus que vivem em Roma", escreveu, "tendo obtido uma expansão do antigo gueto, pela qual foi removido qualquer pretexto razoável que tivessem de superlotação e insalubridade, receberam a ordem formal, definitiva de se separarem totalmente dos cristãos. Devem fechar-se novamente no gueto com todos os seus pertences dentro do prazo estipulado de um mês." As 84 lojas e armazéns que os judeus haviam adquirido fora do gueto deviam ser fechadas.[14]

No ano seguinte, o cardeal vigário emitiu outro edito. "Sua Santidade [Leão XII]", começava, "após ter dado ao longo do ano passado as ordens oportunas para o retorno de todos os judeus ao Gueto... prescreveu recentemente as seguintes ordens adicionais, de modo que os judeus... não deixem os Guetos e fiquem perambulando por aí sem nenhuma licença, como vinham fazendo antes." O vigário foi adiante, para advertir: "A começar deste dia 20 de agosto [1826], nenhum judeu residente no Gueto de Roma poderá sair, mesmo que por um só dia, se não tiver uma autorização por escrito... de nosso Tribunal Criminal, que mencione as legítimas razões de sua ausência." Um judeu que receba tal licença deve, ao chegar ao seu destino, mostrá-la ao bispo ou ao inquisidor do lugar. Ademais, "enquanto estiverem ausentes do Gueto, os Judeus não estarão autorizados a morar com cristãos ou conversar familiarmente com eles".[15]

Por todos os Estados Papais, os judeus ficaram arrasados com essas ordens, acostumados que estavam às liberdades de que tinham gozado durante o reinado de Pio VII. Somente oito cidades tinham guetos: Roma, Ancona e Ferrara – que tinham os maiores –, e Cento, Lugo, Pesaro, Senigaglia e Urbino, cujos guetos eram pequenos. Ao longo dos anos, muitos judeus tinham estabelecido residência em outros lugares. Embora desde a restauração do regime papal em 1814 sua presença neles fosse tecnicamente ilegal, tinham sido tolerados e se sentido razoavelmente seguros. Agora, tudo isso estava mudando: receberam ordem de deixar seus lares e retornar aos guetos de onde tinham vindo. Muitos deles, especialmente os mais jovens, nunca tinham vivido num gueto. Os que já moravam desde antes de 1814 numa das cidades que o papa decretou isentas de judeus tinham dois anos para se mudar; os que haviam se mudado para elas mais recentemente tinham apenas cinco meses.

Em Roma, os judeus redigiram uma petição, que mandaram tanto para o papa quanto para o Santo Ofício, pedindo misericórdia. A ordem, afirmaram, seria desastrosa para eles. Como eram proibidos de exercer profissões ou possuir imóveis, os judeus dependiam inteiramente do comércio para viver. Se fossem obrigados a fechar seus armazéns fora do gueto, seus negócios seriam arruinados, uma vez que não havia espaço para suas mercadorias entre os muros do gueto. Além disso, se não lhes fosse permitido viajar livremente para operar seus negócios, os residentes do gueto seriam reduzidos à miséria: "Os judeus romanos que vendem suas mercadorias nos burgos rurais moram em Roma, onde moram suas esposas e filhos... Como é bem sabido, eles voltam a Roma por ocasião dos feriados e em todas as ocasiões em que seus deveres religiosos e familiares o exigem... trabalham para sustentar as numerosas famílias na Cidade... Quatrocentos ou quinhentos romanos são de uma maneira ou de outra sustentados desse modo, e, se trinta chefes de família fossem forçados a abandonar os lugares onde moram ocasionalmente, muitos infelizes terminariam mergulhando num vórtice de males..."[16]

Mas os judeus não foram os únicos a se opor às novas medidas. Vários bispos manifestaram sua preocupação com os judeus de suas dioceses, muitas vezes na forma de queixas ao Santo Ofício sobre os maus-tratos dispensados aos judeus pelo inquisidor local.

Em carta ao secretário de Estado, o arcebispo de Senigaglia, cardeal Testaferrata, queixou-se do prejuízo que as novas restrições estavam causando à grande feira de Senigaglia. O sucesso da feira dependia da participação dos comerciantes judeus vindos dos guetos de Ancona e Pesaro, mas os inquisidores dessas cidades estavam tornando mais restritiva a concessão de permissões para passar algum tempo em Senigaglia. O arcebispo estava irritado com a insistência dos inquisidores em que todos os judeus que iam para a feira voltassem para casa no máximo três dias após o seu encerramento. Durante muitos anos, escreveu, os judeus tinham tido permissão para permanecer ali por mais tempo para realizar seus negócios, o que beneficiava as pessoas que lhes alugavam lugares para ficar, bem como outras. Agora os judeus estavam ameaçando não voltar.

O arcebispo ficou particularmente transtornado ao saber que os inquisidores tinham dito aos judeus que não bastaria que tivessem suas licenças validadas por ele próprio, o arcebispo; precisariam tê-las referendadas também pelo vigário do inquisidor em Senigaglia. "É quase como se a assinatura de um Bispo ou Cardeal, que não reconhece nenhum superior além do próprio Santo Padre ... tivesse de ser validada por um simples vigário do Santo Ofício." O insulto era ainda maior nesse caso, relatou o arcebispo, porque o homem que fora recentemente designado como vigário pelo inquisidor de Ancona (que tinha autoridade sobre Senigaglia) era um patife. É um homem "perturbado, esquisito", escreveu o arcebispo, um homem notório por vagar pela noite em trajes clericais flertando com mulheres. E, mal fora designado para seu cargo, começara a exigir que os judeus pagassem um novo tributo. Para piorar as coisas, o vigário contratara um bando de canalhas, homens com registros criminais, como seus auxiliares.

O arcebispo concluiu pedindo ao secretário de Estado que levasse o assunto à atenção de Sua Santidade, de modo que aqueles abusos pudessem ser sustados. O secretário de Estado levou a carta ao papa, que por sua vez levou-a ao Santo Ofício para discussão. Os cardeais chegaram a uma conclusão: o arcebispo estava sendo excessivamente indulgente para com os judeus. As novas restrições deviam ser vigorosamente impostas. No entanto, seriam realizadas investigações sobre o caráter do vigário do inquisidor em Senigaglia.[17]

Num episódio semelhante, em janeiro de 1827, o cardeal Leoni, arcebispo de Jesi, escreveu ao assessor do Santo Ofício (o assessor era o prelado que coordenava o trabalho do Santo Ofício), cardeal Olivieri, pedindo uma opinião sobre um assunto que o estava perturbando. Os judeus em sua diocese sempre tinham dependido de cristãos que iam às suas casas no sabá para acender o fogo para eles, de modo que ficassem aquecidos e tivessem luz, porque sua religião lhes proibia acender eles próprios qualquer fogo no dia do descanso. Esse serviço, escreveu o arcebispo, beneficiava não só os judeus como também os cristãos, que obtinham por ele um dinheiro muito necessário.

O cardeal Olivieri não se comoveu: os judeus estavam proibidos de empregar cristãos em suas casas. Não se podia fazer nenhuma exceção.[18]

No ano seguinte, o assessor recebeu outra queixa desse tipo de um clérigo mais graduado, o cardeal Tommaso Bernetti, um ex-protegido do cardeal Consalvi e recém-nomeado secretário de Estado. Numa carta de outubro de 1828 assinalada "confidencial", expedida das salas do Vaticano, o cardeal Bernetti falou de todas as queixas que andara recebendo sobre a nova campanha da Inquisição contra os judeus.

Tornara-se extremamente difícil, escreveu o cardeal, para esses "desafortunados" obter as licenças de que precisavam para realizar seu comércio fora do gueto. O resultado era uma maior pobreza entre os judeus, bem como dificuldades para aqueles cristãos que faziam negócios com eles. Mas, continuou o cardeal, "o que mais me move a me apiedar deles, e de fato me faz estremecer, é o descomedimento com que se está sujeitando os judeus a grandes multas – e à prisão por vários dias, quando não as podem pagar – se são encontrados empregando cristãos em suas casas".

O cardeal também mencionou a necessidade dos judeus de ter o fogo aceso por cristãos no sabá. Contratar cristãos para fazer tal trabalho, assinalou, "lhes é indispensável, pois não o podem fazer eles próprios sem descumprir os preceitos da superstição que professam". Em conseqüência da nova campanha da Igreja, "muitos deles passam longas noites de inverno sem luz e sem calor, com grande dano para sua saúde, e especialmente grande perigo para os jovens e os velhos". Com certeza, a caridade cristã sugeria que as novas restrições fossem modificadas. "Não tenho coragem", escreveu o cardeal, de contestar os que rogam por misericórdia, "porque eu mesmo não estou convencido, e tampouco sei como consolá-los."

O secretário de Estado terminou sua carta ao inquisidor-chefe como poucos outros clérigos teriam ousado fazer. "Rogo que [responda] prontamente", escreveu, "seja oralmente ou por escrito, pois quanto mais nos aproximamos da estação fria, mais os apelos se multiplicam e, com eles, o meu próprio verdadeiro constrangimento." Bernetti estava advogando aqui uma causa impopular, junto tanto ao papa quanto ao Santo Ofício. Seu apelo foi rejeitado.[19]

A resistência entre alguns bispos à nova linha dura de Leão XII com relação aos judeus baseava-se não só em simpatia pelas agruras dessa gente, como na preocupação com os efeitos econômicos negativos que a nova política teria sobre a população cristã. O bispo de Foligno, num caso dessa espécie, enviou um apelo ao Santo Ofício em 1829, poucos meses apenas após a morte de Leão XII, que ocorreu em fevereiro desse ano. Apenas três famílias judaicas, ele escreveu, viviam em Foligno, e tinham vivido lá durante oitenta anos. Aparentemente, até então o bispo nada fizera para cumprir a ordem e obrigar essas famílias a arrumar as malas – como não havia gueto em Foligno, a presença delas lá contrariava as determinações de Leão XII –, mas agora ele se via compelido a agir por pressão renovada da Inquisição.

O bispo explicou que as famílias judaicas haviam fundado em Foligno uma manufatura têxtil que dava emprego a muitos pobres da cidade, sobretudo mulheres. Na certa compreendendo que a imagem de cristãos a trabalhar sob as ordens de judeus horrorizaria os cardeais do Santo Ofício, apressou-se em acrescentar que a fábrica era administrada por cristãos, e eram eles que fiscalizavam os operários, "sem que haja qualquer sinal de vigilância da parte dos judeus". O bispo continuou: "Consciente do dano que a partida das supracitadas famílias causaria à população, [suplico] que vossas Reverendíssimas Eminências, em vossa prudência, levem este pedido em consideração." Os inquisidores trataram da matéria na sua reunião semanal de 16 de setembro de 1829. A solicitação do bispo foi negada. Os judeus teriam de deixar o burgo. Era uma questão da vontade de Deus, não de economia.[20]

Pio VIII (Francesco Saverio Castiglioni), que ascendeu ao papado no princípio de abril de 1829, morreu apenas vinte meses depois, mas ainda assim encontrou tempo para emitir a ordem de que todos os judeus nos Estados Papais fossem encerrados num dos guetos autorizados. Anos de papas impopulares e de repressão, porém, estavam produzindo uma situação explosiva. Na altura em que Pio VIII morreu, no final de 1839, os sinais de revolta estavam por toda parte.

Apesar da urgência de eleger um novo pontífice para proteger o domínio da Igreja, os cardeais que se reuniram em conclave dividiram-se mais uma vez em facções opostas e, novamente, tiveram dificuldade em chegar a um acordo. Somente após sete meses de deliberações foram reunidos os votos necessários para eleger Mauro Cappellari, um monge de 65 anos que tomou o nome de Gregório XVI.

Cappellari nascera na República de Veneza, de uma família da pequena nobreza. Embora fosse um homem de consideráveis capacidades e interesses intelectuais, tinha uma asfixiante perspectiva paroquial. Nunca em sua vida viajara para fora da Itália – na verdade, mal saíra de Veneza e Roma. Como jovem monge, servira como censor de livros para a Inquisição em Veneza e depois, em 1795, foi chamado à Cidade Santa, para o antigo mosteiro de São Gregório. Forçado a se afastar de Roma por algum tempo pelos franceses, em seguida retornou a seu mosteiro. Em 1825, foi feito cardeal por Leão XII e tornou-se o prefeito da Congregação da Propaganda Fide, o departamento do Vaticano responsável pela Igreja e pelos católicos nos países não-católicos do mundo.

Dois dias após a eleição de Cappellari, e antes mesmo que tivesse havido tempo para sua investidura formal como papa, o povo de Bolonha – a segunda maior cidade dos Estados Papais – ergueu-se em revolta. Expulsaram o legado papal, recolheram o estandarte papal e substituíram-no pela bandeira tricolor italiana. Em duas semanas, multidões exaltadas em cidades por todos os Estados Papais haviam feito o mesmo. O novo papa, agarrando-se precariamente ao poder em Roma, e impotente para deter o levante em outros lugares, recorreu ao governo austríaco, que prontamente enviou seu exército. Em um mês este havia esmagado a revolta, e os estandartes pontifícios foram novamente içados sobre os palácios governamentais em todas as terras papais. Mal o exército austríaco se retirara, porém, no final de 1831, novas revoltas irromperam. Novamente, o papa recorreu às forças austríacas e mais uma vez as tropas o reconduziram ao poder. Elas ficariam patrulhando os Estados Papais por mais sete anos.

Com seu regime restaurado, Gregório XVI reagiu da única maneira que conhecia, reiterando a base sagrada do governo papal e condenando a iniqüidade dos que esposavam as novas idéias revolucionárias de democracia, liberdade de expressão e governo secular. Não surpreende que o novo pontífice, que permaneceu 15 anos no cargo, não se tenha provado mais benquisto pelo povo de Roma e dos Estados Papais do que Leão XII. Pelo menos, diziam as pessoas, Leão XII, adoentado como era, parecia um papa: alto, delgado e de porte aristocrático. Em contraposição, as pessoas achavam Gregório XVI grosseiro e feio. Seu antigo estilo de vida monástico também não lhe granjeou o apreço popular. Levantava-se todos os dias às quatro horas da madrugada, só comia alimentos simples e, seguindo uma tradição centenária, insistia em que, como papa, devia fazer suas refeições sempre sozinho. Gregório XVI foi visto com desconforto também por muitos diplomatas da Europa. Não parecia entender nada de política internacional e não falava nenhuma língua além do italiano.

O papa estava empenhado em seguir as políticas intransigentes de seu predecessor. Numa encíclica de 1832, *Mirari vos*, ele expôs as idéias que guiariam seu pontificado. Condenou a crença na liberdade de imprensa – que qualificou de "uma liberdade odiosa, que não se pode execrar o suficiente" – e condenou a crença na separação entre a Igreja e o Estado, bem como a crença de que os praticantes de todas as religiões deveriam ter os mesmos direitos legais. A encíclica taxou os tempos modernos de calamitosos, e conclamou a um retorno a uma era anterior, em que as verdades da Igreja não eram questionadas. Essas idéias vieram a caracterizar o papado ao longo de todo o século XIX: "A perversidade está exultante. A ciência impudente exulta. A licenciosidade exulta... Erros de toda sorte se espalham sem barreira... Homens iníquos ... atacam a autoridade divina da Igreja".[21]

Nem todos os males enfrentados pelo papa tinham origem humana. Durante as primeiras décadas do século XIX, sucessivas ondas de cólera varreram a Europa, trazendo sofrimento e morte. Agora, em face de novos e graves surtos em Roma, Gregório XVI formou uma Comissão de Saúde Pública para aconselhá-lo. Entre as áreas da cidade que mais atraíram a atenção dos comissários estava o gueto, entre cujos muros os judeus densamente apinhados viviam em meio à sujeira, um terreno de cultura para toda sorte de doenças. Com a aprovação do papa, uma comissão especial foi estabelecida em 1835, a Comissão para o Gueto Judaico – cujos seis membros incluíam três cardeais – encarregada de examinar as condições do gueto e recomendar ação apropriada.

Impressionada com a imundície e a superlotação do gueto, a comissão solicitou uma modesta expansão. Sugeriu também que, como medida temporária para aliviar o apinhamento, fosse permitido a judeus que negociavam no atacado transferir sua operação para fora do gueto. Para reduzir a ameaça "moral" representada por essa proposta, a comissão especificou que os negociantes atacadistas judeus só poderiam se transferir para uma área vizinha designada, e que não poderiam ter nenhuma passagem ligando-os à casa de um cristão. A dispensa expiraria em cinco anos.[22] Essa proposta foi adotada.

No ano seguinte, o papa estabeleceu uma nova comissão de saúde pública e dissolveu a comissão especial para o gueto. Um dos primeiros atos da nova comissão, porém, foi pedir a um de seus membros, príncipe Pietro Odescalchi, para investigar-lhe as condições. Em outubro de 1836, ele apresentou seu relatório, oferecendo um expressivo quadro da vida no sórdido distrito judaico.

Após aceitar sua nova incumbência, o príncipe sentou-se para ler todos os documentos que a comissão reunira sobre o gueto. "Se", ele escreveu, "a leitura desse material moveu-me a uma profunda comiseração pela má sina dos habitantes dessa parte de Roma, essa comiseração, devo confessar, ficou mil vezes maior quando, apenas na semana passada, decidi ir pessoalmente ... andar pelas ruas do gueto e entrar nalguns daqueles tugúrios que eu estaria indo além dos limites da verdade se chamasse de moradas."

Numa área que mal abrigava duas mil almas, relatou o príncipe, viviam mais de 3.500. Dessas, 1.800 ou talvez mais "padecem nas garras de indescritível miséria. Cômodos minúsculos, fétidos, abrigam oito ou 12 pessoas, construídos de tal maneira que não recebem nenhum ar, e a luz só os atinge pela porta... e apenas uma pequena lareira fornece a essas almas miseráveis um vislumbre de luz à noite". "Vi com meus próprios olhos", escreveu, "o que parece difícil de acreditar, que em três miseráveis cômodos sete famílias estavam confinadas." E embora a comunidade judaica fizesse o possível para dar a esses judeus pobres um pouco de dinheiro e alguma coisa para comer e vestir, acrescentou, não havia nada que pudessem fazer para aumentar suas casas.

As medidas tomadas pela comissão especial anterior, relatou o príncipe, tinham tido apenas o mais modesto efeito. Havia poucos atacadistas no gueto e os sete que tinham transferido seus negócios para fora tinham deixado poucos cômodos para trás. O príncipe concluiu requerendo o estabelecimento de uma nova comissão para o gueto. A recomendação foi aprovada pelo governo e o próprio príncipe Odescalchi foi designado para presidi-la.[23]

Moradores do gueto logo inundaram a nova comissão com denúncias das horríveis condições em que viviam, e com brados de socorro. No final de agosto de 1837, em meio a uma nova epidemia de cólera, Giuseppe Piperno enviou um desses apelos. Morava, escreveu ele, num único cômodo com a mulher, os quatro filhos pequenos e uma irmã solteira. As condições eram insuportáveis, especialmente agora, acrescentou, "porque nossos filhos estão sofrendo há muito tempo de uma diarréia que não cede. Como têm de se aliviar constantemente, sobretudo à noite, o fedor é sufocante, já que nos falta um lugar conveniente para manter o excremento". Nessas condições, perguntou Piperno, como podia ter esperança de manter distante o cólera fatal?[24]

Um longo apelo da comunidade judaica de Roma chegou ao papa em meio à epidemia, embora envolvendo uma queixa muito diferente, uma que gerara queixas dos judeus quase todos os anos, séculos a fio. O problema era o conjunto anual de ritos – alguns patrocinados pela Igreja e por autoridades locais, outros, o produto de entusiasmos populares – que envolviam o carnaval. Com raízes nos festejos romanos pré-cristãos das saturnais, o carnaval era (e ainda é) celebrado nos dias que precedem a Quaresma. Marcado durante séculos por toda a Europa católica por celebrações públicas estridentes, quando não turbulentas, o carnaval era uma ocasião temida pelos encarregados de manter a ordem pública. Entre as práticas mais comuns estavam o uso de máscaras e fantasias e a encenação de sátiras públicas em que gente das classes inferiores alfinetava os que estavam no poder. Esses festejos eram um dos pontos altos do ano para o povo de Roma. Infelizmente para os judeus, um dos costumes mais apreciados do carnaval era a degradação ritual dos habitantes do gueto.

Entre as primeiras referências históricas que temos a esses ritos há uma descrição de 1466, quando, para a diversão dos romanos, em festejos patrocinados pelo papa Paulo II, os judeus foram obrigados a correr nus pelas ruas da cidade. Um relato posterior particularmente evocativo os descreve: "Realizaram-se corridas em cada um dos oito dias do carnaval com cavalos, burros e búfalos, velhos, rapazes, crianças e judeus. Antes de correr, os judeus eram fartamente alimentados, para que a corrida ficasse mais difícil para eles e, ao mesmo tempo, mais divertida para os espectadores. Eles corriam a toda velocidade do Arco de Domiciano até a igreja de São Marcos no fim do Corso, em meio aos gritos zombeteiros de estímulo e às gargalhadas de Roma, enquanto o Santo Padre, num balcão ricamente ornamentado, se dobrava de rir." Dois séculos mais tarde, essas práticas, agora consideradas indecorosas e incompatíveis com a dignidade da Cidade Santa, foram abolidas por Clemente IX. Em seu lugar, o papa impôs aos judeus um pesado tributo para ajudar a pagar os custos das comemorações do carnaval da cidade.[25]

Mas vários outros ritos do carnaval persistiram. Por muitos anos, os rabinos do gueto foram obrigados a se vestir de palhaços e andar pelas ruas da cidade, entre as zombarias da multidão, atingidos por uma variedade de projéteis. Esses ritos não eram peculiares a Roma. Em Pisa, por exemplo, era comum no século XVIII que, todos os anos, como parte do carnaval, estudantes saíssem à caça dos judeus mais gordos da cidade, para capturá-los, pesá-los e depois lhes dar seu peso em amêndoas confeitadas.[26]

Em 1779, Pio VI restaurou alguns dos ritos carnavalescos que haviam sido negligenciados nos anos recentes. Entre eles destacava-se o rito feudal da homenagem, em que funcionários do gueto, obrigados a usar roupas especiais, postavam-se diante de uma multidão turbulenta numa *piazza* apinhada, fazendo um preito aos governantes de Roma.

Foi essa prática que ocasionou o apelo formal que o gueto dirigiu ao papa Gregório XVI em 1836. Os judeus alegavam que tais ritos deviam ser abandonados, e citavam papas anteriores que tinham ordenado sua suspensão. Pediam que, em sua misericórdia, o papa fizesse o mesmo agora. Uma anotação na cópia da petição pertencente ao secretário de Estado, junto com sua assinatura, registra a decisão do papa: "Não é oportuno fazer nenhuma inovação." Os ritos anuais continuaram.[27]

Por volta desse momento, o papa, com seu secretário de Estado e o Santo Ofício da Inquisição que presidia, voltou ao problema mais geral de o que fazer em relação aos judeus. As revoltas de 1831 haviam minado o programa de restrições rigorosas promovido por Leão XII e Pio VIII. De todas as terras papais chegavam relatórios atestando que os judeus estavam novamente viajando sem permissão, morando em lugares em que não havia guetos, contratando criadas e amas-de-leite cristãs e comprando bens imóveis, tudo em violação à lei.

A 18 de julho de 1838, Gregório XVI, agindo através do Santo Ofício da Inquisição, emitiu um novo edito, enviando cópias a todos os inquisidores e bispos nos Estados Papais.[28]

"Os lamentáveis eventos políticos que afligiram recentemente os domínios pontifícios", começava o edito, "produziram entre outras desordens a não-observância das Constituições Apostólicas e dos demais Editos referentes aos judeus. Sua Santidade, o Papa Gregório XVI, desejando reparar essa deplorável situação, que produziu graves e tristes conseqüências, ... ordenou e prescreveu com soberana Autoridade o que se segue."

O objetivo do novo edito de Gregório XVI, como declarado em seu primeiro artigo, era restabelecer o edito promulgado por Pio VI em 1774, que mesmo no século XVIII fora visto em geral como um anacronismo. Os judeus foram de novo confinados a seus guetos. Nenhum judeu podia, por nenhuma razão, morar fora do gueto a que fora destinado. Os que viviam atualmente em outros lugares deveriam se mudar de volta para o gueto rapidamente, ou seriam escoltados até lá pela polícia. Nenhum judeu podia possuir propriedade fora do gueto.

Impor estas e outras restrições aos judeus não era fácil. Os judeus dos Estados Papais sabiam que seus irmãos em outras partes da Europa estavam, cada vez mais, conquistando igualdade de direitos com os cristãos, e as restrições que outrora haviam sido aceitas com certa dose de resignação eram vistas agora não apenas como intoleravelmente opressivas mas também como arcaicas e em desacordo com os tempos modernos.

Logo afluíram relatórios de inquisidores e bispos denunciando os judeus por zombar das novas ordens. O grande gueto de Ancona atraiu especial atenção, em boa parte devido à importância econômica que os judeus tinham no lugar. A 29 de setembro de 1842, o papa, presidindo uma discussão do Santo Ofício sobre o gueto de Ancona e os guetos vizinhos, menores, de Senigaglia e Pesaro, ordenou que se investigasse em que medida os judeus dali continuavam empregando criadas e amas-de-leite cristãs. O relatório resultante constatou que as leis estavam sendo amplamente ignoradas e requereu sua renovada imposição. O assessor do Santo Ofício respondeu rascunhando uma proposta, que distribuiu entre os demais cardeais para discussão.

A proposta incluía uma concessão: os judeus podiam empregar criados cristãos, mas somente se estes tivessem mais de quarenta anos e, no caso de mulheres, somente se fossem casadas. Esses criados, contudo, eram proibidos de permanecer em casas judias à noite. Quanto a amas-de-leite cristãs, essas continuariam proibidas, a menos que os bebês judeus fossem levados para fora do gueto para serem amamentados. Por fim, a proibição de que cristãos fossem a casas judaicas para acender o fogo na véspera do sabá foi reiterada. Todo judeu apanhado violando qualquer dessas ordens seria multado da primeira vez, depois mandado para a prisão por três meses por reincidência.

Curiosamente, ao enviar o documento final contendo estas "medidas de tolerância" aos bispos e inquisidores das três cidades, o Santo Ofício acrescentou uma advertência. Ao assinar as licenças que permitiriam a judeus requerentes ter criados (diaristas), as autoridades eclesiásticas deveriam ter o cuidado de declarar que estavam agindo em seu próprio nome "sem citar nem o Santo Padre nem a Santa Congregação [da Inquisição]". A razão disso era "não prejudicar o Eminentíssimo" – isto é, o papa. A concessão aos judeus, mesmo de um alívio modesto das restrições divinamente determinadas, não podia ser apresentada como política oficial da Igreja.[29]

Em junho de 1843, o inquisidor de Ancona informou ao Santo Ofício a reação local à nova política. "As sábias decisões de vossas Eminências", escreveu o inquisidor, "foram saudadas por toda a gente de bem, particularmente por causa da arrogância que os judeus manifestaram, e o dano mais sério que causaram."

Mal ele havia afixado as novas ordens nas sinagogas de Ancona e Senigaglia, porém, relatou o inquisidor, os judeus e os que os apoiavam – "e há muitos deles", acrescentou – começaram a dizer que não obedeceriam às leis. "Fui informado", escreveu o inquisidor, "de que muitas ameaças estão sendo feitas por pessoas que dizem querer se desforrar do inquisidor e das outras pessoas que trabalham para o Santo Ofício." Mas, concluiu, "não tenho medo e acredito que obedecerão sem atacar ninguém".[30]

Por menos que isso agradasse ao inquisidor, no entanto, os tempos estavam mudando. De fato, pouco depois que ele enviou seu relatório, apareceu um livreto escandaloso atacando o novo edito. O autor anônimo, que se qualificava de frade, começava com palavras sarcásticas sobre Leão XII, o papa que primeiro reintroduzira as restrições. "Por acaso estou intimamente inteirado da missão que um certo papa Della Genga deu a um certo frei Jabalot em Roma no ano do Jubileu [1825] de escrever tudo que podia pensar de pior sobre os Judeus. E dada sua ambição de ser feito cardeal, [Jabalot] mobilizou toda a sua engenhosidade não para descobrir, mas para inventar as mais negras acusações para lançar sobre esse pobre povo. Depois, subvencionado por esse mesmo [papa] Leão, teve o livro impresso e o distribuiu gratuitamente até para quem não queria um exemplar."

Em seguida, o ex-frade disparava contra o inquisidor de Ancona: "Vamos nos divertir agora dando uma olhada mais de perto no edito do frei inquisidor... Ele fala desde o início dos judeus que vivem sob sua jurisdição. Mas não sei de que tipo pode ser essa jurisdição de que ele tanto se gaba, se política ou religiosa. A primeira não pertence a seu domínio, já que ele é uma autoridade puramente eclesiástica. Quanto à segunda, por força de que direito ele a exerce sobre pessoas de religião diferente?"

Entre os outros dispositivos do edito baixado em 1843 pelo inquisidor de Ancona que o ex-frade atacou estava a proibição das amas-de-leite cristãs. "E se crianças judias morrerem por falta de alimento, o senhor pouco se importaria... Sendo obrigado a odiar essa gente tanto quanto possível, só faz sentido negar leite às suas crianças." As restrições do inquisidor, ele escrevia, "pareciam conter a idéia do extermínio da raça, em vez de tentar promover o respeito pelas crenças dos outros ou a conciliação de Judeus e Cristãos". O resultado contraproducente, concluía o ex-frade, era minimizar a possibilidade de que os judeus viessem jamais a querer ser cristãos.

O inflamatório livreto, atribuído pelas autoridades ao "ex-frade apóstata Achille", foi enviado ao secretário de Estado, que, a 31 de agosto de 1843, encaminhou-o ao comissário do Santo Ofício para discussão pelos cardeais inquisidores.[31]

O inquisidor de Ancona sentiu-se acossado, e enviou longas cartas ao Santo Ofício lamentando sua situação. Estava cercado de judeus insolentes, dizia, e, o que era mais apavorante, não estava tendo o apoio do arcebispo da cidade, que, horrorizado com a perspectiva de uma outra revolta, enviara uma série de cartas ao Santo Ofício pedindo que as novas restrições aos judeus fossem abandonadas.

Além de outras iniqüidades, relatou o inquisidor, os judeus estavam agora pondo inscrições em italiano em suas lápides. Com isso, tentavam "mostrar-se iguais em tudo aos Cristãos", transgredindo a lei que lhes proibia ter quaisquer inscrições marcando seus túmulos.

O chefe da comunidade judaica local, segundo o inquisidor soubera, retirara da parede da sinagoga o novo edito que o inquisidor nela afixara em junho e o guardara nos arquivos da sinagoga. "Agora, toda força moral foi paralisada pela certeza de que os judeus receberam de seus correspondentes de que todas as ordens que lhes dizem respeito foram suspensas."

Continuava: "Vêem agora a que é reduzido um pobre inquisidor! Ontem à noite mesmo, quando estava fora, tive de sofrer a profunda mortificação de ver o judeu Gioacchino Terni, um judeu dos mais insolentes, ... olhar-me bem na cara e rir."[32]

Aquele mesmo verão de 1843 viu um desdobramento muito mais agourento para o Vaticano. O príncipe Metternich, um dos homens mais poderosos de toda a Europa, enviou uma longa carta protestando contra a repressão aos judeus pelo papa. Isso era algo que o papa não podia se permitir tratar com leviandade. Fora Metternich que ordenara a tropas austríacas retomar grande parte dos Estados Papais após as rebeliões que haviam acompanhado a eleição de Gregório XVI ao papado, e seus exércitos é que tinham continuado a garantir alguma segurança para a continuidade do domínio papal. Na verdade, se o papa tinha algum domínio sobre os Estados Papais, era graças ao apoio da Áustria.[33]

Assim, quando o emissário austríaco à Santa Sé entregou a carta de Metternich ao secretário de Estado, cardeal Luigi

Lambruschini, todo o Vaticano foi sacudido. O que provocara a carta fora um pedido do barão Salomon Rothschild, em Viena. O barão judeu recebera um apelo dos judeus de Ancona, para que usasse sua influência no sentido de deter a nova campanha papal de recondução dos judeus para o gueto.

Se o papa não tinha condições de ignorar um pedido de Metternich, tampouco este tinha condições de ignorar um pedido de Salomon Rothschild. De fato, mais tarde naquele século as relações entre a família Rothschild e os vários governantes da Europa iriam se tornar uma das origens do florescente movimento anti-semita.

O desenvolvimento de um moderno sistema bancário e de altas finanças ao longo do século XIX deveu muito aos judeus e ninguém ilustra isso melhor que os próprios Rothschilds, embora eles pouco tivessem de típicos na extensão de suas propriedades e de sua influência. As velhas elites aristocráticas da Europa olhavam com desdém havia muito para as atividades bancárias e financeiras. De fato, em alguns países elas haviam recorrido durante séculos a judeus – apelidados "judeus da corte" por causa do serviço que prestavam aos soberanos – para desempenhar essas funções. Entre outras vantagens, os judeus tinham a de não ser tolhidos pela proibição religiosa cristã que pesava sobre o empréstimo de dinheiro a juros, uma grande pedra de tropeço ao desenvolvimento do comércio internacional. Proibidos por lei de possuir terras e mantidos fora dos ofícios controlados pelas guildas, os judeus encontravam nas finanças e no empréstimo de dinheiro o único caminho econômico para a prosperidade aberto para eles.

Nascido de um pequeno negócio familiar em Frankfurt no final do século XVIII, o império financeiro dos Rothschilds floresceu com o acordo de paz de Viena de 1814, quando membros da família iniciaram sua carreira espetacularmente bem-sucedida como financistas de governos europeus. Os Rothschilds desempenharam um papel-chave na criação do mercado internacional de títulos, oferecendo empréstimos decisivos a governos cujas receitas não cobriam seus gastos. Durante as décadas seguintes, os negócios bancários dos Rothschilds foram operados a partir de cinco agências principais em Frankfurt, Londres, Paris, Nápoles e Viena. Cada uma era encabeçada por um dos filhos do fundador do negócio, Mayer Amschel, que morrera em 1812. Nathan, encarregado dos negócios em Londres, e James, à frente dos de Paris, eram os homens mais ricos da Europa em meados do século. Juntos, os irmãos se mantinham em estreito contato com muitos dos soberanos da Europa, que dependiam pesadamente deles para suas finanças. Na altura de 1820, os Rothschilds já eram a mais importante fonte de empréstimos para os governos da Grã-Bretanha, Prússia, Áustria, Rússia, França e Nápoles.

A relação de Metternich com Salomon Rothschild era estreita e profunda, tendo perdurado muitas décadas. De fato, os Rothschilds sentiam-se tão próximos de Metternich que, nas cartas que trocavam entre si, os irmãos se referiam a ele como "tio". Metternich contava com eles para fornecer empréstimos não só ao governo austríaco, mas também a outros governos que procurava influenciar. Essas relações comerciais tinham ainda uma dimensão mais pessoal, pois era aos Rothschilds que Metternich recorria quando membros de sua própria família precisavam de ajuda financeira.[34]

O papa Gregório XVI envolvera-se ele próprio nesse vínculo entre Metternich e os banqueiros judeus. Enfrentando levantes de massa quando assumiu o cargo em 1831, o papa viu-se em desesperada necessidade de fundos para sufocar a agitação e tomar medidas para ganhar o apoio popular. Metternich, ansioso por impedir a queda dos Estados Papais, procurou Salomon Rothschild em Viena e rogou-lhe pessoalmente que fizesse um grande empréstimo ao Vaticano. Em janeiro de 1832, pouco depois da concretização do empréstimo, Carl Rothschild, que estava à testa do banco em Nápoles, foi convidado para uma audiência privada com o papa. Nesta, Gregório XVI concedeu-lhe a faixa e a estrela da recém-criada ordem de São Jorge. Isso, mais o fato de ter sido permitido ao banqueiro judeu beijar a mão, e não o pé, do papa, como era habitual, provocou muitos murmúrios maliciosos sobre aquele papa que contraía uma dívida com um judeu.[35]

A carta escrita por Metternich em 1843, enterrada nos arquivos centrais da Inquisição, e escrita em francês, é um documento extraordinário. Marcada "Confidencial", começa explicando que o barão Rothschild lhe transmitira o apelo dos judeus de Ancona. Normalmente, confessou Metternich, ele não se envolveria nesse tipo de assunto, "não porque a demanda me pareça injusta", mas "porque é contra meu costume, e meus princípios, envolver-me com um assunto que é exclusivamente uma matéria da administração interna de um Estado independente". Naquele caso, no entanto, o problema era de tal importância que ele acreditava não poder permanecer em silêncio.

Ele gostaria, continuava o chanceler, "de sugerir a Sua Eminência [o secretário de Estado] as seguintes reflexões, que, dada sua rara sabedoria, ele poderia apreciar, e que, todas elas, embora concedendo aos princípios de nossa Santa Religião a legítima preeminência, não excluem também considerações mais mundanas".

"Parece-me", continuava Metternich, "que as regras de que os judeus ... estão se queixando se fundam numa disciplina eclesiástica antiga, que pode sem dúvida ter sido compatível com as necessidades daquele tempo, mas já não estão em harmonia com os tempos em que vivemos." Metternich compreendia que o Vaticano responderia provavelmente que as regras baseadas na doutrina da Igreja eram divinamente determinadas e por isso não sujeitas a mudanças, por mais convenientes que tais mudanças pudessem ser, politicamente. Tentou antecipar essas objeções estabelecendo uma distinção: "Quando se está lidando com princípios", argumentou, "nenhuma mudança é possível, mas tratando-se de uma matéria de disciplina, parece-me que faz sentido procurar, tanto quanto possível, adaptar-se às necessidades do momento."

Não só os tempos, segundo Metternich, mas também os judeus haviam mudado. "Os judeus não são mais, hoje", escreveu, "o que foram outrora; perderam quase todo o seu fanatismo primitivo e vimos surgir em seu meio reformadores que, atenuando a fé mosaica, podem estar preparando o caminho para a conversão deles. É por isso que penso que Sua Eminência não arrisca absolutamente nada permitindo aos judeus gozar de um grau razoável de tolerância, especialmente num momento em que os Gregos e os Protestantes de todos os tipos são tão intolerantes em relação aos católicos.[36] Parece-me que o Santo Pontífice não tem nada a perder e tudo a ganhar, tratando seus súditos judeus com uma misericórdia que está longe de ser vista como um sinal de fraqueza..."[37]

A carta de Metternich foi escrita no dia 3 de agosto de 1843. No dia 18, o secretário de Estado convocou o assessor do Santo Ofício a seu gabinete no palácio Quirinal de Roma, o centro da administração papal durante o verão. Ali, o cardeal Lambruschini mostrou ao assessor a carta de Metternich e os dois discutiram que linha de ação deveriam recomendar ao papa.[38] O papa e o secretário de Estado passaram várias semanas preparando sua resposta.

A 29 de setembro, o próprio Gregório XVI convocou o assessor para uma audiência e o informou de que, por ordem sua, o secretário de Estado acabara de enviar uma resposta confidencial ao embaixador austríaco. O papa deu-lhe uma cópia do texto dessa carta a Metternich, que continua hoje no arquivo da Inquisição. Nada permite compreender melhor a atitude de Gregório XVI perante os judeus, ou sua crença de que o Vaticano devia se agarrar às suas vetustas práticas.

O papa começou rejeitando a premissa de Metternich. O argumento de que o tratamento dispensado aos judeus nos Estados Papais deveria ser posto em harmonia com idéias modernas de igualdade era especioso. "As proibições impostas aos judeus", começava a carta de Gregório XVI, "proibindo-lhes empregar criados e amas-de-leite cristãos, possuir bens imóveis ... viver fora dos muros do gueto – onde há um – misturados e confundidos com cristãos, são proibições fundadas nos Cânones sagrados. Estes, para garantir a religião e a moralidade cristãs, ordenam a separação de cristãos e judeus."

O papa passava então a justificar cada uma das restrições que impusera, começando com a proibição de ter imóveis fora do gueto.[39] "Além do fato de que os judeus são proibidos de possuir essas propriedades pelos Cânones sagrados como uma Nação de deicidas e blasfemadores de Cristo, e inimigos jurados do nome Cristão", escreveu o papa, "há também o perigo de que os Judeus seduzam e pervertam os que lhes alugam propriedades ou camponeses que deles dependam." Os judeus de Ancona haviam zombado desses estatutos: "Os Judeus daquela Província não se importam nada com as leis da Igreja relativas a eles, embora estas tenham sido reeditadas várias vezes – mais notavelmente sob o Pontificado de Leão XII –, ordenando-lhes que se desvencilhem de suas propriedades. Ao contrário, continuam a mantê-las obstinadamente, e até a estendê-las e aumentá-las."

Em seguida, o papa passou a tratar do pedido de que fosse permitido aos judeus morar fora do gueto. "Além dos perigos para a Religião e a Moral das relações comuns a serem encontradas entre aqueles que vivem na mesma comunidade", advertiu, "há também o escândalo de ver os judeus pretendendo viver tal como os outros. Exultando-se assim em sua insolência com os cristãos e a Igreja, colocam-se em pé de igualdade com os cristãos e riem das leis Eclesiásticas que os obrigam a viver no gueto."

Depois, o papa voltou-se de novo para as pessoas cujas queixas ao barão Rothschild haviam captado a atenção de Metternich. "Ora, os judeus de Ancona, diante de todas as proibições referentes a criados e amas-de-leite cristãos, e todas as outras que lhes foram feitas repetidamente, continuaram, com manifesto desdém pelas leis Eclesiásticas e sanções Canônicas, a empregar mais de uma centena de criados e amas-de-leite cristãos."

Os judeus de Ancona tampouco observavam a ordem de que vivessem somente no seu gueto. "Desde a última invasão francesa, lamentavelmente, judeus não raro mudaram suas famílias e lojas para cidades em que não há gueto, e tentaram se estabelecer entre os cristãos, embora isso lhes fosse proibido."

Tendo traçado este quadro da indisciplina judaica, o papa passou a tratar diretamente do apelo de Metternich.. "Desordens como essas, embora possam ser ilegalmente toleradas em Estados seculares, não podem ser toleradas no Estado Eclesiástico, porque são francamente contrárias aos princípios mais sacrossantos das leis

Eclesiásticas, que são também subjacentes às outras cláusulas disciplinares contidas no edito do inquisidor de Ancona."[40]

O papa rejeitou também o argumento de Metternich de que os judeus agora precisavam menos de regulação especial. "Tampouco a perda pelos judeus de seu fanatismo primitivo torna a observância das sanções Canônicas a eles em nada menos necessária. Na verdade, torna tal observância ainda mais necessária, porque se eles perdem seu fanatismo em relação às leis e às práticas judaicas, certamente não perdem seu ódio à religião de Jesus Cristo, e ao próprio nome Cristão. Ao contrário, estes crescem à medida que eles se entregam ao filosofismo e ao indiferentismo."

A única concessão do papa veio no fim de sua carta. O Santo Ofício, escreveu, já estava examinando a possibilidade da introdução de alguma modificação nas restrições aos judeus, assegurando ao mesmo tempo que "os princípios fundamentais referentes a eles sejam mantidos". Sem dúvida tinha em mente uma liberalização da política tal que permitiria a criados cristãos idosos trabalhar para os judeus contanto que deixassem o gueto ao cair da noite.[41]

A notícia da intervenção de Rothschild – e talvez também da de Metternich – espalhou-se entre os judeus da área de Ancona. O arcebispo e os inquisidores relataram o resultado exasperante de encontros que tinham tido recentemente com representantes das comunidades judaicas locais. Quando instados a obedecer a leis que os restringiam, os judeus se recusaram. Tinham sabido, disseram, que o papa queria que fossem tratados com mais clemência, e não desejava que fossem trancafiados em seus guetos. Seguiu-se, ao longo dos meses seguintes, um cabo de guerra entre as autoridades eclesiásticas locais, que tentavam impor as restrições aprovadas pelo papa, e os judeus, que afirmavam – contra todas as evidências – que o papa estava a favor deles.

Lutas semelhantes estavam ocorrendo em outros pontos dos Estados Papais. Em janeiro de 1844, o arcebispo de Ferrara enviou uma carta ao assessor do Santo Ofício em Roma, pedindo-lhe que informasse o papa das medonhas conseqüências para a religião e a moralidade geradas pela pertinácia dos judeus em empregar criados cristãos. O arcebispo pediu ao Santo Ofício que reativasse todas as medidas promulgadas pelo papa Leão XII, inclusive o trancamento dos portões a cada noite.

Quando, numa audiência no dia 31 de janeiro, o assessor mostrou essa carta vinda de Ferrara a Gregório XVI, veio à mente do papa a persistente agitação que reinava em Ancona. Pediu ao inquisidor que escrevesse ao arcebispo de Ancona e ao inquisidor de Pesaro, ordenando-lhes que, "com a máxima prudência e cautela, insistissem no pleno restabelecimento das restrições sobre a contratação de criados e amas-de-leite cristãos pelos judeus".

Uma semana depois, o papa instruiu o assessor a acrescentar uma outra ordem à anterior. O arcebispo de Ancona e o seu inquisidor deveriam "chamar os representantes do gueto e fazê-los saber com que paciência foram tratados até agora por Sua Santidade". Deveria ser dito aos judeus, continuou o papa, que pusessem fim a seu comportamento ilegal "e parassem de abusar da bondade de Sua Santidade, para não forçar o Santo Padre a tomar finalmente aquelas medidas que, em razão de sua misericórdia, ele manteve até agora em suspenso". O papa pediu também aos párocos locais que fizessem todo o possível para evitar que seus paroquianos tivessem qualquer contato social com judeus. Reconhecendo a volatilidade política da situação, o papa acrescentou que os párocos deveriam agir cautelosamente, trabalhando "com a mínima publicidade, e privadamente" para convencer seus paroquianos dos "graves perigos espirituais a que estão se expondo".[42]

Nesse meio tempo, o papa Gregório XVI restaurou outro elemento da campanha de Leão XII, o sermão compulsório em Roma. O cardeal vigário promulgou um novo edito, reiterando essa obrigação no início da década de 1840. Para assegurar que nenhum judeu se esquivasse desse dever, ordenou-se que todos os judeus, homens e mulheres, de 12 anos ou mais, deveriam se registrar junto a funcionários do gueto, que deveriam levar a lista ao tribunal do vicariato. Todo judeu que deixasse de comparecer no dia que lhe fosse determinado teria de pagar uma pesada multa, um terço de cujo valor iria para "informante secreto" que delatasse o delinqüente às autoridades.

Ao impor o comparecimento aos sermões, o cardeal vigário deu-se conta de que corria o perigo de provocar desordens públicas. O problema não eram os próprios judeus, que, embora irritados e humilhados pelos sermões obrigatórios, estavam amedrontados demais para se rebelar contra isso. O problema estava nos *popolani* (as classes mais baixas) de Roma, que, desde que se tinha memória, haviam se deleitado zombando dos judeus quando saíam do gueto para a igreja. Para minimizar a possibilidade de demonstrações indecorosas, o cardeal emitiu uma ordem arrolando as ocasiões em que os sermões obrigatórios deveriam ser suspensos. Entre estas estavam os períodos subseqüentes à morte de um papa e anteriores à eleição de seu sucessor – um período historicamente conhecido por desordens públicas –, "para remover qualquer molestamento ou estorvo a que os cristãos os poderiam submeter". Mais surpreendente, pelo menos de uma perspectiva meteorológica, foi a isenção que o cardeal ordenou para "todos os sábados em que esteja nevando, e aqueles em que haja alguma neve no chão". Explicou que o motivo dessa dispensa (presumivelmente raras vezes invocada) era "evitar os problemas e a importunação causados pelos cristãos, que lhes atiravam bolas de neve".[43]

Tudo considerado, bolas de neve eram o menor dos problemas dos judeus em Roma.

4

O retorno do assassinato ritual

No início de abril de 1840, jornais por toda a Europa começaram a noticiar uma história horripilante ocorrida em Damasco, na Síria. Dois meses antes, um monge italiano – padre Tommaso – não retornara a seu mosteiro uma noite. Seus irmãos capuchinhos espalharam o rumor de que ele fora visto pela última vez a caminho do bairro judeu da cidade. No dia 5 de março, um mês após o desaparecimento do monge, um deles escreveu um relato do medonho destino que ele encontrara ali. Publicado pela primeira vez num jornal do ducado de Modena, o relato da iniqüidade judaica logo se espalhou por todo o continente.

O padre Tommaso, já um homem idoso, vivera 32 anos em Damasco como missionário. Era muito querido pelo povo da cidade por suas obras de caridade, e especialmente porque se devotara à vacinação de milhares de crianças de todas as religiões contra varíola. Naquele dia fatídico – contaram seus irmãos de ordem –, fora ao bairro judaico, onde viviam os cinco mil judeus da cidade, em sua maioria pobres. Nunca mais foi visto.

O mistério do desaparecimento do padre Tommaso, escreveram os capuchinhos, logo foi esclarecido. Ele fora chamado à casa de um dos mais proeminentes judeus da cidade, Davi Harrari. Ali, vários judeus saltaram sobre ele, amarraram-lhe os braços e as pernas, encheram-lhe a boca de algodão e amarram-na com um lenço para que não pudesse emitir um som. Entre os que o atacaram, estavam vários dos homens de negócios judeus mais eminentes da cidade, bem como um rabino. Chamaram um jovem barbeiro judeu, Salomão, e mandaram-no degolar o monge. Aterrado, o barbeiro disse que não podia, não tinha coragem, e assim o próprio Davi Harrari, segundo o relato do capuchinho, "pegou a faca, deitou padre Tommaso numa esteira, e começou a cortar seu pescoço. Mas sua mão tremia tanto que seu irmão, Aarão, tomou-lhe a faca, enquanto o barbeiro Solomão segurava [o monge] pela barba".

O que os judeus procuravam, acima de tudo, era o sangue do padre: "Colheram o sangue numa grande tigela de prata, porque deveria servir para sua festividade." Despiram o frade morto de suas roupas, que queimaram, e levaram seu corpo para um outro cômodo. Ali "começaram a cortá-lo em pedaços: os ossos grandes foram triturados com um moedor de ferro. Puseram tudo num grande saco de café e jogaram-no numa vala cheia de água suja que corta a área judaica da cidade". Depois despejaram o sangue em garrafas e as entregaram ao rabino.

Um dia depois do desaparecimento de Tommaso, os capuchinhos notificaram o cônsul francês, conde Ratti Menton, que atuava como protetor diplomático de todos os católicos em Damasco. O conde notificou o governo local e uma investigação foi iniciada. As suspeitas logo caíram sobre o barbeiro, que foi detido e posto na prisão. "De início, o barbeiro negou o fato; depois, disse apenas que vira o padre Tommaso amarrado, e saíra. Mas, mediante o uso tanto de persuasão quanto de ameaças, e da promessa de perdoá-lo, conseguiu-se que confessasse os fatos que lhes descrevi."

Os outros judeus citados pelo barbeiro foram presos e, embora inicialmente negassem as acusações, acabaram por começar a falar: "Os quatro Harraris confessaram que haviam realmente matado o padre. Moisés Salonicli, o rabino, negou tudo. Moisés Abu el-Affieh confessou o crime, mas negou ter recebido o sangue; José Leniado negou tudo." O correspondente capuchinho observou: "Em suma, todos os judeus importantes são culpados."

Além dos que citara, outros judeus proeminentes estavam também na prisão. Enquanto isso, graças à informação dada por um dos suspeitos, as autoridades de Damasco haviam encontrado o lugar em que os pedaços do corpo do frade tinham sido jogados. Vestígios de sangue e fragmentos de osso foram descobertos ali, inclusive "pedaços do crânio ainda com cabelos presos", além de metade de um barrete "que todos os presentes reconheceram como de fato pertencente ao padre Tommaso".

Os fragmentos de osso foram cuidadosamente recolhidos e postos numa caixa de madeira especialmente confeccionada. Numa procissão de que todos os padres de Damasco participaram, a caixa foi transportada da casa do cônsul francês à maior igreja da cidade. "Os muçulmanos, homens e mulheres, acompanharam a procissão até a igreja, gritando contra os judeus perversos e pranteando a perda do padre Tommaso. Muitos deles caíram de joelhos para venerar os ossos do padre. Os gritos, os soluços e os lamentos dos cristãos foram indescritíveis."[1]

Pouco depois, os frades capuchinhos puseram uma lápide de mármore sobre os restos de seu irmão martirizado. Ela dizia:[2]

AQUI JAZEM OS OSSOS
DE
PADRE TOMMASO DA SARDENHA
MISSIONÁRIO APOSTÓLICO CAPUCHINHO
ASSASSINADO PELOS JUDEUS
NO DIA DE 5 DE FEVEREIRO DO ANO DE 1840

O papa Gregório XVI, através de seu secretário de Estado para assuntos estrangeiros, cardeal Luigi Lambruschini, acompanhou atentamente as horríveis notícias da Síria. Eles tinham seus próprios informantes – notavelmente o cônsul toscano no Egito –, mas recebiam notícias também do cardeal Giacomo Fransoni, prefeito da Congregação da Propaganda Fide, posto outrora ocupado pelo próprio papa. A congregação que o cardeal encabeçava tinha grande influência, pois cabia-lhe supervisionar as operações da Igreja em toda parte em que os católicos eram minoria, inclusive a América do Norte, a Ásia, a África e a Europa do Norte protestante, bem como o Leste Europeu ortodoxo. Padre Tommaso e a missão de que fazia parte estavam sob a autoridade da Propaganda Fide, cuja sede era (e ainda é) no centro de Roma.[3]

O cardeal Fransoni tinha sua própria rede de informantes, tanto eclesiásticos quanto leigos. Nenhuma fonte era mais importante para ele no caso de Damasco do que Pietro Cerruti, que, como cônsul-geral do Reino da Sardenha[4] em Alexandria, no Egito, estava numa boa posição para receber informações de Damasco a tempo. A Grande Síria – que na época incluía o Líbano e a Palestina – passara ao domínio do vice-rei egípcio do Império Otomano, Mehemet Ali, que estava baseado em Alexandria. Ali conquistara a Síria no início da década de 1839, no processo que dividiu o Império Otomano em dois, com Ali controlando as regiões orientais. O governador-geral de Damasco, paxá Sherif, era seu filho adotivo.[5]

Cerruti enviou ao cardeal uma série de cartas de seu próprio punho, mas, mais importante, anexou-lhes cópias dos relatórios que estava recebendo de seus agentes na Síria. A primeira impressão que o cardeal – e, através dele, o papa – teve do caso foi fortemente influenciada por essa correspondência.

Um dos primeiros desses relatórios foi preparado pelo cônsul sardo em Beirute e enviada a 29 de fevereiro de 1840 a Cerruti, que o encaminhou ao cardeal Fransoni. O cônsul contava o desaparecimento do padre Tommaso e revelava que as suspeitas haviam recaído imediatamente sobre os judeus. Os irmãos Harrari tinham sido presos, com outros "judeus ilustres", e suas casas tinham sido revistadas sem fornecer, até aquele momento, "nenhum sinal do misterioso crime".

O relatório subseqüente do cônsul em Beirute, escrito um mês depois e também encaminhado ao cardeal por Cerruti, fala de desdobramentos posteriores. "Infelizmente", escreveu o cônsul, "verificou-se agora que os judeus, motivados por uma execrável superstição, assassinaram-no, junto com seu criado, para obter seu sangue e usá-lo ... para assar seu pão do *Pessach*. Os irmãos Harrari, ricos comerciantes desta cidade, degolaram o padre Tommaso na casa deles, auxiliados por rabinos e outros. Após recolher o sangue numa bacia de prata, e tendo retalhado seu corpo em pedacinhos e os moído junto com os ossos num almofariz, jogaram tudo aquilo numa vala de esgoto, onde [os restos] foram, em parte, encontrados." Quanto ao criado muçulmano do frade, ele encontrara o mesmo destino em casa de um outro abastado comerciante judeu da cidade. "As principais famílias judaicas de Damasco", relatou o cônsul, "participaram desse crime atroz; um grande número de pessoas está na prisão, inclusive vários rabinos. Alguns dos principais culpados foram vítimas de torturas inauditas aplicadas pelas autoridades, que os forçaram a confessar."

O cônsul-geral da Sardenha no Egito enviou também ao cardeal uma carta que recebera do cônsul sardo em Alepo, a segunda maior cidade da Síria, datada de 18 de março. A carta contava que, desde que os ossos do desafortunado capuchinho tinham sido encontrados, todos em Alepo falavam sobre o caso. "Foi provado", escreveu o cônsul de Alepo, "que, por uma questão de princípio religioso, todos os anos os judeus assassinam vítimas para usar seu sangue."[6]

O primeiro relatório completo que o próprio Gregório XVI recebeu sobre o caso de Damasco veio de uma fonte diferente em Alexandria, um homem chamado Rossetti, cônsul do grão-ducado da Toscana. Nos sete meses seguintes, o cônsul toscano enviaria uma série desses relatórios ao cardeal Lambruschini, o secretário de Estado. Mandou o primeiro deles a 27 de março, anexando-lhe cópias de cartas (em francês) que recebera de Damasco, fornecendo os detalhes mais recentes.

A primeira dessas cartas, datada de 28 de fevereiro, falava do desaparecimento do frade, das imediatas suspeitas dos capuchinhos, do testemunho do barbeiro, da ordem do governador-geral para que se prendessem os judeus citados pelo barbeiro e da prisão de quatro outros rabinos, que foram comunicados de que permaneceriam presos até que o padre Tommaso fosse encontrado. "No dia seguinte", continuava a carta, "o barbeiro foi submetido a tortura" e deu mais detalhes e mais nomes. "Um grande número de crianças foi posto na prisão", acrescentou. Aqui, a referência era à prisão de sessenta crianças judias; fora dito aos seus pais que elas ficariam presas até que os judeus trouxessem de volta o padre Tommaso.

"Judeus que tentam fugir", acrescentou o correspondente de Damasco, "são detidos e levados para a cadeia."

A segunda carta de Damasco que o cônsul toscano enviou, datada de 12 de março, fala do triunfo da justiça com a descoberta do que realmente acontecera. "Os autores do assassinato do pobre padre Tommaso foram descobertos, graças à confissão completa do barbeiro e dos criados judeus dos comerciantes Harrari." Eles revelaram a história em todos os detalhes sangrentos. Não só o barbeiro tinha segurado o frade pela barba, enquanto Harrari lhe cortava o pescoço, como os judeus haviam depois pendurado o agonizante Tommaso pelos pés para melhor recolher todo o seu sangue, antes de lhe retalhar o cadáver exangue em pedacinhos.

O correspondente continuava explicando o que impelira os judeus a um ato tão desumano. Aquilo só podia ser atribuído, escreveu, ao fanatismo dos judeus, porquanto "precisam de uma vítima cristã em determinadas ocasiões para um aniversário ou a celebração de um de seus mistérios religiosos (diz-se que precisam de sangue cristão para o pão do *Pessach*)". Os perpetradores "formam a elite das fortunas comerciais de Damasco, e passam por pessoas muito respeitáveis", e era difícil acreditar que fossem capazes de semelhante crime, mas sete dos nove acusados já tinham confessado.

O povo de Damasco, ele continuou, estava tão afrontado por essas atrocidades que haviam sido necessários todos os esforços das autoridades "para impedir a população de extirpar o bairro judeu e a raça judaica de Damasco".[7]

O secretário de Estado do Vaticano logo se inteirou de mais detalhes, tendo recebido traduções francesas de dois relatórios enviados pelo paxá Sherif a Mehemet Ali em Alexandria, relatando os testemunhos que colhera.[8]

Na complexa geografia religiosa da Síria, em que vários ramos do catolicismo coexistiam, o assassinato putativo do frade capuchinho pelos judeus deu lugar a uma nova cooperação ecumênica. Em meados de maio, o arcebispo maronita e o bispo católico grego uniata de Alepo, junto com o patriarca romano católico antioquense da Síria, dirigiram uma carta conjunta ao papa. O patriarca de Antioquia enviou-a por intermédio do cardeal Fransoni, a quem dirigiu um bilhete, rogando-lhe que fizesse o apelo chegar ao papa.[9]

Começaram sua carta expressando sua indignação pelo "confrangedor massacre do padre capuchinho Tommaso e seu assistente, cometido pelos judeus". Também eles entraram em horripilantes detalhes. O frade, escreveram, mal chegara à casa de um comerciante judeu quando "muitos judeus lhe amarraram com força as mãos e os pés e lhe cortaram o pescoço de maneira tal a obter todo o seu sangue. Martelaram a cabeça como se faz com gado ... depois o cortaram em pedaços".

O episódio, escreveram os bispos, levara os habitantes locais "a atribuir muitos outros assassinatos a esse povo perverso, porque tantas crianças e adultos desapareceram de repente, para nunca mais serem vistos". Explicaram que os judeus tinham conseguido escapar das conseqüências desses crimes ao longo dos anos porque, "além de sua astúcia, são protegidos por cônsules judeus, que podem ser encontrados em Alepo". Os líderes religiosos baseados em Alepo chegaram então ao ponto central de sua carta, instando o papa a usar sua influência para assegurar que países católicos, como a Áustria, removessem esses cônsules judeus e os substituísse por bons católicos.[10]

Pouco depois que os líderes de Alepo enviaram seu pedido ao papa, o patriarca católico grego de Alexandria enviou uma longa carta em seu próprio nome ao cardeal Fransoni, pedindo que transmitisse o conteúdo ao papa. O patriarca, que escrevera a Roma antes sobre o caso de Damasco, relatou que ficara indignado ao ler recentemente cartas publicadas na imprensa francesa. Estas continham mentiras que os judeus estavam promulgando em sua tentativa de "negar o horrível assassinato". Para retificar as coisas, estava enviando anexa uma tradução francesa da transcrição do julgamento dos judeus de Damasco.

"Não resta nenhuma dúvida", escreveu o patriarca, "de que os judeus, como uma imposição de sua religião iníqua, mataram e continuam a matar cristãos, exaurindo-lhes o sangue em meio aos maiores tormentos." Nem cristãos, nem muçulmanos, ele continuava, estão dispostos a suportar isso por mais tempo, "porque os judeus nunca pararão de fazer o que é para eles uma obrigação religiosa, e muitas dessas obrigações requerem que assassinem cristãos para usar seu sangue com esses fins religiosos".

Aqui, o patriarca mencionou um livro pelo qual os cardeais e o papa mostrariam grande interesse, e que desempenharia importante papel na campanha do assassinato ritual que a Igreja moveria mais tarde naquele século. Dizia-se que era obra de um judeu moldávio que se convertera e se tornara um monge ortodoxo cristão aos 38 anos. Os estudiosos ainda não haviam desenterrado a verdadeira história da proveniência e autoria do livro. Ele contém as mais absurdas invenções, mas ao mesmo tempo mostra familiaridade com várias práticas rituais judaicas. O autor afirmava estar, pela primeira vez, rompendo o voto de silêncio dos judeus e revelando os horríveis segredos que eles haviam guardado tão bem durantes séculos, a verdadeira história de por que precisavam de sangue cristão. O livreto foi publicado originalmente em moldávio em 1803, e depois traduzido para o grego e publicado na Romênia em 1834. A 2 de julho, o patriarca católico grego enviou ao papa a tradução italiana manuscrita que havia preparado. Era uma tradução grosseira, parcial, cheia de palavras riscadas e correções escritas por cima. O cardeal Fransoni leu o documento com crescente entusiasmo. Considerou-se um homem de sorte por ter conseguido essa cópia parcial, pois no pé da primeira página da tradução do patriarca estava a nota: "Esta é uma extremamente rara, porque ao que parece o ouro dos judeus a fez desaparecer da face da terra."[11]

O autor começava de maneira dramática. Iria revelar o "mistério do sangue", um segredo tão bem guardado que mesmo a maioria dos judeus o desconhecia. Estava em condições de fazê-lo, afirmava, embora fosse agora um monge, porque antes fora rabino.

Há três razões, escrevia, pelas quais os judeus praticam assassinato ritual: (1) "Em razão de seu grande ódio pelos cristãos", eles acreditam que "ao assassiná-los estão oferecendo um sacrifício a

Deus"; (2) precisam de sangue cristão para sua magia; e (3) "porque, suspeitando de que Jesus, filho de Maria, pode ser de fato o verdadeiro Messias, os rabinos acreditam que aspergindo-se com sangue cristão serão salvos".

Em seguida, o monge relatava todas as diferentes ocasiões em que os judeus usavam o sangue: os rabinos tratam várias doenças esfregando o sangue de cristãos nos corpos das pessoas, acreditando que isso as curará. De maneira semelhante, quando os judeus se preparam para um casamento, a noiva e o noivo devem jejuar, mas imediatamente após a cerimônia o rabino lhes dá um ovo para comer. Em vez de polvilhá-lo com sal, ele o polvilha com um preparado contendo sangue cristão.

O ódio dos judeus aos cristãos, explicou o monge moldávio, expressava-se de muitas maneiras. Na véspera do Natal e na véspera da Epifania, os judeus passavam a noite em claro jogando cartas e "amaldiçoando Cristo, Sua Mãe, e todos os santos". As crianças judias aprendiam a odiar os cristãos desde cedo, pois, antes de qualquer outra coisa, ensinavam-lhes como amaldiçoá-los. Na verdade, "Está escrito no Talmude que todo judeu que passa a menos de dez passos de uma Igreja cristã e se esquece de pronunciar o insulto supramencionado deve voltar para fazê-lo".

A compreensão, por parte dos judeus, de que Cristo podia realmente ser o verdadeiro Messias refletia-se em muitos dos usos que faziam de sangue cristão. Quando o bebê do sexo masculino é circuncidado, escreveu o moldávio, os rabinos tomam um pouco de sangue de um cristão martirizado e o aplicam à ferida. Dessa maneira, "o menino, não tendo sido batizado com água, é salvo pelo sangue do cristão martirizado, que foi batizado com água, e cujo sangue foi derramado enquanto sofria enormemente, como foi o de Cristo".

Por fim, o autor se voltou para a ocasião mais conhecida de assassinato ritual, ligada à preparação do *matzá* do *Pessach* pelos judeus. Nem todos os seus *matzás* requerem sangue cristão. Seus ritos especificam que um pedaço especial de *matzá*, que chamam *Afikomen*, deve ser feito misturando-se nele cinzas de um pedaço de pano que fora primeiro embebido do sangue de um cristão martirizado e depois queimado. Na refeição do *Pessach*, em que, acrescentou o monge, todos os judeus se embebedam, "é obrigatório para todos os judeus, até os mais jovens, comer um pedacinho, do tamanho de uma azeitona, desse *matzá* que contém o sangue do mártir cristão".

Especialmente perigosa para os cristãos era a celebração do Purim, pois ao celebrar sua libertação séculos antes das mãos de Amã, eles cometem assassinato. Os cristãos tomam o lugar do odiado Amã. "Depois que [os judeus] mataram um cristão no lugar de Amã, o rabino faz pães de fruta triangulares, e põe neles um pouquinho do sangue do cristão assassinado e os envia então para todos os seus amigos."

Mas havia uma diferença importante entre a necessidade de sangue cristão que os judeus tinham no *Pessach* e no Purim. Para o Purim, precisavam simplesmente matar cristãos. Para o *Pessach*, no entanto, o assassinato não era suficiente. "Em vez de atormentar Cristo, deviam torturar um cristão, como Cristo fora torturado." Para que melhor imitassem o sofrimento de Cristo, exigia-se que esvaziassem criancinhas de seu sangue. Escolhem-se crianças em vez de adultos porque, sendo virgens, elas possuem uma pureza que se assemelha à do próprio Cristo.

Esse mistério do sangue, revelou o moldávio, fora-lhe explicado um dia por seu pai, que o ameaçou das mais horríveis maldições se um dia o revelasse a quem quer que fosse, mesmo a seus próprios irmãos. Quando se casasse, instruiu-o o pai, tampouco deveria revelar o segredo à sua mulher. De fato, ele jamais deveria ser revelado a mulher alguma. E, mesmo que tivesse dez filhos, só deveria divulgá-lo a um único filho, o que fosse mais inteligente.

Revelando agora esse mistério, escreveu o moldávio, ele estava se pondo em grande perigo. Mas, escreveu em conclusão, não tinha medo: "Minha esperança está no Pai, meu refúgio é o Filho e meu escudo é o Espírito Santo. Glória à Santíssima Trindade."[12]

Notícias do documento moldávio tinham circulado em meios diplomáticos e eclesiásticos em Alexandria e, mais ou menos na época em que o patriarca católico grego estava preparando uma tradução em italiano para o papa, o cônsul-geral toscano em Alexandria – aquele que se correspondia com o secretário de Estado – estava lhe enviando sua própria tradução. Em algum momento de julho, o cardeal Lambruschini recebeu o livreto traduzido e, percebendo imediatamente seu valor, enviou-o no dia 23 de julho ao cardeal Fransoni, junto com outro material que tratava mais diretamente do caso de Damasco. Cabia a Fransoni encontrar maneiras discretas de usar os documentos de tal modo que a culpa dos judeus pela morte do padre Tommaso pudesse vir a ser conhecida por toda a Europa sem que isso parecesse resultar de uma campanha orquestrada pela Igreja. O opúsculo do moldávio, escreveu o cardeal Lambruschini, "lançaria muita luz sobre os motivos pelos quais o Reverendo Padre Tommaso ... encontrou sua morte violenta nas mãos dos judeus de Damasco".[13]

O prefeito, ao receber o material, ficou ele próprio impressionado com a força do documento moldávio. A 12 de agosto, ele enviou um pacote de volta à Secretaria de Estado, com um bilhete: "O abaixo assinado Cardeal Prefeito da Propaganda devolve a Vossa Eminência, com os mais sinceros agradecimentos, os interessantíssimos documentos referentes ao horrível assassinato do excelente frade capuchinho que vivia em Damasco, Padre Tommaso. Estou conservando apenas o breve mas preciso extrato do livro grego impresso na ... Romênia que Vossa Excelência se dignou enviar-me, com a intenção de devolvê-lo assim que puder."[14]

Além dos outros relatórios que distribuiria para publicação, sem menção da fonte, em jornais da Itália e da França, o cardeal Fransoni escolheu o documento moldávio e o enviou ao bispo de Modena. A 26 de agosto, o bispo devolveu o exemplar. Escreveu: "Tenho o prazer de informá-lo de que espero tê-lo servido de duas maneiras, primeiro tornando esse alerta público em outros lugares [i.e., fora dos Estados Papais], e segundo multiplicando sua útil distribuição, tomando ao mesmo tempo certas precauções que a prudência sugere." O bispo acrescentou: "Estando sempre pronto a fazer o que ordena, e a servir a sagrada causa da Religião e de seus princípios – que estão hoje tão atacados – de todas as maneiras a meu alcance, tenho a honra de expressar todo o meu respeito, beijando-lhe a mão." Após receber a carta do bispo, o secretário do cardeal Fransoni acrescentou-lhe a anotação: "O livreto foi devolvido ao Cardeal Secretário de Estado, 17 de setembro de 1840." De fato, tanto a carta quanto o opúsculo podem ser encontrados hoje nos Arquivos Secretos do Vaticano.[15]

Por que tanta "prudência"? Por que a distância entre o papa, juntamente com seu secretário de Estado, cardeal Lambruschini, e a publicação européia da lúgubre exposição da perversidade judaica pelo moldávio? A decisão de mandar o material ao bispo de Modena surgiu de considerações de geografia política. Modena era então um ducado independente, que confinava com os Estados Papais. Sendo publicado num jornal de Modena, o material circularia facilmente tanto nos domínios do papa quanto além deles, e seria reproduzido por jornais de toda a Europa, enquanto o Vaticano poderia evitar a aparência de ter difundido ele próprio a história, uma impressão impossível de evitar com qualquer publicação originária dos Estados Papais.

O papa e seu secretário de Estado adotaram essa abordagem em meio à controvérsia cada vez mais áspera que estava tendo lugar na Europa com relação ao que acontecera em Damasco. Nos primeiros dias após o desaparecimento do padre Tommaso, as notícias da imprensa européia haviam se baseado em grande parte em informes enviados pelo cônsul francês, Ratti Menton, seu cônsul assistente, Jean-Baptiste Beaudin, e pessoas estreitamente ligadas a eles. O papel que eles tiveram no caso foi muito debatido, mas não há dúvida de que veio deles grande parte da pressão para que as autoridades de Damasco acusassem os judeus. Tinham estado também ativamente envolvidos nos interrogatórios dos prisioneiros judeus e na busca porta a porta dos suspeitos que faltavam.[16]

A imprensa européia, que de início aceitara de maneira cabal e acrítica as acusações aos judeus, começava agora a adotar uma posição mais cética. Um empurrão nesse sentido veio quando os cônsules da Áustria envolvidos no caso começaram a divulgar sua opinião de que os judeus de Damasco tinham sido falsamente incriminados, forçados a confessar mentiras absurdas pelo uso da mais horrenda tortura. Essas declarações, bem como outras, vindas diretamente da comunidade judaica de Damasco, começaram a aparecer em jornais da França, Grã-Bretanha, Prússia e Áustria.

A reviravolta na cobertura do caso pela imprensa austríaca foi especialmente drástica. A 11 de abril, toda a primeira página do jornal mais importante do país foi dedicada ao tipo de retrato diabólico dos judeus assassinos comum nesses primeiros dias de cobertura na Europa. Já no dia seguinte, porém, a primeira página continha uma história gritantemente diversa. Relatórios oficiais de Beirute, foi dito aos leitores, revelavam que de fato não havia nenhum indício de que o padre Tommaso fora sequer assassinado, muito menos de que fora morto por judeus. Peritos haviam determinado que os ossos encontrados no esgoto não só não eram novos, como nem sequer eram humanos. Prosseguindo, o artigo rejeitava "a falsa crença tantas vezes refutada de que os judeus consomem sangue cristão na época de seu *Pessach*" como um triste exemplo de "como, ao longo dos séculos, opiniões que revoltam a natureza humana conseguem sobreviver". A brusca guinada na posição do jornal ocorreu muito provavelmente em decorrência de uma intervenção do príncipe Metternich. O estadista austríaco vira desde o início a acusação de assassinato ritual como uma falsidade grotesca.[17]

Ao mesmo tempo, descrições das torturas que haviam sido usadas para extorquir as confissões começaram também a circular pela Europa, gerando novas dúvidas. Um relato típico foi o que o rabino primaz de Damasco, Jacob Antabi, enviou ao chefe da comunidade judaica inglesa, Moses Montefiore.

No dia 1º de março, lembrou o rabino, ele fora levado para ser interrogado pelo paxá, que lhe ordenara apresentar a garrafa com o sangue do frade, que ele tinha, segundo um dos judeus torturados afirmara. Quando o rabino disse que tal garrafa não existia, o paxá ameaçou cortar-lhe a cabeça e depois mandou que o jogassem numa piscina de água gélida. Cada vez que ele emergia para respirar, os soldados lhe davam uma porretada na cabeça. Quando foi finalmente puxado para fora, o rabino foi açoitado até desmaiar, depois novamente açoitado até perder os sentidos outra vez. Os interrogadores fizeram uma pausa para lhe propor uma saída. Se confessasse, obteria não só o perdão como também uma pensão vitalícia. Quando se recusou, puseram um torniquete em volta da sua testa e apertaram tanto que o cordão arrebentou duas vezes. Depois o arrastaram por uma corda amarrada a seu pênis e esmagaram seus genitais. Ao contrário da maioria dos outros judeus submetidos a esses métodos, o rabino sustentou sua história.[18]

No final de março, um missionário protestante inglês chegou a Damasco para investigar o assunto e enviar para seu país seus próprios relatos aterrorizantes das torturas infligidas aos suspeitos judeus. Em certa altura, ele escreveu, o paxá disse a dois irmãos Harrari – que haviam confessado anteriormente, sob tortura, terem assassinado o frade sardo – que tudo que desejava deles era a verdade. Eles responderam: "A verdade é que não sabemos de nenhum assassinato, mas se o senhor ... nos torturar de novo, retornaremos de novo ao nosso depoimento anterior." De fato, foram torturados de novo, e de novo confessaram o crime.[19]

O cônsul austríaco em Alexandria – diretamente envolvido no caso porque alguns dos judeus suspeitos eram súditos do Império Austríaco – solicitou uma audiência com o vice-rei, Mehemet Ali, para protestar contra os métodos que estavam sendo usados em Damasco. Posteriormente, a 20 de abril, o vice-rei mandou uma carta ordenando a cessação da tortura dos judeus. Nessa altura, dois dos prisioneiros judeus já tinham sido torturados até a morte.

Com o caso atraindo uma atenção indesejada do Ocidente, o vice-rei, que estava, ele próprio, em meio a delicadas negociações diplomáticas com as potências ocidentais, teve receio de levá-lo mais adiante. Ordenou a suspensão do planejado enforcamento de dez dos judeus. No final de maio, nove dos judeus que haviam sido sentenciados continuavam na prisão, assim como o rabino primaz. Um outro homem estava confinado no consulado da Áustria, enquanto muitos outros estavam escondidos.[20] Enquanto isso, os judeus da França e da Inglaterra estavam organizando protestos a favor de seus irmãos de Damasco e tentando pressionar diplomaticamente Mehemet Ali a pôr fim ao caso.

Numa carta do início de junho, o cônsul sardo em Alexandria informou o secretário de Estado Lambruschini sobre esses protestos diplomáticos e suas repercussões. Não havia dúvida, ele assegurou ao cardeal, de que os judeus tinham matado o padre Tommaso. O cônsul francês, Ratti Menton, examinara os procedimentos empregados e os considerara perfeitamente em ordem. Embora "as confissões feitas separadamente pelos réus tivessem sido arrancadas sob tortura", escreveu Rossetti, tinham sido plenamente confirmadas por outros indícios.[21]

Três semanas mais tarde, Rossetti escreveu novamente ao cardeal Lambruschini, narrando os últimos e preocupantes desdobramentos do caso. "Vossa Eminência", escreveu, "deve saber mais do que eu de todas as intrigas em que os judeus mais ricos e mais conhecidos estão empenhados para sustar a mão da justiça e obstruir a punição de seus correligionários e a descoberta da prova de tão abominável e atroz assassinato." Felizmente, continuou, a matéria continua nas mãos do cônsul francês, e assim "desta vez nem todo o ouro do mundo bastará para silenciar a verdade e a justiça".[22]

Em meio a esses informes, e aos esforços do Vaticano para difundir sua versão do assassinato em Damasco, o embaixador austríaco junto à Santa Sé apresentou-se inesperadamente para ver o cardeal Lambruschini. Era o dia 30 de junho e ele tinha uma nota a entregar em nome de seu governo. A carta, encontrada nos Arquivos Secretos do Vaticano, começa expressando as condolências da corte austríaca à Santa Sé em razão do desaparecimento do padre Tommaso. Mas logo chegava ao que interessava. "Os mais insistentes apelos, de diferentes procedências, estão sendo feitos neste momento à Corte Imperial da Áustria. Eles rogam à Corte que se empenhe, em favor da humanidade ultrajada, em assegurar que esta [causa] seja servida pela mais estrita e imparcial justiça e não seja relegada a ação puramente arbitrária." Embora as pessoas por trás desses "insistentes apelos" não sejam identificadas em lugar algum da carta, sabemos que uma delas não era outro senão Salomon Rothschild. Muito provavelmente foi Rothschild que falou a Metternich sobre uma explicação alternativa para o desaparecimento do padre Tommaso, explicação que Metternich, através de seu embaixador, transmitiria ao papa.[23]

"Tão grande quanto a amargura da Corte Imperial ao saber das notícias do crime atroz cometido contra a pessoa de um Ministro da Igreja", continuava a carta, "foi igualmente sua indignação ao saber das circunstâncias que acompanharam o procedimento adotado em Damasco para descobrir seus autores. Novos crimes e assassinatos estão sendo cometidos – em grande parte por instigação de nossos próprios correligionários – sob o pretexto de desvendar a verdade, permitindo que muitos dos acusados sejam sacrificados à crueldade e à justiça arbitrária dos muçulmanos. E isso, não em resultado de qualquer culpa provada que tenham, mas na realidade a partir de interesses comerciais e privados e do ódio sectário que prevalece entre as diferentes religiões naquela terra."

A corte austríaca, escreveu o embaixador, desejava apenas que o verdadeiro autor do crime fosse encontrado. A carta oferecia então uma explicação alternativa para o desaparecimento do frade, explicação defendida pelos próprios judeus de Damasco. Os austríacos pediam ao secretário de Estado e ao papa que essa outra possibilidade fosse também investigada.

"Três dias antes de seu desaparecimento, o reverendo padre Tommaso teve uma acalorada discussão com alguns muçulmanos árabes numa das ruas mais movimentadas de Damasco. Nessa ocasião, um deles jurou publicamente uma vingança contra ele. Além disso, na véspera de seu desaparecimento [foi relatado], um judeu que tinha uma loja próxima do portão da cidade viu o frade deixar Damasco por aquele portão por volta da hora do pôr-do-sol, junto com seu criado. O infeliz judeu foi espancado até a morte [pela polícia] por seu testemunho. Os muçulmanos que residem perto de sua loja declararam publicamente que o que o judeu disse era inteiramente verdadeiro, mas tinham preferido não relatar o assunto às autoridades locais, temendo por suas vidas.

"A partir disso", a carta concluiu, "podemos supor que o padre Tommaso tentou escapar da vingança do árabe mencionado, rumando com seu criado para a Palestina e o Monte Líbano. Lá, talvez tenha se escondido e ainda se encontre em um dos conventos, caso árabes muçulmanos já não o tenham matado na estrada." O emissário da corte austríaca foi então ao cerne do pedido de seu governo. "Para elucidar estas suposições", escreveu, "seria desejável que Sua Santidade enviasse cartas circulares aos chefes religiosos da Palestina, da Terra Santa e do Monte Líbano. Deveria lhes ser ordenado, com toda ênfase, que empreendessem uma busca completa pelo padre Tommaso naqueles conventos e em todos os outros estabelecimentos religiosos e paróquias. Ou deveriam pelo menos descobrir se um padre ou alguma outra pessoa o viu ou se encontrou com ele em seu caminho, após seu desaparecimento com seu criado." A carta do embaixador ao secretário de Estado terminava com a solicitação, em nome da corte imperial austríaca, de que ele levasse a proposta austríaca à atenção do papa.[24]

Dez dias depois, o cardeal Lambruschini enviou sua resposta. "Por muito que eu respeite as razões que levaram a Corte Imperial de Viena a duvidar de que o súbito desaparecimento do Frade Capuchinho Tommaso... deve realmente ser atribuído aos Judeus de Damasco", escreveu ele ao embaixador austríaco, "estaria contudo em desacordo com meu caráter ... não lhe contar, com a necessária discrição, que as notícias que chegaram tanto a mim quanto à Congregação para a Propaganda [da Fé] de indivíduos extremamente confiáveis que vivem no Levante e, especialmente na Síria e no Egito, não deixam a menor sombra de dúvida sobre a verdade dessa acusação, em que pese sua natureza perversa e atroz."

Em face dessa certeza, escreveu o cardeal Lambruschini, a sugestão dos austríacos de que fosse iniciada uma busca nos conventos da Síria, Palestina e Líbano estava fora de questão. Não só o cardeal estava convencido de que o frade fora cruelmente assassinado, como a possibilidade alternativa que os austríacos haviam sugerido implicaria que padre Tommaso "carecia de caridade, justiça, e não era minimamente capaz de conhecer suas obrigações morais". Se estivesse vivo, escreveu o secretário de Estado, o frade dificilmente poderia ignorar que o governo de Damasco "estava prendendo, julgando e torturando um número tão grande de pessoas somente para induzi-las a confessar o que sabiam sobre o desaparecimento do frade Tommaso". Tivesse o frade fugido, teria certamente encontrado algum meio de enviar um recado de que estava vivo, ainda que, por prudência, ocultasse seu paradeiro exato. "Quero portanto acreditar", concluiu o cardeal, que "em vossa rara sabedoria ... Vossa Excelência haverá de reconhecer a sensatez da decisão negativa que tomei a respeito das investigações solicitadas pelo Governo Austríaco."[25]

Um dos indivíduos "extremamente confiáveis" aludidos na resposta de Lambruschini, o cônsul toscano em Alexandria, enviou mais informações recentes ao secretário de Estado a 15 de julho. Anexas à carta seguiram as traduções de dois relatórios do paxá Sherif ao vice-rei. O cônsul prometeu enviar traduções do resto dos interrogatórios dos judeus assim que possível. Refletindo sobre os indícios, o cônsul perguntava: "Dado que os autores [do crime] não foram motivados nem por uma vingança nem por benefício material – pois são os homens mais importantes e ricos de sua nação – como se pode explicar esse caso atroz senão atribuindo-o a um abominável mistério e a um ainda mais abominável fanatismo?" Ainda mais preocupante que descobrir a verdade sobre a mutilação do frade, ele acrescentou, era se dar conta "do número de vítimas que, por tantos séculos, devem ter sido sacrificadas a esse execrável mistério". E se, continuou, as pessoas no passado "sempre haviam rejeitado essas histórias como meras invenções derivadas de preconceitos lamentáveis que sustentavam que os Judeus sacrificam e martirizam Cristãos, hoje já não pode haver nenhuma dúvida".

O cônsul juntou também à sua carta uma tradução de extratos do Talmude que o paxá requisitara como parte de sua investigação.[26] Os supostos extratos do Talmude eram apenas parte dos vários documentos destinados a demonstrar a perversidade dos judeus que estavam sendo reunidos pelo secretário de Estado e o prefeito da Propaganda Fide. Merecem, porém, atenção especial porque o pretenso vínculo entre a malevolência judaica e o Talmude tinha uma longa história na Igreja e voltaria a surgir, com força renovada, mais tarde no século.

Em 1242, sob a acusação de que o Talmude exortava os judeus a trapacear e assassinar cristãos, autoridades da Igreja ordenaram que todos os exemplares do livro fossem queimados. Em 1443, o papa Eugênio IV promulgou uma bula proibindo os judeus de estudar o Talmude e um século depois, em 1553, o papa Júlio III decretou que o Talmude era blasfemo e ordenou que todos os exemplares dele fossem recolhidos e queimados. No Rosh Hashaná, o ano-novo judaico, de 1553, uma enorme pira foi erguida no meio do Campo dei Fiori em Roma, o mesmo local onde, meio século mais tarde, o próprio Giordano Bruno seria queimado vivo por ordem da Inquisição. Imensas quantidades de Talmudes e vários livros em hebraico apreendidos nas casas dos judeus do gueto de Roma foram lançados às chamas. Ao mesmo tempo, o Santo Ofício pediu a líderes civis e eclesiásticos em toda a Itália que encontrassem todos os exemplares do Talmude e os queimassem da mesma maneira.

Depois da Torá – os Cinco Livros de Moisés, ou Pentateuco –, o Talmude é o texto mais sagrado do judaísmo. A Torá inclui a "lei escrita", tradicionalmente vista como revelada por Deus aos hebreus. No curso de muitos séculos, a lei escrita fora ampliada e elaborada num corpo vastamente mais amplo de jurisprudência, a "lei oral"; e o Talmude babilônio (há também um Talmude de Jerusalém, menos importante), escrito originalmente em aramaico, é uma codificação abalizada dessa lei oral. Na forma, compõe-se dos ensinamentos e discussões legal/filosóficos de estudiosos das grandes academias rabínicas da Babilônia do século III ao século V d.C. Foram editados antes do século VI em 63 livros de exposição e comentário sobre a lei, a ética, o ritual e a história judaicos.

O Talmude é de leitura notoriamente difícil. Seu texto de 2,5 milhões de palavras reproduz o estilo de argumentação oral muitas vezes denso e arrevesado que caracterizava as antigas academias. É escrito como se os muitos rabinos – cujas palavras registra – estivessem todos vivos e juntos, debatendo questões contenciosas e interpretando casos particulares. Embora seja uma fonte primária da lei judaica, é uma obra divagante, que incorpora provérbios, parábolas, fábulas e fatos populares, folclore e máximas morais judaicos e gentios, que se tornaram todos fonte de interminável interpretação e discussão entre estudiosos judeus ao longo dos séculos. O fato de a interpretação e o debate sobre o significado de cada porção do Talmude serem tão importantes quanto o próprio texto original reflete-se no modo como a versão impressa do livro é estruturada. No centro de cada página, figura o texto original, mas à sua volta estão seções de comentários sobre ele por estudiosos posteriores.[27]

A Igreja, no entanto, viu por longo tempo o Talmude como uma obra perigosa e blasfema, que codificava a rejeição dos judeus ao cristianismo e, por isso, encarnava o caminho iníquo que os judeus tomaram desde que rejeitaram Jesus, o verdadeiro Messias. O breve documento que o cônsul toscano enviou ao secretário de Estado era típico. Apresentando-se com a tradução latina oficial do século IX de passagens do Talmude, traduzida em algum momento posterior para o francês, continha injunções do seguinte teor:

"Os judeus devem amaldiçoar os cristãos três vezes a cada dia, e pedir a Deus a destruição e o extermínio deles."

"Deus permite aos judeus apoderar-se dos bens dos cristãos de qualquer forma que possam, por artimanha, trapaça, usura ou roubo."

"Os judeus devem ver os cristãos como feras e animais selvagens, e tratá-los de acordo... e se um de nós encontra um cristão junto a um precipício, deve empurrá-lo."[28]

Estes, e outros supostos extratos similares do Talmude, como voltaremos a ver mais tarde, combinavam invenção gritante com má tradução e citação fora de contexto. Na época em que o Talmude estava sendo escrito, os judeus da Babilônia estavam cercados por muitos povos diferentes. Os cristãos não eram especialmente importantes entre eles. Ao discutir as relações com esses outros povos, os rabinos estavam preocupados, sobretudo, em evitar a assimilação. Viam também os judeus como o único povo que seguia as leis transmitidas pelo verdadeiro Deus, e consideravam todos os demais idólatras. Ainda assim, embora certamente seja possível encontrar no Talmude passagens que apresentam uma visão sombria desses outros, a lei talmúdica reconhece a santidade dos mandamentos bíblicos de não roubar, não matar etc., e os aplica a todos os povos.[29]

Dez dias depois de enviar os supostos extratos do Talmude ao secretário de Estado Lambruschini, o cônsul toscano escreveu-lhe de novo, mais uma vez incluindo um documento, a tradução francesa do testemunho de Moisés Abu-el-Affieh, um dos acusados pelo assassinato. O judeu, explicou o cônsul, tendo acabado de se converter ao islã, fornecera "os mais notáveis detalhes sobre o crime atroz". Seu testemunho datava do início de março.

Moisés, que mudara seu nome para Maomé, afirmou que fora o rabino primaz de Damasco que determinara o assassinato. "Jacó Antabi disse-me dez ou 15 dias antes que precisava de sangue para realizar algumas de suas obrigações religiosas, que falara com os irmãos Harrari, que o ato seria cometido na casa deles ... e que eu deveria estar presente." Prosseguindo, Maomé contou como, no dia fatídico, o frade foi trazido, teve o pescoço cortado e foi levado para outro cômodo para que seu sangue pudesse ser extraído.[30]

Embora o cônsul toscano não mencionasse isso, pouco antes do testemunho de Moisés, a polícia de Damasco, auxiliada pelo cônsul francês e o assistente deste, o haviam levado da prisão para sua casa. Ali lhe tinham dito que mostrasse a garrafa com o sangue do padre Tommaso que, segundo acreditavam, ele escondera. Mais tarde, sua mulher descreveu a visita.

Ela suplicara ao cônsul que acreditasse nela quando insistia em que tal garrafa não existia; seu marido mentira para interromper a tortura. E, quando nem ela nem o marido puderam mostrar a garrafa, uma nova sessão de tortura começara. "Uma corda foi amarrada em volta do pescoço do meu marido; o cônsul e Salina [um assistente] o arrastaram pelo quintal." Os pés de Moisés já estavam em frangalhos, o osso aparecendo, por causa das centenas de chicotadas que recebera nos pés durante seu interrogatório anterior. A confrontação na casa deles durou três horas, no fim das quais Moisés foi fustigado mais duzentas vezes sob os olhos da sua mulher. No dia seguinte, ele disse a seus captores que queria se converter e pouco depois, em troca de sua liberdade, prestou o testemunho que Rossetti enviara ao cardeal Lambruschini.[31]

A remessa que Rossetti fez de Alexandria sem dúvida confirmou ainda mais o papa, o secretário de Estado e o cardeal prefeito da Propaganda Fide em sua convicção da culpa dos judeus. Quando a receberam, porém, sua atenção estava desviada para outras notícias. Uma delegação de importantes judeus ingleses e franceses embarcara para o Egito para defender sua causa junto ao próprio vice-rei.

Moses Montefiore, chefe da comunidade judaica inglesa, liderou a delegação, levando uma carta de apoio do secretário britânico das Relações Exteriores. A seu lado na liderança, estava Adolphe Crémieux, uma figura exponencial da comunidade judaica francesa, com estreitas ligações com os altos círculos do governo francês.[32] O objetivo deles era obter permissão do vice-rei para abrir um inquérito sobre o caso em Damasco, e conseguir um novo julgamento.

A 4 de agosto, o grupo judaico chegou a Alexandria e, no dia seguinte, teve seu primeiro encontro com Mehemet Ali. O momento parecia tudo menos propício. Os dois países que mais apoiavam as demandas judaicas – Inglaterra e Áustria – tinham estado apoiando o sultão do Império Otomano em sua luta contra o vice-rei. Ao longo do mês que Montefiore e Crémieux passariam em Alexandria, a Áustria e a Inglaterra, juntamente com seus aliados, a Rússia e a Prússia, mandaram um ultimato a Ali. Ou ele devolvia seus territórios não-egípcios ao sultão otomano, ou enfrentaria a guerra. Em contraposição, o principal defensor europeu de Mehemet Ali era a França, a nação cujos diplomatas não tinham tido mãos a medir na montagem da incriminação dos judeus de Damasco.

Apesar disso, no final de agosto, depois que navios de guerra britânicos tinham capturado alguns barcos de provisões egípcios, o vice-rei decidiu ceder. Como parte de seu esforço para enfraquecer a hostilidade inglesa e austríaca, concordou em emitir uma ordem libertando os judeus presos em Damasco. Logo, os judeus foram soltos, para grande cólera do Vaticano, dos capuchinhos e do cônsul francês em Damasco.

Por toda a Europa, a imprensa católica recebeu a notícia da libertação dos judeus com indignação. O clero católico de Damasco ficou especialmente irado. Tal como a hierarquia eclesiástica em Roma, estavam convencidos de que a decisão de libertar os judeus nada tinha a ver com sua inocência. Eles eram claramente culpados da morte ritual do bondoso frade. A escandalosa soltura dos prisioneiros judeus era simplesmente o resultado da influência política dos judeus e de sua habilidade em subornar as pessoas certas.

Embora agora o caso jurídico estivesse encerrado, o Vaticano continuou a lidar com as várias dificuldades geradas pela questão. A 30 de setembro de 1840, o cardeal Lambruschini recebeu uma carta confidencial do embaixador austríaco. "Apareceu recentemente entre a população católica grega de Damasco", começava a nota, "um escrito dirigido contra a comunidade judaica dali, uma obra que propõe as mais grosseiras acusações e todo o fanatismo de séculos passados." A carta austríaca sustentava que o autor do texto difamatório não era outro senão o patriarca católico grego de Damasco.

"Dado o clima de inquietação que prevalece agora em Damasco", continuava a carta, "a publicação de argumentações desse tipo, que conflitam frontalmente com qualquer senso de caridade cristã, pode apenas ter as mais sérias conseqüências, excitando a luta sectária e encorajando renovadas perseguições." A corte imperial de Viena, concluía a carta, "acredita portanto ser seu estrito dever submeter esses deploráveis desdobramentos à mais séria atenção do governo de Sua Santidade".[33]

Não há indicação nos arquivos do secretário de Estado de que ele ou o papa tenham tomado qualquer medida em resposta ao apelo austríaco.

A correspondência privada tanto do secretário de Estado quanto do cardeal prefeito deixa claro que eles estavam plenamente convencidos de que a religião judaica ordenava a seus seguidores assassinar cristãos e consumir seu sangue. Mostra também o quanto os dois cardeais estavam ansiosos para levar esses "fatos" ao conhecimento dos cristãos em geral. No entanto, durante todo o caso, procederam sigilosamente, mantendo-se longe dos olhos do público.

Moses Montefiore, o líder da expedição judaica a Alexandria, era um homem extremamente confiante em sua própria influência política e em seus poderes de persuasão. Ignorando a extensão do envolvimento do Vaticano no caso, pensou que poderia de algum modo convencer o papa a ir em auxílio dos judeus. Assim, no final de dezembro, em sua viagem de volta pelo Mediterrâneo, desembarcou na Itália e foi a Roma. Tinha dois objetivos. Queria que o papa ordenasse a remoção da lápide ofensiva que os frades capuchinhos haviam erguido sobre a sepultura do padre Tommaso, e esperava que Gregório XVI emitisse uma declaração condenando acusações de assassinato ritual contra os judeus, algo que outros papas haviam feito em séculos anteriores.

Era 22 de dezembro quando Montefiore chegou à Cidade Santa. Uma vez ali, ele fez tudo que podia para conseguir uma audiência papal. Em menos de uma semana, o representante britânico em Londres estava lhe dizendo que o papa jamais aceitaria seus pedidos. "Todas as pessoas à volta do papa estão convencidas", disse o enviado britânico, segundo Montefiore, "de que os judeus mataram o padre Tommaso e que, ainda que todos os testemunhos do mundo provando o contrário fossem levados ao papa, nem ele nem seu pessoal ficariam convencidos". Montefiore, sem se deixar persuadir, passou mais duas semanas tentando sem sucesso ver o pontífice. Deixou Roma, desalentado, no dia 11 de janeiro.[34]

Três meses depois, no que, retrospectivamente, parece um pós-escrito adequado ao caso, o secretário de Estado recebeu um pacote do núncio papal em Viena. O núncio estava respondendo com atraso ao pedido do cardeal Lambruschini de exemplares do opúsculo do moldávio. Ele conseguira encontrar um, que enviava junto. Lera-o com proveito: "O novo assassinato recentemente cometido pelos judeus em Damasco torna a revelação contida no livro ainda mais interessante."[35] De fato, a importância dessas revelações para a Igreja, bem como a importância do próprio assassinato do padre Tommaso, iriam apenas crescer, nos anos seguintes.

5

O fim de uma era

Quando Gregório XVI morreu, em junho de 1846, poucos o prantearam. Sua cruzada implacável para banir as idéias e as práticas modernas do reino papal e seu uso de métodos policiais draconianos para extirpar a oposição lhe haviam deixado pouco apoio popular. O fato de ser sido forçado a recorrer a tropas austríacas para manter-se no poder só piorou as coisas. O ex-monge parecia ressurgido de tempos passados, quando o domínio absoluto era inconteste, quando a autoridade divina era a única autoridade.

Os cardeais que se reuniram em conclave para eleger um novo papa estavam alarmados com os sinais crescentes de intranqüilidade popular. As coisas não estavam indo bem para a Santa Sé, em boa parte em razão da rápida ascensão do movimento em prol da unificação da Itália, que não demoraria a ser a ruína dos Estados Papais.

Como no passado, os italianos dominavam totalmente a hierarquia da Igreja. Dos 62 cardeais do mundo todo, 54 eram italianos, e nenhum dos oito não-italianos apareceu em Roma a tempo de dar um voto.

Para os que eram mais próximos de Gregório XVI, um homem era a escolha óbvia para continuar seu trabalho: o cardeal Luigi Lambruschini, o secretário de Estado, de quem Gregório dependera cada vez mais. O primeiro escrutínio viu Lambruschini na dianteira. Mas a maior parte dos cardeais compreendeu que, para que houvesse alguma esperança de acalmar a inquietação, algumas coisas teriam de mudar. A pessoa para quem se voltaram, e elegeram no seu quarto escrutínio, foi o bispo de Imola, Giovanni Maria Mastai-Ferretti.

Sob alguns aspectos, foi uma escolha inusitada. Dois dos principais critérios para a escolha de papas – embora nem sempre honrados – eram experiência na administração central do Vaticano e no serviço diplomático da Igreja. Mastai-Ferretti não tinha nada da primeira e pouco da segunda. Tampouco era conhecido por suas capacidades intelectuais ou um profundo saber: não era nem notavelmente inteligente nem particularmente bem preparado em teologia e direito eclesiástico. Ademais, com 44 anos, era um tanto jovem para ser papa.

O que atraiu os cardeais para ele foi seu sucesso na chefia da Igreja na Romanha, que fora o cenário da uma das mais violentas oposições ao domínio papal. Se ele pudesse ao menos aplicar o que lhe valera popularidade em Imola à missão de governar a totalidade dos Estados Papais, pensavam os cardeais, tudo iria bem.

Mastai-Ferretti, que tomou o nome de Pio IX, era um homem cordial e gregário. Não se dava ares de grandeza, uma autoridade eclesiástica que continuou encantadoramente acessível. Embora conservador em sua atitude básica, o novo papa reconhecia que as coisas não estavam andando bem para a Igreja e que algumas mudanças tinham de ser feitas. Ele tinha também outro mérito, pois era visto como uma pessoa sinceramente religiosa, com profunda crença na Igreja e em seus mandamentos. Para muitos, eram exatamente a sua falta de qualquer experiência diplomática recente e a distância em que se mantinha das intrigas do Vaticano que o tornavam tão atraente. Não era um maquinador.[1]

Os primeiros meses do reinado de um papa eram sempre decisivos para os judeus, pois era então que o novo pontífice tipicamente reiterava as velhas medidas que regulavam as vidas dos judeus, ou, não o fazendo, abria a porta para novas concessões. Com a eleição de Pio IX, uma onda de otimismo varreu os Estados Papais, à medida que se espalhava a notícia de um novo pontífice benevolente, ansioso para pôr fim aos abusos do passado. Na esperança de um tratamento melhor, os judeus procuraram atrair a atenção do papa sem perda de tempo.

No dia 13 de setembro de 1846, apenas três meses após a eleição do papa, os representantes da comunidade judaica de Roma enviaram-lhe um longo apelo, lamentando as restrições impostas por seus predecessores recentes. Rogaram a Pio IX que imitasse seu homônimo do início do século. Pio VII havia concedido aos judeus várias liberdades que Leão XII e depois Gregório XVI lhes haviam retirado, entre elas a licença para ter suas lojas fora do gueto e para viver e trabalhar em outros burgos dos Estados Papais.

Mas o apelo trazia várias outras queixas. Os judeus de Roma eram pouco instruídos, foi dito ali, porque não havia no gueto escolas que ensinassem matérias leigas (os únicos estabelecimentos de ensino existentes eram as escolas religiosas para meninos), e eles eram proibidos de freqüentar escolas fora do gueto. Além disso, não só não lhes era permitido tornar-se médicos – embora em séculos passados médicos judeus tivessem atendido os próprios papas –, como eram proibidos de exercer a maioria das outras ocupações qualificadas: não podiam abrir livrarias ou gráficas, nem podiam se tornar joalheiros ou prateiros.

Depois havia todas as humilhações. Quando agonizavam, os judeus não tinham nenhum hospital para onde ir – pois não havia nenhum no gueto – e, se conseguissem ser admitidos em um fora do gueto, não podiam ser confortados por um rabino, pois nenhum rabino era admitido ali. Nenhum judeu podia servir como testemunha num processo civil, pois nos Estados Papais sua palavra não era digna de crédito.

Particularmente irritante era a prática persistente de obrigar os líderes do gueto a se apresentar, no sábado em que começavam as celebrações do carnaval, perante o magistrado romano e o senador de Roma. Enquanto esses dignitários permaneciam sentados em seus tronos majestosos, os judeus tinham de se ajoelhar e fazer oferendas cerimoniais, enquanto multidões de plebeus os cobriam de sarcasmos. Era, nas palavras dos peticionários, um "espetáculo feudal de zombaria remanescente da Idade Média". Pediram misericórdia ao novo pontífice: "Bom e santo Deus!" rogaram, "Por que tanta inclemência para com pessoas que não cometeram nenhum crime?"

Havia também a persistente degradação de ser obrigado a ouvir sermões destinados a converter os judeus, mais um vestígio de uma era passada. "No século XVI, o papa Clemente VIII ordenou que se pregasse para os judeus porque, segundo a Constituição Clementina, restaurada pelo Edito do Cardeal Della Genga, que se tornou Papa Leão XII, era dito que eles possuíam costumes depravados." O fato de o governo obrigar os judeus a ouvir esses sermões, argumentaram os peticionários, era tomado pela população em geral como prova de que eram "inteiramente imorais, repletos de vícios, tanto que até precisavam que um padre dominicano pregasse para eles". Os judeus de Roma imploraram ao novo papa que os livrasse dessas humilhações, que lhes desse liberdade de movimento e lhes permitisse obter educação e exercer as mesmas ocupações e profissões que os cristãos.[2]

Antes do fim do ano, Pio IX, tendo se inteirado do quão superlotado e insalubre era o gueto, emitiu uma ordem permitindo a um pequeno número de famílias viver do lado de fora, bem junto aos muros. Como o principal biógrafo de Pio IX, padre Giacomo Martina, explica, a atitude do papa refletiu sua crença na necessidade de um despotismo mais esclarecido, e um sentimento de benevolente paternalismo em relação aos judeus. Mas ele só iria até aí. "Por temperamento, educação e sua compreensão do que considerava ser seu dever na defesa da religião ... era completamente contrário à emancipação civil dos judeus."[3]

Em fevereiro de 1847, o barão Salomon Rothschild enviou de Viena uma longa carta ao novo papa em apoio aos pedidos dos judeus romanos. Uma vez que o Vaticano dependia de empréstimos dos Rothschilds para evitar a bancarrota, o papa não podia se permitir ignorar a solicitação. Alguns dias depois, o núncio papal em Viena foi instruído a informar o barão de que o papa estava considerando o assunto e tinha, como um primeiro passo, concordado em extinguir os degradantes ritos do carnaval.

Em seguida, Pio IX instituiu uma comissão, chefiada pelo cardeal vigário de Roma, para examinar as condições do gueto e recomendar medidas apropriadas para melhorar a sorte dos judeus. Logo os judeus tiveram mais uma causa de regozijo: os medonhos sermões compulsórios tinham terminado, para nunca mais voltar.

Em 1847, o entusiasmo popular pelo novo pontífice continuou a crescer. O contraste entre o pontífice bondoso, interessado no bem-estar de seus súditos, e a severidade e o dogmatismo de seus predecessores alimentavam uma crença generalizada de que Pio IX iria iniciar uma era nova, dourada.

Rumores sobre atos de generosidade do papa espalharam-se pelas comunidades judaicas dos Estados Papais. O papa, dizia-se, ordenara a derrubada dos muros do gueto, e comentava-se que uma ordem dando plenos direitos civis aos judeus logo se seguiria. O entusiasmo dos judeus provou-se exasperante para os inquisidores locais, que tinham crescente dificuldade em fazer os judeus obedecerem à lei. No dia 10 de julho de 1847, por exemplo, o inquisidor de Ancona enviou um requerimento urgente ao Santo Ofício em Roma, perguntando que fazer acerca da petição que acabara de receber. Os judeus estavam insistindo em que lhes fosse permitido viver fora do gueto.[4]

Enquanto esperava pela resposta (negativa) do Santo Ofício, o inquisidor de Ancona ficou horrorizado ao deparar com folhetos vindos de Roma, que os judeus de Ancona estavam distribuindo por toda a cidade. Apressou-se em escrever ao Santo Ofício em Roma, incluindo duas cópias.

Intitulado "O Povo de Roma e a Comunidade Judaica", e datado de "Roma, 6 de julho de 1847", o folheto falava de eventos tão estranhos que eram quase inacreditáveis. As recentes ações do papa em prol dos judeus, proclamava, haviam despertado algumas reclamações entre os residentes dos bairros mais pobres de Roma e tentativas de reviver antigas superstições antijudaicas. Mas, continuava o panfleto, um herói local se encarregara do assunto e convocara uma reunião dos moradores dos dois bairros em que o clamor era mais alto. Quando a multidão se reuniu, ele anunciou: "Vejamos se posso convencê-los a abandonar sua hostilidade a pessoas que, no fim das contas, não são nem piores nem melhores que vocês." Na tarde de 4 julho, ele providenciou para que uma dúzia de carroças puxadas a cavalo levassem pessoas da Piazza del Popolo até os terrenos do Tor di Quinto, onde duas mil delas se reuniram. Depois que todos tinham recebido alguma coisa para comer, um homem depois do outro subiu ao palanque improvisado para condenar o preconceito contra os judeus.

Na noite seguinte, inspirados por esses acontecimentos, alguns homens foram até o gueto e convidaram os judeus que encontraram a se juntar a eles na taberna próxima, oferecendo-se a servir vinho para todos. Quando o líder da incursão se deu conta de que se esquecera de trazer o seu dinheiro, entregou ostensivamente a chave de sua casa a um dos judeus, um carregador chamado Abraão, e lhe pediu que fosse até lá, dizendo-lhe onde guardava seu dinheiro. "Qualquer pessoa que não tivesse o coração de um cínico", proclamava o folheto, "vendo um gesto tão civilizado, louvável, maravilhoso, teria ficado com lágrimas nos olhos por gratidão a esse bom homem!"

No dia seguinte, um outro grupo de jovens trabalhadores foi até o gueto. Quando eles entraram, "os pobres judeus amedrontados, trêmulos, perguntavam a si mesmos: Que está acontecendo? Será que vão pôr fogo no gueto?" Mas o líder do grupo os tranqüilizou. Não deviam ter medo, disse. "Viemos para lhes mostrar que somos todos amigos, que respeitamos vocês, e que não damos ouvidos aos que desejam ver seu infortúnio!" Então, católicos e judeus se abraçaram, e conversaram afetuosamente uns com os outros. Os trabalhadores convidaram seus novos camaradas judeus para se juntar a eles para o jantar, lá no bairro onde eles próprios moravam. Lá foram os judeus, e outras pessoas da área se reuniram em torno deles e participaram dos festejos. À luz de tochas, tocaram música e cantaram canções. "Quando estavam saindo, todos se juntaram à margem do Tibre, onde, em meio às canções e à música, o doce nome de Pio IX foi saudado, suscitando grande aplauso."

O relato dramático, assinado simplesmente "um espectador", concluía: "Aquele momento teve algo de grandioso, estupendo, sublime ... Deus, alimentai essa maravilhosa iniciativa, dando vida longa ao magnífico Reformador [Pio IX] que é a fonte de todas as boas coisas que estão acontecendo."[5]

Quando 1847, o primeiro ano completo do papado de Pio IX, estava se aproximando do fim, o papa estava no apogeu de sua popularidade. O problema para o Vaticano era que muito desse entusiasmo tinha por objeto um papa que só existia na imaginação do povo. A posição de Pio IX com relação aos judeus oferece um exemplo notável. Os que buscavam mudanças radicais na política judaica do Vaticano diziam para quem quisesse ouvir que tinham as bênçãos do pontífice. Apresentavam-se como defensores dos desejos do bom papa contra a ação de retaguarda de um clero local intolerante. Na verdade, porém, Pio IX só aprovara mudanças modestas. Até uma altura avançada de 1847, além de extinguir o rito feudal de submissão judaica no carnaval e os sermões compulsórios, tinha permitido que os portões do gueto ficassem abertos à noite. Mas a grande maioria dos judeus continuava confinada ali. Ele certamente não tinha intenção de conceder igualdade de direitos aos judeus.[6]

Se muitos dos súditos dos Estados Papais estavam inebriados de entusiasmo pelo papa reformador e sua beneficência para com os judeus, a maioria do clero tinha uma opinião muito diferente. Queixas tanto de inquisidores quanto de bispos começaram a inundar o Santo Ofício em Roma. A situação estava se tornando intolerável. Os judeus estavam escapando ao controle. Não conheciam mais o seu lugar.

A 7 de janeiro, no fatídico ano de 1848, o inquisidor de Ancona enviou um apelo angustiado aos cardeais do Santo Ofício. "Acredito ser meu dever", escreveu, "informar Vossas Excelências de algo sem precedentes na história dos Estados Papais que ocorreu na cidade de Ancona." Na noite anterior, membros da elite local, reunidos em seu clube, tinham votado pela admissão de judeus. "Os judeus haviam tentado outras vezes ser admitidos nessa Sociedade", escreveu o inquisidor, "mas isso nunca lhes foi permitido, nem mesmo na era do chamado Reino Italiano [i.e., durante os tempos de Napoleão]." Um futuro grotesco demais para ser encarado tomou forma na mente do inquisidor. Não era raro, assinalou ele, que o arcebispo e outros dignitários da Igreja fossem convidados para jantar no clube em ocasiões especiais. "Será um horror", escreveu, "encontrar um judeu e uma judia sentados perto do Bispo!" Os membros mais velhos, ele observou com alguma satisfação, tinham sido contrários à admissão de judeus, mas seus votos haviam sido vencidos pelos da geração mais jovem.[7]

Relatos semelhantes começaram a chegar de outros burgos dos Estados Papais, onde crescia o entusiasmo por uma nova era de progresso e tolerância. No dia 10 de fevereiro de 1848, o arcebispo de Ferrara enviou ao Santo Ofício outra queixa desse gênero. O Cassino Sociedade, em que a elite local se reunia, votara naquela semana mesmo pela admissão de sete judeus das famílias mais ricas do gueto de Ferrara. O arcebispo instou as autoridades em Roma a fazer alguma coisa para detê-los. Era um sinal dos tempos que ele se sentisse compelido a acrescentar: "Peço aqui a Vossa Excelência que *mantenha meu nome em segredo*, de modo que ninguém saiba onde ouviu essa notícia."[8]

O Santo Ofício soubera apenas poucas semanas antes, também pelo arcebispo de Ferrara, de um outro desenvolvimento desagradável. Haviam-lhe pedido permissão para que um artigo vindo de Roma fosse republicado em Ferrara. Chocado com seu conteúdo, que abraçava "as doutrinas mais perigosas e errôneas", o arcebispo o proibira. Mas os peticionários estavam indignados. Como, queriam saber, podia um bispo ordenar a supressão de algo que Roma aprovara? O arcebispo pedira instruções ao Santo Ofício e confirmação de sua suspeita de que a publicação do artigo nunca fora aprovada pelos censores em Roma.[9]

Numa carta posterior, o arcebispo informou ao Santo Ofício que, embora tivesse proibido a publicação do artigo ofensivo em Ferrara, ele fora publicado em Bolonha no início de janeiro. O texto, ele estava convencido, era obra "dos judeus, e, sem que me tivesse sido possível detê-los, eles distribuíram depois cópias aqui também, nas lojas e nos cafés, provocando a indignação de todas as pessoas de bem".

O artigo em questão tinha a forma de uma conversa entre três homens:

Um sapateiro encontra seu amigo, um lojista, e conta-lhe as notícias espantosas que acabara de ouvir: agora os judeus estão livres para deixar o gueto. Como o lojista se recusa a acreditar nele, os dois chamam seu pároco, que estava passando naquele momento mesmo, para perguntar se a notícia era verdadeira.

"E por que é tão espantoso", responde o padre, "que, agora que essas superstições cruéis que prevaleceram por tantos séculos sombrios tenham sido dissipadas, que seus irmãos possam novamente partilhar daqueles bens e daqueles direitos que Deus lhes assegurou, como assegurou a todos os outros homens? Sim, é verdade", continuou o bom pároco, "que nosso soberano, Pio IX, quer que eles deixem o gueto, que era como uma jaula. Afinal, como poderia seu coração não se partir, sabendo que esses homens estavam vivendo como animais sem abrigo adequado." O resto da Europa civilizada já estava mudando suas leis sobre os judeus, concedendo-lhes direitos civis. O papa, o favorito de toda a Europa, não podia fazer menos.

Mas não é verdade, pergunta o sapateiro, que os judeus crucificaram Jesus e que é por isso que são desprezados?

"É verdade", responde o padre. Mas tudo ocorrera segundo o plano de Deus. Deus usou os judeus como usou os soldados romanos. "Se isso fosse razão para se odiar os judeus, os romanos também deveriam ser odiados."

Mas, retruca o sapateiro, não é verdade que os judeus são um bando de usurários, mentirosos e trapaceiros?

Sem dúvida, responde o padre, há muito em sua condição moral que pode ser melhorado. Mas, acrescenta, uma vez que lhes forem dados os mesmos direitos que todos os outros homens têm, "você verá que eles não têm nem mais nem menos vícios que o resto de nós".[10]

À medida que 1848 avançava, não eram só os judeus que estavam clamando por mais direitos. Em janeiro, o povo de Palermo sublevou-se e forçou o rei de Nápoles a outorgar uma constituição. No mês seguinte, em Paris, irrompeu uma rebelião, derrubando o rei Luís Filipe. Em março, revolucionários em Viena obrigaram Metternich a se exilar. Quase do dia para a noite, os sustentáculos militares em que o domínio do papa se fundara desmoronaram e agora tudo parecia possível. Primeiro, Pio IX tentou enfrentar a ameaça concordando com reformas adicionais, mas, dado o ânimo revolucionário dos tempos, isso pouco fez para acalmar a tempestade.[11]

Na altura do verão de 1848, irromperam revoltas nos próprios Estados Papais, e tropas austríacas foram mais uma vez trazidas para tentar retomar Bolonha e outros baluartes rebelados. No outono, o controle cada vez mais débil do papa sobre Roma ruiu. Em meados de novembro, seu primeiro-ministro foi morto a facadas no centro de Roma. Temendo o caos e a ameaça de um levante popular, Pio IX – vestido como um padre comum e escondido na carruagem do embaixador bávaro – fugiu da Cidade Santa. Dirigiu-se para a fortaleza de Gaeta, no reino vizinho de Nápoles. No mês seguinte, Giuseppe Garibaldi e suas tropas entraram em Roma, logo seguidos pelo líder nacionalista italiano Giuseppe Mazzini. Uma República Romana foi proclamada, e o fim do domínio papal, declarado. Os judeus foram libertados dos guetos e dotados de plenos direitos. O papa, de sua fortaleza de Gaeta, perto de Nápoles, pediu às potências católicas da Europa que enviassem tropas para ajudá-lo a recuperar seu reino temporal. No fim da primavera, soldados austríacos estavam mais uma vez avançando pelos Estados Papais, e tropas francesas marchavam sobre a própria Roma. No início de julho, os franceses entraram na Cidade Santa. A autoridade papal foi restaurada, o interlúdio revolucionário estava encerrado.

Quando Pio IX retornou a Roma em 1850, era um homem mudado. Apesar da imagem que muitos de seus súditos tinham tido dele anteriormente, Pio IX nunca fora um verdadeiro reformador, muito menos um liberal. Tinha sido sempre profundamente tradicional, comprometido com as verdades inalteráveis na Igreja, embora reconhecesse problemas em seu reino e acreditasse necessário fazer algumas mudanças. Ao voltar do exílio, via o mundo de maneira diferente. As forças do mal estavam organizadas contra ele, contra a Santa Igreja, e não se podia ter com elas nenhuma misericórdia, ou assolariam tudo que era bom.

Os judeus deviam ser postos de volta em seu lugar. A proclamação de sua igualdade civil pela República de Roma foi anulada e as antigas restrições, reintroduzidas.

Tudo isso acontecera malgrado os esforços dos Rothschilds para não negar os empréstimos de que o Vaticano precisava desesperadamente a menos que o papa concordasse em não reconduzir os judeus de Roma ao gueto. O papa viu-se numa situação difícil. Embora tropas francesas tivessem retomado Roma em julho de 1849, ele não desejava voltar à Cidade Santa de mãos vazias. Primeiro, recorreu à França, à procura de um outro banco que lhe fizesse um grande empréstimo, mas não conseguiu encontrar nenhum. Com relutância, voltou-se para os Rothschilds. Não era sua primeira experiência de tentar obter um empréstimo deles. Pouco depois de assumir o papado, pedira a ajuda da família Rothschild para financiar um sistema ferroviário para os Estados Papais.

O papa pediu a seu núncio em Nápoles que negociasse o empréstimo com Carl Rothschild, chefe do ramo da família ali. Nesse meio-tempo, Carl convocou o secretário da comunidade judaica de Roma para discutir as condições desesperadas em que os judeus se encontravam, tendo recebido ordem de voltar ao gueto. Após ouvir os lamentos do secretário, Rothschild informou ao núncio papal que só concederia o empréstimo se o papa concordasse em abolir o gueto e dar aos judeus a liberdade de morar onde quisessem. Quando o papa rejeitou sumariamente essa exigência, dizendo não poder sacrificar seus mais elevados deveres como papa às necessidades materiais do momento, Carl negou o empréstimo.

Mas Pio IX estava em terríveis dificuldades financeiras e, engolindo seu orgulho, foi em frente. Disse a seu núncio em Paris que pressionasse o governo ali a usar sua influência junto a James Rothschild, chefe do ramo francês da família, a fazer o empréstimo. Tendo ouvido o núncio, Luís Napoleão, o novo chefe do Estado, tratou da matéria com James no início de janeiro de 1850.

James, é claro, estava perfeitamente inteirado do que acontecera em Nápoles. De fato, toda a família estava alvoroçada com as notícias do pedido do papa e a agonia dos judeus de Roma. Poucos dias apenas antes da visita de Luís Napoleão em nome do papa, James recebera uma carta de seu sobrinho, Anselm Rothschild, uma das estrelas ascendentes da família, baseado em Frankfurt. "O papa, outrora tão liberal", ele escrevia, "é agora não só completamente reacionário, como, seguindo o exemplo da sombria Idade Média, intolerante no mais alto grau, sinto-me tentado até a dizer desumano."[12]

Assim, quando o pedido de empréstimo lhe foi apresentado, também James levantou a questão das agruras dos judeus nos Estados Papais e pediu que, antes que o empréstimo fosse feito, o papa concordasse em libertar os judeus do gueto. Em resposta, o papa enviou a James, através de seu núncio em Paris, uma garantia escrita. Ele tinha as melhores intenções com relação aos judeus nos Estados Papais, disse, e sugeriu que logo promulgaria um edito abolindo o gueto. Mas, acrescentou, seria indecoroso – e de fato impensável – vincular diretamente a concessão do empréstimo a tal edito. O núncio entregou a carta a James no dia 24 de janeiro de 1850, e o empréstimo de cinco milhões de francos foi feito. No dia 12 de abril de 1850, o papa fez sua entrada triunfal em Roma. O edito a que aludira nunca foi promulgado.[13]

Em janeiro de 1851, o papa se encontrou com uma delegação de judeus do gueto de Roma. Eles lhe apresentaram um documento em que reivindicavam uma série de benevolências, que iam desde o direito de freqüentar classes universitárias até a remoção do pesado tributo anual que pagavam para sustentar a Casa dos Catecúmenos.

Em resposta a isso, bem como à pressão que – sob o estímulo da família Rothschild – o governo austríaco estava exercendo sobre ele, o papa designou uma comissão especial. Esta fez suas recomendações em outubro. Em conseqüência, uma modesta lista de benefícios foi aprovada, como o direito de morar fora do gueto para certos judeus – embora ficando limitados a locais próximos bem definidos. O contato de cristãos com judeus, contudo, deveria ser mantido minimamente, e a presença de judeus em burgos que não tinham guetos não seria permitida.[14]

Pio IX não se contentou em restabelecer as antigas restrições aos judeus nos Estados Papais. Procurou também pressionar soberanos de outros países em que judeus haviam adquirido plenos direitos civis nas revoluções de 1848 a devolvê-los à sua condição anterior.

Esse foi o caso no grão-ducado da Toscana. Havia muito que a Toscana desagradava o papa por causa dos direitos de que os judeus gozavam ali, especialmente na cidade de Livorno, onde não estavam restritos nem a viver num gueto, nem a vender mercadorias usadas como meio de subsistência. Após seu retorno a Roma em 1850, Pio IX se irritou ao saber que o grão-duque, Leopoldo II, estava pensando em permitir que a emancipação dos judeus perdurasse. O papa tachou esse gesto de um "verdadeiro crime"; seu legado em Florença qualificou-o de uma "monstruosidade".[15]

A 21 de fevereiro de 1852, Pio IX escreveu diretamente ao grão-duque para lhe mostrar a importância que atribuía ao assunto.

"Vossa Alteza não desconhece o fato de que o espírito da Igreja, expresso em muitos dispositivos e decretos ... sempre foi o de impedir, tanto quanto possível, que católicos tivessem qualquer contato com os infiéis." Por que, perguntou o papa, o grão-duque não anulara simplesmente toda a constituição, em vez de tentar preservar partes dela? De outra forma, advertiu, "ela abrirá caminho para as reivindicações de outros direitos civis para os judeus e outros não-católicos".[16] O papa provou-se convincente. No dia 6 de maio, a constituição foi anulada e a emancipação dos judeus, revogada.[17]

Apesar disso, 1848 teve de fato conseqüências importantes para os judeus em outras partes da península italiana. Enquanto a Toscana restaurava suas restrições aos judeus, como o fez também o ducado de Modena, o reino da Sardenha – com seu centro no Piemonte e sua capital em Turim – conservou os estatutos que haviam emancipado os judeus em 1848. Nos anos seguintes, os judeus ali ganhariam rapidamente influência econômica e cultural, freqüentando a universidade e fundando negócios importantes. Na época do caso Mortara, em 1858, enquanto os judeus dos Estados Papais viviam em seus guetos, sem nenhuma imprensa própria e sob o tacão da Inquisição, os judeus do Piemonte estariam em condições de mobilizar apoio internacional para eles.

Ao voltar para Roma, Pio IX restabeleceu a Inquisição e instruiu os inquisidores a fazer valer novamente as antigas restrições aos judeus. O resultado fez lembrar as ações de Gregório XVI, o tão insultado predecessor de Pio IX.

No final de setembro de 1852, o inquisidor de Bolonha, o frade dominicano Pier Gaetano Feletti, que mais tarde seria famoso – e famigerado – graças a seu papel no caso Mortara, recebeu instruções do Santo Ofício. O papa Clemente VIII banira todos os judeus de Bolonha em 1593. O gueto deles fora destruído e durante dois séculos não se permitiu a nenhum judeu viver ali. Mas, em 1797, tropas francesas entraram na cidade e, proclamando a igualdade de todos os cidadãos, independentemente de religião, levaram alguns judeus a se mudar para a cidade. Com a restauração do regime papal em 1814, a proibição da presença de judeus em Bolonha foi tecnicamente restabelecida, mas dispensas temporárias foram dadas para permitir a permanência de alguns. Apesar de esforços ocasionais sob Leão XII, Pio VIII e Gregório XVI para expulsar todos os judeus da cidade, cerca de uma centena continuava a morar lá, em meados do século.

O inquisidor foi instruído a entrevistar todos os chefes de família judeus em Bolonha e determinar a condição de cada família. Aqueles que tinham permissão para estar ali e cuja conduta era boa receberiam autorização para continuar na cidade por mais um ano. Os demais deveriam ser expulsos imediatamente, enviados de volta para o gueto de onde tinham vindo.

Bolonha, que era vista havia muito como um dos núcleos de resistência ao regime papal, desempenhou um papel de destaque em todas as revoltas do século XIX, inclusive em 1848. Com a restauração, em 1849, o papa designou um comissário para fiscalizar o restabelecimento do domínio papal nas Legações, a faixa norte dos Estados Papais, de que Bolonha era a principal cidade. Informado pelo inquisidor do que o papa e o Santo Ofício pretendiam fazer com os judeus de Bolonha, o comissário ficou alarmado. No dia 28 de janeiro de 1853, ele enviou uma carta diretamente ao Santo Ofício, advertindo os cardeais de que estavam tomando um caminho perigoso.

"Perguntado pelo padre [Feletti] como começar a dar cumprimento a essa ordem, não pude ocultar dele o risco de que ela provoque infelicidade em meio à população geral da cidade. Ela envolve perturbar vinte famílias com um total de cem indivíduos, a maioria dos quais nasceu em Bolonha ou aqui viveu por trinta, quarenta anos ou mais. Eles são abastados, laboriosos e ligados por importantes relações de negócios a todas as firmas comerciais da cidade e do Estado, muitas das quais se beneficiam dessas relações."

Ao pedir conselho ao comissário, o padre Feletti havia lançado a idéia de se reinstituir um gueto em Bolonha. Dessa maneira, os judeus poderiam viver ali legalmente. Mas a criação de novos guetos não era em absoluto o que o comissário tinha em mente. Não só pensava que seria impraticável encontrar terrenos suficientes disponíveis, como acreditava que os judeus protestariam contra tal medida. Qualquer ação contra os judeus representaria também um perigo mais amplo, pois a resistência deles seria "encorajada e aclamada por grande proporção dos habitantes".

O comissário pediu que fosse permitido aos judeus de Bolonha – cujo comportamento, acrescentou, não era pior que o dos cristãos dali – permanecer onde estavam. "Minhas observações", explicou, "são motivadas principalmente pelo desejo de assegurar que não haja perturbação dessa tranqüilidade que conseguimos recuperar após tanto esforço, especialmente em Bolonha, onde a ordem pública pode agora ser encontrada em estado satisfatório."[18]

Na verdade, as ordens do Santo Ofício pareceram excessivamente severas até ao padre Feletti, um homem insuspeito de abrigar qualquer simpatia particular que fosse pelos judeus, qualquer inclinação a questionar ordens superiores. Dois meses antes, ele recebera outra ordem do Santo Ofício, instruindo-o a assegurar a rigorosa aplicação das normas que governavam o emprego de criados cristãos pelos judeus. A resposta do padre Feletti ao Santo Ofício, lida à luz de seu envolvimento no caso Mortara, seis anos depois, tinha uma ressonância assustadora: "Considero bastante improvável que os judeus queiram entregar seus bebês a amas-de-leite cristãs que os manteriam em suas próprias casas, por medo de que poderiam batizá-los secretamente. Portanto, proibir que amas-de-leite cristãs morem com os judeus seria o mesmo que não lhes dar permissão nenhuma, mesmo em caso de verdadeira necessidade."

Quanto à tentativa de proibir criados cristãos de pernoitar em lares judeus, escreveu o inquisidor, isso encontraria igualmente forte oposição. Era nas primeiras horas da noite que os criados eram mais necessários para cuidar das crianças e da casa. Ademais, as pessoas atraídas por esses empregos eram, em sua maioria, mulheres jovens, pobres e solteiras, que vinham das áreas rurais. Elas não tinham recursos para alugar um quarto para si na cidade.[19]

Não há registro de que esses argumentos tenham jamais sido aceitos pelo Santo Ofício ou por Pio IX. Mas o padrão conhecido da resistência dos judeus às normas que os governavam continuou. Pio IX não foi mais capaz de impor plenamente as restrições do que o haviam sido seus predecessores.

Ninguém teria podido prever que seria Bolonha, com sua pequena população judaica, e não um lugar como Roma, Ancona ou Ferrara, que ocasionaria a mais grave decisão no trato com os judeus. Mas foi em Bolonha, em 1858, que a ação obscura de uma criada adolescente, analfabeta, desencadeou uma série de eventos que ajudaram a apressar a destruição dos Estados Papais.[20]

Numa noite de junho de 1858, a polícia chegou inesperadamente à casa de Momolo e Marianna Mortara, judeus que viviam em Bolonha havia uma década. O choque de Marianna ao ver a polícia à sua porta transformou-se rapidamente em pânico quando o comandante pediu para ver seus filhos pequenos.

"Por que o senhor quer vê-los?" ela perguntou.

"Por favor, deixe-nos simplesmente vê-los, não queremos lhes fazer nenhum mal", respondeu o policial, desejando de coração nunca ter sido enviado em semelhante missão.

Assim, os Mortaras o levaram de quarto em quarto, apontando seus filhos. Quando chegaram a seu filho Edgardo, de seis anos, os policiais se viraram para Momolo e Marianna.

"Lamento dizer-lhes que foram traídos", disse, "Edgardo foi batizado e deve ir conosco."

"Mas houve algum terrível engano", Momolo respondeu. "Edgardo nunca foi batizado. Ele é judeu. Todos nós somos. Quem disse que alguém o batizou?"

"Lamento", respondeu o policial. "Tudo que sei é o que o inquisidor me disse."

Após uma cena de partir o coração que durou até a noite seguinte, a polícia finalmente conseguiu arrancar Edgardo dos braços do pai e metê-lo num coche da polícia. Embora seus pais ainda não soubessem disso, o pequeno Edgardo foi levado para Roma, para a Casa dos Catecúmenos.

O padre Feletti ouvira pela primeira vez o rumor de que o menino judeu fora batizado alguns meses antes. Anna Morisi, uma criada que trabalhara para a família Mortara, contara a alguém que, vários anos antes, havia batizado o menino. Convocada pelo inquisidor, Anna repetiu sua história. Quando não passava de um bebê, ela contou, Edgardo ficara doente. Temendo pela sua alma, ela lhe borrifara um pouco d'água de um balde da cozinha sobre a cabeça num momento em que a mãe saíra do cômodo, e pronunciara a fórmula batismal. O menino logo melhorara e ela não pensara mais nisso.

O padre Feletti redigiu seu relatório e enviou-o ao Santo Ofício em Roma. Para o papa e os cardeais do Santo Ofício, era uma história familiar e não havia dúvida quanto ao que era preciso fazer. Enviaram ordem ao padre Feletti de mandar a polícia retirar o menino da família e levá-lo para a Casa dos Catecúmenos em Roma.

É revelador da maneira pela qual Pio IX via o mundo que não lhe tenha ocorrido que a tomada de uma medida como essa, em 1858, suscitava problemas particulares. Ele fizera o que seus predecessores haviam feito durante séculos, agira como a lei canônica exigia. A grande vantagem de ser um soberano temporal nos Estados Papais era que, pelo menos num lugar do mundo, não havia separação entre as leis de Deus e as leis do Estado. Ele podia fazer o que os ditames da religião ordenavam.

Mas o papa logo ficaria sabendo que o mundo mudara. Mesmo com soldados franceses patrulhando as ruas de Roma e soldados austríacos estacionados em Bolonha, sua capacidade de agir como queria, como pensava ser seu dever pontifício agir, já não era o que havia sido.

Quando, no século XVIII, e mesmo nos primeiros anos após a restauração do domínio papal no século XIX, a polícia era enviada para capturar uma criança judia, o Vaticano podia estar certo de que os únicos protestos que se ouviriam seriam dos próprios judeus. E mesmo estes seriam expressos na mais respeitosa linguagem, pois os judeus nos Estados Papais sabiam que viviam à mercê do papa e eram amedrontados demais para fazer alguma coisa que o pudesse zangar.

A abdução de Edgardo Mortara, no entanto, acontecendo quando aconteceu, produziu uma reação como o papa nunca vira antes. O movimento para a unificação da Itália estava ganhando ímpeto, e o maior obstáculo isolado que enfrentava era o próprio papa, que insistia na permanência de seu domínio sobre os Estados Papais como uma matéria de direito divino. A defesa que o papa apresentou para o afastamento do menino Mortara de seus pais provou-se um maná do céu para seus inimigos, pois demonstrou, de uma maneira que gente de toda parte pôde entender, por que os Estados Papais eram um anacronismo que não tinha lugar na Europa moderna. Jornais da Europa inteira começaram a publicar matérias sobre o caso, e tão longe quanto nos Estados Unidos foram organizadas grandes demonstrações para exigir que o papa libertasse o menino de seis anos.

E, o mais importante de tudo para o papa, o governo francês logo expressou sua insatisfação. Soldados franceses haviam assegurado a volta do papa ao poder em Roma nove anos antes, e tropas francesas continuavam estacionadas na Cidade Santa para impedir qualquer repetição da insurreição anterior. Certamente, Pio IX não podia se permitir ofender o governo francês.

O duque de Gramont, o embaixador francês, estava em contato quase diário com o cardeal Giacomo Antonelli. Este, que servira como secretário de Estado durante praticamente uma década, era um homem conhecido por suas habilidades diplomáticas afiladas, devoção religiosa limitada e moral duvidosa. O papa se valia intensamente dele para compensar seu próprio conhecimento inadequado da política mundial.[21]

Gramont tomou a iniciativa de alertar o secretário de Estado sobre a conduta da Igreja no caso Mortara em julho, antes mesmo de informar sobre o assunto seu próprio ministro das Relações Exteriores, conde Walewski.[22]

Após uma série de conversas com o secretário de Estado, Gramont foi falar com o próprio papa sobre o caso no início de setembro. Alguns dias depois, descreveu esse tempestuoso encontro numa carta a Walewski. "Não escondi do Santo Padre a penosa impressão que esse triste caso está causando e como os inimigos da Religião e da Santa Sé saberão explorá-lo. Sua Santidade ficou profundamente comovido pelo quadro que julguei ser meu dever lhe traçar, mas ... o papa não sente que está autorizado a mandar de volta para o judaísmo uma criança que se tornou cristã."[23]

Gramont tentara maximizar sua chance de sucesso não contando a ninguém no Vaticano de seu plano de visitar o Papa, valendo-se das prerrogativas de sua posição como embaixador francês para simplesmente se apresentar, sem convite, nos aposentos do papa. Temia na ocasião que os conselheiros do pontífice pudessem persuadi-lo a não dar ouvidos ao seu pedido. Mas o diplomata logo ficou sabendo que o problema não estava com os conselheiros papais, mas com o próprio Pio IX.

Gramont usou todos os seus talentos de persuasão. Advertiu o papa dos perigos de dar as costas à opinião pública e ofender o mais natural e respeitado dos sentimentos humanos, o que une pai e filho. Enfatizou a ausência de qualquer prova de que o menino fora batizado algum dia, mostrando que, centrando-se nesse problema, o pontífice poderia devolver o menino aos pais sem repudiar a política papal anterior para os judeus. Finalmente, enfatizou para o papa a seriedade com que o imperador francês encarara a questão, e a grande satisfação que teriam a corte francesa e todo o povo francês se o papa mandasse Edgardo de volta para casa.

"O papa ficou profundamente comovido", Gramont relatou. "Mais importante, porém, do que essa emoção, era para o Santo Padre seu inabalável compromisso de se aferrar a uma decisão ditada por sua consciência." O papa sabia que o que estava fazendo era impopular – de fato, que estava voltando grande parte do mundo contra ele –, mas o princípio envolvido era simplesmente importante demais para ser ignorado. "Lágrimas caíram lentamente de seus olhos", recordou o embaixador francês. "E devo confessar que eu próprio não pude me impedir de sentir certa angústia testemunhando a luta solene que provocara nele, uma luta entre o absoluto rigor das responsabilidades de um pontífice e a voz da natureza que a tiara que Pio IX usa não foi capaz de extinguir."

Mas o caso Mortara tinha um outro aspecto. Os pais do menino haviam contado a comovente história – amplamente relatada na imprensa liberal – de seu filho assustado, soluçando incontrolavelmente, sendo forçado pelos policiais a entrar no coche deles e levado para Roma. Posteriormente, quando os Mortaras conseguiram visitá-lo na Casa dos Catecúmenos – uma concessão sem precedentes feita em resultado dos protestos internacionais –, pintaram um quadro semelhante. O pequeno Edgardo, confuso e amedrontado, suplicara-lhes que não fossem embora sem ele, pois queria desesperadamente voltar para casa, para seus irmãos e irmãs.

No entanto, quando a tempestade política em torno do caso começou a crescer, uma história muito diferente passou a circular. Jornais católicos de toda a Europa e dos Estados Unidos relatavam a fábula milagrosa de um menino de seis anos que, assim que libertado do controle de sua família judaica, foi sobrenaturalmente transformado. Agora que fora permitido a seu batismo anterior vigorar, a criança não queria outra coisa senão tornar-se um católico. Pediu ao reitor dos Catecúmenos que não permitisse que seus pais judeus se aproximassem dele. Nesse meio tempo, o próprio papa desenvolvera um interesse especial em Edgardo, e estava rapidamente se tornando um pai substituto para o menino.

No meio de sua angustiada entrevista com o duque de Gramont no início de setembro, Pio IX se voltara para a questão de qual seria o desejo da própria criança. O papa disse ao embaixador francês que perguntara ao pequeno Edgardo o que ele realmente queria. O menino, contou o papa, mostrando uma inteligência acima de sua idade, "pediu que lhe fosse permitido continuar sendo um cristão e que não o fizessem deixar a Igreja". Nessas circunstâncias, concluiu o papa, "é impossível para o chefe desta Igreja, para o Representante de Jesus Cristo na terra, recusar esse menino, pois ele me implorou com uma fé quase sobrenatural que o deixasse partilhar do benefício do Sangue que Nosso Senhor derramou para sua Redenção. É impossível expelir da Cristandade esta alma que, embora ingressando na fé Católica por meios irregulares ... não a quer deixar". O papa acrescentou: "Refleti detidamente e com grande dor sobre a extensão de minhas obrigações. Pedi iluminação do céu para tornar minha consciência clara. Minha decisão é irrevogável."[24]

Mais tarde, naquele mês, o conde Alexander Walewski, o ministro das Relações Exteriores francês – ele próprio um personagem interessante, filho ilegítimo de Napoleão – enviou um telegrama a seu embaixador em Roma, cumprimentando-o pelo modo como estava conduzindo o caso. O ministro das Relações Exteriores não teria podido ser mais claro na sua condenação do que o Vaticano fizera. "As ações da Santa Sé nesta matéria", escreveu, "constituem uma violação das garantias mais elementares que envolvem o respeito pela família doméstica e a autoridade paterna." Vários governos, escreveu Walewski, haviam se aproximado do imperador francês, Napoleão III, expressando essa mesma indignação e pedindo ao governo francês que usasse sua influência junto ao papa para ter o menino devolvido à sua família. "O senhor faz bem, duque, de deixar o secretário de Estado saber quanta dor a Santa Sé está causando ao Governo do Imperador. Deveria lhe dizer que sentimentos populares foram profundamente feridos quando se soube que o Senhor Mortara tentou em vão reclamar seu próprio filho do governo [papal]." Instruiu Gramont a demonstrar para o secretário de Estado, tão claramente quanto pudesse, o quanto o assunto era sério. "O sentimento de desagradável surpresa que tiveram os fiéis [ao saber da decisão do papa de conservar o menino] só foi igualado pela alegria que deu aos inimigos do Catolicismo."[25]

Embora a mensagem do ministro das Relações Exteriores francês falasse da necessidade de convencer o secretário de Estado do Vaticano, cardeal Antonelli, Gramont sabia que este já estava convencido da conveniência política de mandar Edgardo de volta para sua família. O problema agora era fazer o papa mudar de idéia. A 29 de setembro, Gramont telegrafou a Paris para perguntar se podia dar ao cardeal Antonelli uma cópia do telegrama de Walewski, de modo que o cardeal pudesse usá-lo como munição ao levantar o problema mais uma vez com o papa. No dia seguinte, recebeu a resposta codificada de Walewski: "Parece-me que permitir a [Antonelli] ler o telegrama sobre Mortara seria suficiente. Contudo, se o senhor tiver motivos para julgar isso útil, autorizo-o a deixar uma cópia com ele."[26] Mal recebera essa permissão, Gramont foi ver o cardeal. Como o duque esperara, Antonelli percebeu o valor do telegrama e, no dia 1º de outubro de 1858, deu-o ao papa. O cardeal acrescentou seu próprio conselho ao dos diplomatas franceses: era preciso encontrar uma maneira de devolver o menino a seus pais.[27]

Pio IX valorizava o conselho de seu secretário de Estado em matérias políticas, reconhecendo suas habilidades políticas superiores e seu conhecimento do mundo mais amplo de governos e potentados. Mas não era homem de aceitar conselho em matérias que dissessem respeito à fé católica, muito menos de um cardeal que não era sequer um padre ordenado.

O embaixador francês logo ficou sabendo que sua última tentativa de fazer o papa mudar de idéia fracassara. Na volta de uma audiência com o papa, o embaixador do reino de Nápoles junto à Santa Sé passou para visitar Gramont. Tendo voltado recentemente de uma viagem a Nápoles, o embaixador contara ao papa a deplorável impressão que a conduta da Igreja no caso Mortara estava causando em sua terra. Expressou os temores de seu soberano de que a ação do papa estivesse aumentando o isolamento internacional da Santa Sé.

O papa respondeu assegurando ao embaixador que não estava menos inquieto com o que estava acontecendo. "Sofri e continuo a sofrer verdadeiros tormentos por causa disso. Pessoas estão me pressionando de todos os lados a entregar essa criança judia, que se tornou cristã, de volta aos pais. O próprio Antonelli opôs-se a mim e tenho a infelicidade de ter desagradado ao mundo inteiro. Viu como os jornais franceses estão me tratando?" perguntou o papa. "Mas, pela graça de Deus, vi qual era o meu dever, e preferiria cortar fora os meus dedos a me esquivar dele."

O embaixador napolitano contou a Gramont mais uma coisa que lhe chamou a atenção. Ao lamentar o quanto se sentia isolado, o papa havia vociferado não só contra seu secretário de Estado por sua falta de apoio, como também contra o núncio papal em Paris, cardeal Sacconi. No meio da crise, que fizera Sacconi para ajudá-lo? "Seria útil para mim, e talvez também para o senhor", disse o papa ao napolitano, "ter alguém ali que fosse mais inteligente e mais influente. Mas é realmente doloroso ter nomeado cardeal um papalvo daquele!"

Para o embaixador francês, essa história era extremamente reveladora do caráter do papa. Essas observações sarcásticas sobre seu próprio emissário a Paris deixavam claro que de diplomata ele não tinha nada. "Sua religião profunda, pura de um ponto de vista teológico, carrega consigo um traço de misticismo que parece ter aumentado com o tempo. No silêncio de sua capela, sozinho na presença de Deus e das luzes de sua consciência, o Santo Pontífice toma suas decisões com base no que vê como inspiração divina ... As propriedades do século atual e o descontentamento da opinião pública perdem a força diante dessas prescrições celestes, e o papa, fortalecido nessa crença, demonstra a firmeza inabalável que adota em certas ocasiões."

Na visão de Gramont, o papa estava se distanciando cada vez mais do mundo real, abraçando uma atitude cada vez mais fatalista. "No século em que vivemos", escreveu o embaixador francês, "essa tendência pode se tornar fonte de grandes complicações e sérios perigos, especialmente quando é combinada, como no caso de Pio IX, com uma natureza vigorosa e por vezes impetuosa."[28]

De fato, apesar do bramido de protesto no mundo todo, apesar da advertência de seu próprio secretário de Estado de que estava solapando a posição diplomática do Vaticano, que já era perigosamente fraca, o papa permaneceu inamovível. Edgardo era um cristão e não podia ser devolvido à sua família. Se seus pais queriam se juntar de novo a ele, pensava o papa, não lhes seria muito difícil, pois seriam recebidos de braços abertos na Casa dos Catecúmenos. Também eles poderiam se deleitar no calor do santo batismo. Se estavam tão ansiosos por ter o filho de volta, por que não abraçam eles próprios o Espírito Santo?

A posição do papa custou caro à família Mortara, pois Edgardo nunca voltou para os pais. Foi criado num seminário em Roma e mais tarde fez-se padre. Mas o custo para o papa e a Igreja também foi alto. Tal como o cardeal Antonelli previra, a tomada da criança reforçou a crença comum na Itália, e na Europa em geral, de que o domínio pontifício era um resquício de uma era anterior que não tinha nenhum lugar na segunda metade do século XIX. Um ano depois de Edgardo ter sido tomado dos pais, as forças papais foram expulsas de Bolonha. Os defensores da unificação italiana – com apoio dos franceses – atravessaram grande parte dos Estados Papais. E num dos primeiros atos do novo governo em Bolonha, a polícia entrou no mosteiro dominicano e prendeu o inquisidor, padre Feletti. Ele foi trancafiado numa cela úmida da prisão, acusado do seqüestro de Edgardo Mortara.

Em 1861, tudo que restava do reino temporal do papa era Roma e a área imediatamente circunvizinha. Por toda a península, um novo reino da Itália, secular, fora proclamado.

Para o papa, a derrocada dos Estados Papais não passava de mais uma provação enviada por Deus. Mas os Estados Papais já haviam sido derrubados por forças ímpias antes – na verdade, mais de uma vez só no século XIX –, e a cada vez a Igreja acabara por triunfar e as forças das trevas haviam sido derrotadas. Dessa vez, com a ajuda de Deus, pensava o papa, o mesmo voltaria a acontecer.

Nesse meio tempo, nos antigos Estados Papais, os inquisidores estavam sendo expulsos de seus mosteiros e os judeus, libertados de seus guetos. Somente em torno de Roma a Inquisição continuava funcionando como antes, embora fosse difícil para os cardeais do Santo Ofício evitar o sentimento de que seus dias estavam contados.

Como se para hastear bem alto a bandeira papal nesses últimos dias de seu domínio, o papa e o Santo Ofício continuaram a fazer o que podiam para aplicar as antigas restrições aos judeus da pequena área que permanecia sob seu controle. Em 1861, policiais foram enviados ao gueto de Roma para se certificar do cumprimento das normas que proibiam criados cristãos de morar com famílias judaicas. No ano seguinte, o bispo de Velletri, um burgo próximo ainda sob o domínio papal, ordenou a saída de todos os moradores judeus, pois Velletri não era um burgo onde lhes fosse autorizado viver.[29]

Mas essa ação de retaguarda, uma última tentativa desesperada de manter os judeus no lugar que os papas e a lei canônica lhes haviam designado havia tanto tempo, logo seria substituída por uma maneira inteiramente nova de ver os judeus. As mesmas forças que haviam se batido contra o poder da Igreja haviam assegurado plenos direitos aos judeus. Na mobilização da opinião pública católica em apoio ao Vaticano e contra essas forças da secularização, era tentador, muito tentador, utilizar esse fato. Caluniado durante séculos, o judeu poderia, se apropriadamente evocado, ser usado para desacreditar as forças que haviam buscado criar um Estado moderno, secular.

Pio IX deu o tom em 1864, quando promulgou sua encíclica histórica, *Quanta cura*, e distribuiu com ela um Sílabo de Erros, uma lista dos oitenta principais erros dos tempos modernos condenados pela Igreja. Além de rejeitar as idéias modernas, o papa abraçou uma visão conspiratória do mundo. Numa perspectiva que moldaria as atitudes católicas durante décadas, retratou uma Igreja assediada pelas forças do mal.

Em sua encíclica, Pio IX advertiu os bispos do mundo: "Nestes tempos, os adversários da verdade e da justiça e os mais acerbos inimigos de nossa religião enganam o povo e mentem malevolamente. Disseminam ... doutrinas ímpias por meio de livros, panfletos e jornais pestilentos distribuídos por todo o mundo. Não ignorais também o fato de que em nossa era encontram-se alguns homens que, movidos ... pelo espírito de Satã, desceram a tal grau de impiedade que não relutam em negar nosso Soberano e Senhor Jesus Cristo, ou em contestar Sua Divindade com iníqua pertinácia."[30]

Entre os erros condenados no sílabo que acompanhava a encíclica, estavam a crença na liberdade religiosa, na separação entre Igreja e Estado, e no fim do controle eclesiástico sobre as escolas públicas. O que mais chamou a atenção do povo foi o octogésimo erro da lista: o sílabo rejeitou a doutrina de que "o Pontífice Romano pode, ou deveria, conformar-se ao progresso, ao liberalismo e à civilização moderna e render-se a eles".

Um pós-escrito ao sílabo voltou ao tema da Igreja acossada: "Veneráveis Irmãos, é surpreendente que em nosso tempo uma guerra tão vasta esteja sendo movida contra a Igreja Católica." A responsabilidade pela guerra cabia diretamente a uma conspiração de seitas secretas, entre as quais se notabilizavam os maçons. "Todo aquele que conhece a natureza, os desejos e as intenções das seitas ... não pode duvidar de que a atual desgraça deve ser imputada sobretudo às fraudes e maquinações dessas seitas." E em seguida, numa frase que seria mais tarde ecoada pelo sucessor de Pio IX, Leão XIII, o texto continuava: "É deles que a *sinagoga de Satã*, que arregimenta suas tropas contra a Igreja de Cristo, retira sua força."

Com esta frase, a funesta identificação papal dos judeus como os inimigos ocultos da Igreja começou a ganhar terreno. "Esses grupos perversos pensam que já se tornaram senhores do mundo." Buscam nada menos que "sujeitar a Igreja de Deus à mais cruel servidão ... e, se possível, fazê-la desaparecer completamente da face da terra".[31]

Uma década depois, Pio IX retornou ao tema de que era a "sinagoga de Satã" que estava por trás da conspiração mundial. Numa encíclica de 1873, usou a imagem para retratar a rede de forças que conspiravam para destruir a Igreja. Nisso, tinha amplo precedente evangélico, pois a expressão vinha do último livro do Novo Testamento, no qual duas vezes os locais de oração dos judeus são denominados "sinagogas de Satã" (Apocalipse 2.9 e 3.9).[32]

Tendo assistido, impotente, à perda da maior parte dos Estados Papais em 1859-61, na velhice o outrora afável Pio IX tornou-se cada vez mais amargo. Entre os objetos de sua raiva estavam os judeus. Estes não lhe haviam mostrado nenhuma gratidão pelo que fizera por eles. Afinal, ele pusera fim tanto aos ritos de degradação do carnaval quanto aos sermões compulsórios. Não, como paga pela sua bondade haviam-no cumulado de ofensas durante o caso Mortara e feito tudo que podiam para provocar a queda de seu reino terreno.

Em 1867, o papa ajudou a conferir nova respeitabilidade à acusação de assassinato ritual judaico ao agir para dar fundamentos mais firmes ao culto que cercava uma criança martirizada, Lorenzino de Marostica.

A história do menino era de fato inspiradora. Lorenzino nasceu em 1480 numa aldeia perto de Vicenza, no nordeste da Itália. Seu pai era um homem violento e, quando Lorenzino era apenas um recém-nascido, ameaçou matar tanto o filho quanto a mulher, acreditando que esta o tivera com um outro homem. Mas, contava-se, o bebê de dez dias teria se levantado miraculosamente e gritado: "Pare, meu pai, minha mãe é inocente e eu sou seu filho."

Cinco anos depois, segundo o relato oficial da Igreja, na sexta-feira santa, quando Lorenzino saiu para brincar, um bando de judeus o agarrou, rasgou-lhe as roupas e o crucificou numa árvore próxima, extraindo todo o seu sangue. Quando o corpo mutilado do menino foi encontrado, e o enterraram, os milagres começaram.

Toda noite, o túmulo emitia um raio de luz, e a mão do menino emergia de sob a terra. No ano seguinte, o povo de Vicenza expulsou os judeus da cidade e os restos do menino foram trasladados para uma igreja onde tanto a gente do lugar quanto peregrinos iam venerá-lo.

Um decreto de Pio IX, em 1867, emprestou ao culto caráter eclesiástico oficial. Três anos depois, ele voltou à questão, declarando que o segundo domingo após a Páscoa seria o dia santo dedicado à celebração do pequeno mártir. No final da década de 1960, as escolas católicas da área ainda estavam ensinando às crianças a história do menino santo e dos judeus perversos que o torturaram tão cruelmente.[33]

Em 1869, foi lançada a primeira publicação importante sobre assassinato ritual desde o caso de Damasco, uma obra do estudioso católico francês Henri Gougenot des Mousseaux. Intitulado *O judeu: Judaísmo e a judaização dos povos cristãos*, o livro influiria grandemente para concentrar a atenção católica na imagem dos judeus como demônios em busca de sangue cristão. A história que contava era bem conhecida: os judeus precisavam do sangue de crianças cristãs para seu pão do *Pessach*. A morte do padre Tommaso em Damasco era longamente discutida. O Talmude, era dito aos leitores, "não só permite, como *ordena e estimula o judeu a trapacear os cristãos e matá-los* sempre que encontre ocasião para tanto".

Pio IX elogiou o livro e seu autor, oferecendo a Gougenot sua bênção e concedendo-lhe a Cruz de Comendador da Ordem Papal por seus esforços. Os gestos do papa foram depois citados nas edições posteriores do livro de Gougenot e também em outras obras, todas destinadas a mostrar o apoio do papa à crença de que matar crianças cristãs era para os judeus uma imposição de sua religião. O texto de Gougenot inspirou grande número de obras católicas sobre os judeus nas décadas seguintes. Muitos anos mais tarde, em 1921, quando o movimento nazista começava sua ascensão, Alfred Rosenberg, o principal ideólogo do partido, supervisionou e editou a primeira edição alemã do livro de Gougenot.[34]

No final de 1869, o papa convocou o Concílio do Vaticano I em Roma, reunindo bispos de toda a Europa, bem como dignitários de toda sorte, entre os quais aqueles aristocratas recentemente apeados do poder na luta pela unificação da Itália, que prosseguia. O concílio representou a culminação de uma das metas mais acarinhadas do papa: a proclamação da infalibilidade do papa, pela primeira vez, como doutrina oficial da Igreja.[35]

A situação em que os seiscentos bispos se encontraram dificilmente poderia ter sido mais perturbadora. Por vários anos, Roma estivera sob a contínua ameaça de anexação ao Estado italiano, e os romanos viviam em meio a constantes rumores de invasão iminente. Então, em agosto de 1870, com o concílio ainda em andamento, as tropas francesas que estiveram guardando a cidade foram retiradas e enviadas para o que se revelaria a vã missão de lutar por seu país, em sua guerra com a Prússia.

Depois que repetidas tentativas de um acordo com o papa fracassaram, o governo italiano ordenou a seu exército marchar sobre a Cidade Santa, vista havia muito como parte necessária de qualquer nação italiana. Na véspera da chegada do exército, Pio IX, rogando a ajuda de Deus, subiu de joelhos os degraus da Scala Santa, a escada sagrada do palácio papal. No dia 20 de setembro de 1870, soldados italianos romperam os mal guarnecidos muros da cidade e proclamaram Roma a capital do Estado italiano.

O Concílio do Vaticano foi suspenso, mas de todo modo seu principal trabalho fora feito. Os ditames do papa em questões de doutrina eclesiástica básica deveriam doravante ser considerados infalíveis, a palavra de Deus. Mas, embora tivesse Deus a seu lado, o papa não tinha mais nenhum poder de polícia à sua disposição, nenhum exército sob seu comando.

Num esforço para gerar apoio diplomático ao retorno dos Estados Papais, Pio IX começou a projetar uma imagem de si mesmo como prisioneiro do Vaticano. Embora o governo italiano nada fizesse para impedi-lo de viajar para onde quisesse, o papa se recusava a deixar o espaço confinado dos palácios do Vaticano, nunca mais se aventurando nas ruas de Roma, muito menos além delas. Essa foi uma imagem que seus sucessores também alimentaram. Durante 58 anos, nenhum papa poria o pé fora do Vaticano. E somente em 1929 o Vaticano reconheceria a legitimidade do Estado italiano.[36]

Dada a mentalidade de cerco que agora prevalecia no Vaticano, as forças do bem pareciam se confrontar com as forças do próprio demônio. E do ponto de vista de Pio IX, como da maior parte do clero, estava bastante claro quem se beneficiara com as revoluções que haviam deposto o emissário de Deus na terra: os judeus. Não mais confinados nos guetos, não impedidos de adquirir propriedades ou de exercer qualquer profissão que escolhessem, não mais proibidos de ter amizade com cristãos, eles apareciam como os grandes beneficiários da catástrofe que acometera a Igreja. A partir dessa percepção, foi um pequeno passo passar a vê-los como a força oculta responsável por aquela desgraça.

O fato de haver um punhado de judeus eminentes entre os mais ricos e influentes financiadores das rápidas mudanças que estavam ocorrendo na sociedade fez deles um alvo ainda mais atraente. O que deve ter sentido Pio quando, em 1871, ficou sabendo as identidades dos principais conselheiros financeiros na conferência de paz de Versalhes, após a Guerra Franco-prussiana? O líder francês, Louis-Adolphe, tinha a seu lado o banqueiro judeu Alphonse de Rothschild, enquanto Bismarck estava acompanhado por seu consultor financeiro e banqueiro, o judeu Gerson Bleichröder.[37]

Num dia de agosto desse ano, membros de uma organização católica de mulheres de Roma tiveram uma audiência com o papa. Quando o papa lhes dirigiu a palavra, sua mente se voltou para um tópico que claramente o estava afligindo, e ele proferiu abruptamente um ataque aos judeus da cidade. Antigamente, disse-lhes Pio IX, antes do tempo de Jesus, os judeus "haviam sido as *crianças* na Casa de Deus". Mas tudo isso mudara, porque "por causa de sua teimosia e sua recusa a acreditar, eles se tornaram *cães*". Falando apenas alguns meses depois que as forças italianas haviam libertado os judeus do gueto de Roma, o papa deplorou o resultado: "Temos hoje em Roma, lamentavelmente, um número excessivo desses cães, e os ouvimos latindo em todas as ruas, e andando por aí a molestar as pessoas em toda parte."[38]

A linguagem antijudaica de Pio IX foi de um feitio cristão tradicional, evocando aquela encontrada no próprio Novo Testamento: os judeus foram responsáveis pela morte de Cristo (Mateus, capítulo 27; João, capítulo 19); nasceram do demônio (João 8:44) e constituíram uma "sinagoga de Satã". Mas essa visão antiga dos judeus promulgada pela hierarquia da Igreja logo seria transformada, à medida que os judeus viriam a ser cada vez mais acusados por todos os males, ou por tudo que era percebido como mal, dos tempos modernos. Não mais os habitantes amedrontados dos guetos, os judeus, aos olhos dos homens que comandavam a Igreja, tinham agora rapidamente se tornado mentores insolentes e perversos que tramavam a destruição da Igreja e de tudo que era sagrado.

Agora os judeus estavam livres. Era o papa que estava aprisionado em seu gueto.

PARTE DOIS

A Igreja e a ascensão do anti-semitismo moderno

6

A imprensa católica

Com o fim dos Estados Papais, o papa e os formadores de opinião mais próximos do Vaticano começaram a ver os judeus sob uma luz diferente. Quando o papa era rei, os judeus representavam um problema irritante, mas para o qual havia remédios tradicionais à mão. Judeus fora da península italiana interessavam aos papas apenas esporadicamente, muitas vezes em resposta a pedidos de ajuda que os próprios judeus lhes endereçavam.

Nas últimas décadas do século XIX, jornais diários, publicações semanais, bimensais e mensais assumiram uma importância cada vez maior na moldagem da opinião pública. Antes do século XIX, essas publicações haviam sido pouco numerosas, e não havia muita gente suficientemente alfabetizada para lê-las. Além disso, os jornais não constituíam uma leitura das mais interessantes, pois a imprensa era censurada em toda parte. Com o advento de maior liberdade de imprensa, a difusão da alfabetização e os avanços na tecnologia da impressão, tudo isso mudou. À medida que mais governos democráticos se desenvolveram, e seu destino passou a depender de eleições populares, a batalha pela fidelidade do público tornou-se mais significativa para elites de todos os tipos. Nessa batalha, a imprensa provou-se decisiva, e surgiram jornais de todos os matizes.

O caso Mortara em 1858 mostrou à hierarquia da Igreja o quanto a imprensa popular era importante para o sucesso da Igreja. Tanto Pio IX quanto, especialmente, Leão XIII, que o sucedeu em 1878, tinham plena consciência da importância de ter uma imprensa ligada à Igreja como uma maneira de influenciar a opinião pública. No início da década de 1870, 130 periódicos católicos estavam sendo publicados apenas na Itália, entre eles vinte jornais diários. Nas décadas seguintes, o número inchou, de tal modo que no início do século XX a Itália tinha cerca de quinhentos periódicos católicos, inclusive trinta jornais diários. O que marcava quase universalmente as mais importantes e influentes dessas publicações era a fidelidade arrebatada ao papa e o papel pioneiro que tiveram no desenvolvimento de uma nova e estridente forma de anti-semitismo.[1]

O mais influente periódico católico em qualquer parte do mundo – fundado a pedido do papa Pio IX e supervisionado pelos papas e seus secretários de Estado – era o órgão bimensal jesuíta, *Civiltà cattolica*. A revista jesuíta deu o chute inicial em sua longa campanha contra os judeus em dezembro de 1880 com uma série de 36 artigos ferozmente anti-semitas que foram publicados ao longo dos quarenta meses seguintes.[2]

Num dos primeiros desses artigos, recentes explosões de violência anti-semita na Alemanha foram explicadas. O autor jesuíta escreveu que os judeus eram obrigados por sua religião a odiar todos os não-judeus e, em conseqüência, os cristãos os desprezavam. As sociedades tinham de se proteger contra os judeus e assim, ele concluiu, os governos fariam bem em introduzir "leis excepcionais para uma raça que é tão excepcional e profundamente perversa".

Vemos aqui um dos temas mais comuns dos escritos católicos sobre os judeus no final do século XIX. A argumentação se desenvolve mais ou menos assim: Nós lhes dissemos para manter os judeus nos guetos, para evitar que entrassem em contato com cristãos, mas vocês ignoraram nossa advertência e lhes deram plenos direitos. Agora, vejam o que aconteceu! Graças aos judeus, a religião está ameaçada em toda parte e a desordem social se alastra. Nossa única esperança de restaurar a harmonia social e a segurança econômica é trazer de volta as leis especiais que os mantinham em seu lugar.

Essas leis especiais, afirmava-se, beneficiariam também os judeus, pois somente restaurando essas restrições se poderia evitar a violência popular contra eles: "De vez em quando, como aconteceu recentemente na Alemanha, a exasperação popular anti-semita explode mais ou menos violentamente. Isso poderia ser facilmente evitado se apenas aquelas poucas leis de exceção antigas fossem restabelecidas, leis que são tão úteis para os próprios judeus quanto o são para os cristãos."[3]

À medida que outros iam admitindo as mudanças que, desde a Revolução Francesa, estavam transformando a sociedade européia, o Vaticano as atacava com crescente indignação. Pio IX desbravara esse caminho na década de 1860 com seu Sílabo de Erros, em que condenou as idéias modernas. Depois que o idoso pontífice, tendo servido como papa durante 32 anos – mais tempo que qualquer de seus predecessores – morreu em 1878, seu sucessor, Leão XIII, continuou a se apresentar como um "prisioneiro do Vaticano". Mas algo aconteceu sob Leão XIII – que serviu ele próprio por um quarto de século – que transformaria as idéias da Igreja sobre os judeus de maneira dramática e fatídica. Cada vez mais, agora eram os judeus que eram retratados pelo Vaticano como os mentores da conspiração destinada a destruir a Igreja.

No mundo católico, *Civiltà cattolica* passou a ser encarada como a voz oficiosa do próprio papa. A revista fora fundada em 1850, quando Pio IX retornara ao poder em Roma, com forte apoio do papa e contra os desejos do superior da ordem jesuíta, que relutava em ver os jesuítas intervirem de maneira tão pública na esfera política.

A idéia era fornecer uma voz abalizada da Igreja sobre questões e eventos correntes, de modo a influenciar a opinião pública. Os padres que escreviam para a revista – todos jesuítas – formavam um coletivo sob a liderança de seu diretor, cuja indicação era aprovada pelo papa. Nesse coletivo, todos os rascunhos de artigos tinham de ser lidos por dois outros membros, que sugeriam revisões no texto e tinham de aprová-lo para que pudesse ser publicado. De grande importância para nossos propósitos era o estreito vínculo da revista com a Santa Sé. Antes da publicação, as provas de cada nova edição eram enviadas ao secretário de Estado para aprovação final. Esta era determinada por três princípios: (1) Os artigos deviam se conformar aos ensinamentos oficiais da Igreja em matérias de fé e moral; (2) em questões que envolvessem relações com outros Estados, a posição esposada devia estar de acordo com a adotada pela Santa Sé; e (3) o momento da publicação do artigo devia ser oportuno.

Cinco dias antes do lançamento de cada edição, o diretor do jornal ia ao Vaticano e, até a época de Pio XII, em meados do século XX, era muitas vezes recebido pelo próprio papa, que – juntamente com o secretário de Estado – revia e aprovava os conteúdos da edição seguinte. Do ponto de vista tanto do papa quanto dos autores de *Civiltà cattolica*, a principal missão da revista era defender o papa e ajudar a difundir sua mensagem.[4] Embora nunca tenha tido uma circulação muito grande – alcançando apenas pouco mais de 11 mil assinantes na virada do século –, sua influência era enorme. A rede dos jornais católicos através do mundo o considerava, ao lado do jornal diário do Vaticano, *L'Osservatore romano*, a fonte mais abalizada para a visão do Vaticano sobre acontecimentos atuais e citavam seus artigos constantemente.[5]

A campanha antijudaica de *Civiltà cattolica*, ocorrendo quando ocorreu, provou-se decisiva para a ascensão do anti-semitismo moderno. O próprio termo "anti-semitismo" fora cunhado apenas um ano antes, em 1879, por um alemão, Wilhelm Marr. Um dos mais influentes panfletos por trás da ascensão do anti-semitismo, *O judeu do Talmude*, do padre católico August Rohling, fora publicado antes na Alemanha naquela década, tornando-se rapidamente um bestseller. A campanha de *Civiltà cattolica* assimilou rapidamente os temas de Rohling, dando-lhes um imprimátur papal.

Embora os artigos da *Civiltà cattolica* nessa época não fossem assinados, em conformidade com prática colegial da revista, todos os primeiros 36 artigos sobre os judeus foram esboçados pelo padre Giuseppe Oreglia di Santo Stefano, um dos fundadores da revista. Oreglia, nascido em 1823 e diretor da *Civiltà cattolica* de 1865 a 1868, era de uma família nobre do norte da Itália. Seu irmão mais moço, Luigi, era um dos mais influentes – e um dos mais reacionários – cardeais de Roma.[6]

Nos milhares de palavras que Oreglia devotaria aos judeus em *Civiltà cattolica*, alguns temas repetiam-se interminavelmente, e a maior parte deles já estava exposta no primeiro dos artigos. Os judeus, Oreglia afirmou, sempre haviam se beneficiado da bondade da Igreja e, especialmente, dos papas. Tinham vivido muito felizes em seus guetos, e os cristãos também tinham podido viver em paz, protegidos contra eles. O fato de os judeus serem proibidos de possuir imóveis ou de exercer qualquer ocupação salvo as mais subalternas, nas terras do papa, os impedia de ficar ricos, mas "também os impedia de ser demasiadamente desprezados". Os judeus sempre haviam sido encarados como um povo estrangeiro, "e nunca considerados como tendo o direito seja dos cidadãos nativos, seja dos naturalizados". Como a história mostrara, escreveu o jesuíta, "se essa raça estrangeira é deixada livre demais, torna-se imediatamente o opressor, o tirano, o ladrão e o devastador nos países em que vive". A lição era clara: era preciso introduzir leis especiais para manter os judeus em seu lugar e proteger a sociedade cristã da hostilidade que eles alimentavam "contra toda sociedade que não pertencia à sua raça". Longe de perseguir judeus, tal legislação servia para impedir que eles perseguissem os cristãos.[7]

Lamentavelmente, escreveu o padre Oreglia, as pessoas não haviam seguido os ensinamentos da Igreja e tinham vindo a lamentá-lo. "Os judeus – eternas crianças insolentes, obstinados, sujos, ladrões, mentirosos, ignorantes, pragas e o flagelo dos que lhes estavam próximos e distantes – ... abusavam imediatamente [de sua recém-conquistada liberdade] para interferir na dos outros. Conseguiam pôr as mãos em ... toda a riqueza pública ... e assumiam praticamente sozinhos o controle não apenas de todo o dinheiro ... como da própria lei nos países onde lhes foi dado acesso a cargos públicos." Apesar de tudo isso, continuou Oreglia, os judeus tinham o desplante de se queixar de que estavam sendo perseguidos "ao primeiro grito de qualquer um que ouse erguer a voz contra essa invasão bárbara de uma raça inimiga, hostil à cristandade e à sociedade em geral".

Assim, tanto a noção de que os judeus pertenciam a uma raça à parte quanto a de que os judeus eram uma chaga estrangeira purulenta que corroía a sociedade fizeram sua aparição nesse primeiro artigo de 1880. "Oh, quão errados e iludidos", escreveu o padre Oreglia, "são os que pensam que o judaísmo é apenas uma religião, como o catolicismo, o paganismo, o protestantismo, e não de fato uma raça, um povo e uma nação! Embora seja certo que outros podem ser, por exemplo, ao mesmo tempo católicos e italianos, ou franceses, ou ingleses ... ou ser protestante e membro de qualquer país ou nação ... é um grande erro acreditar que o mesmo se aplica aos judeus. Pois os judeus não são judeus unicamente por causa de sua religião ... são judeus também e especialmente por causa de sua raça". Um judeu que viva na Itália ou na França não ama seu país tal como o fazem um italiano ou um francês, mas está interessado unicamente no "que pode tirar dele".[8]

O padre Oreglia propôs também a idéia de que os judeus permanecem judeus para sempre, mesmo quando renunciam formalmente ao judaísmo. Aqui, a revista do jesuíta estava penetrando num território perigoso, pois a missão sagrada de converter os judeus estava havia muito no centro da política judaica da Igreja, com sua origem no próprio Novo Testamento.

Mas a acusação de Oreglia aos judeus que se haviam assimilado reflete um desenvolvimento mais amplo, e importante, nas atitudes da Igreja para os judeus. Não era mais o judeu religioso que suscitava a maior ameaça aos bons cristãos; o maior perigo vinha agora do judeu que se desgarrara de sua religião ancestral.

Por toda a Europa, escreveu o padre Oreglia no início de 1881, um número sempre crescente de judeus estava abandonando – ou melhor, fingindo abandonar – sua religião, muitas vezes tornando-se protestantes, ou simplesmente ateus e livres-pensadores. "Mas todos eles, tendo sido movidos não pelo espírito de Deus mas pelo do demônio, o fizeram para favorecer seus interesses materiais... Mesmo que suponhamos que não são mais judeus na religião, eles tampouco se tornam membros da raça italiana ou francesa, ou de qualquer outro país. Porque nasceram judeus, devem permanecer judeus." O mesmo espírito perverso que os impelia a abandonar sua religião nativa, explicou o padre Oreglia, "os torna ainda mais comprometidos com aquele ódio à sociedade cristã e à raça cristã que sorveram com o leite de sua mãe".[9]

Como ocorreu em quase todas as publicações ligadas ao Vaticano que trataram dos judeus nesses anos, as acusações que Oreglia fazia aos judeus eram regularmente entremeadas por protestos de amor a eles. Devíamos amá-los, escrevia, mas ao mesmo tempo nosso amor não nos devia cegar para o fato do mal que fazem, nem nos impedir de empreender as ações necessárias para salvar a Igreja e a sociedade cristã deles.

Teoricamente, a crença na salvação dos judeus pela conversão persistia, mas a conversão tornou-se cada vez mais distante – uma meta louvável mas totalmente impraticável. O padre Oreglia expôs a questão alegoricamente, ao defender um retorno das antigas leis que apartavam os judeus da sociedade cristã. Um dos argumentos que os liberais haviam usado para emancipar os judeus, lembrou ele, era que, uma vez libertados do gueto e postos em contato com a sociedade mais ampla, crescentes números deles desejariam se converter. Mas, ele escreveu: "Suponhamos que fosse preciso que lobos vivessem ao lado de carneiros. Seria por isso necessário emancipar os lobos e torná-los cidadãos com plenos direitos, na verdade por vezes guardiões ... dos carneiros?" Mas não era essa, perguntou, a lógica usada pelos liberais na emancipação dos judeus? A seu ver, a argumentação liberal se reduzia a isto: "Se os lobos são lobos agora, isso se deve apenas à perseguição que sempre tiveram de sofrer dos carneiros e dos pastores."[10]

A idéia de que os judeus estavam conspirando secretamente para conquistar o domínio do mundo é mais um dos pilares dos movimentos anti-semitas modernos que tomaram forma no final do século XIX e mais tarde alimentariam o próprio nazismo. Mas o tema de uma vasta conspiração judaica contra a sociedade cristã estava longe de ser novo. No século XIV, ele emergiu durante a peste negra, quando por toda a Europa pessoas assassinaram judeus suspeitos de ter disseminado a doença por ódio aos cristãos. Mas, naquela época, os papas haviam defendido os judeus de tais alegações. Agora, nas últimas décadas do século XIX, era o próprio Vaticano que estava espalhando essas teorias de conspirações judaicas malignas, com *Civiltà cattolica* na dianteira.[11]

Em encarnações anteriores dessas teorias conspiratórias, as pessoas haviam se centrado em rabinos e especialistas no ritual judaico. Mas agora a maior ameaça vinha dos judeus que haviam se tornado ateus e livres-pensadores, os judeus secularizados. Esses, Oreglia afirmava, conservavam "todo o seu antigo ódio à cristandade". Eram eles que formavam "o núcleo principal das seitas secretas que estão hoje em ascensão e ameaçam a ruína e o extermínio de toda a sociedade cristã". Essas seitas "expressam aquela cólera, aquela vingança e aquele ódio satânico que o judeu alimenta contra os que – injustamente, ele acredita – o privam daquele domínio absoluto sobre todo o universo que ele judaicamente acredita lhe ter sido dado por Deus".[12]

Tal retrato demoníaco dos judeus, no entanto, corria o risco de contradizer uma outra doutrina da Igreja: o próprio Jesus fora um judeu, ou pelo menos nascera de uma família judaica, como muitos dos patriarcas cristãos. Se os judeus eram maus por natureza, que dizer de Jesus? Ademais, a Bíblia Judaica continua sendo um dos textos mais sagrados do cristianismo. Como podiam as pessoas da Bíblia, os ancestrais dos cristãos modernos, ser criaturas do demônio?

Essas questões importunavam havia muito as relações da Igreja com os judeus. A solução para esse antigo impasse envolveu o estabelecimento de uma distinção entre os judeus antigos – que seguiam os mandamentos de Deus tal como transmitidos no Sinai e corporificados na Bíblia – e as pessoas que mais tarde haviam rejeitado Jesus, o Messias cuja vinda fora profetizada na própria Bíblia. Estas últimas eram atacadas como seguidores não da Bíblia, mas do Talmude, uma obra produzida somente depois que o cristianismo estava estabelecido, e difamada pela Igreja havia muito tempo. Como vimos, desde o século XIII, as autoridades da Igreja haviam pedido periodicamente a destruição de todos os exemplares do Talmude, visto como a raiz do mal judaico. Em 1240, o papa Gregório IX ordenou a todos os prelados e monarcas da Europa que promovessem a entrega de todos os exemplares aos frades de duas das ordens mendicantes – os franciscanos e os dominicanos –, que procederiam à sua queima. O rei da França, que mais tarde tornou-se são Luís, encheu mais de vinte carroças de manuscritos, contendo ao todo mais de vinte mil exemplares, e queimou-os publicamente na Place de Grève.[13] Três séculos mais tarde, em 1553, foi lançada nova campanha papal contra os judeus, com a queima pública do Talmude em todos os Estados Papais.[14]

Oreglia fez intenso uso dessa visão do judeu talmúdico. "Todo o vigor do judaísmo moderno – isto é, da lei anti-social, anti-humanitária e acima de tudo anticristã que os judeus hoje observam acreditando estar obedecendo à lei mosaica – consiste essencialmente naquele dogma fundamental segundo o qual o judeu não pode e não deveria jamais reconhecer ninguém como seu semelhante a não ser um judeu. Todos os demais, sejam cristãos ou não-cristãos, devem ser considerados, por todo bom judeu que observa sua lei, ... inimigos odiosos, a serem perseguidos e, se possível, exterminados ... da face da terra. E isso segundo o preceito religioso que eles acreditam lhes ter sido dado pelo Próprio Deus por meio do Talmude e dos rabinos." Caso um judeu trate inadvertidamente um não-judeu como seu semelhante, explicou o padre Oreglia, "ele acredita que pecou contra sua religião e sua consciência". O retrato do judeu como demônio dificilmente poderia ser mais completo: "Enquanto o cristão pede perdão por seu pecado, o judeu deve pedir perdão se pratica uma boa ação."[15]

A caracterização que Oreglia fez do Talmude – e da moralidade judaica – era uma adulteração escandalosa, embora viesse a ser usada num sem-número de matérias na imprensa católica nas décadas seguintes. Por serem os judeus europeus uma minoria, em sociedades cristãs, estudiosos judaicos e rabinos haviam, no curso dos séculos anteriores, dedicado considerável interesse à questão do que o Talmude dizia sobre o modo como os judeus deviam se relacionar com os cristãos. No curso da alta Idade Média, as condições em que os judeus viviam na Europa haviam se alterado tanto, em relação àquelas em que haviam vivido na Babilônia dos tempos talmúdicos, que foi preciso reinterpretar a segregação social estrita que lhes era imposta por ensinamentos talmúdicos aceitos. Anteriormente, uma distinção simples fora estabelecida entre os judeus, os que seguiam a lei de Deus, e todos os demais, que eram vistos com desdém como idólatras. O Talmude continha muitas passagens que restringiam severamente o contato dos judeus com esses outros, inclusive limites rígidos sobre o estabelecimento de quaisquer relações comerciais com eles. Agora, no entanto, os judeus da Europa, vivendo como uma pequena minoria em meio a uma grande população cristã, e dependendo do estabelecimento de relações regulares com não-cristãos – ainda que apenas de comércio – para sobreviver, começaram a reinterpretar o Talmude. Começaram a ver os cristãos como distintos dos idólatras, como pessoas que faziam parte da sua mesma tradição religiosa, embora tendo se desviado do caminho correto. Com essa visão, que já fora aceita na altura do século XI, contatos sociais regulares com cristãos podiam ser justificados, do ponto de vista religioso.

De todo modo, as comunidades judaicas, que viviam o mais das vezes como minorias mal toleradas em sociedades cristãs, viam-se em grande risco quando as ações de qualquer de seus membros despertavam a ira da população circundante. Em conseqüência, líderes comunitários judeus tinham forte interesse em impor padrões de comportamento às relações judeus-cristãos, e tratar severamente aqueles cuja conduta inescrupulosa ameaçava o bem-estar de toda a comunidade. Vários preceitos talmúdicos eram invocados para condenar judeus que agiam mal com cristãos. Entre os mais freqüentemente citados estava aquele que proibia a profanação do nome de Deus. Ao agir fraudulentamente em suas relações com estranhos, um judeu trazia opróbrio para o nome do povo judeu, e portanto, para Deus, pois tal comportamento levaria outros a verem os judeus – o povo escolhido – como imoral e repreensível. Ademais, um judeu culpado de roubo ou assassinato violava os mandamentos bíblicos mais fundamentais, e com isso cometia um ato de rebelião contra Deus.

Ao se defender da acusação de que o Talmude lhes ordenava enganar e até matar cristãos, os judeus podiam apontar para passagens famosas do Talmude como a história do encontro de Hillel com um pagão. Segundo a história, quando o homem pediu a Hillel que lhe dissesse em poucas palavras qual era a natureza da religião judaica, este respondeu: "Não faças a outros o que não desejas que seja feito a ti. Isso é toda a Torá. O resto é comentário."[16]

Em 1882, *Civiltà cattolica* estava anunciando alegremente as primeiras irrupções do moderno movimento político anti-semita. Os grupos recém-formados brotavam de diferentes fontes e tinham uma variedade de interesses, mas, cada vez mais, eram vistos como parte de um movimento internacional comum de pessoas de pensamento assemelhado. Jornais anti-semitas estavam sendo fundados, assim como clubes e partidos políticos; realizavam-se encontros regulares dos membros, cobravam-se anuidades e discutiam-se planos para campanhas anti-semitas. Embora esses grupos diferissem sob vários aspectos – alguns eram católicos, alguns protestantes, outros populistas e esquerdistas, outros conservadores mas anticlericais –, unificavam-se ao identificar os judeus com os penosos transtornos sofridos pela sociedade no final do século XIX.

As ansiedades sentidas por muitos tinham origem nas mudanças econômicas associadas à difusão do capitalismo moderno, à industrialização e à urbanização. O fato de os judeus – até um século antes confinados em grande parte em guetos e de todo modo proibidos de possuir imóveis ou de ocupar quaisquer posições econômicas salvo as mais modestas – estarem agora em tão grande evidência entre os abastados e os influentes despertava ressentimento generalizado. As antigas elites melindravam-se com os *parvenus* judeus, e os pequenos lojistas tendiam a ver os homens de negócios judeus bem-sucedidos como responsáveis pelo declínio de suas fortunas. Nas décadas anteriores, por toda a Europa ocidental e central, os judeus estiveram deixando rapidamente seus guetos –

literais ou figurados – e se incorporando à sociedade. Muitos estavam trocando o iídiche pela língua nacional, abandonando seus trajes característicos, adotando nomes típicos do país em que viviam e até modificando – e em muitos casos abreviando – suas práticas religiosas para terem condições de se integrar à comunidade mais ampla. Ao mesmo tempo, contudo, permaneciam orgulhosos de sua identidade judaica e pareciam manter-se à parte socialmente, especialmente insistindo em que os filhos permanecessem pelo menos formalmente judeus e só se casassem com outros judeus.[17]

Em setembro de 1882, o primeiro congresso anti-semita internacional foi realizado em Dresden, com representantes da Alemanha e do Império Austro-Húngaro. Ao noticiar o evento, *Civiltà cattolica* relatou que, embora tivessem sido feitos muitos discursos violentos de censura aos judeus, as resoluções "relativamente moderadas" propostas pelo reverendo Adolf Stoecker tinham sido aprovadas. Stoecker, um ministro protestante, foi um dos mais influentes pioneiros no desenvolvimento do anti-semitismo alemão.

As resoluções do congresso, que foram detalhadamente descritas, refletiam o que a própria *Civiltà cattolica* viera defendendo. Os judeus eram um povo à parte, nunca poderiam ser integrados a nenhuma sociedade nacional. "Os judeus reformados (isto é, os que não observam mais rigorosamente os antigos costumes de sua raça) não constituem uma exceção séria à regra geral, mas sim, com seus esforços para dominar e perverter a população cristã, constituem um perigo não menor." A emancipação dos judeus fora um "erro fatal" e nova legislação restritiva era urgentemente necessária. "É inegável", concluiu o correspondente alemão da revista, "que a agitação anti-semita está fazendo grande progresso entre nós. Encontros em que os contestadores expressam suas denúncias estão se realizando em rápida sucessão e atraindo imensa multidão. Além disso, a imprensa anti-semita está ganhando terreno. ... Não me parece exagero dizer que, com a ajuda dos adversários dos judeus, poderá ser possível para os conservadores tomar um bom número de distritos eleitorais dos liberais e dos progressistas".[18]

Essa ligação dos ataques aos judeus ao sucesso eleitoral dos conservadores teria enormes conseqüências para o crescimento do anti-semitismo católico nos anos seguintes. Proporções cada vez maiores da população estavam conquistando o direito de votar, e as elites precisavam encontrar uma maneira de atrair pessoas cujas opiniões políticas haviam sido anteriormente de pouco interesse para elas.

Uma preocupação especial não só para a Igreja Católica mas para outros que ocupavam posições na sociedade européia era o crescimento alarmante do movimento socialista. As origens do movimento remontavam ao início do século, na esteira da Revolução Francesa com seus apelos por liberdade, fraternidade e igualdade. Alimentado pela Revolução Industrial e pelo aparecimento de um proletariado crescente, o movimento estabelecera sua Primeira Internacional em 1864, com as elites européias sendo vistas como uma conspiração mundial maligna. Centenas de organizações locais de trabalhadores surgiram nesse período, muitas defendendo a abolição da propriedade privada. Partidos socialistas estavam se revelando competentes em atrair uma massa cada vez maior de adeptos, e o número de membros dos sindicatos dominados pelos socialistas crescia também rapidamente. Para líderes eclesiásticos preocupados, a desqualificação dos socialistas "sem Deus" passou a ser cada vez mais urgente, e, como veremos, a tática de identificá-los com os judeus e com uma conspiração judaica provou-se irresistível.

Mas voltemos a *Civiltà cattolica*, onde, por volta de 1890, o padre Oreglia, enfermo, havia transmitido a colegas sua liderança na cruzada dos jesuítas contra os judeus.[19]

Um desses homens, padre Raffaele Ballerini, num artigo desse ano intitulado "Os judeus – por que permanecem judeus", introduziu seu tema cobrindo terreno conhecido. Os judeus, escreveu, haviam parado muito tempo atrás de observar a lei mosaica e agora seguiam apenas o execrável Talmude. Haviam rejeitado e matado o Messias e acreditavam ser eles próprios divinamente destinados a governar o mundo. "A raça judaica inteira ... está conspirando para atingir esse reinado sobre todos os povos do mundo."

A Igreja sempre tratara os judeus com compaixão, escreveu o padre Ballerini, e os judeus do passado reconheciam que seus mais benignos protetores eram os próprios papas. Mas depois, apesar dos protestos da Igreja, os judeus haviam sido emancipados, e o que acontecera? Eles deram início a "uma guerra implacável, constante, contra a religião cristã e especialmente contra o catolicismo. Em seguida, [os judeus também iniciaram] uma campanha desenfreada de usura, monopólios e roubo de toda sorte, em detrimento daqueles entre os quais haviam desfrutado, e ainda desfrutam, liberdades civis". Para os judeus, concluiu o jesuíta, "fraternidade e paz eram e são meros pretextos para lhes permitir preparar – se possível com a destruição do cristianismo e com o solapamento das nações cristãs – o reino messiânico que, segundo acreditam, o Talmude lhes promete".[20]

Em 1890, o padre Ballerini dedicou três longos artigos em *Civiltà cattolica* à "questão judaica na Europa". No ano seguinte, estes foram reunidos e publicados na forma de um livro de noventa páginas para atingir um público mais amplo. O livro expandia os temas desenvolvidos ao longo da década anterior. Os judeus "formavam uma nação estrangeira nas nações em que residiam, um inimigo jurado do bem-estar da nação ... Embora possam viver na França, na Alemanha, na Inglaterra, nunca se tornam franceses, alemães ou ingleses, permanecendo judeus e nada senão judeus". Os judeus só fingiam ser patriotas para enganar as pessoas, de modo a poder destruir as nações que lhes haviam imprudentemente concedido a cidadania.

Aqui, o padre Ballerini contou uma história, que encontrara recentemente num jornal alemão, sobre um general alemão que, na Guerra Franco-Alemã de 1870, recebera uma grande soma de dinheiro para contratar espiões. Voltou para Berlim sem ter gasto o dinheiro, pois não fora capaz de encontrar nenhum francês disposto a trair seu país. Apenas quatro anos antes, contudo, na guerra contra a Áustria, o mesmo general tivera uma experiência muito diferente, pois a Áustria estava cheia de judeus e estes ficaram entusiasmados com a possibilidade de espionar seu próprio exército, traindo-o por uma ninharia. "A história", concluiu o padre Ballerini, "está cheia de traição nas mãos dos judeus."

Os artigos e o livreto de *Civiltà cattolica* citam com aprovação todos os artífices do movimento anti-semita moderno: Edouard Drumont na França, Adolf Stoecker na Alemanha, Karl Lueger em Viena. O padre Ballerini tampouco deixa a Itália de lado. Nas três décadas desde a fundação do novo Estado italiano, escreveu, a Itália se tornara "um reino de judeus".

Ballerini advertiu que, embora pudesse parecer uma solução atraente para o problema, o extermínio dos judeus era contrário aos ensinamentos cristãos. Como o povo amaldiçoado por Deus, a permanente degradação dos judeus e sua errância incessante pela terra, sem nenhum país que lhes pertencesse, oferecia um precioso testemunho das profecias do Novo Testamento. É claro, ele escreveu, que a conversão dos judeus, se sincera, era a melhor solução para o problema judaico, mas, realisticamente, não havia nenhuma possibilidade de isso acontecer. Em conseqüência, o necessário era o retorno das leis da Idade Média. Aqui, ele notou com calorosa aprovação o fato de o czar da Rússia ter imposto recentemente algumas leis precisamente desse tipo, proibindo os judeus de possuir bens imóveis.[21]

Num artigo de 1893 intitulado "Moralidade judaica", outro autor jesuíta, padre Saverio Rondina, arrolou todas as acusações recentes feitas aos judeus na Europa, indo desde práticas bancárias fraudulentas a assassinato. Junto com a rápida proliferação do movimento anti-semita, ele escreveu, essas acusações "convidam-nos a retornar a um argumento que durante uma década desenvolvemos extensamente nesta revista, mas cuja atualidade e importância ... são agora maiores que nunca".

Seria difícil encontrar um enunciado mais claro dos temas do anti-semitismo moderno. A nação judaica, escreveu o padre Rondina, "não trabalha, mas trafica com a propriedade e o trabalho dos outros; não produz, mas vive e engorda com os produtos das artes e da indústria das nações que lhe dão refúgio. É o polvo gigantesco que com seus tentáculos desmesurados envolve todas as coisas. Tem seu estômago nos bancos ... e aplica suas ventosas em toda parte: em contratos e monopólios, ... nos serviços postais e nas companhias de telégrafo, na marinha mercante e nas ferrovias, nos tesouros municipais e nas finanças do Estado. Representa o reino do capital ... a aristocracia do ouro. ... Reina inconteste".

Aqui, o anti-semitismo moderno brota diretamente de idéias mais antigas; a emancipação dos judeus é o catalisador que converte as formas antigas nas novas. "Com a liberdade religiosa proclamada, e a cidadania concedida até aos judeus, eles se aproveitaram disso ... para se tornar nossos senhores. De fato, hoje é a *bolsa de valores* que detém controle político, e ela está nas mãos dos judeus. O que governa é a *maçonaria*, que também é dirigida pelos judeus. O que forma e reforma a opinião pública é a imprensa e também esta é em grande parte inspirada e subsidiada pelos judeus."

A "guerra incessante que o judaísmo move contra outras nações, especialmente as cristãs", é, segundo o padre Rondina, um produto direto da religião judaica, que instiga todo judeu a tratar os cristãos como se fossem animais e a fazer tudo que possam para roubá-los e trapaceá-los. "A causa ... é seu ódio ao cristianismo, um ódio imposto aos judeus por sua lei, e que chega a justificar todo tipo de crime contra nós."

Nessa época, na década de 1890, líderes da Igreja tinham começado a se ressentir da acusação de anti-semitismo. Afinal, a mensagem da Igreja era amor e caridade, e em alguns setores influentes em toda a Europa o anti-semitismo era visto como um preconceito retrógrado, e políticos anti-semitas, como demagogos inconseqüentes. Sob essa luz, podemos compreender por que ressalvas e negativas continuavam a ser salpicadas por praticamente todas as contribuições que a Igreja deu ao desenvolvimento do anti-semitismo moderno.

O artigo do padre Rondina foi típico. Mal havia advertido que os judeus conspiravam para escravizar todos os cristãos, ele acrescentou: "Não escrevemos com nenhuma intenção de inflamar ou fomentar qualquer anti-semitismo em nosso país. Procuramos, isto sim, soar um alarme para os italianos, de modo que se defendam contra os que, no intuito de empobrecê-los, interferem em sua fé, corrompem sua moral e sugam seu sangue."[22]

Nesses anos, a revista jesuíta continuou a cobrir movimento anti-semita com crescente simpatia. Um artigo de 1893, por exemplo, falou da ascensão do anti-semitismo na Alemanha, onde, embora os judeus fossem uma pequena minoria, "os bancos e o dinheiro estão em sua maior parte nas mãos deles, o que os torna incrivelmente poderosos". Não só os judeus eram numerosos entre as classes profissionais como haviam controlado a imprensa. "Em conseqüência, a influência dos judeus sobre a opinião pública, a vida política e o trabalho intelectual é desproporcional e, o que é pior, extremamente corrosiva. Cada escritor [judeu], de fato, difama, despreza, ridiculariza e tenta destruir tudo que nos é caro, todos os nossos princípios cristãos. A cobiça de ganho do judeu domina tudo o que ele faz."[23]

Enquanto o fim do século se aproximava, com explosões anti-semitas tornando-se mais comuns, o padre Ballerini continuava a martelar esses temas. Em 1897, ele advertiu: "O judeu permanece sempre e em toda parte imutavelmente um judeu. Sua nacionalidade não está no solo onde nasceu, nem na língua que fala, mas em sua semente." Para o judeu, "o melhor país é aquele que lhe proporciona os melhores meios de acumular [ouro]. O judeu nos faz rir quando, na Itália, na França e na Alemanha, finge uma ternura lamurienta por sua nação". A emancipação dos judeus produziu exatamente o que a Igreja temia: "sua dominação, por via das duas forças mais poderosas que regem o mundo: a imprensa e o dinheiro." Através da Polônia, da Hungria, da Áustria, da Alemanha e da França, os judeus haviam começado a pôr em prática seu plano secreto para a dominação do mundo, "de modo que, num curto tempo, tornaram-se os senhores poderosos, especialmente em Berlim, Paris, Budapeste e Viena".[24]

Ao longo desses anos, só *L'Osservatore romano* esteve mais próximo do papa e da hierarquia do Vaticano que *Civiltà cattolica*.

Pertencente à Santa Sé, *L'Osservatore* fora fundado em Roma em 1861. Com a anexação de Roma ao Estado italiano em 1870, tornou-se na prática o jornal diário oficial do Vaticano. Por volta da década de 1890, o secretário de Estado autorizava regularmente a publicação de artigos não assinados em suas páginas, divulgando as opiniões da Santa Sé em matérias de interesse atual.[25] *Civiltà cattolica* e *L'Osservatore* eram as duas publicações vistas por todo o mundo católico como oferecendo as mais claras expressões das perspectivas do próprio papa sobre as questões do dia.

Em 1892, com o movimento anti-semita ganhando força na Europa, *L'Osservatore romano* dedicou uma série de artigos à questão judaica. A série começou acrescentando um novo ingrediente à velha crença na conspiração judaica. O que preocupava o jornal do Vaticano era o perturbador aumento da simpatia pelos judeus estimulada pela repugnância à violência que, cada vez mais, lhes era dirigida.

Podia a onda de simpatia pelos judeus que resultara dessa violência, perguntou o autor do *L'Osservatore romano*, ser simplesmente uma coincidência? Ou quem sabe os astutos judeus não estavam por trás dos tumultos assassinos? A conclusão era clara: "Vendo-se à beira de ser seriamente atacado pela opinião pública e pela população em geral, o judaísmo ... provoca demonstrações hostis ... para que o povo se condoa das vítimas e esqueça quem são seus verdadeiros perseguidores."

O fato de que os recentes *pogroms* na Rússia haviam despertado tanta solidariedade aos judeus, afirmou o jornalista do Vaticano, mostrava que eles só poderiam ter sido arquitetados pelos próprios judeus. "Não nos afastaríamos muito da verdade se disséssemos que o golpe bastante severo que o Império Moscovita desfechou contra os filhos de Judá acabou por beneficiar o judaísmo, pois engendrou compaixão pelos judeus, contra quem os mundos cristão e civil começaram, com razão, a se rebelar." O artigo prosseguia sustentando, em bases semelhantes, que os movimentos anti-semitas francês, russo e austríaco eram em grande parte obra do "judaísmo cosmopolita".

Nessa altura, o jornal do Vaticano desenvolveu um outro tema que reapareceria regularmente durante as décadas seguintes nas publicações da Igreja: que há uma modalidade boa de anti-semitismo e uma modalidade má. "O anti-semitismo deveria ser a resposta cristã natural, moderada e refletida contra a predominância judaica." Mas, lamentavelmente, escreveu o jornalista do *Osservatore romano*, havia uma forma diferente, não-cristã, de anti-semitismo que estava atraindo a maior parte da atenção ultimamente, uma forma que ameaçava desacreditar o anti-semitismo verdadeiro, cristão. Essa nova forma de anti-semitismo de fato "não passava de uma forma artificial do próprio judaísmo, que a introduziu e manteve para que o verdadeiro anti-semitismo não possa ser organizado, posto em prática e ter êxito". O verdadeiro anti-semitismo, explicou o diário do Vaticano, "é e pode ser em substância, nada mais que o cristianismo, completado e aperfeiçoado no catolicismo".[26]

No dia seguinte, em outra matéria de primeira página, *L'Osservatore romano* voltou ao mesmo tema. Os judeus estavam tentando desesperadamente evitar "a reação que está prestes a explodir em toda parte contra sua tirania rapace". Os judeus não podiam culpar ninguém senão a si próprios. Dirigindo-se diretamente aos judeus, o jornalista acrescentou uma advertência: "Como dissemos em outras ocasiões, tomem cuidado com o que estão fazendo. Não brinquem com fogo. A ira do povo, embora no momento um tanto amortecida por sentimentos de caridade cristã, e pela branda influência do clero católico, pode a qualquer momento irromper como um vulcão e fulminar como um raio." É uma advertência que, lida à luz do que aconteceria meio século depois na Europa, é de enregelar. O artigo termina com uma advertência: "Tudo pode não levar mais que um quarto de hora."[27]

Pouco havia mudado no fim do século. O caso Dreyfus (que será discutido no capítulo oito) desencadeara tumultos violentos por toda a França, e os partidos anti-semitas estavam em ascensão por toda a Europa. Em 1898, o Vaticano observava diariamente, não sem satisfação, uma virada da maré. "A maçonaria e o judaísmo, nascidos juntos para combater e destruir o cristianismo no mundo, devem agora se defender juntos do despertar cristão e da ira do povo."[28]

Mas as autoridades do Vaticano tinham de se manter, publicamente, à distância de qualquer expressão de ódio aos judeus. Quando um jornal não-católico atacou *L'Osservatore romano* por estimular o tipo mais fanático de anti-semitismo, seu editor respondeu traçando uma distinção entre judaísmo e judeus. O judaísmo devia ser ultrajado de todas as maneiras, pois era responsável pela morte de Jesus Cristo e pelo assassinato de crianças cristãs para lhes extrair o sangue para o pão do *Pessach*. "Mas combater o judaísmo não significa combater os judeus", explicou o editorialista, porque, em sua grande maioria, os judeus não eram mais que "os escravos, os instrumentos e as vítimas" do judaísmo. Este, segundo essa formulação, criara "uma raça judaica dispersa, uma seita maligna e uma casta detestável". O "roubo sistemático" dos judeus e "seu ódio implacável à Igreja e à humanidade" haviam levado pessoas a vê-los como "uma abominação"; no entanto, afirmou o editor, eram os próprios judeus "as primeiras vítimas do judaísmo".[29] Três dias depois, o jornal advertiu que, dada sua religião e sua natureza, os judeus "não podem e não devem viver em meio a outros, como o fazem quaisquer outras pessoas no mundo".[30]

A cruzada do Vaticano contra os judeus nas duas últimas décadas do século XIX não envolveu apenas as duas vozes semioficiais da Santa Sé, mas uma grande e crescente rede de outros jornais católicos, tanto na Itália quanto no exterior. Seria possível dar muitos exemplos, mas citamos aqui apenas os dois mais próximos do Vaticano. Como o descreve a abalizada *Enciclopedia cattolica*, publicada pelo Vaticano, "a Santa Sé", após a queda de Roma em 1870, "decidiu flanquear *L'Osservatore romano* com um diário milanês, *L'Osservatore cattolico*, e um diário florentino preexistente, *L'Unità cattolica*".[31] É para esses dois jornais que nos voltamos.

L'Osservatore cattolico foi fundado em 1864 com o incentivo do vigário da diocese de Milão para reforçar a autoridade do papa após a queda dos Estados Papais. Pio IX estimulou a iniciativa e praticamente todos os que escreviam no jornal eram padres. Por volta da década de 1870, *L'Osservatore cattolico* havia alcançado grande prestígio entre os católicos italianos. Seus ataques fulminantes ao liberalismo, lidos avidamente pelo baixo clero, eram transmitidos à grande massa dos camponeses analfabetos através dos sermões de domingo por toda a área de Milão e alhures.[32]

O diretor do jornal durante as últimas décadas do século XIX foi dom Davide Albertario, descrito pela *Enciclopedia cattolica* como "durante trinta anos, a partir de 1870, o mais brilhante jornalista e o mais competente polemista a serviço da causa da Igreja na Itália".[33] A visão dos judeus que ele promulgou naqueles anos foi a mesma encontrada em outros jornais vinculados ao Vaticano. Somente o tom diferia, pois Albertario era renomado por seu estilo sarcástico.

Temos uma amostra disso no artigo escrito por ele em 1885 sob o título "Os judeus do mundo": "Essa admirável raça de pessoas", ele escreveu, "soma atualmente 6.377.602, das quais temos na Itália, graças à nossa boa sorte e para nosso prazer geral, 26.298. Eles são verdadeiramente nossos senhores, isto é, os senhores de trinta milhões de almas, como são os senhores na Áustria-Hungria, na Alemanha, na França e em quase toda parte". O judeu, escreveu o padre Albertario, "é o dono do ouro ... e, portanto, o judeu é o soberano do mundo".

"É por isso que os judeus são nossos senhores, caros leitores, precisamente nossos senhores. É possível encontrar judeus no Parlamento, na Administração Pública, na Câmara de Comércio, no jornalismo, tendo alterado mais ou menos seus prenomes e sobrenomes, mas sempre judeus até a medula!"[34]

Enquanto isso, *L'Unità cattolica* de Florença, publicado, como *L'Osservatore cattolico*, por um grupo de padres com estreitas ligações com o papa, estava imprimindo artigos basicamente do mesmo gênero. Os judeus, ao lado dos maçons, que se dizia estarem nas mãos dos judeus, eram acusados por tudo o que andava mal na Itália (e alhures) nos últimos anos. Um artigo de 1892 chegou a afirmar que a "Sinagoga" fora responsável pela conquista de Roma pela Itália em 1870.[35]

Um exemplo típico dos textos de *L'Unità cattolica* sobre os judeus é oferecido por um artigo introdutório publicado mais tarde em 1892. São Pedro advertira os judeus, contou o autor, de que, se queriam se tornar verdadeiros cristãos, teriam de abandonar primeiro sua sede de ouro, sua malícia e seu pendor para a fraude. De outro modo, permaneceriam para sempre judeus, encarnando "a mais odiosa forma de degradação que se podia imaginar na espécie humana".

Seguia-se então o conhecido refrão: "Longe de nós (possa o céu nos servir de testemunha) ter o mais leve pensamento de desejar que nosso escrito reaqueça o caldeirão fervente do anti-semitismo que, já tendo escaldado a Romênia e a Rússia e tendo transbordado na França, já está ameaçando também a Itália."

Se essas negações de anti-semitismo eram comuns, raramente eram feitas sem o tipo de advertência que se seguiu neste caso: "Mas, meus caros judeus, sejamos claros", escreveu o autor de *L'Unità cattolica*. "Se o céu está tempestuoso, de quem é a culpa? Se um raio lhes atinge a cabeça, quem o provocou? ... a história dos judeus ... foi sempre a mesma: abuse, provoque, invada!" Ele continuou: "Repetimos: anti-semitismo, cesse suas fúrias cegas. No entanto, ao mesmo tempo, se é verdade que há alguns homens bons entre o povo de Israel, que nos dêem prova disso. Recusem-se a mostrar qualquer solidariedade com os vampiros de sua casta, com aqueles que sugam sangue humano." O artigo concluiu retornando a Pedro. Após 19 séculos, são Pedro acenava novamente, dizendo: "Venham para a Fé de Jesus Cristo, mais preciosa que a lista da bolsa de valores, a única divindade que lhes restou."[36]

Nesses artigos, como em toda a imprensa católica mais próxima do Vaticano, a batalha contra os liberais, contra a separação entre a Igreja e o Estado, era lançada como a batalha contra os judeus. Estigmatizando a causa liberal como um produto dos judeus, o Vaticano tentava desacreditar as forças da secularização. Uma ligação desse tipo foi exibida no outono de 1892, quando o

X Congresso Católico Italiano discutiu maneiras de assegurar a continuação do papel da Igreja na educação pública. *L'Unità cattolica* começou sua cobertura com o que, de outro modo, poderia parecer uma observação inteiramente gratuita. O congresso, relatou, "tem a virtude de encher de terror os corações dos judeus".[37] A lógica era clara para os leitores: os judeus é que eram os mentores do esforço para eliminar a influência da Igreja da educação pública; todo o movimento liberal em prol da separação entre a Igreja e o Estado era um complô judaico, anticristão.[38]

Como o resto da imprensa católica, *L'Unità cattolica* combinava a advertência de que os judeus estavam assumindo o controle do mundo com a observação de que eram os judeus seculares, não os religiosos, que estavam por trás desse plano. No final de 1892, um artigo explicou que havia três tipos de judeus. O primeiro e menor grupo consistia naqueles que ainda seguiam os ensinamentos do Antigo Testamento. Esses estavam muito dispersos em algumas terras distantes. O segundo grupo era composto dos que "se voltam para aquele amontoado de absurdos que chamam de Talmude". Incluía a maior parte da população judaica fora da Europa ocidental. Finalmente, havia os "judeus esclarecidos", que eram maioria na Europa ocidental. "Eles não acreditam em nada", afiançou o jornalista do *L'Unità cattolica*. "A única tradição ancestral que mantiveram é a do Bezerro de Ouro. E é desses judeus ... que se diz, não sem razão, que hoje eles dominam o mundo."[39]

Por um período breve mas intenso, nas duas últimas décadas do século XIX, as atitudes católicas tradicionais em relação aos judeus – hostis mas condescendentes, enfatizando freqüentemente a redenção através do batismo – transformaram-se em coisa diferente. Mas, ao fazer a transição para uma forma moderna de anti-semitismo, a Igreja lançou mão também de meios mais antigos de demonizar os judeus. Nenhum deles foi mais dramático que a acusação do assassinato ritual judaico.

7

Vampiros judeus

A acusação de que os judeus matavam crianças cristãs secretamente para fins rituais começou a se espalhar pela primeira vez no século XII. Os judeus eram acusados de crucificar sua presa inocente numa reencenação demoníaca do que seus ancestrais tinham feito a Jesus. A idéia de que matavam essas crianças para obter seu sangue só começou a emergir mais tarde. No século XIII, essas acusações tinham se tornado tão comuns que o imperador alemão Frederico II convocou um comitê de estudiosos e judeus convertidos ao cristianismo para determinar se os judeus realmente precisavam de sangue cristão para seus ritos. O comitê rejeitou a alegação, mostrando que tanto o Antigo Testamento quanto o Talmude proibiam especificamente aos judeus o consumo de qualquer tipo de sangue.[1]

Padres locais, no entanto, estimulavam muitas vezes a crença popular no assassinato ritual judaico, levantando suspeitas quando uma criança cristã desaparecia ou era encontrada morta. Em contraposição, os papas agiam tipicamente para proteger os judeus dessas acusações. Num dos primeiros desses casos, em 1247, o papa Inocêncio IV foi informado de que padres na Alemanha e na França estavam fomentando a violência antijudaica com essas alegações. Reagiu publicando uma encíclica em defesa dos judeus, dirigida aos arcebispos e bispos nesses países. Os judeus, escreveu, estavam sendo falsamente acusados, e observou que a lei judaica proibia o consumo de sangue. Ao longo dos séculos seguintes, outros papas reiteraram essa mensagem.[2]

Não há melhor ilustração das suspeitas que o Vaticano tinha inicialmente dessas acusações de assassinato ritual que o caso de

Simão de Trento em 1475. Há aqui uma ironia, pois esse não é um dos muitos casos de entusiasmo local que o Vaticano conseguiu abafar. Ao contrário, é o caso mais conhecido de uma acusação de assassinato ritual aprovada pelo Vaticano, uma acusação que gerou um culto católico oficialmente patrocinado. Na verdade, esse era, juntamente com o do padre Tommaso de Damasco, o caso mais freqüentemente citado por católicos no final do século XIX, para demonstrar a verdade incontestável do assassinato ritual judaico.

No final da Idade Média, ninguém era mais capaz de espalhar acusações de assassinato ritual que os membros da ordem franciscana. Fundada no início do século XIII, a ordem dos franciscanos junto com a dos dominicanos, que foi fundada na mesma época, foram organizadas e aprovadas pelo papa com o objetivo específico de combater a heresia. Na década de 1230, Gregório IX comprometeu-se a erradicar os hereges dos bispados locais e confiou a missão a comitês compostos por membros dessas duas ordens mendicantes, criando com isso a primeira inquisição. Os judeus logo passaram a ver os frades como seus piores inimigos, e por muitos séculos os dominicanos e os franciscanos, nas palavras do maior especialista no assunto, "dirigiram e supervisionaram praticamente todas as atividades antijudaicas do clero cristão no Ocidente".[3] Não só serviram como inquisidores; eram também renomados como os especialistas eruditos da Igreja sobre os judeus. Famosos por seus sermões, os frades perambulavam de burgo em burgo, inflamando o ódio popular aos judeus.

Exatamente porque os dominicanos e, especialmente, os franciscanos tornaram-se tão obsedados pela maldade dos judeus, ela continua sendo matéria de debate. Alguns estudiosos vincularam o ânimo antijudaico dos frades ao fato de que os membros das ordens mendicantes provinham desproporcionalmente das classes mercantis urbanas, onde o ressentimento contra comerciantes judeus, por causa de sua concorrência, era grande. Não há dúvida, no entanto, de que eles eram eficazes em voltar as pessoas contra os judeus e em disseminar a crença – não generalizada anteriormente – de que era religiosamente desejável expulsar judeus de terras cristãs. Em 1290, a Inglaterra tornou-se o primeiro país europeu a fazer isso e, ao longo dos três séculos seguintes, foi imitada pela França, Espanha, Sicília, Portugal, pelo Reino de Nápoles e por vários territórios alemães, todos os quais passaram a não ter judeus.[4]

Os freis franciscanos descalços continuaram a perambular por burgos e aldeias, espalhando a notícia da maldade judaica.[5] No início de 1475, um dos mais conhecidos deles, Bernardino de Feltre, foi a Trento para pregar os sermões da Quaresma. Suas condenações apaixonadas da natureza demoníaca dos judeus inflamaram a população local e sua profecia de que um grande mal estava prestes a acontecer à cidade alarmou-a. Na época, Trento – agora uma cidade no nordeste da Itália – era um principado eclesiástico na extremidade sul do Sacro Império Romano, e governado por um bispo-príncipe.

Um dia, logo depois da partida do famoso franciscano, um menininho cristão, Simão, não voltou para casa. As suspeitas de alguma perversidade voltaram-se imediatamente para os judeus da cidade, embora apenas três famílias judias vivessem ali. Alguns dias depois, um dos judeus, para seu horror, descobriu um corpinho emergindo da água que corria através de seu porão. Nervosamente, os judeus discutiram o que fazer. Alguém, eles pensavam, pusera o corpo de Simão ali. Embora vários deles instassem que deviam todos fugir antes que o corpo fosse descoberto, o patriarca da comunidade, Samuel, insistiu em que deviam relatar o fato às autoridades e explicar o que acontecera. Do contrário, disse, as pessoas presumiriam que os judeus eram culpados da morte da criança.

Samuel provou-se excessivamente otimista. Os judeus foram presos e torturados. Samuel teve os braços amarrados nas costas, as mãos na altura da cintura. Usaram uma polia para erguê-lo no ar por uma corda amarrada a seus pulsos. Quando negava ter feito algum mal a Simão, prendiam pesos a seus pés. Os interrogadores o erguiam alto no ar e depois soltavam a corda rapidamente antes de parar de repente, provocando-lhe uma dor cruciante nos ombros. Quando isso não foi capaz de fazê-lo mudar sua história, puseram enxofre ardente sob seu nariz. Após dois dias, ele não pôde suportar mais. Fazendo perguntas a que só precisava responder com sim ou não, os investigadores finalmente conseguiram lhe arrancar a confissão que queriam: os judeus tinham matado o menino para obter o sangue dele, necessário para sua celebração do *Pessach*. Após torturas semelhantes, vários outros judeus também confessaram.

O povo de Trento ficou profundamente abalado com a comovente história do martírio da criança e da perversidade dos judeus. Relatos de milagres realizados pelo menino morto começaram a chegar em profusão de todos os bairros, e um culto tomou forma rapidamente, com forte apoio do bispo, príncipe Hinderbach.

As execuções começaram no final de junho. Nove homens já haviam recebido sentença de morte, mas para o patriarca da comunidade, Samuel, foi reservado um tratamento especial. A caminho do local da execução, os guardas lhe arrancaram a pele com torqueses. Uma vez lá, ele se juntou aos outros membros de sua família atados à fogueira. O fogo foi aceso e foram todos queimados vivos. No dia seguinte, quatro outros judeus deveriam ser imolados. No último instante, dois deles pediram para ser batizados, e assim foram separados dos outros, que foram queimados na fogueira. Depois de batizados, os dois ex-judeus mereceram clemência: os verdugos os decapitaram primeiro, para só depois jogar seus corpos nas chamas.

Antes que qualquer nova execução tivesse podido se realizar, o bispo recebeu notícias aborrecidas. O papa Sisto IV, em resposta a uma petição dos judeus de Roma, ordenara a suspensão dos procedimentos e designara um comissário especial, o bispo Baptista Dei Giudici, para ir a Trento e investigar a alegação dos judeus de que estava sendo cometida uma terrível injustiça.

O bispo Dei Giudici, um dominicano, era um homem conhecido ao mesmo tempo por seu saber e por sua retidão. Tinha uma outra característica que reforçava sua credibilidade, o que era especialmente importante porque o bispo e o povo de Trento não viam sua missão com bons olhos. Para usar suas palavras, ele "pregara e escrevera muitas vezes contra os judeus e nunca, em toda a sua vida, partilhara sequer uma vez uma refeição ou uma bebida com qualquer judeu".[6]

À chegada do comissário a Trento, o príncipe Hinderbach levou-o à igreja para ver o corpo de Simão, que ali jazia em exposição havia um mês. O príncipe remexeu nos restos da criança para mostrar sua tíbia, provocando um mau cheiro muito forte; o comissário contou mais tarde que ele quase vomitou. Quando perguntou a Hinderbach por que não punha o corpo num caixão, este respondeu que se acostumara ao cheiro, e que de todo modo o povo insistia em que o menino continuasse exposto. Depois, o comissário interrogou as testemunhas dos milagres operados por Simão. Concluiu que não ocorrera milagre algum. De fato, escreveu, as testemunhas haviam "descrito [os pretensos milagres] de uma maneira mentirosa, fraudulenta e enganadora".[7] Desejou entrevistar também os prisioneiros judeus sobreviventes, para apurar o que realmente acontecera, mas o bispo-príncipe não lhe permitiu vê-los.

As crescentes desconfianças do comissário eram partilhadas pelo papa, que via com ceticismo a alegação de assassinato ritual e os relatos de milagres operados pelo menino morto. Ao ficar sabendo que frades estavam espalhando histórias sobre o martírio de Simão nos territórios de Veneza, provocando violentos ataques aos judeus ali, o papa escreveu ao doge de Veneza ordenando-lhe, sob pena de excomunhão, que pusesse fim àqueles sermões.

Durante todo o outono de 1475, Hinderbach continuou a ignorar os pedidos do comissário de que soltasse os prisioneiros. Enquanto isso, o comissário rascunhava suas descobertas: as confissões dos judeus nada provavam, por que tinham sido extraídas mediante tortura tão brutal que ia muito além do que a lei permitia. De fato, ele encontrara indícios de que a criança podia ter sido morta por um cristão que teria introduzido o corpo na casa de um judeu para afastar as suspeitas de si mesmo.

Mas no fim o bispo de Trento triunfaria. O entusiasmo popular pelo culto no nordeste da Itália, o endosso do arquiduque da Áustria e o forte apoio dado pelos franciscanos e outras ordens mendicantes, somados às ligações políticas de Hinderbach, tudo isso levou o papa a encerrar a missão do comissário.

Ao todo, foram executados 15 membros da pequenina comunidade judaica de Trento, e os judeus foram proibidos de morar na cidade. Mais de um século depois, em 1588, o papa Sisto V declarou formalmente Simão mártir e santo, estabelecendo um dia santo oficial da Igreja em sua homenagem para assinalar o dia de seu martírio. Só em 1965, na esteira do Concílio Vaticano II, a Santa Sé aboliu o culto.[8]

Nos séculos seguintes, acusações de assassinato ritual continuaram a aflorar periodicamente – sobretudo na Europa central e oriental – e, quando isso ocorria, a vingança popular contra os judeus produzia muitas vezes resultados fatais. Os judeus continuaram a recorrer à Santa Sé em busca de proteção, e no geral receberam uma resposta positiva dos pontífices. Uma série de casos de assassinato ritual, em meados do século XVIII, na Polônia levou a uma defesa dos judeus particularmente forte, da parte de um comissário papal especial. Em 1769, esse comissário, Lorenzo Ganganelli, foi ele próprio elevado ao papado, e, como papa Clemente XIV tornou-se reconhecido por sua benevolência para com os judeus.

Em face desta história, a mudança na atitude papal no século XIX é impressionante. O que havia sido um movimento bastante periférico, associado a elementos marginais da Igreja, passou nessa altura a se identificar com o próprio Vaticano. Essa campanha teria graves conseqüências, pois os relatos obsessivos de assassinato ritual judaico pela imprensa católica – inclusive as publicações mais próximas do Vaticano – ajudaram a demonizar o judeu da Europa. E o fez no momento em que o moderno movimento anti-semita de massa estava tomando forma.[9]

Nos idos de 1840, quando o caso de Damasco atraíra o interesse dos jornais católicos, a imprensa ainda atingia um público pequeno e, de todo modo, o interesse católico pelos judeus era relativamente pequeno. Em contraposição, quando, por volta de 1880, a imprensa católica começou de novo a levantar a acusação do assassinato ritual, ela o fez com grande intensidade. Somente em 1887-1891, pelo menos 22 acusações diferentes de assassinato ritual foram amplamente noticiadas na imprensa.

A onda de histórias sobre a sede de sangue humano dos judeus cresceu em meio a uma ressurgência muito mais ampla do interesse pelo vampirismo na Europa do século XIX. A crença em seres humanos malignos que bebiam sangue humano existira por muitos séculos na Europa, assim como a identificação dessas pessoas com o diabo. O cristianismo desempenhara um papel complexo nessas crenças, em parte absorvendo crendices populares preexistentes e em parte influenciando a opinião popular por sua própria teologia. Em muitas porções rurais do continente, a religião popular incorporava a crença em vampiros e estes eram associados a crenças cristãs relativas ao sangue de Cristo. Especialmente notável nessa conexão é a conhecida passagem do Novo Testamento em que Jesus diz (João 6:54-57): "Quem come minha carne e bebe meu sangue tem a vida eterna e eu o ressuscitarei no último dia. Porque minha carne é verdadeiramente comida e meu sangue é verdadeiramente bebida. Quem come minha carne e bebe meu sangue permanece em mim, e eu nele. Assim como o Pai, que vive, me enviou, e eu vivo pelo Pai, assim também quem comer de minha carne viverá por mim." Nada podia ser mais sagrado para a Igreja que a crença na transubstanciação ligada à Eucaristia, vinculada a essas passagens do Novo Testamento. Curiosamente, embora os judeus é que fossem acusados de ser obrigados a beber sangue por um preceito religioso, o Antigo Testamento proibia especificamente a prática.

A onda de interesse pelo vampirismo no século XIX foi espetacularmente exibida na literatura do período, em que o tema do vampiro estava por toda parte. Na França, com Maupassant, Baudelaire e Gautier; na Rússia com Alexis Tolstoi e Turgeniev; na Inglaterra com poetas desde Coleridge e Biyron a Shelley e Keats, e romancistas desde Emily e Charlotte Brontë a D. H. Lawrence, a imagem do sugador de sangue humano arrepiava a imaginação européia. Como uma imagem do puro mal humano, associada a crenças em poderosas forças sobrenaturais ligadas ao diabo, o vampiro não tinha igual. Nesse contexto, a associação dos judeus da Europa ao vampiro, que em outras circunstâncias pareceria tão estranha, talvez não fosse de todo surpreendente.[10]

Em diversas ocasiões no final do século XIX, acusações de assassinato ritual contra judeus produziram efeitos sanguinários. Um dos mais sangrentos desses casos foi um ocorrido na Rússia em 1881, que ajudou a desencadear uma série de *pogroms*. De maneira semelhante, em 1903, em Kishinev, na Moldávia, quando um bebê morto foi encontrado, os cristãos se voltaram contra os judeus que viviam entre eles. Embora um inquérito tenha revelado que a morte da criança fora o resultado de uma disputa de família em torno de uma herança, a tensão continuou se elevando. O rabino primaz da cidade pediu ao bispo ortodoxo russo que ajudasse a acalmar o povo, mas o bispo respondeu que não o faria, estando convencido de que os judeus usavam sangue cristão para fazer seu pão do *Pessach*. No fim de semana da Páscoa, o povo insurgiu-se e massacrou 49 judeus, homens, mulheres e crianças, entrando numa fúria em que feriram quinhentos judeus e deixaram duas mil famílias judaicas desabrigadas.[11]

A nova cruzada começou imediatamente depois que as forças italianas tomaram Roma em 1870. Em 1871, um padre católico austríaco, August Rohling, publicou *O judeu do Talmude*. Entre seus temas principais estava a afirmação de que os judeus eram obrigados por sua religião a assassinar crianças cristãs para colher seu sangue. Nos anos subseqüentes, o padre Rohling, um professor de teologia, escreveu e falou extensamente sobre a "ameaça judaica" e foi convocado para servir como testemunha especializada em vários julgamentos de assassinatos rituais.

Autoridades do Ministério do Interior da Áustria viram na obra do padre Rohling uma das principais causas da agitação anti-semita que começara a se espalhar pelo Império Austríaco na década de 1880. Em 1883, o governador da Boêmia escreveu ao arcebispo local, cardeal Fürst Schwarzenberg, e pediu-lhe que fizesse alguma coisa para sustar o envolvimento do padre em agitação anti-semita. O arcebispo recusou-se, respondendo: "Causaria a pior das impressões ao clero e ao povo se o episcopado protegesse e defendesse os judeus censurando um padre e erudito cristão que é uma autoridade eminente sobre o Talmude." Na verdade, argumentou o cardeal Schwarzenberg, os judeus é que estavam causando os problemas, usando os jornais que controlavam para difamar a Igreja. Os católicos estavam apenas se defendendo. "Acredito que é tempo de rebater a difamação da Igreja ... e de investigar atentamente essas questões que envolvem o Talmude, a Cabala e o ritual de sangue dos judeus, e de tomar medidas apropriadas dependendo do resultado."[12]

De início, o Vaticano procedeu com cautela. Em 1872, por exemplo, *L'Unità cattolica*, o jornal de Florença ligado ao Vaticano, publicou um de seus primeiros artigos sobre o assunto. O Talmude, ele dizia, ordena os judeus a matar crianças cristãs para usar o sangue delas para seu *matzá*. Quando o editor de um jornal judaico italiano desafiou *L'Unità cattolica* a provar suas acusações, e citou a opinião contrária dos papas de séculos anteriores, o editor do jornal, um padre, se retratou. Num artigo intitulado "Os papas e os judeus", escreveu: "É nosso dever declarar que, embora essa calúnia tenha sido lançada contra os judeus desde tempos antigos, os papas, entre os quais evocamos Gregório IX e Inocêncio IV, absolveram eles próprios os judeus da [acusação]." Um recuo como esse numa publicação ligada ao Vaticano, ainda possível em 1872, seria impensável nas duas últimas décadas do século.[13]

Nisto, novamente, a revista jesuíta *Civiltà cattolica* desempenhou um papel enormemente influente, sinalizando o apoio do Vaticano para as acusações de assassinato ritual, esboçando os temas a serem usados na imprensa católica de outros países da Europa e fornecendo os indícios históricos confiáveis usados para provar a acusação.

A campanha da *Civiltà cattolica* foi lançada pelo próprio padre Oreglia, alguns meses depois que ele iniciara sua avalanche de artigos de condenação aos judeus. O Talmude ordenava à "raça judaica", ele escreveu num artigo de junho de 1881, matar cristãos. Aqui, citava à guisa de prova o caso do padre Tommaso de

Damasco. Os indícios não podiam ser mais claros, pois as testemunhas tinham sido formalmente interrogadas e seu depoimento fora publicado. Como os judeus haviam furtado todas as cópias dessa publicação num vão esforço de resguardar seu terrível segredo, acrescentou o padre, ele se sentia no dever de publicar ele próprio os indícios.[14] Os artigos seguintes naquele ano forneceram não só copiosos detalhes dos testemunhos de Damasco como passagens igualmente arrepiantes tomadas do julgamento dos assassinos judeus de Simão de Trento em 1475.

O padre Oreglia compreendia que para muitos europeus ocidentais não era fácil acreditar na acusação de que os judeus atacavam secretamente crianças cristãs e extraíam-lhes todo o sangue. Para isso, tinha uma resposta pronta: os judeus que eles conheciam, os da Europa ocidental, estavam se afastando de suas tradições. "Muito provavelmente, esses ritos sanguinários estão praticamente extintos nas sinagogas, guetos e comunidades judaicas ... naqueles países em que os judeus emancipados vêm se desapegando das raízes lentamente."[15]

Como parte de sua campanha, o padre Oreglia ajudou também a difundir os escritos do "ex-rabino" moldávio, a descrição da perversidade judaica que tanto agradara não só ao secretário de Estado como ao cardeal prefeito da Propaganda Fide nos idos de 1840. Em maio de 1882, o padre Oreglia apresentou longos extratos do livro, centrados na necessidade que os judeus tinham de sangue cristão tanto para o Purim como para o *Pessach*. No Purim, "os judeus tratam de capturar todos os cristãos que podem, especialmente crianças. Nessa noite, contudo, matam apenas um (criança ou adulto), simulando estar matando Amã". O fato de um adulto servir tão bem quanto uma criança para o Purim explicava o que, de outro modo, pareceria tão intrigante: por que os judeus haviam escolhido um frade capuchinho idoso para matar, quando se sabia que precisavam de sangue de crianças.

No *Pessach*, contou o padre Oreglia, os judeus precisavam de muito mais sangue, e nessa ocasião só o sangue de uma criancinha servia. De fato, ele explicou, se o leitor jamais se perguntou por que um *matzá* é considerado kosher para o *Pessach*, agora já sabe – é porque contém o sangue de uma criança cristã.[16]

O padre Oreglia ofereceu, no entanto, uma pequena nota de consolo. Havia recebido um relatório de Port Said, no Egito, sobre eventos do ano anterior. Com o *Pessach* se aproximando rapidamente, os judeus foram ficando cada vez mais desesperados, pois não conseguiam encontrar uma criança cristã. Na falta de alternativa, seqüestraram um menino muçulmano, batizaram-no e em seguida degolaram-no. Isso, explicou o padre Oreglia, era uma ocorrência comum naquela parte do mundo. E foi nesse ponto que ele assinalou o lado positivo não pretendido da sórdida ação: "Se de fato os judeus realmente sabem administrar um batismo válido, pelo menos esses menininhos muçulmanos estão indo para o céu, carregados para lá, por assim dizer, pelo diabo."[17]

Em seus escritos sobre o assassinato ritual judaico, como em sua obra mais ampla de advertência para a ameaça judaica, o trabalho do padre Oreglia foi continuado na década de 1890 por outros membros do coletivo editorial jesuíta.

Típica foi a série em duas partes – "Moralidade judaica" e "Moralidade judaica e o mistério do sangue" – produzida pelo padre Rondina em janeiro de 1893. O primeiro artigo começou trombeteando algumas das acusações que hoje identificamos como a forma "moderna" de anti-semitismo, acusações de que os judeus estavam por trás de várias fraudes bancárias e haviam assumido o controle da economia de muitos países. Uma vasta conspiração judaica, o padre Rondina advertia, ameaçava o mundo cristão. Depois ele se voltou para o velho tema do Talmude como a fonte da perversidade judaica. Segundo o Talmude, que os judeus seguiam como escravos, ele escreveu, os cristãos são "gado, asnos, cães... porcos". O grande pensador judeu Maimônides, ele continuou, ensinava que "todo judeu que não mata um não-judeu quando tem a oportunidade viola um princípio básico". (De fato, o que Maimônides realmente escreveu sobre a humanidade de não-judeus foi: "Os justos de todos os povos terão uma parte do mundo que há de vir."[18]) Além disso, afirmou o padre Rondina, segundo o Talmude "mesmo o melhor entre os góis, ou cristãos, merece a morte". Dado esse ensinamento, ele perguntou: "É de causar alguma surpresa que eles julguem seu dever conspirar constantemente contra nós?"

Chegou então à questão do assassinato ritual. "Todos os véus foram levantados agora, e o segredo judaico foi revelado em todo o seu horror. Até agora, sabíamos por uma experiência secular que o Judeu sugava sangue Cristão, mas a maior parte das pessoas não compreendia que isso é algo que eles fazem por princípio, em obediência à sua lei." O padre Rondina retornou então à conspiração judaica para a dominação do mundo. O judeu, ele escreveu, "já se tornou nosso senhor". Olhe por toda a Itália, advertiu, "e verá que a maior parte da riqueza, que foi furtada da Igreja, está hoje nas mãos dos judeus... Se o leitor investigar um pouco as coisas secretas que se passaram, e examinar as origens de todos esses reveses e falências nas grandes famílias italianas, descobrirá que por trás deles estão as patas do Judeu".[19]

O padre Rondina dedicou o segundo desses artigos inteiramente à acusação de assassinato ritual. Era inútil, escreveu à guisa de introdução, gastar mais palavras mostrando o que todos já sabiam, isto é, "que os Judeus estão constantemente oprimindo e roubando cristãos". Em vez disso, prometeu, "procuraremos provar algo de que muitos não têm conhecimento e que outros relutam em acreditar e tentam mesmo negar, a saber, o mistério do sangue".

Tomando o caminho desbravado pelo padre Oreglia, o padre Rondina centrou-se nos casos de Trento e de Damasco como a prova mais clara do assassinato ritual judaico. Em ambos os casos, os próprios judeus haviam confessado, e julgamentos criminais meticulosos haviam determinado sua culpa. Como o padre Oreglia, ele mostrou considerável prazer ao repetir a horrenda descrição fornecida pelo "ex-rabino" moldávio. Detalhes horripilantes se somavam a detalhes horripilantes. "Para que o sangue de uma criança cristã seja apropriado para o rito e bom para a saúde da alma judaica", explicou o padre Rondina, "é necessário que a criancinha morra em meio a tormentos. Foi o que aconteceu com o pequeno e inocente Simão e com muitos outros que foram mortos com agulhas sendo enfiadas neles, ou que foram retalhados pedaço a pedaço ou crucificados." Nesses casos, depois que os judeus extraíam da criança até sua última gota de sangue, continuou o padre Rondina, este era "guardado pelo rabino local". O rabino, por sua vez, o vendia "por um alto preço e em pequenas quantidades para as sinagogas próximas, por meio de judeus itinerantes a quem o rabino fornecia um certificado, atestando ser aquele verdadeiro sangue cristão".[20]

Entre as contribuições mais importantes de *Civiltà cattolica* para a campanha do assassinato ritual movida pela Igreja estiveram as repetidas argumentações de que, a despeito do que sustentavam os judeus e seus defensores, papas anteriores haviam de fato acreditado que os judeus praticavam assassinato ritual. Em julho de 1881, por exemplo, o padre Oreglia vituperou contra os que haviam citado incorretamente a carta de Inocêncio IV aos bispos da Alemanha e da França, no século XIII. É verdade, disse, que os papas sempre haviam mostrado justiça e caridade com os judeus. Mas nada na carta do papa podia ser interpretado como uma negação do assassinato ritual judaico, que era baseado na lei talmúdica e "não raro posto em prática (como o demonstram muitos julgamentos e testemunhos autênticos) pela raça judaica". Neste e em outros casos semelhantes, escreveu o jesuíta, o que inquietava os papas, em sua misericórdia, eram explosões de violência contra judeus inocentes e casos em que os inescrupulosos usavam a acusação de assassinato ritual como mero pretexto para se apoderar dos bens dos judeus.[21]

Embora menos preocupado com o tema do que o jornal jesuíta, *L'Osservatore romano* propunha uma visão semelhante dos judeus como assassinos rituais, deixando clara a posição do Vaticano. Um artigo de julho de 1892, comentando um julgamento de assassinato ritual então em curso na Alemanha, começava: "O julgamento de um Judeu acusado do assassinato ritual de um menino cristão mal começou, e já foi estabelecido por muitas testemunhas incontestáveis que os Judeus praticam homicídios rituais de modo a poderem usar sangue cristão na feitura de seu *matzá* do *Pessach*."

O fato de todos os julgamentos recentes de assassinato ritual terem resultado em absolvições nada significava, sustentou o diário do Vaticano, porque em todos eles os judeus haviam subornado os juízes. "Isso só confirma a convicção de que os Judeus verdadeiramente assassinam cristãos e usam seu sangue em seus detestáveis ritos talmúdicos e rabínicos, e que, para ajudá-los a esconder esses crimes, bem como outros não menos atrozes, o judiciário está inteiramente sob o controle da sinagoga."

O rabino primaz de Roma, relatou *L'Osservatore romano*, escrevera recentemente uma carta condenando a acusação de assassinato ritual. Ele teria aproveitado melhor seu tempo, continuou o editorialista, se, em vez disso, tivesse escrito para seus companheiros judeus. O rabino deveria ter dito a esses membros da "raça miserável de Judá" que parassem de esconder o fato de que "assassinam Cristãos para usar o sangue deles em seus detestáveis ritos".[22]

Quando mais tarde no mesmo julgamento um especialista foi convocado como testemunha de defesa, e atestou que não havia nenhuma base no judaísmo para o assassinato ritual, *L'Osservatore romano* reagiu vigorosamente. "Infelizmente, embora eles tenham tentado negar que os seguidores do Talmude cometam um ato tão atroz, não se pode razoavelmente negar sua existência." O professor que sustentou que o Talmude não contém nenhuma exigência de sacrifício humano, observou o artigo, "não havia, segundo ele próprio confessou, lido o Talmude inteiro".[23]

Quando o século XIX se aproximava do fim, o Vaticano continuou defendendo a sua causa: os judeus eram perversos e seu persistente assassinato e tortura de crianças cristãs revelava exatamente o quanto eram depravados. Um artigo do início de novembro de 1899, intitulado "Um novo assassinato ritual", relatava notícias de uma cidadezinha húngara em que um pobre órfão de sete anos fora encontrado, o pescoço cortado, o sangue inteiramente extraído do corpo, sem que contudo se tivesse podido encontrar qualquer vestígio de sangue em parte alguma. O menino fora visto pela última vez entrando na casa de um judeu. "De muitas áreas chegaram relatos de desordens violentas voltadas contra os correligionários desses bárbaros chacinadores de crianças."[24]

Mais tarde nesse mês, num artigo intitulado "Assassinato ritual judaico", o diário do Vaticano relatou um caso recente em que os judeus haviam sido declarados inocentes embora todos soubessem que eram culpados. Concluiu com uma advertência: "Consideramos nosso dever dar um pequeno conselho fraternal cristão não a todos os judeus, mas a certos judeus em particular: Não joguem óleo na fogueira... Contentem-se... com o dinheiro dos cristãos, mas parem de derramar e sugar seu sangue."[25]

Por mais vigorosamente que *Civiltà cattolica* e *L'Osservatore romano* movessem sua campanha para identificar os judeus com a prática de beber sangue, eram superados em seu zelo por alguns outros periódicos católicos. O mais notável destes era *L'Osservatore cattolico*, o diário católico de Milão que, como vimos, era estreitamente identificado com a Santa Sé. Na altura de 1891, o tema do assassinato ritual judaico tornara-se uma obsessão tal para o jornal que, para melhor divulgar a causa, ofereceu dez mil francos para quem quer que demonstrasse que os judeus eram inocentes da acusação.

No ano seguinte, praticamente não se passou um dia sem uma matéria em *L'Osservatore cattolico* relatando os últimos e vívidos detalhes da sede de sangue cristão dos judeus. Em março e abril de 1892, foram publicados 44 artigos sobre o tema, e muitos jornais católicos na Itália, França, Áustria e Alemanha imprimiam extratos deles.[26]

Em meio à publicação desses artigos – muitos fornecendo as descrições mais horripilantes de como criancinhas eram trucidadas por judeus –, o diretor de *L'Osservatore cattolico*, padre Davide Albertario, teve uma audiência privada com o papa Leão XIII. As palavras de louvor do papa para o bom trabalho do jornal milanês – tal como relatadas pelo próprio Albertario – foram amplamente trombeteadas na imprensa católica. "Não sei como lhes dizer", escreveu Albertario, "o quanto minha alma se encheu de alegria, confortada pelo sorriso de Sua Santidade, o quanto ela se iluminou com as mais belas expressões de satisfação do Soberano."[27]

Após essa audiência papal, o correspondente de *L'Osservatore cattolico* em Berlim relatou que os alemães haviam acompanhado com interesse a viagem de Albertario a Roma. "Os estudos de *L'Osservatore cattolico* sobre os assassinatos rituais dos judeus", ele prosseguiu, "são lidos aqui com grande avidez." De fato, uma versão em alemão da série estava prestes a ser publicada em forma de livreto.[28]

Há outras indicações de que o movimento anti-semita emergente da Alemanha reconhecia sua dívida com o jornal católico. No final de março de 1892, *L'Osservatore cattolico* relatou que um dos deputados anti-semitas mais influentes no parlamento da Alemanha fizera um discurso parlamentar memorável sobre o assassinato ritual judaico, e que o partido conservador estava distribuindo cem mil cópias dele. O correspondente do jornal em Berlim contou que apenas dois dias antes o deputado "enviou-me uma carta em que rogava que eu expressasse sua gratidão ao maravilhoso conselho editorial de *L'Osservatore romano* por lhe ter fornecido tão bom material científico".[29]

Em abril, *L'Osservatore cattolico* noticiou que sua campanha estava encontrando solo fértil também na Áustria. Num debate no parlamento da Baixa Áustria, o deputado Ernst Schneider havia, "para o aplauso dos anti-semitas, ... desenrolado um pergaminho judaico, lendo uma passagem em hebraico que em seguida explicou. Ela contém a ordem do assassinato ritual no *Pessach*". Os liberais, escreveu o correspondente, fizeram um grande tumulto e tentaram calar o homem com ásperas gargalhadas. "Mas será que essas explosões de riso cínicas e petulantes", perguntou o *L'Osservatore cattolico*, "fazem alguma coisa para diminuir a verdade que Schneider expressou?"[30]

Mais tarde nesse mês, noticiou o jornal, 25 deputados austríacos, citando indícios que haviam obtido de *L'Osservatore cattolico*, solicitaram ao governo imperial que designasse uma comissão especial de estudiosos cuja missão seria investigar as passagens do

Talmude que ordenavam aos judeus assassinar crianças cristãs. O presidente da assembléia, contudo, declarou a moção irregular, dizendo que não estava dentro da alçada do Parlamento. Sem dúvida, concluiu o *L'Osservatore cattolico*, sua decisão fora motivada por uma combinação de razões: "Tanto quanto temia a retaliação dos judeus, amava o ouro deles."[31]

As estreitas interconexões entre a campanha do *L'Osservatore cattolico* e o desenvolvimento do movimento político anti-semita na Europa ficam claras também a partir de um outro artigo de abril de 1892. A matéria relatava o nascimento de um novo "jornal anti-semita", *La Libre Parole*, "dirigido por aquele famoso e indômito adversário dos judeus, Edouard Drumont". Este, como veremos, foi uma das figuras mais importantes no desenvolvimento do anti-semitismo político na França.

Os padres de *L'Osservatore cattolico* apressaram-se a acrescentar que seus sentimentos negativos em relação aos judeus, como os de Drumont, não eram motivados por ódio anticristão. "Drumont combate os judeus, como nós os combatemos, não por nenhum ódio de casta ou pessoal, mas porque eles são os vampiros da humanidade, monopolizadores, usurários, especuladores; são desonestos, implacáveis, destruidores e difamadores, exploradores do sangue cristão. É uma [questão de] defesa ... um ato de patriotismo, de caridade, de religião."[32]

Ao lado das descrições dos judeus sedentos de sangue do jornal católico, logo apareceu também uma chusma de livros e panfletos. Muitos dos mais influentes deles eram escritos por padres e publicados com a aprovação da hierarquia eclesiástica. Em 1883, uma tradução italiana do livro do "ex-rabino" moldávio foi publicada pela primeira vez. Em 1897, na França, o frade dominicano R. P. Constant publicou *Os judeus perante a Igreja e a história*, trazendo o imprimátur das autoridades dominicanas. O livro contava a história, a essa altura conhecida, dos judeus traiçoeiros, desleais a seu país, rapaces, os inimigos de todas as pessoas de bem, e obrigados pelo Talmude a trucidar crianças cristãs para coletar-lhes o sangue. O padre Constant terminava seu livro com palavras de elogio a Edouard Drumont, "um dos homens mais bem informados sobre a questão [judaica]".[33]

Em face da grande onda de interesse público pelo assassinato ritual judaico em geral, e o caso de Damasco em particular, os frades capuchinhos da Sardenha resolveram, em 1896, publicar sua própria versão, com dimensão de livro, do martírio do padre Tommaso. No prefácio, o compilador capuchinho explicou que o livro era necessário para assegurar que a bruma do tempo não anuviasse a memória gloriosa de Tommaso. Tanto seus irmãos capuchinhos quanto o povo de sua Sardenha natal deviam sentir grande orgulho, ele escreveu. Eles haviam "produzido um mártir ilustre", um dos muitos "a quem a Sinanoga, pelo ódio que devota a Cristo, ordenara que fosse esvaziado de seu sangue". Mais uma vez, ao assassinar Tommaso, os judeus haviam usado sua "faca talmúdica" de modo a poder "ter seu sangue [cristão] para comer e beber".[34]

Os temores do autor capuchinho de que o martírio do padre Tommaso fosse logo esquecido parecem estranhamente descabidos. Nenhum leitor da imprensa católica no final do século podia deixar de saber, em todos os seus repugnantes detalhes, a história de como os judeus o haviam trucidado.

8

França

Quando Pio IX morreu, em 1878, a maioria dos católicos nunca conhecera outro papa em sua existência. Ele sentara no trono de São Pedro durante 32 anos, fazendo a ponte entre duas eras. Tendo se tornado "papa-rei" – isto é, soberano dos Estados Papais –, quando de sua eleição para o pontificado, mais tarde presidiu à extinção do reino terreno do papa. Tendo reforçado o poder espiritual de seu cargo movendo uma campanha bem-sucedida em prol da doutrina da infalibilidade papal no Concílio do Vaticano I, terminou seus dias, segundo sua própria definição, como um "prisioneiro do Vaticano". Venerado por conservadores da hierarquia da Igreja e entre os fiéis pela firme defesa dos princípios da Igreja contra as heresias dos tempos modernos, era desprezado pelos italianos patriotas, que o consideravam um anacronismo perigoso, se não patético. Na verdade, um grupo de anticlericais chegou perto de jogar o corpo de Pio IX no Tibre quando, três anos após a sua morte, ele foi trasladado para seu lugar de repouso definitivo, e só a intervenção da polícia na última hora os deteve. No fim das contas, porém, seus defensores teriam razões para clamar vitória. A 3 de setembro de 2000, após mais de um século de campanha pela sua santificação, eles (ou, mais precisamente, seus descendentes espirituais) tiveram a satisfação de ver um outro papa de longo pontificado, João Paulo II, pondo-o a um passo apenas da santidade.[1]

Os cardeais que se reuniram em conclave para eleger um novo papa quando da morte de Pio IX eram um grupo conservador. Ao se reunirem para decidir o futuro da Igreja, porém, deram-se conta de que não podiam continuar como iam. Para que a Igreja pudesse sobreviver e prosperar, algo de novo teria de ser tentado. Essa percepção foi particularmente aguda entre os cardeais não-italianos, que, embora ainda minoritários, eram pela primeira vez uma força significativa.[2]

Foram necessários apenas três escrutínios para eleger o sucessor de Pio IX. O cardeal Giocchino Pecci, arcebispo de Perugia, tinha um histórico que, sob certos aspectos, o tornava eminentemente *papabile*. Nascido numa família da pequena nobreza, freqüentara a Academia de Eclesiásticos Nobres, tinha alguma experiência diplomática e durante muitos anos exercera uma atividade pastoral como chefe de uma arquidiocese. Não tinha, porém, quase nenhuma experiência com a própria cúria – pois vivera longe de Roma durante décadas – e sua modesta experiência diplomática datava de muitos anos antes.

De fato, Pecci passara apenas três anos no exterior, em 1843-1846, quando era um rapaz, e tanto a situação da Igreja quanto a política européia eram muito diferentes. Após uma rápida ascensão – foi nomeado bispo de Perugia aos 36 anos –, sua carreira estacionara. Tanto o cardeal Antonelli quanto Pio IX desconfiavam dele. Temiam que fosse independente demais e suspeitavam, erroneamente, de que abrigasse simpatias secretas pelos liberais.

Ao ser eleito, Pecci tomou o nome de Leão XIII, em homenagem a Leão XII, que fora papa na sua juventude e cujo rigor admirava. Homem de considerável inteligência, o novo papa continuara a ler teologia durante seus dias como arcebispo. Conhecido por sua memória prodigiosa, gostava de reunir toda a informação que podia antes de tomar qualquer decisão.

Leão XIII carregava a forte marca de suas origens aristocráticas. Como papa, ansiava mais por granjear a admiração dos poderosos do que por despertar o entusiasmo das massas. Parecia às pessoas frio e distante, embora sempre cortês. Extremamente sintonizado com a grandeza de seu cargo, cultivava uma presença imperial.

O novo papa não era menos desconfiado das coisas modernas do que o fora seu predecessor. Na verdade, suas encíclicas estavam cheias de advertências sobre conspiradores demoníacos (em geral ligados à maçonaria) que tramavam contra a Igreja.[3] Citava com freqüência o Sílabo de Erros, em apoio à sua postura antimoderna e, a despeito de seu pendor intelectual, era um firme proponente da censura de todos os livros julgados contrários à doutrina da Igreja. O papa que mais admirava era Inocêncio III, o epítome do soberano teocrático medieval.

Leão XIII era, no entanto, mais moderno que Pio IX sob um aspecto importante, pois compreendia que, dadas as mudanças ocorridas no mundo, a Igreja tinha de desenvolver novas abordagens, se quisesse reconstruir sua influência. Como o historiador francês Roger Aubert expressou, o papa tinha um desenvolvido senso de "relações públicas".[4] Compreendia que o Vaticano viera perdendo sua batalha contra as mudanças que estavam transformando o mundo ocidental. Era preciso fazer alguma coisa para mudar a imagem de que a Igreja estava em descompasso com o tempo e fazê-la parecer relevante novamente. Com o movimento socialista ganhando influência crescente, Leão XIII estava também ansioso por atrair as massas, para mostrar que a Igreja podia ajudá-las a enfrentar seus problemas.[5]

Dada sua reserva natural, seu estilo reflexivo e seu senso diplomático, o papa evitou as explosões de seu predecessor contra os judeus. Nas poucas ocasiões em que disse alguma coisa especificamente sobre eles, escolheu as palavras com cuidado. Embora fosse papa quando os movimentos políticos anti-semitas de massa estavam tomando forma, e fosse desempenhar um papel significativo no encorajamento deles, Leão XIII tomou o cuidado de manter certa distância. Compreendia que aqueles movimentos poderiam ser perigosos se saíssem do controle, e era também sensível ao fato de que muitos chefes de governo, cuja aprovação buscava, opunham-se a eles. Uma identificação muito estreita com movimentos daquele tipo envolveria um preço diplomático que o papa não queria pagar.

Ninguém veio a se identificar mais estreitamente com o pontificado de Leão XIII do que Mariano Rampolla, o homem que o serviu como secretário de Estado de 1887 até a morte do papa em

1903. Com apenas 44 anos no momento de sua designação, Rampolla era de uma família aristocrática siciliana e, como o papa, formado pela Academia de Eclesiásticos Nobres. Tendo servido anteriormente como núncio papal na Espanha, era homem de grandes talentos, um trabalhador incansável, com ardorosa dedicação ao papa e à Igreja. A forte crença do próprio Rampolla na necessidade de restaurar o poder temporal do papa reforçou a crescente oposição deste ao Estado italiano. No restante da Europa, Rampolla tornou-se o principal executor da ativa diplomacia de Leão XIII.[6]

É por meio dessa diplomacia, em sua maior parte conduzida secretamente, que podemos melhor vislumbrar o papel desempenhado pelo Vaticano e pela Igreja no desenvolvimento do anti-semitismo político moderno. Os países mais importantes são aqueles em que os católicos eram a vasta maioria, pois era neles que a Igreja tinha mais influência, e foi neles que a combinação de catolicismo e nacionalismo produziu uma explosão de anti-semitismo.

A própria Itália não participou desses desenvolvimentos. Em contraste com outros países com ampla maioria católica, ela não produziu nenhum movimento anti-semita significativo nesses anos. Não é que não tivesse nenhum movimento nacionalista nas últimas décadas do século. Mas, enquanto em outros países católicos o catolicismo formava um dos principais pilares do nacionalismo – e assim negava aos judeus a condição de membros plenos da nação –, na Itália acontecia exatamente o contrário. O Estado italiano só fora criado através da demolição dos Estados Papais, e era acirradamente contra a Igreja. Em conseqüência, o país carecia de um movimento comprometido com a crença de que os judeus eram inimigos da pátria.

Nos outros dois Estados católicos importantes na Europa – a França e o Império Austro-Húngaro –, a situação era muito diferente. Ali, a poderosa combinação, a ferver em fogo brando, de uma tradição anti-semita incentivada pela Igreja e um movimento nacionalista que identificava a nação com o catolicismo produziu uma nova forma de organização anti-semita. Neste capítulo, examinaremos como isso tomou forma na França e em seguida, no próximo capítulo, nos voltaremos para a Áustria.

Os judeus foram expulsos da França em 1494. Nos quatro séculos seguintes, só um punhado deles viveu ali, excetuando-se a área de Avignon, no sul, que passou ao domínio do papa e tinha guetos, e a Alsácia e Lorena, no leste, que originalmente eram parte do Sacro Império Romano. Quando, em 1791, a plena cidadania francesa foi dada aos judeus, Paris tinha apenas quinhentos deles.

Desde o momento da Revolução, a França foi dilacerada pelo conflito entre os que se identificavam com o antigo regime – mais notavelmente o clero e a aristocracia e seus partidários – e os que se identificavam com a Revolução. Os primeiros dois terços do século XIX viram uma luta entre essas duas forças, muitas vezes na forma de uma batalha entre monarquistas e republicanos. Quando Leão XIII tornou-se papa, em 1878, os republicanos estavam dominando e, embora os monarquistas não o percebessem, a monarquia estava morta.

Embora politicamente estivesse na defensiva, a Igreja francesa tinha uma grande vantagem: uma imensa rede local de paróquias, padres, monges e freiras. No primeiro ano do papado de Leão XIII, a França podia alardear não só 55 mil párocos como mais 33 mil monges e mais de 127 mil mulheres em ordens religiosas. Isso significava que havia aproximadamente um padre, monge ou freira católicos para cada 170 habitantes. Havia também mais dois milhões de estudantes matriculados nas escolas primárias dirigidas pela Igreja, quase o mesmo número dos que freqüentavam escolas públicas. Até as escolas públicas estavam sujeitas à supervisão do pároco local; o dia escolar começava e terminava com uma prece. Cerca de metade dos alunos das escolas secundárias freqüentava escolas católicas, muitas dirigidas por jesuítas, ao passo que cada escola secundária pública era supervisionada por um padre nomeado pelo bispo local.

Mas a Igreja francesa enfrentou uma nova ameaça, durante os primeiros anos do pontificado de Leão XIII, pois subira ao poder uma nova maioria parlamentar comprometida a limitar a influência da Igreja na vida pública. Temendo que o clero católico estivesse inculcando simpatias monarquistas nas crianças da nação, a legislatura aprovou em 1880-1886 uma série de leis destinada a pôr as escolas sob o controle exclusivo do Estado. Estas, ao lado de outras medidas do governo para limitar a influência da Igreja, contrariaram o clero e provocaram um agressivo movimento de defesa católico.[7]

Um pequeno incidente ocorrido em 1881 dá uma idéia do clima conservador reinante na Igreja da França. Um eminente pregador dominicano anunciou naquele ano que faria seus sermões da Quaresma sobre o tema "A reconciliação da Igreja com a sociedade moderna". Alarmado ao ouvir falar de tal tema, o arcebispo de Paris disse-lhe que pregasse sobre alguma outra coisa. "Fale sobre a Virgem Maria", aconselhou o arcebispo, "seria melhor".[8]

Em geral, contudo, os bispos da França eram um grupo cauteloso quando se tratava de assumir posições públicas contra o governo. Isso não surpreende, pois, em conformidade com a Concordata que Napoleão assinara com o Vaticano no início do século, era o próprio governo que designava todos os bispos do país.

Na altura das duas últimas décadas do século XIX, havia cerca de 75 mil judeus na França, menos de 0,2% da população do país. No curso do século, eles haviam emergido da existência em guetos, em que tinham estado basicamente limitados a mascatear nas ruas e a comerciar artigos usados, e assumido postos no comércio moderno. Abraçando entusiasticamente o Estado que lhes concedera plenos direitos, introduziram-se no serviço civil e até no oficialato das forças armadas. Na metade do século, judeus já haviam servido como ministros das Finanças e da Justiça no governo nacional. Destacavam-se especialmente na atividade bancária de vulto e nas altas finanças; na altura do fim do século, mais de 20% das grandes instituições financeiras da França pertenciam a judeus.[9]

Na década de 1880, no caldeirão do ressentimento católico contra o Estado republicano, os judeus, visíveis na política nacional, no serviço civil e na economia, serviram como um pára-raios, um penoso sinal de tudo que estava errado com a sociedade francesa moderna. Contudo, dada a abordagem cautelosa adotada pela hierarquia eclesiástica, foi o baixo clero que tomou a dianteira do movimento anti-semita francês moderno. E entre os padres envolvidos, os da pequena ordem religiosa dos assuncionistas foram de longe os mais influentes.

A ordem era nova, fundada na França apenas algumas décadas antes. Em 1880, os assuncionistas começaram a publicar uma revista, *La Croix* (A Cruz), que transformaram num jornal diário em 1883. A publicação teve enorme sucesso, acabando por conquistar centenas de milhares de leitores, com 104 diferentes edições regionais e locais produzidas por todo o país.[10] Era particularmente apreciada entre os clérigos, 25 mil dos quais a liam regularmente na altura do fim do século.[11]

Na visão dos assuncionistas, seus esforços jornalísticos eram empreendidos em favor do papa. Leão XIII lamentara a triste influência de jornais não-católicos sobre a opinião pública e pedira uma imprensa que "defendesse corajosamente os direitos sagrados da Igreja, a majestade da Santa Sé e do Pontífice Romano". Num artigo de 1882 que expunha o pedido do papa, os editores declararam: "Temos o orgulho de ter nosso próprio lugar modesto nessa falange gloriosa e tomamos o que o papa disse como uma lição e um precioso incentivo para continuar a luta por meio do jornalismo."[12] No ano seguinte, quando a publicação tornou-se um diário, o editor explicou: "Com nossos olhos fixos no Vaticano, queremos ser e permanecer simplesmente católicos, apostólicos e romanos."[13]

La Croix representou algo de completamente novo no jornalismo católico. Nenhuma publicação clerical jamais tivera nada de equiparável à sua distribuição nacional ou a seu amplo público leitor. Comparado a ele, o jornal anterior mais importante entre católicos na França, *L'Univers*, era uma leitura indigesta. Em contraste com este, com suas colunas longas e verbosas, e terminologia sofisticada, *La Croix* fornecia uma leitura muito mais vigorosa e usava ilustrações para alegrar suas páginas. Diferia de outros jornais católicos também por se envolver mais diretamente em política de massa. Nenhum tema dominou seus apelos por ação pública nesses anos mais do que a necessidade de defender a sociedade francesa dos judeus.

Assim, por exemplo, um artigo de janeiro de 1882, intitulado "Quem governa a França?", formulou uma pergunta: "A Alemanha, ao que se diz, é governada pelos judeus. Irá a República Francesa tornar-se também serva dos judeus – sejam batizados ou não – da Bolsa de Valores?"[14] No mês seguinte, o superior da ordem assuncionista, padre François Picard, escreveu sua própria dissertação sobre os judeus. "A quem pertencem os erários da Prússia, da Áustria e das províncias alemãs? Aos banqueiros judeus de Frankfurt, Viena e Berlim." À medida que a "influência da sinagoga aumenta, aumentam também os desastres financeiros que acometem tantas famílias ... mostrando-nos o Judeu todo-poderoso em cima de seu trono de ouro e sociedades modernas sob o jugo desse rei covarde". O padre Picard continuou: "Que importam para ele o colapso das nações, a destruição de famílias, o desespero do povo e o grande número de suicídios? O Judeu ... busca monopólio financeiro. Não hesita diante de nada na ânsia de obtê-lo."

Seu catálogo de iniqüidades, típico do anti-semitismo moderno e conhecido por nós também pela imprensa do Vaticano, continuava: "Salvo pelas raras exceções daqueles jornais fundados e administrados por verdadeiros cristãos, toda a imprensa periódica do mundo pertence aos Judeus." E quanto ao patriotismo: "O Judeu é em toda parte um judeu e nada senão um judeu. Poderíamos citar algumas exceções em que a fé do Judeu enfraqueceu, mas essas exceções permanecem exceções. Na Espanha, o Judeu não é espanhol, na Áustria ele não é austríaco, na Rússia e na Polônia ele não é nem russo nem polonês, e tampouco é francês aqui."

O padre Picard desenvolveu temas católicos mais tradicionais também: "Sob os papas", declarou, "Roma tornou-se um Paraíso dos Judeus. E no entanto que agradecimento eles receberam? [Os judeus] combateram Roma em toda parte e sempre."

Finalmente, o superior da ordem assuncionista chegou à questão do anti-semitismo. Ouvimos falar, escreveu, que "as lutas incessantes, instintivas do povo contra a Sinagoga" são produto da superstição popular e não têm lugar nos tempos modernos. "Mas será isso verdade? Acreditam nisso? Perguntem ao russo, ao polonês, ao romeno, ao valáquio; acompanhem o movimento anti-semita na Alemanha. Vejam o ódio, o desejo de vingança que se apossou de certos corações, mesmo na França! e só então respondam."[15]

Ao mesmo tempo, o padre Vincent Bailly, o diretor de *La Croix*, iniciou sua própria campanha contra os judeus. Num artigo agourentamente intitulado "O inimigo", começou com o tema tradicional dos judeus como agentes de Satã, os assassinos de Jesus Cristo. "O JUDEU É O INIMIGO!" proclamou o padre Bailly. Até que o Messias retorne, ele escreveu, "os Judeus serão a nação preferida de Satã e seu instrumento preferido. Desde seu deicídio, eles se tornaram propriedade dele". Os judeus formam, declarou, "a Sinagoga de Satã ... a Igreja do diabo".

Estas eram todas acusações católicas tradicionais contra os judeus, mas o padre Bailly passou rapidamente às questões que davam forma à campanha anti-semita moderna, a identificação dos judeus com o capitalismo por um lado e com a revolução por outro. Como vimos, alguns judeus, dc maneira mais notável os Rothschilds, eram eminentes e extremamente visíveis nos níveis mais elevados das finanças internacionais. Na Alemanha, judeus dirigiam entre 40 e 50% dos bancos, e Gerson Bleichröder, banqueiro pessoal do próprio Bismarck, reputado o homem mais rico do país, era também judeu. Muitos dos principais jornais diários da Alemanha e da Áustria pertenciam a judeus, que predominavam também entre os proprietários das novas grandes lojas de departamentos, que muito indignavam os pequenos lojistas. Embora na França os judeus fossem muito menos visíveis na imprensa, vários dos maiores banqueiros do país eram igualmente judeus.[16]

Em suas tentativas de atiçar chamas de ressentimento, o padre Bailly, junto com seus colegas em *La Croix* – e, de fato, com os adeptos tanto católicos quanto não-católicos do movimento anti-semita em geral – exageravam a extensão da influência judaica. Na Rússia, afirmou Bailly, onde as conspirações anticzaristas estavam se disseminando, os revolucionários eram todos judeus. Mas, se eram a principal força por trás da revolução, os judeus eram também os senhores do capitalismo. "O franco-maçom judeu", escreveu, "governa o mundo... Na Prússia, de 642 banqueiros, 550 são judeus... e na Alemanha, na Áustria e em algumas partes do Oriente a palavra INVASÃO não é um exagero para expressar seu número, sua audácia e seu poder quase irresistível." Em seguida, citou um jornal alemão: "A sede de riquezas dos judeus é dez vezes maior que a de um cristão. O grito dos cristãos que foram despojados pelos judeus é universal... Toda a imprensa está nas mãos dos judeus." E, portanto, repetiu o padre Bailly em conclusão: "O Judeu é o inimigo!"[17]

A identificação da conspiração judaica com a maçonaria tornou-se um tema comum da campanha anti-semita católica na França e alhures, e mais tarde foi retomada pelos nazistas na Alemanha. A primeira loja maçônica havia sido fundada em Londres no início do século XVIII, e antes de 1750 havia lojas espalhadas por grande parte do continente. A Igreja condenou a maçonaria praticamente desde o início. Em 1738, o papa Clemente XII promulgou uma bula contra a organização. Tal como seus sucessores, viu a maçonaria como uma ameaça por sua defesa de princípios humanísticos que conflitavam com a visão de mundo católica. Mas os papas sentiram-se ameaçados também por uma organização que parecia oferecer uma alternativa à própria Igreja como centro de vida social, ritual e a busca de um sentido mais elevado na vida. Entre os pecados dos maçons, aos olhos do Vaticano, a mistura que promoviam de membros católicos e não-católicos não era dos menores. O papa ameaçou de excomunhão todo católico que se ligasse aos maçons. No entanto, até o século XIX, a questão do envolvimento dos judeus com os maçons não surgiu. Na verdade, até a Revolução Francesa, os judeus eram proibidos de ingressar na maçonaria e em outros lugares; como ainda não estavam emancipados, não tinham condições de ingressar nesses clubes da elite cristã.

Mas no século XIX, empenhados como estavam em ser aceitos pela sociedade mais ampla, os judeus passaram a valorizar o ingresso na maçonaria. A aceitação, contudo, não era fácil. Na Alemanha, durante todo o século XIX e em parte do século XX, a maioria das lojas não admitia judeus. Em conseqüência, em algumas cidades, lojas judaicas especiais foram fundadas. O fato de ao menos algumas lojas maçônicas admitirem judeus, permitindo-lhes se misturar a cristãos de status elevado, era condenado por aqueles que acreditavam que os judeus nunca deveriam ter recebido plenos direitos civis e deviam ser mantidos segregados da sociedade cristã.

Dado o segredo que sempre envolveu a maçonaria, foi um curto passo começar a ver essas lojas como centros para conspirações secretas. Qualquer indício de que judeus ocupavam cargos de responsabilidade na maçonaria era tomado como prova de que eram eles que dirigiam a organização e que a haviam transformado numa conspiração contra a Igreja. Sintomática disso foi a reação de Henri Roger Gougenot des Mousseaux à notícia de que Adolphe Crémieux, o eminente político judeu e chefe da Alliance Israélite Universelle, tornara-se chefe do rito escocês da maçonaria na França. Realmente, em sua obra anti-semita católica pioneira de 1869, *Le Juif, le judaïsme et la judaïsation des peuples chrétiens*, Gougenot dedicou um capítulo a Crémieux e à conspiração judaico-maçônica.

A verdade, contudo, é que as lojas maçônicas estavam longe de ser células de conspiração revolucionária ou de qualquer outro tipo, fosse na Alemanha fosse na França. As pessoas queriam ingressar nelas principalmente como forma de fazer contatos sociais, satisfazer necessidades intelectuais e gozar de uma interação social satisfatória. Os governos, é claro, desconfiavam de toda organização secreta, e muitas vezes tentavam pôr os maçons sob seu próprio controle. No Império Austríaco do século XIX, em geral a maçonaria foi totalmente proibida. Na França, após as sublevações de 1848, o imperador Napoleão III fiscalizava os maçons diretamente, escolhendo pessoalmente seus líderes.[18]

Fazendo uso freqüente dessa acusação de uma conspiração maligna judaico-maçônica, a campanha anti-semita de *La Croix* vociferava. Os *pogroms* russos do início da década de 1880 forneceram-lhe a oportunidade para lembrar aos leitores que bons católicos não podiam tolerar o assassinato de judeus. Mas, o jornal rapidamente acrescentou, como os judeus buscavam a "dominação universal e não se detinham diante de nada para alcançar seu objetivo", a violência era inevitável. Não nos deveria surpreender muito, escreveu o jornalista assuncionista, que os camponeses russos, "tendo sido arruinados, ... tenham revidado, atacando em massa a raça amaldiçoada, a causa de todos os seus problemas". O artigo voltou-se então para as últimas notícias de assassinatos rituais e reproduziu cinco grandes ilustrações mostrando judeus munidos de facas trucidando crianças cristãs e extraindo-lhes o sangue.[19]

Enquanto isso, as edições regionais de *La Croix*, que eram em grande medida autônomas da publicação matriz e publicavam muitos artigos não encontrados nesta, adotavam uma linha muito semelhante. Entre elas, *La Croix du Nord*, publicada como um diário desde 1890, era uma das mais influentes. Como no caso da publicação matriz, todos os seus autores eram padres. O artigo de maior destaque todos os dias era o editorial da primeira página, com sua manchete em letras garrafais, que aos olhos de muitos leitores expressava a visão autorizada da Igreja sobre questões atuais. O exame dos editoriais dos 26 meses transcorridos entre novembro de 1897 e o fim do século revela 178 textos de cunho anti-semita.[20] Os temas são todos conhecidos: a paixão secreta dos judeus pelo sangue de crianças cristãs revelado pelo "ex-rabino" moldávio; os judeus como os conspiradores secretos por trás de todos os movimentos subversivos dos tempos modernos, do socialismo ao capitalismo; o judeu como traidor. Uma coluna noticiou que os 72 mil judeus da França, embora em desvantagem numérica de um para quinhentos, possuíam um quarto da riqueza da nação. E, embora em teoria, escreveram os padres, a conversão oferecesse ao judeu um meio de escapar às garras do diabo, na prática isso geralmente não funcionava dessa maneira. Como o expressou monsenhor Jaspar: "Nunca confie num judeu que se torna cristão."[21]

Seria difícil superestimar a influência de *La Croix du Nord* no norte da França no final do século XIX. Seus 25 mil exemplares diários – número que dobrava em edições especiais – eram lidos não só por praticamente todos os padres locais mas por grande parte da população alfabetizada. A enorme atenção dedicada à ameaça representada pelos judeus tinha lugar numa região do país onde provavelmente não existia judeu algum.[22]

Por volta de 1890, o jornal matriz, *La Croix*, estava se anunciando orgulhosamente como "o jornal mais antijudaico da França". O alarde pelo jornal de seu antijudaísmo militante refletia seu estilo agressivo, vociferando contra todos aqueles considerados inimigos da sociedade cristã francesa. Um de seus principais alvos era o governo francês, acusado de vender a nação aos judeus. Foi com isso, no entanto, que a campanha anti-semita de *La Croix* começou a enfrentar problemas com o Vaticano. Nesse período, o papa estava tentando reduzir as tensões entre a Igreja e as autoridades francesas, um esforço bloqueado pelos estridentes ataques antigoverno de *La Croix*. No curso da década de 1890, o papa passou a se preocupar cada vez mais com o modo como os assuncionistas estavam se opondo ao governo e, com seu secretário de Estado, cardeal Rampolla, dedicou grande esforço à tentativa de refreá-los. Mas, em todas as reuniões e em toda a correspondência em torno de *La Croix* envolvendo o papa, o secretário de Estado e o núncio em Paris, o anti-semitismo do jornal jamais ocasionou qualquer queixa.

Em 1892, o papa notificou os bispos franceses de que a Igreja francesa devia romper seus laços com a causa monarquista. Devia chegar a um entendimento com a forma republicana de governo, e cooperar com as forças no poder.[23] Os católicos mais conservadores da França indignaram-se com essa diretriz, vendo-a como uma capitulação ante um inimigo ateu. Para os assuncionistas, embora não fossem devotados ao monarquismo, não tendo, portanto, nenhum problema sob esse aspecto, fazer as pazes com o governo era outra questão.[24]

A crescente preocupação do papa com o dano político que os assuncionistas estavam causando pode ser vista na correspondência entre o superior da ordem assuncionista, padre Picard, e o diretor de *La Croix* nesses anos, padre Bailly. Em março de 1896, Picard escreveu a Bailly para relatar sua recente audiência privada com o papa. "O papa", escreveu, "mostrou extrema bondade com a ordem Assuncionista e seu Superior. É uma confiança que me toca profundamente. Numa primeira audiência, no dia 9 de março, ele se dignou passar duas horas perguntando-me sobre as várias obras da Assunção, tanto no Oriente quanto na França." Seguiu-se depois um segundo encontro, de que o padre Picard saiu sentindo-se satisfeito com as expressões de apreciação do papa por tudo que ele estava fazendo.[25] Três anos mais tarde, contudo, em setembro de 1899, quando o padre Bailly se encontrou com o papa, a situação mudara. Numa carta a seu superior, o padre Bailly contou que o papa estava temeroso do impacto produzido pela identificação da Igreja com o movimento anti-Dreyfus, não só sobre o governo como também no exterior. O papa enfatizou particularmente a má impressão que a defesa da causa anti-Dreyfus pela Igreja estava causando na Inglaterra. Leão XIII pediu ao padre Bailly que moderasse a polêmica contra o governo francês. "Amo *La Croix*", disse o papa. "Preciso de uma imprensa e conto com os senhores."[26]

Ao ler a correspondência privada entre o núncio papal em Paris e o secretário de Estado do Vaticano nesses anos, vemos que cada um tinha muito a lamentar com relação a *La Croix*, que estava sempre ameaçando enredar a Igreja na política francesa. O jornal, a seus olhos, estava provocando uma reação antiigreja e tinha de ser contido. O secretário de Estado deixou essa posição clara numa carta ao núncio em Paris no final de agosto de 1899. Embora os assuncionistas de *La Croix* pretendessem servir à causa da religião, declarou o secretário de Estado, "com demasiada freqüência o jornal parece querer dirigir a política daquele país e usa uma linguagem agressiva, especialmente contra as pessoas no governo. Isso não é só bastante perigoso, por aumentar a hostilidade contra as organizações religiosas e correr o risco de provocar represálias contra elas, está também fadado a ser ineficaz, porque, como é bem sabido, o país infelizmente não se inclina a aceitar a influência de membros das ordens religiosas na política". Em conseqüência, instruiu Rampolla, "o Santo Padre pede que o senhor aproveite a próxima ocasião possível para oferecer palavras oportunas e bondosas de advertência aos diretores de *La Croix*".[27]

Em meio aos muitos lamentos sobre o jornal nesses anos, em momento algum houve jamais uma palavra de crítica com relação à sua implacável e estridente campanha anti-semita. O que *La Croix* tinha a dizer sobre os judeus não era, aos olhos do papa Leão XIII e de seu secretário de Estado, cardeal Rampolla, absolutamente nada de notável. As arengas anti-semitas de *La Croix* refletiam não só a visão de mundo do papa e de seu secretário de Estado, como também a de seu representante em Paris. No meio do caso Dreyfus, o núncio, arcebispo Benedetto Lorenzelli, disse a um diplomata francês: "O perigo judeu é universal, ameaça toda a cristandade ... e todos os meios necessários deveriam ser usados para esmagá-lo."[28]

No entanto, segundo aqueles que distinguem o anti-semitismo moderno entre um antijudaísmo católico e um secular, não foram os padres da ordem assuncionista ou outros clérigos que ajudaram a alimentar o desenvolvimento do anti-semitismo moderno na França. Foram outros, fora da órbita da Igreja e, de fato, hostis a ela. Os que propõem esta distinção apontam, em particular, o fato de que Edouard Drumont, o mais eminente autor e organizador anti-semita da França no fim do século XIX, não estava em bons termos com a hierarquia da Igreja.

Drumont, um jornalista guindado para a fama em 1886 com a publicação de *A França judia (La France juive)*, um folheto anti-semita que se tornou um bestseller e teve duzentas reimpressões ao longo das três décadas seguintes. O livro foi qualificado como a obra anti-semita mais influente publicada na Europa no século XIX, e a primeira a introduzir o anti-semitismo racial na França.[29]

Drumont se via como um bom católico cujos escritos contra os judeus fluíam diretamente de seu empenho em defender a Igreja e a sociedade cristã. Seu livro *A França judia* era fortemente inspirado por autores católicos anteriores, inclusive o padre Oreglia de *Civiltà cattolica*, e só foi publicado depois que Drumont submeteu o texto ao crivo de um padre para se certificar de que não continha nenhum erro teológico.[30] Seus temas – assassinato ritual, a ânsia de dinheiro dos judeus, sua imoralidade e ódio aos cristãos, sua propensão à traição, sua falta de lealdade nacional – foram tomados em grande parte de fontes católicas. Além disso, a reação da imprensa católica ao livro foi esmagadoramente entusiástica. Um exemplo típico foi a *Revue du Monde Catholique*, que louvou Drumont por defender a Igreja contra os judeus, qualificados de "vampiros insaciáveis". A revista concluiu: "O desejo devotado de Monsieur Drumont de servir, e a virtude de ter servido à causa de Cristo, não podem ser negados."[31]

L'Univers, o mais antigo e mais respeitado jornal católico da França, e o que tinha ligações mais estreitas com o Vaticano, publicou sua própria resenha arrebatada de *A França judia*. Drumont – escreveu o padre que assinou o artigo com entusiasmo – tinha a coragem de dizer a verdade. "Nós cristãos franceses fomos todos, de fato, derrotados, conquistados, expropriados de nosso próprio país e de nossa própria fé por uma raça de cosmopolitas, de arguta inteligência, de alma cúpida ... O Judeu é o senhor de tudo."[32]

Um estudo dos boletins diocesanos publicados por toda a França nesse período mostra que também eles estavam cheios de louvores a Drumont e seu livro.[33] De fato, ele foi citado regularmente, e com aprovação, por publicações católicas de *Civiltà cattolica* a *La Croix*. Na virada do século, o jornal diário de Drumont, *La Libre Parole*, tinha entre seus assinantes nada menos que 30 mil padres, uma enorme proporção do clero francês. Quando, em 1895, o jornal promoveu um concurso para o melhor ensaio sobre como enfrentar a ameaça judaica, os dois primeiros prêmios foram ganhos por padres.[34]

Se Drumont fez inimigos nas camadas superiores da Igreja, não foi por causa de seus sentimentos anti-semitas, mas porque mostrou pouco respeito pela hierarquia. Atacou repetidamente bispos que, segundo acusava, eram muito subservientes às autoridades. E ao disparar essas acusações, sua arma mais poderosa era afirmar que tais clérigos estavam a soldo dos judeus.

O livro publicado por Drumont em 1891, *Um legado anti-semita*, oferece um bom exemplo. "O assassinato de crianças cristãs por judeus", ele escreveu, "é um fato claro como o dia". Não havia dúvida, acrescentou, sobre a posição da Igreja na questão. Após meticulosas investigações, relatou, várias crianças mártires haviam sido proclamadas santas, com base em sua morte documentada nas mãos dos judeus.

No começo desse ano, lembrou Drumont, o padre Henri Desportes, de Rouen, publicara um importante livro sobre o tema do assassinato ritual judaico, intitulado *Morto pelos judeus*. Mas os judeus tinham um aliado no arcebispo local de Rouen, monsenhor Thomas. O arcebispo, dando "mais uma prova de um servilismo que não conhece limites", havia dito ao padre Desportes para recolher o livro ou deixar o seminário. Segundo Drumont – cujo relato baseava-se no de Desportes –, o arcebispo acrescentou: "Os judeus são um povo muito desagradável, mas são terrivelmente poderosos e não quero provocá-los." Desportes, contudo, recusou-se a se retratar e deixou o seminário. Felizmente, escreveu Drumont, "o bispo de Amiens cumpriu seu dever e acolheu o padre Desportes". Foi mais uma ilustração do quanto o poder dos judeus crescera, pois o prefeito de Rouen era judeu e o arcebispo bajulador temia enfurecê-lo. Fora oferecido ao mundo, concluiu Drumont, "o espetáculo de um príncipe da Igreja perseguindo um jovem padre para satisfazer o ódio de um prefeito judeu".[35]

Um legado anti-semita não só atacava aqueles bispos franceses considerados bajuladores dos judeus como tinha palavras duras para o núncio papal na França, a quem fustigou por agir movido mais pela conveniência política do que pelo compromisso com os ensinamentos da Igreja. Esse ataque irritou o núncio, que enviou um exemplar do livro ao secretário de Estado. "Acredito ser meu dever", escreveu o núncio na carta que acompanhou o livro, "enviar-lhe este novo volume publicado por M. Edouard Drumont". O livro, ele escreveu, era "perturbador, escandaloso, difamatório e gravemente ofensivo à Igreja, ao Santo Padre e ao Episcopado Francês em geral". Ademais, acrescentou, era difamatório em seu ataque ao próprio núncio.[36]

O secretário de Estado interpretou a carta do núncio como um pedido de inclusão do livro no Índex, de modo que os católicos não o pudessem ler. Respondeu diplomaticamente: "Não preciso lhe dizer a impressão repugnante que mesmo as poucas passagens que citou desse libelo monstruoso causaram no Santo Padre. Essa obra certamente mereceria ser condenada ao Índex." No entanto, acrescentou o cardeal Rampolla, dois pensamentos lhe haviam ocorrido: incluir o livro no Índex poderia simplesmente dar-lhe maior notoriedade e mais atenção. Segundo, "considerando a natureza do autor, uma condenação ao Índex poderia facilmente induzi-lo a publicar uma obra ainda pior".

Na sua resposta, o núncio disse ao secretário de Estado que reconhecia a sabedoria de seu conselho. Em nenhum momento dessa correspondência, o aviltamento dos judeus, que estava no cerne do livro de Drumont, chegou a atrair qualquer comentário.[37]

Durante o resto da década, enquanto o papa mantinha Drumont a distância, seus escritos anti-semitas foram ampla e entusiasticamente citados na imprensa católica, inclusive os jornais e revistas mais próximos do Vaticano. Que o problema com Drumont não era, aos olhos do Vaticano, seu anti-semitismo virulento fica claro pelo modo como *L'Osservatore romano* escolheu atacá-lo em 1892. Longe de combater sua demonização dos judeus, o jornal procurou desonrá-lo, afirmando que ele próprio estava no bolso dos judeus. No mesmo artigo em que distinguira entre o "verdadeiro" anti-semitismo, que era cristão, e a forma ilusória de anti-semitismo que na realidade beneficiava os judeus, o jornal do Vaticano acusou Drumont de pertencer à segunda categoria. "Para impedir que Drumont ou outros fossem capazes de produzir um jornal verdadeira e efetivamente antijudaico, o ouro judaico interviera para ter a pena e o jornal de Drumont sob seu exclusivo poder."[38]

O papel peculiar de Drumont no desenvolvimento do anti-semitismo católico, e particularmente na transformação de um movimento de opinião num movimento de ação política, foi exposto numa conferência democrática cristã nacional de seis dias de duração realizada em Lyon em 1896. O movimento democrático cristão era novo naquela altura, uma tentativa de forças da Igreja de formar um apoio de massa apelando para questões de justiça econômica. Ao tentar romper a identificação da Igreja com a aristocracia e os ricos, procurava neutralizar o crescente atrativo do movimento socialista. No caso francês, isso significou abraçar a forma republicana de governo e cortar laços com o monarquismo.

O congresso mais amplo consistiu em quatro partes separadas, cada uma denominada "congresso". Uma foi dedicada ao anti-semitismo, uma à luta contra a franco-maçonaria, uma à formação de um movimento social católico e uma à questão do catolicismo e do republicanismo. O programa impresso do congresso começava com um tributo a Sua Santidade Leão XIII, seguido por um trecho de recente discurso do papa aos fiéis franceses: "Todos os filhos da pátria francesa", dissera o papa, "devem se unir em justiça, respeito mútuo e caridade fraterna ... para lutar juntos contra os perigos que os ameaçam".

O primeiro dia foi inteiramente dedicado ao "congresso anti-semita", com ninguém mais senão Edouard Drumont presidindo. Teve duas seções principais. Primeiro, houve uma discussão de princípio. Como descrito no programa, tratou de "a predominância dos judeus e o perigo que representavam para a moral (pornografia, divórcio, usura, furto legalizado)", a opinião pública (controle judaico de praticamente toda a imprensa), o governo ("infiltração do elemento judaico no ensino, na administração ..."), os negócios (controle judaico da economia, os bancos), e a segurança nacional ("a contradição entre a essência internacional do judeu e a idéia de pátria; o papel antipatriótico dos judeus hoje").

A sessão da tarde voltou-se para o trabalho de desenvolver "meios práticos de defesa". Pediu a melhor distribuição de jornais e folhetos baratos que falassem do "perigo judaico". Lojas e firmas judaicas deviam ser boicotadas, ligas anti-semitas deviam ser organizadas, e comitês eleitorais dedicados à "resistência anti-semita", formados. Entre os muitos patrocinadores oficiais do congresso estavam os diretores dos dois mais importantes jornais católicos da França, o padre Bailly de *La Croix* e Eugène Veuillot de *L'Univers*.[39]

No interesse dos que não puderam comparecer ao congresso anti-semita, *La Croix* fez ampla cobertura. Se os padres da ordem assuncionista tinham alguma rixa com Drumont, isso não se evidenciou no tom adulatório adotado em sua reportagem. Em seu discurso às 1.800 pessoas presentes, contou *La Croix*, Drumont proclamou: "Este congresso será um marco na história do anti-semitismo, porque pela primeira vez questões de organização prática foram consideradas." No jantar de gala, narrou *La Croix*, o anfitrião local "deu as boas-vindas ao líder inconteste do anti-semitismo, que por sua vez fez um brinde aos bravos anti-semitas de Lyon".

No fim do dia, o congresso aprovou várias moções por aclamação. O decreto de 1791, que emancipara os judeus e lhes dera a cidadania francesa, devia ser revogado. Os judeus deviam ser excluídos do ensino em escolas públicas, do judiciário, da administração pública e das fileiras do oficialato das forças armadas. A cobertura de *La Croix* fez um fecho sintético: "*Mauvaise journée pour les juifs*" ("Um mau dia para os judeus").[40]

Três dias depois, *La Croix* descreveu o banquete de encerramento do congresso. A noite começou com a subida de um padre ao pódio para ler uma carta enviada ao papa em nome do congresso, "assegurando-lhe a leal obediência dos participantes do congresso a seus ensinamentos políticos e sociais".

Na manhã seguinte, quando chegou à estação ferroviária de Lyon para partir, Drumont foi recebido por uma grande e turbulenta multidão. Foi acalentado por seus gritos: "*Vive la France!* Abaixo os judeus!"[41]

Antes do congresso, fora encaminhado ao prelado do Vaticano, responsável pelas relações com a Igreja francesa, o pedido de que o papa enviasse uma bênção especial para o congresso. O cardeal Rampolla discutiu o assunto com o papa. Ele representava uma questão delicada, já que os católicos que se reuniriam em Lyon estavam declarando sua lealdade ao papa e, em particular, atendendo a seu pedido de que os católicos franceses hipotecassem lealdade ao governo republicano. Por outro lado, parecer dar uma bênção papal a Drumont seria um tapa na face do próprio núncio papal e dos muitos bispos na França contra quem o jornalista brandira sua pena predatória.

O secretário de Estado comunicou ao prelado francês a decisão do papa. Ele enviaria sua bênção ao congresso, mas somente se uma solicitação formal dessa bênção para o congresso fosse elaborada antecipadamente. E, o mais importante, Drumont não podia ser o signatário do pedido, e o dia dedicado ao anti-semitismo, que ele presidiria, não podia ser especificamente abençoado. Como o prelado escreveu a seu contato em Lyon: "O Congresso Anti-Semita deve ficar absolutamente excluído dessa Bênção. E isso porque, inteiramente à margem da questão de indivíduos [i.e., Drumont], a Santa Sé tem a política de se manter distante dessa campanha em toda parte."[42]

Pouco depois do congresso democrático cristão de Lyon, uma onda sem precedentes de agitação anti-semita começou a varrer a França, associada ao notório caso Dreyfus. O caso começara em outubro de 1894, quando um capitão de artilharia judeu de 39 anos, Alfred Dreyfus, foi acusado de vender segredos militares aos alemães. Apesar de suas veementes negativas, o capitão foi submetido a corte marcial e, em abril de 1895, enviado para a famigerada prisão da Ilha do Diabo, ao largo da costa da Guiana Francesa.[43]

De início, o episódio representou um mero embaraço para os judeus da França, que haviam sido levados a acreditar que as provas contra o capitão eram acachapantes. Embora o jornal de Drumont, bem como *La Croix* e o resto da imprensa católica trombeteassem notícias da culpa de Dreyfus com prazer, houve inicialmente pouco interesse popular pelo caso.

Um ano depois, o novo chefe da contra-informação francesa, major Georges Picquart, descobriu por acaso uma carta no cesto de papéis usados de um adido militar alemão. Era dirigida a um major do exército francês, o conde Marie Charles Esterhazy, que estivera enormemente endividado e em necessidade desesperada de dinheiro. Mas, quando as notícias da investigação de Picquart foram a público, as autoridades militares fizeram todo o possível para frustrá-la e requisitaram a ajuda de Esterhazy para forjar novos documentos com mais provas da culpa de Dreyfus.

No final de 1897, as alegações dos partidários de Dreyfus de que o capitão fora falsamente incriminado estavam ameaçando o governo e, ao mesmo tempo, produzindo uma arma poderosa para o florescente movimento anti-semita. A imprensa católica desempenhou grande papel no atiçamento das chamas. Os comentários de *Civiltà cattolica* foram típicos. "Os judeus inventaram a alegação de erro judiciário... O erro real foi o da Assembléia Constituinte, que lhes assegurou a nacionalidade francesa. Essa lei deve ser revogada."[44]

O caso Dreyfus permitiu à Igreja francesa desempenhar um papel importante, pelo menos de início. Divididos entre monarquistas e republicanos, e confundidos pelo pedido do papa de que fizessem as pazes com o governo, os católicos franceses puderam expressar sua solidariedade cerrando fileiras contra os judeus.[45] Em 1895, a Assembléia Geral dos Católicos do Norte pediu um boicote de todos os estabelecimentos judaicos; em 1898, o Congresso Nacional Católico, realizado em Paris, aprovou uma proposta semelhante.[46] No início desse ano, organizações católicas de toda sorte ajudaram a liderar os tumultos anti-semitas que estavam então tomando toda a França, aos gritos de "Morte a Dreyfus! Morte aos judeus!" Na verdade, nos dois primeiros meses de 1869, motins anti-semitas irromperam na França. Multidões destruíram lojas, atacaram sinagogas e investiram contra os infelizes judeus que encontravam.[47]

No início de dezembro de 1897, através de seu jornal diário *L'Osservatore romano*, o próprio Vaticano divulgou sua opinião de que, se Dreyfus traíra seu país, isso não devia ser nenhuma surpresa, pois era judeu. "A raça judaica", explicou o jornal do Vaticano, "o povo deicida, que vaga pelo mundo, leva consigo para toda parte o hálito mefítico da traição." Continuava: "E assim também no caso

Dreyfus ... não surpreende muito encontrar novamente o judeu das fileiras da frente, ou descobrir que a traição do próprio país foi maquinada por judeus e executada por judeus."[48]

O jornal do Vaticano teve palavras de louvor para as demonstrações anti-semitas que se espalhavam por toda a França. "A agitação que está se desenvolvendo agora de uma ponta à outra da França em decorrência das provocações verdadeiramente detestáveis do judaísmo ... tentando reabilitar um traidor ... da nação francesa, não tem a aparência nem a natureza daqueles conflitos populares motivados apenas por sentimentos de desordem... Essas demonstrações estão se tornando cada vez mais anti-semitas, como o termo é usado agora, e não são anti-semitas em razão de nenhum ódio ao povo judeu ou às coisas judaicas, mas sim em razão de um natural cansaço da opressão judaica... O anti-semitismo que se está desenvolvendo hoje – na Rússia, na Alemanha e na França – expressa um conceito real e reflete um fato concreto." O anti-semitismo, observou *L'Osservatore romano*, estava crescendo rapidamente "entre as massas que estão sendo excessivamente oprimidas pelo espírito judaico, um espírito que é o oposto do espírito cristão".[49]

Quando, em 1899, um novo julgamento foi ordenado e o capitão judeu foi levado de volta para o solo francês, *L'Unità cattolica* relatou que o "colosso do povo judeu" estava assumindo o controle da França, usando seu ouro para comprar uma absolvição para o traidor. "Israel conquistou uma vitória hoje: Israel é a vitoriosa e a França, a vencida."[50]

O papa Leão XIII, contudo, estava ficando cada vez mais preocupado com a veemência do tom antigovernista do movimento anti-Dreyfus. Na altura do novo julgamento, no verão de 1899, essa atitude começou a se refletir nas páginas de *L'Osservatore romano*, e o teor de suas notícias diárias sobre o julgamento Dreyfus mudou radicalmente.

No dia 9 de setembro, a corte militar francesa chegou à sua decisão: o capitão Dreyfus foi considerado novamente culpado, mas dessa vez alguns dos juízes o inocentaram e a sentença foi reduzida a dez anos. Alguns dias depois, *L'Osservatore romano* publicou uma matéria intitulada "Os opressores dos judeus". Ela começava citando o papa Inocêncio III, que, séculos antes, proclamara: "Os judeus são as testemunhas vivas da fé verdadeira. Não é permitido ao cristão exterminar a raça judaica." Os papas, continuou o artigo, sempre haviam adotado uma atitude de "caridade, tolerância e amor com os judeus". Continuando, observou que não fora o papa, mas o sumo sacerdote do protestantismo, Martinho Lutero, que pedira que todas as sinagogas fossem entregues às chamas. "Esta pequena revisão, ao que nos parece", concluiu o jornal do Vaticano, "deveria ser suficiente para a edificação daqueles, semitas ou não, que saem por aí dizendo que Dreyfus é uma vítima dos católicos e dos jesuítas!"[51]

Três dias depois, a 19 de setembro de 1899, Alfred Dreyfus foi libertado, perdoado pelo presidente francês. Em poucas semanas, o Vaticano desviou sua atenção dos judeus da França para os da Hungria. Numa cidadezinha dali, relatou *L'Osservatore romano*, fora descoberto o cadáver de um menino pequeno, seu sangue extraído pelos judeus. Uma matéria publicada mais tarde nesse mês, intitulada "Assassinato ritual judaico" e iniciada com uma citação do jornal de Drumont, *La Libre Parole*, voltou mais uma vez ao tema.[52]

9

Áustria

Numa época em que a Igreja francesa corria o risco de perder muitos de seus privilégios nas mãos de um governo hostil, Leão XIII procurou eliminar pontos sensíveis. Queria convencer as autoridades civis de que a Igreja não representava nenhuma ameaça ao Estado republicano. Dada a visão que o governo tinha do movimento anti-semita católico como uma ameaça tanto à ordem pública quanto a seus próprios princípios, o Vaticano estava dividido entre sua própria concepção negativa dos judeus e o desejo de aplacar os líderes do Estado secular.

A situação na Áustria era outra, e ali o Vaticano adotava uma estratégia diferente, estimulando o crescimento de um movimento político católico. Tal movimento era necessário, o papa e seu secretário de Estado acreditavam, para fazer frente a uma variedade de forças hostis que ameaçavam a posição da Igreja no país. Ao encorajar a força do anti-semitismo, os líderes do Vaticano viam nele um instrumento poderoso para a mobilização das massas católicas.

As origens do anti-semitismo austríaco moderno podem ser encontradas na revolução de 1848, quando um padre católico, Sebastian Brunner, começou a publicar um jornal, *O jornal vienense da Igreja*. Obcecado pela ameaça judaica à sociedade, o padre Brunner acusava os judeus pela descristianização da Áustria. No curso das décadas seguintes, um movimento político católico conservador mais amplo começou a tomar forma. O anti-semitismo figurava entre seus princípios centrais, ao lado da batalha contra o liberalismo e o capitalismo.[1]

Até a revolução de 1848, os judeus foram proibidos por lei de morar em Viena, e só um pequeno número de abastados negociantes judeus tinha autorização especial para residir na cidade. Isso se dava apesar de o chanceler austríaco nesses anos, príncipe Metternich, ser estreitamente ligado à família Rothschild e de o governo austríaco depender de empréstimos dos banqueiros judeus. Na verdade, embora os Rothschilds estivessem fazendo uma fortuna em Viena, não era permitido aos judeus comprar casas ou terrenos ali. Após 1848, um número crescente de judeus das províncias austríacas começou a afluir à cidade. Em 1880, Viena tinha 73 mil judeus, número que se elevava a quase 150 mil na virada do século. Expandindo-se rapidamente, a população de Viena chegou a mais de dois milhões na altura de 1910, e 10% eram judeus.[2]

Nem todos os pioneiros do anti-semitismo austríaco estavam próximos da Igreja Católica. Georg von Schönerer, um dos mais importantes entre os primeiros líderes do movimento, era de fato notoriamente hostil à Igreja. Um nacionalista alemão radical, ele começou organizando um movimento anti-semita por volta de 1880. Tirando partido da hostilidade generalizada aos judeus entre os artesãos de Viena, abraçou um nacionalismo antiliberal, investindo enquanto isso tanto contra o socialismo quanto contra o catolicismo. Eleito para o parlamento, não teve escrúpulos em injetar nos procedimentos anteriormente corteses da instituição uma torrente constante de acusações aos judeus das finanças, aos judeus das ferrovias, aos judeus mascates, aos judeus que controlavam a imprensa, aos judeus trapaceiros e congêneres. Apesar de seus melhores esforços, porém, seu próprio tipo de anti-semitismo pró-germânico, nacionalista, não-religioso não conseguiu atrair apoio político-partidário de massa.[3]

Foram um outro líder e uma outra organização que inflamaram um poderoso movimento político anti-semita de massa na Áustria: a Organização Socialista Cristã, fundada em Viena em 1887. Os primeiros organizadores do movimento, comprometidos com a reforma social inspirada por princípios cristãos, descobriram que nada podia gerar entusiasmo popular pela sua causa mais facilmente que ataques aos judeus. O movimento encontrou seu líder carismático em Karl Lueger, que, embora tendo pouca animosidade pessoal contra os judeus, constatou que ataques a eles eram politicamente irresistíveis.[4]

Quando o primeiro programa dos Cristãos Unidos, como o partido era então conhecido, foi divulgado, pedia a exclusão dos judeus do exército, do serviço civil, do judiciário, do comércio varejista, da medicina e do ensino de estudantes não-judeus. Lueger fora eleito para o conselho da cidade de Viena em 1875, e dez anos depois para o parlamento. Ali, conheceu o príncipe Louis de Liechtenstein, e juntos tornaram-se as principais forças do movimento social cristão, formando o Partido Social Cristão em 1891. O partido pregava a reforma social e identificava os judeus como o inimigo. Embora Lueger gozasse do apoio entusiástico do clero austríaco – em seu qüinquagésimo aniversário, em 1894, foi presenteado com uma saudação assinada por quinhentos padres da capital –, a hierarquia da Igreja austríaca o via com desconfiança. Consideravam-no um populista perigoso, suspeito de alimentar simpatias socialistas.

Apesar das apreensões da hierarquia da Igreja austríaca, o papa Leão XIII e seu secretário de Estado, cardeal Rampolla, apoiaram o movimento social cristão entusiasticamente, pois viram no partido um excelente meio de unir os fiéis católicos. A meta era criar uma força politicamente eficaz para fazer frente à maré montante do secularismo. A necessidade do partido era particularmente premente à luz da expansão do sufrágio na Áustria na década de 1880, pois era preciso encontrar alguma maneira de obter o apoio político das massas.

Os sentimentos do próprio papa com relação aos judeus podem ser vislumbrados a partir de um estranho caso que envolveu seu núncio em Viena, Luigi Galimberti, em 1889. O episódio é revelador também de outra maneira, pois mostra as diferenças de opinião dentro da hierarquia da Igreja quanto à maneira de tratar os judeus.

Quando da morte do secretário de Estado anterior, dois anos antes, muitos pensaram que o próprio Galimberti obteria o posto. Como secretário da Congregação para Assuntos Eclesiásticos Extraordinários, parecia bem posicionado. Conservadores na hierarquia, porém, criticavam-no como demasiado liberal. Era conhecido tanto por ver com bons olhos uma reaproximação entre o Vaticano e o Estado italiano quanto por sua disposição a cooperar com os protestantes na Prússia. Em conseqüência, foi preterido em favor de Mariano Rampolla, cujas credenciais conservadoras eram impecáveis, e, na primavera de 1887, foi enviado a Viena para servir como núncio.[5]

Um dia em 1889, um bispo austríaco foi ter com Galimberti, levando consigo um eminente proprietário de terras judeu que, disse ele ao núncio, fizera generosas contribuições para obras de caridade católicas. Monsenhor Galimberti louvou o homem por sua generosidade e bom caráter. Quando notícias desse encontro vazaram para os jornais, três bispos austríacos enviaram protestos ao papa, acusando Galimberti de ter elogiado publicamente um judeu; pediram que fosse tomada ação disciplinar contra ele.

O papa pediu ao núncio que se explicasse. Na defesa de seu comportamento, Galimberti tentou convencer o papa de que partilhava a visão negativa que o pontífice tinha dos judeus. Aquilo fora apenas uma conversa privada, explicou, e o jornal vienense que divulgara sua fala – pertencente a judeus, acrescentou – havia, "com má-fé judaica", alterado completamente o sentido de suas observações.

Monsenhor Galimberti podia apontar seus antecedentes para mostrar que sempre se conformara estritamente à linha papal. Quando, poucos meses antes, relatara os resultados das recentes eleições municipais vienenses ao secretário de Estado, exultara com o "triunfo dos candidatos católicos ... contra os judeus", e se deleitara com o fato de que "mais trinta conselheiros anti-semitas ingressaram na Prefeitura". O resultado, ele escrevera, mostrava "uma forte guinada na opinião pública e um retorno a princípios cristãos de ordem civil".

No entanto, da sua ansiosa negativa de que cometera um erro, a resposta que Galimberti recebeu de seu rival, o secretário de Estado, não chegou a ser um perdão cabal. "O que o monsenhor

Núncio escreveu em sua carta de 5 de setembro com relação à conversa com um cavalheiro judeu... muito contribui para reduzir a gravidade do fato, e elucidar a má-fé dos interessados em exagerar e deturpar o caso. No entanto, isso por si mesmo vem mostrar ainda mais a necessidade de tomarmos cuidado na escolha das palavras que usamos e de regularmos nossa conduta em cada encontro, de modo a não oferecer o menor pretexto para ataques de nossos inimigos." Em seguida, o secretário de Estado foi ao cerne de sua preocupação: "Os estreitos vínculos da seita maçônica com a seita judaica em detrimento da Igreja Católica são sobejamente conhecidos. Em vista disso, seria mais prudente para o representante da Santa Sé abster-se de semelhantes palavras de louvor." O que mais inquietou o Vaticano foi que o núncio, inadvertidamente, fornecera munição à imprensa judaica. Os judeus estavam tentando debilitar o movimento anti-semita na Áustria apresentando todos os indícios que podiam, para provar que o ódio aos judeus contrariava os ensinamentos do Vaticano.[6]

Os Arquivos Secretos do Vaticano oferecem indícios chocantes do papel ativo desempenhado pelo papa e seu secretário de Estado no fomento da campanha anti-semita do Partido Social Cristão. O mais impressionante de tudo sãos os indícios de que eles solaparam os esforços da hierarquia da Igreja austríaca para distanciar a Igreja de Lueger e seu movimento.

Foi o que ocorreu quando, em 1891, o próprio bispo de Viena tentou tomar medidas contra o Partido Social Cristão, possivelmente com o estímulo do núncio, monsenhor Galimberti. Certo de ter o apoio papal, Lueger passou por cima do bispo e pediu a ajuda do papa para fazê-lo voltar atrás.

Temos um vislumbre disso na correspondência entre Rampolla e Galimberti. No dia 31 de março de 1891, o secretário de Estado do Vaticano escreveu uma carta confidencial a monsenhor Galimberti. "Queixas foram feitas", ele comunicou ao núncio, "contra o arcebispo." O arcebispo de Viena estava sendo acusado, entre outras coisas, de "ter proibido três competentes padres que eram temidos pelos liberais de ingressar no parlamento". Além disso, escreveu o cardeal Rampolla, fora-lhe relatado que Karl Lueger, "chefe do partido católico, dissera abertamente que os católicos foram logrados com a escolha do arcebispo, pois ele é na verdade um liberal". O secretário de Estado encerrou essa carta com um pedido: "Por favor, instrua-me sobre a verdade dessas acusações e informe-me que importância lhe parecem ter."[7]

A longa resposta do núncio, escrita alguns dias depois, é um documento notável. Foi uma corajosa tentativa de impedir a aceitação do anti-semitismo político moderno pela Igreja, mas uma tentativa que malogrou, rejeitada pelo papa e seu secretário de Estado. Ao mesmo tempo, a carta mostra que, mesmo nos setores mais receptivos do Vaticano, era preciso abraçar certas idéias negativas sobre os judeus caso se quisesse conservar algum grau de credibilidade.

O relatório de Galimberti, marcado "confidencial", intitula-se "Sobre algumas acusações contra o monsenhor Gruscha", datado de 6 de abril de 1891 em Viena. "Não é nem fácil nem agradável", ele começa, "fazer um julgamento dos ataques dirigidos ao monsenhor arcebispo contidos no despacho de Vossa Reverenda Eminência." As acusações, escreveu o núncio, "podem ser resumidas na acusação [de que] ele se opôs ao anti-semitismo e favoreceu os liberais nas recentes eleições políticas". Assim, ele continuou, "devemos antes de mais nada determinar o significado dessas duas palavras. Permita-me portanto ressaltar o que *anti-semitismo* e *liberalismo* significam na Áustria e especialmente em Viena".

"A palavra *anti-semitismo*", Galimberti explicou, "só erroneamente poderia ser tomada como sinônimo de catolicismo ou clericalismo." O anti-semitismo de Lueger e de seu principal esteio aristocrático, príncipe Louis de Liechtenstein, afirmou, baseava-se não em religião mas em teorias políticas e sociais. "De fato, muitos dos que pertencem ao partido anti-semita são perfeitamente indiferentes em matéria religiosa, sendo não-praticantes ou *pior*. Assim, os anti-semitas não fazem nenhum esforço no campo religioso para estimular a *conversão* dos judeus, que somam mais de cem mil." Contudo, entre os judeus abastados, ele contou, as conversões estavam longe de ser raras e seriam ainda mais freqüentes se os católicos começassem a canalizar seus esforços nessa direção.

Quanto à ação anti-semita em curso na arena política e social, escreveu Galimberti, "a batalha legal visa excluir a influência judaica da administração pública, do parlamento e do governo municipal. Essa luta é por certo louvável e saudável. Lamentavelmente, porém, ela degenerou em ódio racial e assumiu um caráter pessoal, transformando-se em guerra social ou, como eles dizem, em socialismo cristão".

Aqui, o núncio lembrou uma recente conversa que tivera com o barão de Rothschild numa recepção diplomática.[8] "Eles vão acabar nos cortando o pescoço", Rothschild dissera. O núncio comentou também que "em sua última carta pastoral coletiva, os bispos da Áustria condenaram o ódio racial, que as pessoas estão procurando fomentar com o anti-semitismo".

Galimberti prosseguiu, com rara coragem, para corrigir a caracterização que o cardeal Rampolla fizera de Lueger como chefe do partido "católico". "Lueger é de fato não o chefe do partido católico, mas o chefe do partido anti-semita, no sentido explicado acima." Para o núncio, Lueger era um perigoso demagogo, "um socialista agitador das massas". A primeira vez em que vira Lueger e o ouvira falar, contou o núncio, "As palavras de Carlos V em seu primeiro encontro com Lutero vieram-me à mente: 'Este monge nunca vai conseguir me convencer'".

Num esforço de mostrar que sua defesa do arcebispo não fluía de nenhum amor aos judeus, Galimberti recorreu a um argumento conhecido. Lueger "estava de início a soldo dos judeus ... depois pertencera ao campo liberal e agora está à frente do movimento anti-semita". Lembremos a data aqui – abril de 1891 –, pois esse foi o clímax da polêmica relativa a *Um legado anti-semita* de Drumont, e o momento em que se deu o ataque a Drumont em *L'Osservatore romano*. De fato, o núncio de Viena fez uma comparação direta entre Lueger e Drumont: "Como Drumont, hoje ele ataca violentamente os judeus, amanhã poderia atacar o papa, os cardeais e os bispos, como já começou a fazer ao investir contra este arcebispo."

À medida que Galimberti foi se aproximando de suas conclusões, sua linguagem foi ficando mais inflamada, beirando à crítica do secretário de Estado, algo que núncios papais raramente ousavam. Depois do que explicara, escreveu o núncio, "pode-se entender facilmente que o arcebispo de Viena não pode ser um acólito do Sr. Lueger, nem um anti-semita no odioso sentido pessoal e socialista da palavra". Voltou-se então para a acusação de que o arcebispo estava desestimulando padres a participar do movimento de Lueger. "Tampouco pode o arcebispo permitir que padres passem a noite rodando de taberna em taberna" escreveu, "de cervejaria em cervejaria, inflamando paixões populares e açulando o ódio contra toda uma categoria de pessoas." Quanto à acusação de que o arcebispo era um liberal, isso era "mera calúnia negada por tudo em sua vida, passada e presente".[9]

Durante a década seguinte, enquanto o Partido Social Cristão decolava sob a liderança carismática de Lueger, o apoio da Igreja ao movimento agressivamente anti-semita continuou a ser contestado tanto por membros da hierarquia da Igreja da Áustria quanto por elementos da elite política do país. No entanto, reiteradamente, o papa e seu secretário de Estado fizeram tudo que podiam para defender o movimento. Nesse esforço, foram auxiliados pela designação de um núncio mais cooperativo na primavera de 1893. Monsenhor Antonio Agliardi galgara os degraus da hierarquia eclesiástica, passando de pároco a professor de teologia de Roma. Havia atraído a atenção favorável de Pio IX por seu conservantismo inflexível, e desde 1885 fora nomeado para uma série de postos na Secretaria de Estado. Nos três anos em que serviu como núncio papal em Viena, encontrou-se muitas vezes com Karl Lueger e deu um apoio entusiástico tanto a ele quanto ao seu Partido Social Cristão.[10]

No início de 1895, em meio aos comícios anti-semitas cada vez mais freqüentes e muitas vezes marcados por arruaças do Partido Social Cristão, a pressão sobre o papa para que condenasse esse movimento cresceu. Os arcebispos de Viena e Praga prepararam um apelo conjunto ao papa, membros da aristocracia austríaca fizeram ouvir seus protestos e a impressa liberal da Europa censurou o Vaticano por permitir que a Igreja fosse usada para tais propósitos.

Em janeiro de 1895, o arcebispo de Praga viajou até o Vaticano para apresentar seu apelo ao papa. Nem ele nem o arcebispo de Viena estavam felizes com a defesa que o Partido Social Cristão fazia de uma forma radical de anti-semitismo. Mas essa não era a única queixa deles. Estavam descontentes também por ver o Vaticano apoiando um movimento que, tal como o viam, abraçava um programa socialista, incentivava os padres a resistir à autoridade de seus bispos e combatia os católicos conservadores que apoiavam o governo.[11]

Leão XIII assegurou ao arcebispo que mandaria investigar o assunto e encaminhou-o aos cardeais da Congregação para Assuntos Eclesiásticos Extraordinários, sob a autoridade do secretário de Estado, cardeal Rampolla. Líderes do Partido Social Cristão foram contactados e solicitados a apresentar argumentos em sua própria defesa. A missão foi entregue ao teólogo e líder intelectual do partido, monsenhor Franz Schindler, que respondeu que esse movimento nada tinha a ver com "aquele anti-semitismo radical que é dirigido à raça judaica como tal". O próprio Schindler foi a Roma defender o movimento e encontrou-se com o papa, que o recebeu calorosamente. De fato, Leão XIII confiou a Schindler uma carta a ser entregue a Karl Lueger, em que expressava seu forte apoio ao que o Partido Social Cristão estava fazendo e acrescentava sua bênção pessoal para o próprio Lueger.[12]

Ao discutir a matéria na congregação, o superior geral da ordem dos dominicanos, cardeal Andreas Frühwirth, concordou com o secretário de Estado que existia um problema judaico em Viena. Havia de fato muitos judeus ali e eles tinham excessiva influência política e, em especial, econômica. Mas, afirmou o cardeal, a Igreja deveria deplorar o extremismo e a natureza racista do programa anti-semita do Partido Social Cristão. O cardeal concluiu sugerindo que uma severa advertência fosse enviada aos líderes do partido, instando-os a moderar sua campanha contra os judeus.

O conselho do dominicano não prevaleceu. Sob a direção do secretário de Estado, a congregação encerrou sua investigação concluindo que o Partido Social Cristão não era de fato anti-semita em absoluto. "Verificou-se que tal acusação", considerou a congregação, "carece de fundamentos, e parece não passar de um estratagema usado pelos seus adversários para difamá-lo." O programa social cristão deixa claro, continuou o órgão do Vaticano, que o partido "não odeia os judeus como tais, mas apenas combate o sistema econômico que oprime o povo, um sistema a que os judeus se dedicaram excessivamente".[13]

Em conformidade com essas deliberações, o papa, agindo através de Rampolla, enviou suas instruções ao núncio papal em Viena. Elas não continham nenhum tipo de queixa em relação ao anti-semitismo do Partido Social Cristão. Em vez disso, determinavam que Agliardi deveria pedir aos líderes do partido que afirmassem publicamente sua devoção à Santa Sé, sua submissão aos bispos em matérias religiosas, sua lealdade ao trono de Habsburgo e sua rejeição às teorias subversivas do socialismo.

Em conseqüência, uma cerimônia bastante estranha se realizou no dia 16 de maio de 1895. No maior e mais belo salão de Viena, na presença do núncio papal, os líderes do Partido Social Cristão juraram sua lealdade ao papa, à doutrina da Igreja e à hierarquia eclesiástica na Áustria. Confiantes nas bênçãos implícitas mas claras do papa para sua campanha anti-semita, Karl Lueger, o príncipe Liechtenstein e outros líderes partidários que falaram nesse dia tacharam os judeus de ameaças à sociedade austríaca. Os judeus, vituperaram, eram parasitas que tinham de ser expulsos da Áustria. O núncio assistiu com evidente prazer.[14]

Alguns dias depois, Agliardi escreveu para Rampolla para dar as últimas notícias sobre o conselho municipal de Viena. "Os sentimentos católicos", escreveu, "são naturalmente contrários aos liberais que governaram até agora – muito em detrimento da Igreja – e favoráveis ao Partido Social Cristão, que oferece mais esperança." A batalha, continuou o núncio, era difícil, pois o Partido Social Cristão tinha não só de superar a imprensa, que estava solidamente no campo liberal, como de derrotar "a influência e o dinheiro dos judeus".[15]

Alguns meses depois, sete dias apenas depois de se tornar o novo primeiro-ministro da Áustria, o conde Casimir Badeni fez uma visita ao núncio. Badeni, um favorito do imperador Francisco José, era de uma família aristocrática galiciana. Fora ali para convencer o núncio a pôr um fim no apoio do Vaticano ao Partido Social Cristão. Temos o relato do encontro que o núncio fez e enviou para Rampolla no dia seguinte.

A meta do Partido Social Cristão de promover uma sociedade mais cristã, disse o conde, era de todo louvável. Mas acrescentou que seus métodos eram repreensíveis e seus líderes eram homens que inspiravam pouca confiança. "Falando dos meios [usados pelo partido]", relatou o núncio, "ele me disse várias coisas que eles tinham falado sobre os judeus em seus discursos."

Naturalmente, relatou monsenhor Agliardi, "teci grandes encômios ao conde por valorizar de saída os verdadeiros objetivos do Partido Social Cristão – que são verdadeiramente bons e voltados para a vitória do cristianismo sobre idéias pagãs – e elogiei-o por reconhecer que melhoramentos religiosos e morais ocorreram em Viena". O núncio chegara mesmo a dizer ao conde que "as freiras nos conventos, com suas preces, cooperaram com a esplêndida vitória recente [do Partido Social Cristão]".

Quanto à crítica do primeiro-ministro aos métodos usados pelo partido, Agliardi foi menos receptivo. "Disse ao conde Badeni", contou o núncio, "que eu era o primeiro a deplorar quaisquer declarações excessivas (se alguma fora de fato pronunciada) por algum líder ou membro do partido, porque mesmo nas mais santas batalhas a Igreja deseja que as leis da justiça e da caridade sejam observadas." Quanto ao rótulo de "anti-semitas", o núncio disse ao conde, "confesso que ele tampouco me agrada".[16]

A situação política em Viena estava ficando tensa. O Partido Social Cristão ganhou ampla maioria no conselho municipal de Viena em 1895 e propôs Karl Lueger para prefeito. A conselho de Badeni, o imperador se recusou a confirmar a designação. No final de novembro, o núncio informou ao cardeal Rampolla os desdobramentos mais recentes. O veto produzira uma cisão no partido conservador. O barão De Paoli e um grupo de outros parlamentares haviam fundado o Partido Popular Católico. Por trás de sua jogada, segundo o núncio, estava "a necessidade de ter mais liberdade de ação na defesa da Igreja contra todos os atos de agressão a ela destinados".

Agliardi não perdeu tempo em reassegurar ao secretário de Estado que o novo partido não se opunha ao Partido Social Cristão. "Ao contrário", escreveu, o novo partido era "amigo dele e seguirá um caminho paralelo". A decisão dos homens de formar o Partido Popular Católico em vez de ingressar no partido de Lueger era, explicou o núncio, uma questão de tática. O barão não queria irritar desnecessariamente a Corte, cuja oposição a Lueger e seu movimento era bem conhecida. Além disso, "com um programa em que o anti-semitismo não é mencionado", o barão buscou "atrair a simpatia daqueles bispos que, na atual situação, temem ser vistos como demasiado favoráveis ao príncipe Liechtenstein e a Lueger".

O núncio concluiu que "a maior utilidade para nós" desses novos desenvolvimentos era o enfraquecimento do "partido liberal judaico, que ainda predomina no parlamento". Com a "ressurgência da vida católica, ele não poderá dar por certa, como antes, uma vitória incontestável". A carta de Agliardi deixa clara a visão do Vaticano sobre a situação política austríaca. Por um lado, havia os liberais, comprometidos com um Estado secular e a soldo dos judeus; por outro, havia os defensores da Igreja, entre os quais avultava-se Karl Lueger.[17]

Longe de representar um afastamento das idéias do Vaticano sobre os judeus, o programa anti-semita moderno do Partido Social Cristão as refletia amplamente. Não podia haver sinal mais claro disso que um artigo publicado em *Civiltà cattolica* em abril de 1897, numa fase em que o cardeal Rampolla exerceu um controle particularmente rigoroso sobre todas as matérias da revista que tratavam de tópicos políticos.

"Em nenhuma parte do mundo", escreveu o padre Ballerini, "os judeus, nos cerca de trinta anos desde que foram emancipados, ascenderam a tanto poder quanto no Império Austro-Húngaro, que praticamente se tornou um feudo deles. Em Viena – até muito recentemente, quando o vigoroso contra-ataque do Partido Social Cristão começou –, eles ocupavam todos os postos públicos, o governo da cidade, os ministérios, e ditavam a lei à própria Corte." Os judeus da Áustria, continuou, haviam enriquecido explorando outros, nunca fazendo eles próprios nenhum trabalho real. Toda a economia estava agora nas mãos deles, enquanto drenavam todo o dinheiro da população cristã. E isso não era tudo, pois não só eles possuíam também todos os jornais, escreveu o padre, como praticamente todas as posições docentes na universidade estavam em suas mãos.

"Por consideração aos rebentos dessa raça", contou o padre Ballerini, "preces cristãs – sem excluir o *Pater noster* – tinham sido abolidas das escolas daquela cidade. Ademais, as imagens do Cristo crucificado tinham sido removidas das paredes, pois poderiam ofender os olhos delicados dos filhos de seus crucificadores." A menos que alguma coisa fosse feita, ele advertiu, os cristãos "acabarão famintos, tendo, com o suor de seu rosto, fornecido aos judeus os meios de acumular seus milhões, todos para ser usados para tiranizá-los e para permitir aos judeus manter seus pés no seu pescoço".

Felizmente, escreveu o autor jesuíta, a situação não era inteiramente desoladora; havia um raio de esperança. "O remédio mais prático, o mais prontamente disponível e o mais eficaz, é a revolta contra o jugo judaico que os social-cristãos de Viena e da Áustria organizaram, uma revolta que deu e continua a dar um esplêndido exemplo a todas as cidades e aldeias católicas... Com as eleições municipais de 1895, ela enxotou os judeus e seus lacaios da prefeitura, e agora, com as últimas eleições ocorrendo sob sufrágio universal, já os afugentou em grande parte. O judaísmo tirânico foi derrotado ali ... e uma vitória conquistada pelos católicos de Viena e da Áustria. Meios legais haviam sido usados anteriormente para impelir [os católicos] para as garras da hidra, e meios legais lhes permitiram agora escapar e recobrar aquela liberdade civil, religiosa e econômica que os invasores malignos haviam usurpado."

O Partido Social Cristão, concluiu o padre Ballerini, mostrara o caminho para os católicos de toda parte. Havia encontrado o melhor meio "que a Providência oferece para libertar os países cristãos de sua escravidão sob o jugo dos judeus emancipados". Agora que os católicos tinham assim se libertado, ele escreveu, "podemos ver em que grau a igualdade de direitos, concedida ao povo disperso de Israel ... deve ser mantida, retirada ou alterada". É difícil imaginar um endosso mais entusiástico do Vaticano ao programa anti-semita do Partido Social Cristão.[18]

Nesses anos, o núncio papal em Viena estava enredado também numa outra controvérsia envolvendo os judeus. Da Galícia, agora parte da Polônia mas então parte do Império Austríaco, chegavam notícias de que bandos de cristãos estavam atacando famílias judaicas e propriedades judaicas. Começaram a chegar ao Vaticano informações de que um padre estava liderando explosões de violência contra a grande e empobrecida população judaica da região. Como a divulgação desses fatos na imprensa estava se tornando embaraçosa, no início de 1894, o cardeal Rampolla enviou um telegrama ao núncio em Viena pedindo-lhe que cuidasse da questão. O padre acusado de açular o povo a atacar os judeus, Stanislaw Stojalowski, havia de fato visitado o Vaticano poucos anos antes, onde lhe fora dado o cobiçado título de monsenhor.

No dia 2 de fevereiro, Agliardi telegrafou de volta ao secretário de Estado enviando-lhe seu relatório preliminar. O quadro que pintou não era animador, embora os problemas que havia identificado nada tivessem a ver com qualquer abuso contra os judeus. Monsenhor Stojalowski, escreveu, era de uma família nobre polonesa e anteriormente fora jesuíta. "Homem extremamente inteligente, escritor exímio e orador eloqüente, exerce um verdadeiro fascínio sobre as classes mais baixas." Stojalowski, continuou o núncio, "pôs-se à frente do movimento socialista na Galícia. Bajula os camponeses, que o adoram e lhe dão dinheiro. Espalha inquietação pelo país, fomentando o ódio contra os ricos e contra os bispos, cuja autoridade tenta demolir. Seduz os pobres e os padres jovens e incentiva sua insubordinação. E faz tudo isso dizendo (com grande hipocrisia e para grande prejuízo da população rural) que está apenas obedecendo aos ensinamentos de Sua Santidade com relação ao socialismo". Embora vários bispos locais o tivessem censurado e vários tribunais civis o tivessem acusado, "ele se tornou cada vez mais ousado". Havia razão para temer que Stojalowski pudesse instigar um cisma na Igreja da Galícia. O núncio relatou que, de fato, recebera um telegrama de três bispos galicianos queixando-se do padre.[19]

O cardeal Rampolla discutiu a carta de Agliardi com Leão XIII e, em seguida, enviou instruções: o papa estava perturbado pelo relato do núncio e desejava que ele fizesse maiores investigações. Se elas confirmassem as constatações anteriores, o núncio deveria convocar Stojalowski e aconselhá-lo a mudar de comportamento imediatamente ou enfrentar "sérias medidas contra ele, das quais uma das primeiras seria a de despojá-lo dos títulos e honras especiais" que lhe haviam sido dadas pelo Vaticano.[20]

Apesar da hostilidade dos bispos locais ao padre galiciano – que o viam como um perigoso demagogo –, quanto mais o secretário de Estado e o papa ficavam sabendo, mais relutavam em tomar medidas contra o agitador clerical. Num momento em que o socialismo secular e o anarquismo estavam se espalhando pela Europa central, e a população, empobrecida sob o risco de sucumbir à sua sedução, um homem como Stojalowski podia ser muito, muito valioso.

Depois que o núncio enviou informações adicionais, o papa encaminhou o assunto ao Santo Ofício da Inquisição. Ali, muito provavelmente em consulta com o papa, os cardeais decidiram não aceitar o conselho dos bispos poloneses, que haviam pedido que Stojalowski fosse impedido de desempenhar funções eclesiásticas, ou banido. Em vez disso, os cardeais pediram ao padre que fizesse um voto público de obediência a seus superiores no futuro. E ele assim fez.

Poucos anos depois, porém, em 1898, renovados protestos contra o comportamento do eloqüente padre forçaram o secretário de Estado a retornar à questão. Dessa vez, no rastro de uma série de ataques violentos a judeus em várias comunidades galicianas, foi o governo austríaco que pediu providências ao Vaticano.

Em junho de 1896, Agliardi fora chamado de volta a Roma, onde foi feito cardeal. No mês seguinte, o arcebispo Emidio Taliani o substituiu como núncio papal em Viena. Taliani não só se igualava a seu predecessor em seu entusiasmo por Lueger e o Partido Social Cristão, como era também mais simpático a Stojalowski. Rejeitou as perturbadoras notícias sobre o padre galiciano que continuavam a chegar como invenções caluniosas da "imprensa judaico-liberal".

Em sua nova posição como núncio papal em Viena, Taliani viu-se repelindo acusações feitas por ministros do governo austríaco de que o Vaticano era responsável pela violência anti-semita na Galícia. A 23 de junho, o núncio escreveu para informar ao secretário de Estado sobre um desagradável encontro que acabara de ter com o conde Goluchowski, o ministro das Relações Exteriores do Império Austríaco, ele próprio um homem de origem polonesa. "Grande foi minha surpresa ontem", escreveu o núncio, "quando o conde Goluchowski, com inusitada agitação, queixou-se amargamente das ações do padre acima mencionado [Stojalowski], dizendo que ele era responsável pelas desordens e as matanças". Taliani respondera que, como polonês, Goluchowski talvez estivesse mais bem informado que ele sobre esses desenvolvimentos locais, mas que ele, Taliani, estava surpreso com suas acusações. "Ele replicara que todos sabem que os seguidores de Stojalowski eram os instigadores das desordens", e nada tive a dizer em resposta a isso. Mas, quando o conde chegou ao ponto de "atribuir pelo menos parte da culpa à Santa Sé, que havia reabilitado Stojalowski e solapado a autoridade dos bispos, não pude fazer menos que protestar veementemente contra a injustiça de sua acusação".

O núncio papal acrescentou um pós-escrito a esse relato: acabara de receber notícias de uma fonte altamente confiável revelando as verdadeiras causas das desordens na Galícia: "Os impostos exorbitantes ... e a usura dos judeus."[21]

As acusações do ministro das Relações Exteriores austríaco à Santa Sé provocaram indignação no Vaticano. "Nem preciso lhe contar", escreveu o secretário de Estado em sua resposta a Taliani, "a impressão extremamente desagradável que a leitura de seu relatório causou em mim. Quanto ao Santo Padre, a quem relatei o assunto, devo lhe dizer que a linguagem usada pelo conde Goluchowski – especialmente por ter sido empregada por um ministro católico em referência à Santa Sé – só pode lhe causar grande amargura."[22]

No mesmo dia em que o cardeal Rampolla redigiu essa carta, o núncio em Viena estava enviando um novo relato. Com *pogroms* se multiplicando por toda a Galícia, uma sensação de crise crescera em Viena. As coisas tinham chegado a tal ponto, escreveu o núncio, que o próprio imperador expressara seu desgosto com o que estava acontecendo. "É verdade que precisamos levar em conta o exagero presente na imprensa, já que os jornais são em sua maior parte judaicos ou vassalos dos judeus. Mas não se pode negar que os judeus e a propriedade judaica estão sendo expostos a ferozes represálias ... especialmente na Galícia." Taliani, contudo, tentou tranqüilizar o cardeal: "Os que afirmam que o padre Stojalowski e seu partido são responsáveis por esses excessos ignoram – ou, para ser preciso, fingem ignorar – que a causa principal não é outra senão os próprios judeus. Com sua usura e seus negócios desonestos, criaram eles próprios o anti-semitismo."[23]

O núncio não se limitou a partilhar com o Vaticano sua idéia da responsabilidade dos próprios judeus pelos *pogroms* galicianos. Tentou convencer também o governo austríaco de que a violência era culpa dos próprios judeus.

No final de junho, Taliani enviou um novo relatório ao cardeal Rampolla, informando-lhe que, após a proclamação de um estado de emergência na Galícia, a calma começara a voltar à região. Em conseqüência, a preocupação do governo austríaco com a violência contra os judeus graças a Deus diminuíra. O núncio voltara a falar com o conde Goluchowski que, segundo ele contou, fora capaz agora de se mostrar desapaixonado em relação ao assunto. O conde, escreveu Taliani, "teve de admitir que as acusações de anti-semitismo lançadas contra o clero haviam sido exageradas".

Mas o conde fizera uma nova queixa ao núncio. Lamentara o perigo representado por um novo jornal jesuíta. Com seu "teor acentuadamente anti-semita", acusara, ele "incita imprudentemente o ódio aos judeus".

"Respondi ao conde", escreveu o núncio, "que os próprios judeus sabiam perfeitamente qual era a melhor maneira de atrair ódio com sua usura e suas provocações, de modo que de fato não me parecia que restava coisa alguma a ser insuflada pela imprensa."[24]

Enquanto o núncio não via nenhum problema, no entanto, o Vaticano continuava a se ver embaraçado por notícias de jornal sobre a violência liderada por um padre contra os judeus na Galícia. No início de junho, o papa ordenou ao Santo Ofício da Inquisição que examinasse novamente o assunto do monsenhor Stojalowski, e o núncio em Viena foi novamente solicitado a colher informação para auxiliar essas investigações. No dia 15 de junho, Taliani enviou ao cardeal Rampolla um relatório preliminar de suas descobertas, que pintava o padre galiciano em termos inflamados. "Desde o momento de seu retorno de Roma", escreveu o núncio, Stojalowski "jamais deu qualquer motivo para censura. Na verdade, ao contrário, mostrou-se um protetor dos judeus... e... não poucos judeus expressaram sua gratidão a Stojalowski."[25]

Alguns dias depois, o núncio enviou ao secretário de Estado mais elementos de sua defesa do padre. Para ir ao fundo da questão, relatou Taliani, ele entrara em contato com um idoso e honesto monge polonês que conhecia bem Stojalowski. "A informação que ele me forneceu", escreveu o núncio, "refuta as queixas que o governo fez contra ele." Anexou à sua carta o comunicado do monge. Datado de 5 de julho de 1898 na Galícia, estava escrito em francês.

"O padre Stojalowski não teve nenhum papel nos tumultos anti-semitas na Galícia", o monge declarou. Não eram seus seguidores que haviam se levantado contra os judeus e, sim, ele afirmou, gente do partido socialista, que, numa tentativa de difamá-lo, havia depois "espalhado o boato de que a culpa era de Stojalowski".

Numa passagem reveladora, o monge passou a explicar as atitudes em relação aos judeus encontradas entre o clero da Galícia. Ele não queria sugerir, escreveu o monge, que Stojalowski não era anti-semita: "O padre Stojalowski é, sem nenhuma dúvida, um anti-semita no sentido em que o são Lueger e todos os padres de boa vontade na Galícia. Pois como poderia um católico ver a arrogância dos judeus do país, sem se sentir no dever de se opor às táticas abjetas de corromper a moral das pessoas que os judeus da Galícia usam?" No entanto, odiar os judeus era uma coisa, matá-los era outra, e, relatou o monge, Stojalowski "nunca insuflou o povo a matar os judeus".

Grande parte da população de língua polonesa do oeste da Galícia, agastada sob o domínio austríaco, via o governo de Viena não como seu protetor mas como seu opressor. O correspondente do núncio podia claramente ser contado entre eles. Longe de ser o padre polonês Stojalowski o responsável pela violência, ele afirmou, era mais provavelmente o próprio governo austríaco que estava por trás das desordens. O que se dizia na Galícia, ele escreveu, era que "essa agitação contra os judeus é só um ardil usado para oprimir o povo". Ao reprimir os tumultos, soldados austríacos haviam matado trinta camponeses, "e nem um fio de cabelo de um judeu fora tocado". Tudo isso acontecera, ele acrescentou, apesar de "os padres atestaram que nos lugares em que os tumultos irromperam foram os judeus que provocaram o povo".[26]

O governo austríaco continuou a instar o Vaticano a tomar alguma providência com relação a Stojalowski, mas seus apelos foram recebidos por mais delongas do Vaticano. A 24 de setembro de 1900, o núncio interino em Viena escreveu ao cardeal Rampolla, contando sobre um encontro desagradável que acabara de ter com o ministro das Relações Exteriores austríaco. O austríaco acusara a nunciatura de proteger Stojalowski da ação disciplinar do Vaticano. O ministro das Relações Exteriores soubera, disse ele, pelo embaixador austríaco em Roma, que se a Santa Sé não tomara "medidas enérgicas" contra o padre galiciano, fora por causa da oposição do núncio. "Respondi", escreveu o núncio interino, "que o termo 'proteção' não era correto. Não protegemos o padre Stojalowski. Mas, antes de tomarmos qualquer medida contra ele, queremos ter certeza das acusações que lhe estão sendo feitas e verificar se são sustentadas pelos fatos."[27]

Para o núncio papal em Viena, na virada do século, o problema não era o anti-semitismo, o problema eram os judeus. De sua perspectiva, o movimento anti-semita e o movimento católico eram em grande parte uma só e mesma coisa. Um episódio em maio de 1899 foi típico. Quando a Suprema Corte austríaca baixou uma norma proibindo o uso de fundos públicos para reformar igrejas na capital, o Partido Social Cristão usou a decisão para estimular um furor anti-semita em Viena. Num informe ao cardeal Rampolla, Taliani contou-lhe sobre a reação à decisão da corte no parlamento vienense. Um deputado católico se levantara para condená-la, "não sem animação, não sem alguns comentários pungentes contra o Partido Liberal Judaico, que usa todos os meios e todas as ocasiões possíveis para oprimir os católicos da capital. O orador caracterizou corretamente a campanha judaica como uma provocação dirigida à maioria católica de Viena".

O núncio contou então que a denúncia mais veemente no parlamento viera do monsenhor Scheicher, "que talvez tenha transposto os limites da veemência legítima". De fato, escreveu Taliani, o prelado "proclamara uma cruzada contra o judaísmo e contra as sinagogas. Caso os ataques de Scheicher encontrem eco na população anti-semita", ele previu, "uma verdadeira revolta e uma verdadeira guerra anti-semita poderiam irromper". O próprio Lueger também falou, qualificando a decisão da corte de obra de canalhas. "Como de costume", o núncio observou, Lueger "foi alternadamente muito violento e muito engraçado. Mas em seu conjunto, esta polêmica extremamente inflamada pode ser facilmente compreendida, se refletirmos sobre o fato de que, já há algum tempo, os judeus mostram uma audácia e um nível de violência que é verdadeiramente insuportável." O Partido Social

Cristão, prosseguiu Taliani, não estava deixando a matéria descansar no parlamento; estava levando-a ao povo. No dia seguinte, iriam fazer comícios nas praças públicas de cada um dos 18 distritos de Viena.[28]

Dos oradores do Partido Social Cristão à época, poucos eram tão apreciados quanto o lugar-tenente de Lueger, Ernst Schneider. Homem sem papas na língua, nos discursos que fez no final do século ele propôs – presumivelmente julgando que seu público acharia a idéia divertida – que o governo austríaco deveria oferecer uma recompensa em dinheiro para todo bom cristão que matasse um judeu.[29]

Aos olhos do núncio, e aos da Santa Sé, os católicos estavam finalmente enfrentando destemidamente a ameaça judaico-liberal na Áustria. Graças a Karl Lueger e seus companheiros, os judeus austríacos estavam agora na defensiva.

A perspectiva do núncio, partilhada tanto pela Secretaria de Estado quando pelo próprio papa, ficou patente no fim do verão de 1899 quando se estava planejando um congresso nacional do Partido Social Cristão.

"É com grande prazer que lhe informo", Taliani escreveu ao cardeal Rampolla a 27 de agosto de 1899, "um grande congresso social cristão, a ser realizado no final deste outubro. Os social-cristãos estão ampliando constantemente a sua base de operação e espalhando-se não só pela zona rural, onde estão encontrando terreno favorável, como nas cidades mais importantes, em que o liberalismo e o judaísmo unidos ainda controlam governos locais e oprimem o povo". O congresso, escreveu o núncio, poderia provar-se decisivo na promoção do sucesso político dos católicos, se conseguisse, como ele esperava, superar a desconfiança ainda presente em alguns setores católicos em relação ao Partido Social Cristão, e conseguir assim que todos os católicos ingressassem no partido.

Para os que sustentaram que o Vaticano não teve nenhuma responsabilidade pelo notoriamente anti-semita Partido Social Cristão, a carta do núncio, encontrada nos Arquivos Secretos do Vaticano, não pode ser uma leitura bem-vinda. "Obedecendo às instruções que Vossa Eminência me deu repetidamente", ele escreveu, "não deixarei também nesta ocasião de dar – com a necessária prudência – as sugestões apropriadas aos líderes do partido, de modo que ajam no sentido que indiquei acima".

Taliani concluiu esse relatório com uma advertência renovada sobre as maquinações do inimigo: "A ressurgência da atividade católica que estamos vendo", explicou, "amedrontou seriamente o liberalismo maçônico judaizado que, para intimidar católicos e impedi-los de agir, vem, já há algum tempo, injuriando-os em todas as ocasiões possíveis."[30]

Alguns dias mais tarde, um satisfeito secretário de Estado mandou sua resposta: "Partilhei [seu relatório] do dia 27 do mês com o Santo Padre." Tanto ele quanto o papa Leão XIII estavam encantados em saber do progresso "das forças católicas e do considerável ardor dessa boa gente que, seja nas associações, seja nos vários congressos, está nos ajudando ao ganhar uma posição sólida contra os ataques e a invasão de nossos adversários."[31]

Após mais de um década de forte apoio do Vaticano e com a ativa participação do baixo clero, o movimento anti-semita na Austro-Hungria estava ganhando fôlego quando o século XX começou.

Mas a Áustria e a Galícia não eram os únicos lugares onde, da perspectiva do Vaticano, esse conflito entre as forças boas do catolicismo e as forças malévolas do judaísmo estava tendo lugar. Hostilidades contra os judeus vinham eclodindo também na Hungria. Em maio de 1901, recém-chegado de uma viagem a Budapeste, o núncio em Viena escreveu ao cardeal Rampolla. Estava ansioso por estabelecer a verdade dos fatos, pois os jornais tinham estado cheios de matérias tendenciosas sobre as recentes desordens e manifestações de rua que haviam irrompido em Budapeste. As demonstrações eram, ele escreveu, "dirigidas exclusivamente contra os judeus, que com suas provocações e aquela sua arrogância, vão terminar provocando uma reação violenta".[32] Se, à medida que o século XX avançou, uma chama anti-semita começou a se espalhar pela Europa central, foi uma chama que Leão XIII e seu secretário de Estado tinham colaborado para atiçar.

10

Raça

Os esforços para negar o envolvimento da Igreja Católica na ascensão do anti-semitismo deram grande peso à presumida ausência de um elemento racial em qualquer hostilidade que a Igreja tenha feito aos judeus no passado. Tal como abraçado no relatório de 1998 da Comissão do Vaticano sobre o *Shoah*, esse argumento consiste em três partes: (1) um dos traços definidores do anti-semitismo moderno é a idéia de que os judeus constituem uma raça distinta, inferior; (2) a Igreja sempre condenou o pensamento racial, pois ele vai contra a sua missão universal; e, portanto, (3) a Igreja não poderia ter se envolvido no desenvolvimento do anti-semitismo moderno.

Há um elemento de verdade nessa argumentação, mas ela peca tanto por uma falha lógica quanto por uma interpretação equivocada da história.

O elemento de verdade é este: a Igreja oficial não podia aceitar uma visão dos judeus como irredimíveis, como inalteravelmente inferiores. Em primeiro lugar, Jesus era um judeu nato, como muitos dos fundadores da Igreja. Se os judeus fossem biologicamente inferiores, que implicações teria isso para eles? Em segundo lugar, desde os mais remotos tempos cristãos, dera-se grande prioridade à conversão dos judeus nos ensinamentos da Igreja. A salvação estava ao alcance dos judeus através do batismo; qualquer teoria de que a natureza do judeu era fixada no nascimento ia contra o que a Igreja ensinava sobre regeneração em Cristo através do batismo.

No entanto, apesar desta verdade básica, restam dois problemas básicos.

O problema lógico decorre da forma da argumentação, que tem a seguinte aparência: (1) o anti-semitismo moderno acarreta necessariamente a noção da inferioridade biológica judaica; mas (2) a Igreja Católica nunca abraçou uma crença na inferioridade biológica judaica; portanto, (3) a Igreja Católica não pode ter nenhuma responsabilidade pela ascensão do anti-semitismo moderno.

Mesmo que identifiquemos o anti-semitismo moderno com racismo, disso não se depreende, porém, que o racismo é o único traço significativo do anti-semitismo moderno. De fato, a ideologia que produziu os primeiros movimentos anti-semitas modernos nas duas últimas décadas do século XIX tinha outros componentes, igualmente importantes. Qualquer lista deles teria de incluir os seguintes: há uma conspiração judaica secreta; os judeus buscam conquistar o mundo; os judeus são uma seita maligna que procura fazer mal aos cristãos; os judeus são por natureza imorais; os judeus só pensam em dinheiro e fazem qualquer coisa para consegui-lo; os judeus controlam a imprensa; os judeus controlam os bancos e são responsáveis pela ruína econômica de um sem-número de famílias cristãs; os judeus são responsáveis pelo comunismo; o judaísmo ordena a seus adeptos assassinar crianças cristãs indefesas e tomar seu sangue; os judeus procuram destruir a religião cristã; os judeus são impatrióticos, sempre prontos a trair seu país; para que a sociedade mais ampla seja devidamente protegida, os judeus devem ser segregados e seus direitos, limitados.

A Igreja desempenhou importante papel na promulgação de cada uma dessas idéias, que são centrais no anti-semitismo moderno. Cada uma delas teve o apoio das mais elevadas autoridades eclesiásticas, inclusive os papas.

O problema lógico na argumentação do Vaticano resume-se portanto nisto: se a Igreja teve grande (embora, é claro, não exclusiva) responsabilidade pela instilação de uma dúzia dos principais pilares ideológicos do movimento político anti-semita moderno, mas um décimo terceiro veio de outras fontes, devemos concluir que a Igreja tem pouca ou nenhuma responsabilidade pelo florescimento do anti-semitismo moderno naquelas áreas onde teve grande influência?

O problema para o Vaticano, contudo, é mais sério que isso, porque na verdade a Igreja esteve envolvida no desenvolvimento do pensamento racial sobre os judeus. E isso não era novidade. Idéias sobre diferenças biológicas entre judeus e cristãos, embora contradigam outros aspectos importantes da teologia cristã, têm uma longa história na Igreja. Elas ajudaram a preparar os católicos no final do século XIX e no século XX para outros desenvolvimentos no pensamento racial, alguns dos quais conflitavam abertamente com ensinamentos da Igreja sobre a unidade da humanidade.

De fato, concepções de que os judeus seriam diferentes não só religiosa e cultural como também biologicamente – portadores de traços físicos ou espirituais negativos que transmitiam automaticamente de geração em geração fossem quais fossem suas práticas religiosas – têm uma história muito antiga na Igreja.

O exemplo mais notável vem da Espanha, que no século XV tinha a maior população judaica da Europa. Ali, em conjunção com os batismos forçados dos judeus, e a expulsão em 1492 dos que se recusavam a se converter, uma série de leis, os estatutos de *limpieza de sangre*, foi promulgada. As leis proibiam qualquer pessoa de ascendência judaica de ocupar cargos de prestígio na sociedade espanhola. De fato, elas vieram a ser aplicadas pela própria Igreja para impedir que cristãos que tivessem judeus em suas árvores genealógicas ocupassem cargos na Igreja.[1]

Em 1547, o arcebispo de Toledo promulgou uma nova lei excluindo todo cristão que descendesse de judeus das várias formas de assistência que a arquidiocese prestava. Em 1555, essa lei foi ratificada pelo papa Paulo IV e passou a servir de modelo para a Igreja em toda a Espanha. Ninguém podia aspirar a qualquer das honras ou dos cargos mais elevados na sociedade espanhola a menos que pudesse mostrar que não era conspurcado por sangue judaico. Candidatos a postos no serviço civil ou à admissão nas universidades eram solicitados a apresentar genealogias que demonstrassem ser eles livres dessa mácula. Nos casos em que se descobria que um candidato confiante tivera um ancestral judeu, ele não só era excluído do cargo em questão como era também humilhado publicamente. Várias ordens monásticas e outras congregações eclesiásticas excluíam de modo similar descendentes de judeus. Para justificar semelhante estatuto, uma organização da Igreja explicou que se tratava de uma questão de pureza. Como os assassinos de Jesus, os judeus de seu tempo adquiriram uma mancha indelével no sangue, que foi transmitida às gerações seguintes, de modo que "todos os seus descendentes ... são como que nascidos com sangue contaminado. Por isso lhes são negadas todas as honras, todos os cargos e títulos... a abominação de seus ancestrais vai aferrar-se a eles para sempre".[2]

Foi no século XVI que um espanhol, Inácio de Loyola, fundou a ordem jesuíta. Embora de início alguns de seus mais importantes recrutas viessem dos descendentes de judeus convertidos à força na Espanha, os jesuítas logo puseram um fim nisso. Em 1592, introduziram uma regra que proibia a admissão de homens de origem judaica, calculando a ancestralidade até a quinta geração. A regra só foi eliminada em 1946, tendo sido citada muitas vezes tanto pelos nazistas como pelos fascistas italianos para demonstrar que suas próprias políticas raciais apenas refletiam aquelas da mais respeitada ordem religiosa da Igreja.[3]

Entre os católicos em geral, a crença na mancha hereditária dos judeus era comum, assim como dúvidas sobre até que ponto eles podiam ser transformados em cristãos pelo batismo. Mesmo que a Igreja oficial não promulgasse essas idéias – que iam contra o dogma católico oficial –, o Vaticano se via por vezes cedendo a seu domínio popular.

Um bom exemplo vem da Europa central em 1892. Um arcebispado ficou vago numa província tcheca naquele ano, e um respeitado erudito católico, Theodor Kohn, foi nomeado para o cargo. Como seu nome sugere, o novo arcebispo era judeu de nascimento. Quando a notícia da ascendência do arcebispo se espalhou, as pessoas ficaram indignadas. O triste clímax do caso veio em 1896 quando, no momento em que se levantou para falar num congresso católico em Salzburgo, o arcebispo Kohn recebeu uma saraivada de vaias e zombarias. A situação ficou tão intolerável que as autoridades do Vaticano sentiram que tinham de agir. Comunicaram ao arcebispo que devia renunciar, sob a alegação de que seu nome estava provocando excessivos problemas.[4]

Embora a denominação raça fosse incessantemente empregada pela Igreja e por muitos outros setores da sociedade em séculos passados, o que se entendia exatamente por "raça" é uma questão de interpretação. Tomemos um caso típico. Após a demolição dos portões do gueto de Roma pelas tropas francesas em 1798, o prelado Giuseppe Sala expressou seus pensamentos sobre os judeus de Roma em seu diário. "Essa raça desgraçada é inacreditavelmente insolente e, agora que deixou os muros do gueto, pode viver onde lhe agrada e assim está começando a infestar os bairros da cidade."[5]

Até aqueles poucos padres que tinham, nessa época, sentimentos mais caridosos pelos judeus partilhavam das idéias correntes sobre as diferenças físicas deles, ligadas a um entendimento de que pertenciam a uma raça diferente. Não há melhor exemplo disso que o caso de um homem visto por muitos judeus franceses da época como seu maior defensor católico, padre Henri Grégoire. Nascido em 1750 de pais artesãos rurais na Lorena, estava entre os clérigos católicos que mais tinham tido sua visão de mundo afetada pelas idéias do iluminismo francês. Quando a Sociedade Real de Metz decidiu promover um concurso de ensaios sobre o tópico "Há uma maneira de tornar os judeus mais úteis e mais felizes na França?", padre Grégoire participou e ganhou um dos três prêmios principais. Seu ensaio vencedor foi publicado em 1789.[6]

Embora os motivos do padre Grégoire para escrever o ensaio fossem claramente caridosos, e o seu interesse no bem-estar dos judeus, sincero, a imagem que ele traça dos judeus revela com que profundidade uma concepção racial estava incrustada na sociedade católica provincial. Ele escreveu sobre a "constituição física dos judeus ... a face pálida, o nariz adunco, os olhos fundos, o queixo proeminente e os músculos extremamente pronunciados da boca". Acrescentou: "A maioria deles parece velha antes do tempo ...

Exalam constantemente um mau odor." Contudo, apesar desse retrato repugnante, padre Grégoire sustentou que o comportamento deplorável de que os judeus estavam constantemente sendo acusados, na medida em que de fato ocorria, era o resultado das leis restritivas e do ódio que lhes era votado por cristãos. Uma vez que lhes fosse dada a mesma liberdade que os outros possuíam, escreveu, eles se tornariam membros produtivos da sociedade. O padre Grégoire continuou a defender os judeus durante toda a sua vida e foi pranteado pelos judeus da Europa inteira quando morreu, em 1831.[7]

A menção ao cheiro dos judeus evoca um tema com uma longa história em escritos da Igreja. O *foetor judaicus*, pensava-se, denunciaria até o mais astuto judeu que tentasse se insinuar num grupo cristão. A crença no cheiro do judeu estava estreitamente ligada à idéia dele como demoníaco, vinculada à idéia medieval de que, enquanto os bons espíritos exalam uma fragrância agradável, espíritos malignos, e principalmente o próprio Satã, exalam um cheiro nauseabundo.[8]

Há uma boa razão para que essa crença no odor judaico não seja identificada com o racismo biológico moderno. Segundo a crença cristã tradicional, o fedor dos judeus evaporava com o batismo. De fato, pregadores às vezes usavam isso como argumento na tentativa de convencer judeus a se converter.

Um notório convertido judeu, Samuel Nahmias, que ascendeu no século XVII à posição de professor de hebraico na faculdade na Congregação para a Propagação da Fé em Roma, era obcecado pelo mau cheiro dos judeus. Mil banhos, ele disse, não o removiam. De fato, ao instruir judeus sobre por que precisavam se converter, acusava-os de ofender a população vizinha por feder tanto.[9]

Mas, embora fosse inspiradora, a crença no desaparecimento miraculoso do cheiro dos judeus na pia batismal coexistiu com uma outra compreensão do odor judaico, parte de uma imagem maior do corpo judaico como abominável. Os anti-semitas do final do século XIX e do século XX não precisaram fazer nenhuma grande mudança para incorporar o cheiro num quadro mais amplo de uma raça degradada. *A França judaica* de Edouard Drumont fez exatamente isso, propondo uma longa discussão do *foetor judaicus*, acrescentando que o batismo não o podia eliminar. E, para publicações católicas como *La Croix du Nord*, o odor judaico tornou-se simplesmente mais um traço biológico básico, a acompanhar o nariz adunco e a voz nasalada, a ser usado na difamação dos judeus.

Com a ascensão dos nazistas, a antiga crença católica no fedor judaico foi incorporada aos novos conceitos raciais. O autor de um artigo publicado em 1934 no periódico católico polonês *Pro Christo*, por exemplo, afirmou que, mesmo após sete gerações, os descendentes de judeus convertidos ao cristianismo na Polônia continuam a exalar o cheiro judeu característico. Disso ele concluiu – indo aqui muito além de qualquer coisa que o Vaticano subscreveria – que o poder do sangue judaico era tão grande que "pôr um ponto-final na penetração de sangue ariano por sangue judaico é útil, apropriado, compreensível e moral".[10]

De maneira mais geral, a velha idéia cristã da diferença física dos judeus – embora tenha precedido de muito qualquer compreensão moderna da genética – passou a se combinar no final do século XIX com idéias mais recentes de identidade nacional e diferença biológica. A iconografia católica, que durante séculos representara os judeus através de estereótipos físicos negativos, foi simplesmente atualizada para novas batalhas políticas. Típico disso foi o semanário assuncionista, Le Pèlerin, que em pleno caso Dreyfus publicou uma grande ilustração em cores mostrando um judeu rico, cabeludo e de nariz grande, postado com seu filho – também com um nariz enorme – diante de uma série de retratos. Um mostrava Judas (de narigão) vendendo Jesus; um representava José sendo vendido por seus irmãos; e um outro retratava Dreyfus (narigão) recebendo trinta moedas do kaiser Guilherme II. O pai, num francês alemanizado, pergunta ao filho: "E quando você crrescerr, meu Jacozinho, vai venderr o quê?"[11]

Os autores católicos franceses da época também não estavam imunes à tentação de acrescentar um toque de autoridade científica moderna às suas dissertações sobre a raça judaica. O livro de 1880 do padre E. H. Chabouty, *Franco-maçons e judeus*, um dos livros sobre os judeus mais ampla e calorosamente citados na imprensa católica, oferece um bom exemplo: "A ciência", ele explicou, "concordando com a experiência cotidiana, mostra-nos que a raça judaica – o que faz dela unicamente entre todas as outras uma exceção à regra geral – é capaz de viver e de se perpetuar em qualquer clima. [A ciência] demonstra a existência nesse povo ... de uma imunidade que o exime de doenças e pestes." Aqui, o padre Chabouty invocou a autoridade da ciência moderna para dar nova roupagem a uma crença inteiramente medieval, a acusação de que os judeus, tirando proveito de sua imunidade sobrenatural, saíam pelo mundo disseminando pestes para matar os cristãos.[12]

Os leitores da imprensa católica na Europa, na virada do século XX, eram continuamente bombardeados com referências à raça judaica e suas características nocivas. Um artigo de 1898 sobre os judeus em *La Croix du Nord* é típico: os judeus são uma "raça, uma raça estrangeira, acampada entre nós, uma raça que não tem nem nosso sangue, nem nossos instintos, nem nossos ideais; uma raça que é cosmopolita por natureza, uma raça sem país, uma raça intransigente, usurária, desprovida de senso moral, uma raça capaz de vender e comprar qualquer coisa".[13] E, oito anos mais tarde, um artigo em *Le Bloc Catholique*, ao denunciar a maçonaria, afirmou que os maçons eram "inspirados e dirigidos pela raça judaica, essa raça parasita e vampiresca, sempre e em toda parte desprezada e evitada, essa raça errante, testemunha ao longo dos séculos da maldição que pesa sobre ela ... A Igreja de Satã está encarnada na raça judaica..."[14]

Dado o nível de hostilidade contra os judeus inculcado pela Igreja, foi se tornando cada vez mais difícil manter o comprometimento popular com a posição oficial da Igreja de que os judeus podiam ser transformados do mal para o bem mediante as águas batismais. Era credulidade demais imaginar que um povo tão demoníaco podia ser tão facilmente transformado, que a pessoa que até ontem era um judeu podia hoje ser um de nós.

Um caso do início do século XX oferece um exemplo particularmente medonho disso, mostrando como o anti-semitismo católico da virada do século pôde ajudar a armar o palco para o anti-semitismo nazista, exterminador, posterior.[15] Num debate parlamentar em 1901, Ernst Schneider, o lugar-tenente de Lueger mais respeitado no Partido Social Cristão da Áustria, proclamou: "A questão judaica é uma questão racial, uma questão de sangue." Depois, sem dúvida para a hilaridade de seus colegas deputados do Partido Social Cristão, gracejou: "Não estou envolvido em nenhuma discussão sobre batismo judaico, mas vou dizer isto. Se eu tivesse de batizar judeus, seguiria o método de são João, embora de maneira um tanto melhorada. Ele os mantinha sob a água para o batismo, mas eu os afundaria nela durante cinco minutos."[16]

Essa imagem do judeu afogado na água batismal não despertaria nenhum riso no Vaticano, que permanecia comprometido com o batismo judaico como a única solução, divinamente determinada, para o problema judaico. Mas a idéia do judeu como fundamentalmente mau, como um perigo constante para a sociedade cristã, estava impregnada na visão de mundo do Vaticano naquela época. No início de 1898, o jornal do Vaticano, *L'Osservatore romano*, voltou a seu lamento de que a emancipação dos judeus trouxera inenarrável sofrimento para o mundo cristão. Tendo conseguido igualdade de direitos, declarou o jornal, "o judeu buscou levar a vida que absolutamente não podia, abandonando-se imprudente e insensatamente àquela paixão inata de sua raça, que é essencialmente usurária e atrevida. Isso, por sua vez, despertou e ampliou mil vezes a aversão natural que os cristãos têm pelo povo deicida".[17]

Este artigo seguiu-se a outro que o jornal do Vaticano publicara sobre o tema dos judeus apenas alguns dias antes. Seu autor seguiu o que se tornara um padrão: pinte os judeus nos mais terríveis termos imagináveis, mas depois faça uma ressalva, dizendo que a violência contra eles é anticristã. Assim, após narrar a sede demoníaca dos judeus por sangue cristão e sua conspiração perversa para destruir a cristandade, o artigo do *L'Osservatore romano* concluiu que só havia uma defesa adequada contra os judeus: "um anti-semitismo saudável que seja não-violento."[18]

11

Assassinato ritual e os papas no século XX

Nas duas últimas décadas do século XIX, o Vaticano começou a usar o anti-semitismo para criar apoio político de massa para a Igreja. Era preciso, contudo, manejá-lo com cuidado, especialmente nos próprios papas. A hierarquia via a Igreja Católica Romana como a portadora, por desígnio divino, de uma mensagem de universalismo, amor e caridade. Com *pogroms* se disseminando pela Europa oriental, e com acusações de assassinato ritual judaico, crimes econômicos judaicos e traição judaica gerando violência tanto na Europa ocidental quanto na central, os papas e seus secretários de Estado tentaram se manter, publicamente, a alguma distância das campanhas anti-semitas. Em suas declarações públicas, nenhum papa acusava pessoalmente os judeus de assassinato ritual, nem afirmava – com todas as palavras – que eles eram um corpo estranho que destruía a sociedade cristã. Os próprios papas não pediam publicamente a revogação dos direitos civis dos judeus, nem que eles fossem mandados de volta para os guetos.

Na verdade, em seus pronunciamentos públicos, os papas geralmente evitavam qualquer menção específica aos judeus, permitindo ao Vaticano negar qualquer responsabilidade da Santa Sé pelo movimento anti-semita na Europa. Fora das luzes dos refletores, porém, e com a assistência de seus secretários de Estado, os papas regulavam as campanhas anti-semitas movidas na imprensa da Igreja – especialmente por *L'Osservatore romano* e *Civiltà cattolica*, sobre os quais exerciam controle. Ao mesmo tempo, por meio de seu serviço diplomático, trabalhavam silenciosamente para moldar o uso mais direto do anti-semitismo, como vimos ter sido o caso na Áustria.

A campanha católica que, nas duas últimas décadas do século XIX, identificou os judeus com o assassinato ritual ilustra bem como isso funcionava. Nesses dias, os jornais católicos da Itália, França, Áustria e Alemanha estavam cheios dos mais horríveis relatos da perversidade dos judeus no assassinato de crianças. Açulando velhos sentimentos antijudaicos na população cristã, as sinistras acusações provavam-se úteis na mobilização das pessoas a favor da Igreja na batalha contra as forças do liberalismo e da mudança. O papa Leão XIII e seu secretário de Estado, no entanto, compreendiam que uma campanha como essa tinha seus riscos, oferecendo munição aos que procuravam pintar a Igreja como irremediavelmente atolada em superstições medievais. E, com os judeus emancipados capazes agora de participar da vida pública, e mais cristãos entrando em contato com eles, a campanha do assassinato ritual parecia uma obra particularmente asquerosa a um número crescente de pessoas.

Em nenhum lugar essa reação foi mais forte do que na Inglaterra, onde a posição da Igreja Católica Romana era muito diferente da posição que se vislumbrava nos países em que os católicos eram a vasta maioria. De fato, na Inglaterra, não só os católicos eram uma minoria (de cerca de 5 ou 6%), como a própria Igreja Católica era objeto de medo e ódio muito difundidos. Os católicos britânicos só haviam adquirido o direito de ser eleitos para o Parlamento em 1829, e somente em 1867 foram isentos da obrigação de fazer uma declaração contra a transubstanciação antes de assumir um cargo oficial. Por todo o país, uma lei proibia os católicos de fazer procissões públicas em que os trajes eucarísticos completos fossem usados e a hóstia consagrada, carregada. A hostilidade contra a Igreja Católica e o papado certamente contribuíram para o forte apoio, em 1858, de ministros anglicanos e, dos muitos leigos protestantes eminentes à devolução de Edgardo Mortara à sua família judaica. Acusaram a Igreja Católica de impor crenças teocráticas medievais à custa dos judeus. Por outro lado, os católicos da Inglaterra, sendo eles próprios membros de uma minoria religiosa desprezada, eram inusitadamente sensíveis às agruras dos judeus.[1]

Em dezembro de 1889, o rabino primaz de Londres, Hermann Adler, escreveu uma carta ao cardeal Henry Manning, o idoso arcebispo de Westminster, falando-lhe sobre um livro recente intitulado *O mistério do sangue entre os judeus*, do padre Henri Desportes. Publicado na França, ressuscitava as velhas acusações de assassinato ritual judaico.

Normalmente, ele tentava ignorar obras tão ignóbeis, escreveu o rabino. Mas nesse caso a publicação do livro assumira uma importância muito maior, pois ele estava sendo promovido como trazendo a aprovação do próprio papa. "Eu não gostaria de acreditar", escreveu Adler, "que o eminente chefe da Igreja Católica poderia ter-se expressado dessa maneira." O rabino pediu a ajuda do arcebispo: "É difícil acreditar que Sua Santidade ter-se-ia expressado no sentido que lhe é atribuído, mas, caso se deixe passar uma alegação como essa sem negá-la, isso pode ter as mais graves conseqüências. Espero, portanto, que Vossa Eminência seja capaz de fazer uma negação formal da aprovação anunciada nos jornais."

O arcebispo respondeu rapidamente: não tinha idéia do que Leão XIII poderia ter dito sobre a questão, por isso estava escrevendo a Roma para averiguar. "O senhor certamente me faz justiça", acrescentou o arcebispo, "ao pensar que não dou nenhum crédito a esses horrores."

No dia 16 de janeiro de 1890, o arcebispo escreveu novamente ao rabino Adler, desta vez para informá-lo da resposta que recebera do secretário de Estado Rampolla. O que o padre Desportes estava trombeteando como prova do apoio do papa a seu livro, Rampolla respondera, não era nada do gênero. "A carta que o papa enviou [a Desportes]", Rampolla explicou, "era apenas uma carta formal, notificando o recebimento de um livro enviado por seu autor, mas sem aprovação de seu conteúdo." A carta, Rampolla afirmou, era idêntica "à que sempre é enviada antes que o livro seja examinado, e muitas vezes antes que seja visto". A esta breve resposta do secretário de Estado, o arcebispo acrescentou sua própria defesa de Leão XIII: "Nada está mais distante da natureza do papa do que desejar ferir gratuitamente as sensibilidades do povo judeu."[2]

Lembremos que Henri Desportes era o autor que Edouard Drumont defendera com tanta veemência, o padre que entrara em conflito com seu arcebispo. Desportes estava a caminho de se tornar uma das principais autoridades na campanha católica do assassinato ritual na França e sua obra seria citada com aprovação em publicações católicas de toda a Europa até uma altura avançada do século XX. Além de publicar dois livros sobre o tópico, em 1890, ele fundou uma revista mensal intitulada *L'Alliance antijuive*.[3]

Quando se escavam os arquivos do Vaticano, emerge uma história muito diferente da "carta formal" que, segundo o cardeal Rampolla, teria sido enviada a Desportes. A 26 de julho de 1889, o padre Desportes enviou dois exemplares de seu livro recém-publicado, *O mistério do sangue entre os judeus*, ao papa Leão XIII por intermédio do secretário de Estado Rampolla. Na mensagem que anexou para o cardeal, Desportes explicou a tese do livro, embora Rampolla certamente tivesse percebido sua natureza apenas pelo seu título. "Este livro revela", escreveu Desportes, "um dos mais monstruosos casos de fanatismo moderno, e ouso esperar que Vossa Eminência, dando-me uma palavra de aprovação, estaria disposto a me ajudar a combater essa infâmia."

A carta de Desportes ao papa desceu a detalhes muito maiores. Ele pedia ansiosamente a aprovação do papa e estava convencido de que este apreciaria sua obra. "É obrigação do meu coração cristão e minha obrigação como filho devotado do Vigário de Jesus Cristo oferecer a Vossa Santidade o volume, *O mistério do sangue*, que acabo de publicar. Desejei louvar a glória dos mártires desconhecidos da sinagoga, e revelar ao mundo – que ignora a verdadeira história – as notícias dos pequenos inocentes cujo sangue foi derramado por esses feitos hediondos. Não é um escândalo que os judeus sejam reverenciados em toda parte, e que os povos cristãos lhes beijem as mãos, que estão vermelhas com o sangue de seus irmãos? Quis pôr fim a essa infâmia."

Em seu último parágrafo, o padre Desportes falou ao papa sobre sua recente expulsão por obra de seu arcebispo e retratou-se como um mártir. "Os judeus são poderosos e podem reagir de maneira odienta contra os que desmascaram sua vilania. Em conseqüência de meu ato de coragem, tive de abandonar o lugar onde era feliz, de deixar minha cidade natal e tornar-me praticamente um mendigo. Nessas condições, Vossa Santidade, perdoe-me por vos oferecer um volume tão modesto. Vossa bênção apostólica e uma palavra de encorajamento da vossa parte fariam bem à minha alma e ao meu coração."[4]

Poucos dias depois, o cardeal Rampolla respondeu a Desportes. "Recebi os exemplares do livro que publicou, intitulado *O mistério do sangue* e, segundo os desejos que expressou em sua carta de 26 de julho, entreguei um dos exemplares ao Santo Padre, guardando um para mim. Sua Santidade apreciou enormemente sua oferenda filial e pediu-me para lhe agradecer em Seu nome, acrescentando que lhe envia uma sincera bênção apostólica. Cumprindo com prazer essa incumbência pontifical, envio-lhe agradecimentos especiais pela cortesia especial que mostrou com relação à minha própria pessoa. ..."[5]

A afirmação posterior do secretário de Estado, quando notícias da carta foram a público, de que o papa lhe ordenara enviar essa carta sem ter nenhuma idéia do assunto do livro, é claramente inverídica. O cardeal Rampolla e o papa sabiam ambos exatamente de que tipo de livro se tratava, e qual era seu objetivo. Não há dúvida de que aprovaram uma coisa e outra. O teor do livro era muito parecido com o da série de 26 artigos sobre assassinato ritual judaico cuja publicação já ia pelo meio em *Civiltà cattolica*, série que estava recebendo calorosos louvores também nas páginas do diário do Vaticano, *L'Osservatore romano*.

Que Desportes acreditava ter forte apoio do papa ficou claro no ano seguinte quando ele escreveu mais uma vez ao cardeal Rampolla, enviando dois exemplares de seu último livro sobre assassinato ritual, *Morto pelos judeus*. De novo, o padre Desportes pediu ao cardeal que entregasse um exemplar ao papa e pedisse a bênção especial dele para seus esforços. O que há de particularmente notável no encômio papal que foi assim recebido é que o novo livro parecia particularmente bem concebido para levantar bandeiras de perigo no Vaticano. O cardeal Rampolla recebeu a carta e o livro de Desportes poucos meses depois de ter escrito ao arcebispo de Westminster protestando ignorância acerca do assunto dos livros de Desportes. Tornando o pedido de Desportes ainda mais suspeito, havia o fato de que o novo livro trazia, com destaque, um prefácio escrito por um homem que, supostamente, era anátema para o Vaticano, Edouard Drumont.

Após o seu prefácio – "O assassinato ritual", Drumont escreveu, "é um tipo de mania associado mais à fisiologia [dos judeus] que à sua história religiosa" –, Desportes apresentou seu próprio prefácio. Intitulou-o "Ao judeu Isidore Cohen, diretor dos *Archives israélites*". *Archives israélites* era então o principal jornal judaico da França. O que provocara Desportes fora a afirmação de Cohen de que ele não tinha apoio da Igreja para suas acusações de assassinato ritual, citando como prova sua expulsão do seminário diocesano pelo arcebispo de Rouen.

Era verdade, respondeu, que o arcebispo não queria que publicasse *Mistério do sangue*, mas "não porque monsenhor Thomas reprovasse meu livro ou a campanha anti-semita, mas simplesmente em razão de um temor e de um servilismo que não pude admirar". A oposição do arcebispo não passara de puro oportunismo político, afirmou o padre, pois o prefeito de Rouen – como vimos – era judeu e o arcebispo não quisera ofendê-lo.

Não era verdade, porém, insistiu Desportes, que o arcebispo o expulsara. Não, ele saíra voluntariamente, não desejando ser visto com um embaraço. Tampouco era verdade, acrescentou, que *Mistério do sangue* fora publicado sem aprovação eclesiástica. Quando da publicação do livro, ele já estava residindo em sua nova diocese, e "meu bispo, a *quem meu livro foi submetido*, não encontrou nele nada a criticar". Além disso, acrescentou Desportes, ele recebera em seguida efusivos elogios do Vaticano. "Roma abençoou meu livro, muitos bispos e prelados o aprovam e toda a imprensa católica o defende."[6]

Quanto do livro o secretário de Estado ou o papa podem ter lido – se é que leram alguma coisa –, não sabemos. Contudo, a 31 de outubro de 1890, apesar da negativa que enviara ao arcebispo de Westminster apenas poucos meses antes, o cardeal escreveu novamente a Desportes agradecendo-lhe pelos exemplares de *Morto pelos judeus*. "Depositei um exemplar nas mãos veneráveis do Santo Padre", disse, "e estou feliz por informá-lo de que Sua Santidade recebeu seu presente filial com gratidão, e que do fundo de seu coração ele lhe envia sua Bênção Apostólica".[7]

O mal-estar na Igreja Católica inglesa com o envolvimento do Vaticano na campanha do assassinato ritual continuou a crescer, até que uma série de acontecimentos finalmente estimulou a liderança católica da Inglaterra a dar um passo extremamente inusitado. As provocações incluíram a encarniçada campanha anti-semita dos assuncionistas na França; a publicação do livro virulentamente anti-semita *Os judeus perante a Igreja e a história*, por um frade dominicano francês; e, mais dolorosamente, a publicação de "Assassinato ritual judaico" no próprio jornal do Vaticano, *L'Osservatore romano*. Nos dias 27 e 28 de novembro de 1899, o arcebispo de Westminster, cardeal Vaughan (que substituíra o cardeal Manning), e dois dos mais eminentes leigos católicos na Grã-Bretanha – Lorde Russell, o presidente do Supremo Tribunal de Justiça do Reino e o duque de Norfolk – escreveram cada um uma carta separada de protesto ao secretário de Estado. Rogaram que ele e o papa reiterassem os repúdios à acusação de assassinato ritual que, disseram eles, os papas haviam manifestado muitas vezes em séculos anteriores.

Na sua carta, o duque de Norfolk lembrou ao secretário de Estado o julgamento por assassinato ritual então em curso na Boêmia e lamentou que "os jornais católicos e muitos dos clérigos mais influentes estivessem promovendo agressão contra os judeus como a comunidade responsável por tais atrocidades". O duque expressou a esperança de que Leão XIII interviria e suplicou-lhe que divulgasse uma declaração geral sobre a questão para acalmar as almas, como o haviam feito seus predecessores, papas Inocêncio IV, Gregório X, Martinho V e Paulo III. O silêncio continuado do papa sobre o assunto, acrescentou, teria conseqüências medonhas na opinião pública da Inglaterra, como alhures.[8]

De sua parte, Lorde Russell concluiu que a melhor maneira de se fazer ouvir na Santa Sé era enviar sua carta por intermédio do reitor do Colégio Irlandês Católico em Roma. No dia 4 de dezembro, o reitor encaminhou a carta do presidente do Supremo Tribunal ao cardeal Rampolla.[9]

O cardeal levou imediatamente as cartas inglesas ao papa. Após conferenciarem, decidiram remeter a questão aos cardeais inquisidores.

"Por ordem do Santo Padre", escreveu Rampolla ao Santo Ofício naquele mesmo dia, "as cartas do Eminente Cardeal Arcebispo de Westminster, do duque de Norfolk e de Lorde Russell of Killowen, presidente do Supremo Tribunal de Justiça da Corte de Sua Majestade em Londres, estão sendo enviadas em anexo. Peço-lhes que informem a este secretário de Estado, no devido tempo, da resposta que esse Supremo [Santo Ofício] se acredita no dever de dar sobre a questão do assassinato ritual."[10]

Após receber a carta do cardeal Rampolla informando-lhe sobre a investigação da Inquisição, o duque de Norfolk voltou a escrever, comunicando novos desdobramentos diplomáticos. Em sua primeira carta, o duque relatara que o governo austríaco estava alarmado por surtos de violência desencadeados por acusações de assassinato ritual contra os judeus. O governo apreciaria, ele disse, uma nova declaração papal nas linhas da que o próprio duque estava solicitando. Após o envio de sua carta anterior, o duque relatou agora, os austríacos lhe haviam enviado uma "garantia formal" de que veriam semelhante intervenção da parte do papa como uma importante contribuição para a manutenção da paz no Império Austríaco. O cardeal Rampolla respondeu ao novo apelo do duque com uma breve nota, informando-lhe que, estando o assunto agora nas mãos do Santo Ofício, no momento não havia nada que pudesse fazer.[11]

Uma idéia vaga sobre o modo como os inquisidores trataram a solicitação pode ser formada a partir de documentos encontrados recentemente nos arquivos do Santo Ofício.[12] Os cardeais, ficamos sabendo, decidiram nomear um consultor especial para ajudá-los no caso. A pessoa que escolheram, monsenhor Rafael Merry del Val, era alguém que logo se tornaria mundialmente famoso, pois em apenas três anos sucederia a Rampolla como secretário de Estado.

Uma nota interna do Santo Ofício sobre a escolha de Merry del Val diz-nos muito sobre o modo como os inquisidores encaravam a solicitação dos católicos britânicos:

"O Cardeal Arcebispo de Westminster houve por bem denunciar o anti-semitismo atual, especialmente a questão do assassinato ritual, à Santa Sé. É fácil compreender o quanto o assunto é grave, considerando-se a temeridade dos poderosos judeus de Londres, que, em seu domínio inconteste na Europa, chegaram a tão alto grau de loucura que pretenderiam ser defendidos pela Santa Sé." Por que os cardeais haviam optado por entregar a matéria ao monsenhor Merry del Val para investigação? A nota do Santo Ofício fornece a resposta: Porque "ele tem entre seus ancestrais um menino crucificado pelos judeus e venerado nos altares da Igreja". Era, portanto, "o homem mais adequado para a missão".[13]

De fato, entre os motivos da fama de Merry del Val no mundo católico estava o fato de ele descender da mesma família de Dominguito del Val, uma criança cultuada na Espanha como mártir e santo. Na biografia do cardeal Merry del Val que escreveu em 1933 – cujo prefácio foi escrito pelo futuro papa Pio XII –, monsenhor Pius Cenci, diretor do Arquivo Secreto do Vaticano, explicou esse parentesco. Dominguito, "uma criança que mal tinha sete anos", somos informados, "foi, na Sexta-Feira Santa de 1250, crucificado num muro pelos judeus, movidos por seu ódio à religião católica". De fato, a primeira ilustração na biografia de Merry del Val mostra o infeliz menino pregado à cruz, com o texto abaixo explicando: "Santo Dominguito del Val, ancestral do Cardeal, mártir da Eucaristia."[14]

O inusitado apelo feito pelo arcebispo, pelo duque e pelo presidente do Supremo Tribunal de Justiça da Inglaterra estava atraindo a atenção de diplomatas e eclesiásticos também em outros países da Europa. Um relatório enviado em 27 de fevereiro de 1900 ao cardeal Rampolla pelo núncio papal em Viena revela alguns sinais disso e fornece mais indícios de como as altas autoridades do Vaticano estavam encarando a petição dos católicos britânicos.

"Após a polêmica suscitada por algum tempo nesta área pelo partido semita na Áustria e na Galícia", escreveu o núncio, "ouvem-se muitos comentários, motivados pelo ... ódio ao Partido Social Cristão, ou, para falar com mais precisão, ao partido anti-semita." A identificação que o núncio faz do Partido Social Cristão austríaco com o partido "anti-semita", num momento em que estava trabalhando em estreita ligação com o cardeal Rampolla para apoiar o partido, é por si só reveladora.

"Os judeus", continuou o núncio, "estão todos agitados por causa do que chamam assassinato ritual", especialmente, acrescentou, o recente caso de Polna, na Boêmia. "Toda a 'panelinha' judaica", escreveu, "estava agora tendo o desplante de invocar a autoridade da Santa Sé em apoio à argumentação contra o assassinato ritual." Poucos acreditavam no apoio papal que os judeus alegavam ter, acrescentou, mas "a violenta polêmica continua".[15]

Aqui, o núncio relatou desdobramentos perturbadores na Inglaterra. Graças à "conhecida solidariedade aos judeus", escreveu, as pessoas que afirmavam que eles não usavam sangue cristão ameaçavam ganhar novos "prosélitos para a propaganda semita". Sua Excelência sem dúvida sabe, continuou, que até "um cardeal, alguns bispos e alguns católicos muito notáveis ergueram e continuam a erguer suas vozes contra o fato do assassinato ritual e estão provocando uma demonstração de solidariedade entre os católicos ingleses".

O núncio contou também que católicos ingleses, liderados pelo duque de Norfolk, estavam tentando estender sua influência além da própria Grã-Bretanha. "Nos últimos dias, o embaixador inglês ... veio ver-me várias vezes. Contou-me que é também desejo do ministro Sálisbury [o primeiro-ministro britânico] que eu intervenha em favor dessa sua defesa."[16]

As deliberações dos inquisidores se arrastaram. Finalmente, em julho de 1900, os cardeais chegaram às suas conclusões. No último dia de julho, o assessor do Santo Ofício notificou oficialmente o cardeal Rampolla da decisão. "Este Supremo [Santo Ofício]", escreveu, "recebeu repetidas petições, especialmente da Inglaterra, algumas através do secretário de Estado, incluindo mais recentemente uma do dia 4 deste mês assinada pelo sr. Russell of Killowen, presidente do Supremo Tribunal de Justiça da Inglaterra. Estas se destinavam a obter uma declaração formal da Santa Sé assegurando ser falsa e sem fundamento a acusação do chamado Assassinato Ritual, dirigida aos judeus desde os tempos mais remotos." Após devida deliberação, relatou o assessor, os inquisidores haviam concluído que nenhuma declaração semelhante da inocência dos judeus podia ser feita.[17]

Uma nota que acompanhou a decisão, encontrada nos arquivos centrais da Inquisição mas nunca publicada, oferece mais um vislumbre do pensamento que esteve por trás da decisão. "Embora nada tenha sido encontrado seja no Santo Ofício, seja na Secretaria de Estado, onde cuidadosa pesquisa foi empreendida, sustentando essa acusação ... o assassinato ritual é uma certeza histórica." A nota continuava: "Esse tipo de assassinato foi ademais imputado e punido muitas vezes por tribunais leigos na Áustria, e recentemente mais um caso de tal assassinato, ocorrido em Polna, na Boêmia, foi julgado no tribunal e trazido à luz, como o núncio em Viena escreveu." Assim, a conclusão era clara: "Em face de tudo isso, a Santa Sé não pode emitir a declaração solicitada, a qual, embora possa agradar a um punhado de incautos na Inglaterra, desencadearia protestos e escândalo generalizados alhures."[18]

Talvez tivesse sido demais esperar por uma mudança de atitude da parte de Leão XIII. Ao longo das duas décadas anteriores, ele superintendera um ataque contínuo aos judeus na imprensa ligada ao Vaticano, e fizera o que estava a seu alcance para alimentar e defender um partido político militantemente anti-semita na Áustria. Também fisicamente, o papa não estava absolutamente em condições de empreender novas iniciativas. Havia comemorado seu nonagésimo aniversário em meio às deliberações do Santo Ofício sobre o assassinato ritual, e a vitalidade que outrora marcara o seu papado desaparecera havia muito. Sua mente permanecia lúcida, mas sobrava-lhe pouca energia. Quaisquer mudanças no tratamento dado pelo Vaticano aos judeus teria de esperar seu sucessor.

O papa Leão XIII morreu três anos depois, a 20 de julho de 1903. Juntos, Pio IX e Leão XIII haviam governado a Igreja por bem mais de meio século, um período que, em séculos anteriores, poderia ter visto dez ou mais reinados papais.[19] Juntos, os dois papas haviam provocado um profundo impacto na Igreja. Os dois, cada um à sua maneira, pintaram o mundo moderno como cheio de mal. Um e outro haviam se retratado como prisioneiros do Vaticano, assediados por forças sinistras. Um e outro acreditavam que o lugar divinamente determinado dos judeus era o gueto, e que a sociedade cristã saudável precisava ser protegida das depredações judaicas.

Quando o conclave dos cardeais se reuniu em agosto de 1903 para eleger um novo papa, havia um candidato óbvio. O cardeal Rampolla servira como secretário de Estado de Leão XIII durante 16 anos e, para os que buscavam continuidade, dificilmente poderia haver escolha melhor. Mas ele tinha seus detratores, tanto dentro quanto fora da Igreja. Quando pareceu que Rampolla podia ser eleito – recebeu 24 votos dos 62 dados no primeiro escrutínio –, o governo austríaco tornou conhecida a sua oposição. Os austríacos, entre suas outras queixas, ressentiam-se do forte apoio dado por Rampolla ao Partido Social Cristão. Havia também entre muitos cardeais o sentimento de que tanto Leão XIII quanto Rampolla haviam se preocupado demais com a diplomacia internacional sem se interessar o suficiente pelo ministério religioso da Igreja.

Com o fim da candidatura de Rampolla, as chances de Giuseppe Sarto, patriarca de Veneza, cresceram rapidamente. Ele foi eleito a 4 de agosto e tomou o nome de papa Pio X.

O contraste entre o novo papa e seu predecessor dificilmente poderia ter sido maior. Sarto, de 68 anos, vinha de uma família humilde do nordeste da Itália, uma área que até 1866 estivera sob controle austríaco. Foi o primeiro papa em séculos a ter origem camponesa e a galgar todos os degraus, desde as mais baixas posições eclesiásticas, ao trono de são Pedro. Após sua ordenação, Sarto passara nove anos como padre auxiliar, depois mais oito como simples pároco. Em 1884, foi nomeado bispo de Mântua e depois, em 1893, feito patriarca de Veneza. Praticamente nunca saíra da Itália, e de fato conhecia pouco mesmo a Itália fora o nordeste. Não tinha experiência diplomática, nem qualquer experiência do Vaticano.[20]

Até na aparência Pio X diferia de seu predecessor. Enquanto Leão XIII fazia uma figura aristocrática, era alto, pálido, delicado e formal, Pio X era mais baixo, troncudo, de rosto vermelho, loquaz e afável, embora pudesse também ser irritadiço. Leão XIII dava a impressão de um intelectual e, em comparação com Pio X, tinha uma bagagem cultural muito mais vasta e interesses mais amplos. Enquanto Leão XIII estava sintonizado com as percepções dos diplomatas e da aristocracia do mundo, Pio X era prático e genuinamente preocupado com os fracos. Após uma audiência com o papa em 1904, Theodore Herzl, fundador do movimento sionista, registrou em seu diário que o pontífice parecia um "honesto e rude padre de aldeia". Durante o encontro, Pio X cheirara periodicamente uma pitada de rapé para depois se assoar com um grande lenço de algodão vermelho. "São esses toques camponeses", escreveu Herzl, "que mais me agradam nele e que mais suscitam meu respeito."[21]

A diferença entre os papas era particularmente evidente em ocasiões públicas, pois Pio X detestava as cerimônias pomposas tanto quanto Leão XIII se deleitava com elas. Enquanto Leão XIII gostava de viajar numa liteira carregada nos ombros por seus criados, Pio X se recusava a ser tratado dessa maneira, andando para onde quer que fosse. Durante 260 anos, os papas haviam feito suas refeições sozinhos, porque comer com outros era considerado abaixo de sua dignidade. Pio X não suportava a solidão e comia regularmente com seus assistentes e suas irmãs.

Apesar de todas essas diferenças de origens, experiência e temperamento, porém, Pio X não era mais propenso às mudanças identificadas com o mundo moderno do que Leão XIII. Numa de suas encíclicas mais importantes, *Pascendi*, em 1907, condenou a filosofia moderna, que acusou de contrária à antiga fé da Igreja. Era também um crente zeloso na necessidade de se condenar quaisquer livros que pudessem disseminar idéias modernas contrárias aos ensinamentos da Igreja. Entre as pessoas com as quais se sentia mais a gosto estavam alguns dos membros mais reacionários da Igreja, entre os quais o padre Giuseppe Sacchetti, o diretor de *L'Unità cattolica*. Como seu predecessor, Pio X via conspirações contra a Igreja em toda parte e, também como ele, não tolerava nenhuma desobediência.

Reconhecendo sua própria falta de experiência em diplomacia e nas relações com o mundo fora da Igreja italiana, o papa nomeou como seu secretário de Estado Rafael Merry del Val, a quem manteria no cargo durante todo o seu pontificado. Homem relativamente jovem – tinha 47 anos –, Merry del Val devotara toda a sua carreira ao serviço diplomático papal. Nascido numa família espanhola de diplomatas que residia na época na Inglaterra, estudara na Inglaterra e na Bélgica antes de, aos vinte anos, mudar-se para Roma onde se graduou na Academia Pontifical dos Eclesiásticos Nobres. Logo atraiu a atenção de Leão XIII que o enviou em missões diplomáticas de crescente responsabilidade, tanto na Europa quanto no Canadá. Em 1900, já se tornara bispo e presidente da Academia dos Eclesiásticos Nobres.

Ao escolher Merry del Val como seu secretário de Estado, o papa estava escolhendo alguém que era sob muitos aspectos seu oposto: um homem de origens aristocráticas, cosmopolitas, que falava várias línguas européias. Mas a colaboração funcionaria bem, do ponto de vista do papa, pois o novo secretário de Estado não só tinha qualificações que lhe faltavam, como era um trabalhador infatigável e inteiramente dedicado ao serviço do papado. Além disso, embora a perspectiva de Merry del Val fosse menos dominada pela preocupação de extirpar conspirações, suas próprias idéias conservadoras estavam em harmonia com as de Pio X.[22]

Como observamos, as origens camponesas de Pio X e sua ascensão pelos postos do baixo clero não o tornaram em nada menos conservador em matérias teológicas que seus predecessores – que vinham de famílias aristocráticas e haviam freqüentado seminários da Igreja especiais para nobres – e parecem ter de fato afetado seus sentimentos em relação aos judeus. Em contraste com qualquer de seus predecessores nos dois séculos passados, o papa fez-se amigo de vários judeus, enquanto servia como padre e depois como bispo e arcebispo no nordeste da Itália. O mais notável de tudo era sua amizade com Romanin Jacur, um engenheiro judeu de Pádua. Pio X continuou em contato com Jacur, que ingressara no parlamento italiano como conservador em 1880 e permaneceria no cargo durante todo o seu papado. Os dois trocavam cumprimentos a cada Ano-Novo e no dia de são José, o santo do nome do papa, comunicando-se também em outras ocasiões.

Alguns estudiosos, mais notavelmente Andrew Canepa, argumentaram que, como se refletia nessas amizades, Pio X tinha uma atitude em relação aos judeus muito diferente da de seus predecessores. Nessa visão, seu pontificado representou uma ruptura histórica com o passado, um fim à campanha papalmente apoiada de aviltamento dos judeus. Vários indícios foram citados em apoio a essa tese. Em 1905, por exemplo, no rastro de uma nova onda de *pogroms*, Pio X enviou uma carta aos bispos poloneses no Império Russo, lembrando-lhes que a Igreja condenava a violência contra os judeus.[23] De maneira mais significativa, em contraste com a torrente de diatribes anti-semitas publicadas pela imprensa ligada ao Vaticano nas duas últimas décadas do reinado de Leão XIII, os jornais mais próximos ao papa foram muito menos loquazes sobre a questão judaica durante o pontificado de Pio X.

E há ainda a audiência que o papa deu a Thedore Herzl no dia 26 de janeiro de 1904. O próprio fato de ele ter-se disposto a receber Herzl, que estava movendo uma campanha por uma pátria judaica na Palestina a que a Igreja se opunha fortemente, foi significativo.

O encontro não começou bem, Herzl pensou, porque, embora tivesse sido previamente instruído de que devia beijar a mão do papa ao encontrá-lo, não conseguiu se forçar a fazê-lo. Quando Herzl pediu seu apoio para que fosse permitida a criação de um Estado judaico na Palestina, o papa respondeu: "Não seremos capazes de impedir os judeus de ir para Jerusalém, mas nunca poderíamos favorecê-lo... Os judeus não reconheceram nosso Senhor, por isso não podemos reconhecer o povo judaico." O papa continuou: "A fé judaica é o fundamento da nossa, mas ela foi suplantada pelos ensinamentos de Cristo e não podemos admitir que ainda goze de qualquer validade."

Herzl perguntou ao papa se sabia alguma coisa sobre a situação atual dos judeus.

Sim, respondeu Pio X, desde o tempo que passara em Mântua, onde havia uma comunidade judaica. "Numa destas noites mesmo", o papa acrescentou, "dois judeus estiveram aqui para me ver." Continuou: "Há outros laços além dos da religião: relacionamento social, por exemplo, e filantropia. Na verdade, também rezamos por eles, para que seu espírito veja a luz. Hoje mesmo a Igreja está celebrando a festa de um incréu que se converteu de maneira miraculosa – na estrada de Damasco. E assim, se os senhores forem para a Palestina e estabelecerem seu povo lá, estaremos prontos com igrejas e padres para batizá-los a todos."[24]

O que vemos aqui é uma reafirmação de uma visão católica mais tradicional dos judeus. Há pouca dúvida de que Pio X tinha mais empatia pelos judeus que seus predecessores. Seria fácil, contudo, superestimar o alcance dessas diferenças. Pio X estava empenhado em dar batalha às forças da modernidade, e parte dessa batalha envolvia o desenvolvimento de forças de reação dentro da Igreja, forças para as quais o anti-semitismo era central.

Um exemplo típico é o caso do padre francês Henri Delassus, que durante 49 anos dirigiu um dos semanários católicos mais conhecidos na França, *La Semaine religieuse de Cambrai*. Delassus era muito conhecido na Igreja e fora dela como um dos mais ferrenhos cruzados contra os judeus. Em 1894, por exemplo, ele escreveu em seu semanário, "anti-semitismo e catolicismo são uma só e mesma coisa". Em 1911, o papa homenageou Delassus designando-o protonotário apostólico, com o título de monsenhor.[25] No ano seguinte, enviou a Delassus uma carta pessoal assinada, cumprimentando-o por seu jubileu como padre.[26]

Mais revelador do pontificado de Pio X, e de sua relação com a campanha da Igreja contra os judeus, foi seu relacionamento com Umberto Benigni, um vínculo que num momento posterior, embora brevemente, ameaçaria a canonização do papa.[27]

Nascido em 1862, Umberto Benigni foi ordenado aos 22 anos em sua cidade natal de Perugia, na Itália central. O jovem padre dedicou-se aos estudos – tornando-se professor de teologia no seminário diocesano de Perugia – e ao jornalismo, que logo se tornou sua paixão. Como os artigos estampados por grande parte da imprensa católica naqueles anos do fim do século, os escritos de Benigni eram apimentados com ataques apaixonados aos judeus.

Junto com sua carreira ascendente no jornalismo católico, Benigni iniciou uma rápida ascensão pela hierarquia eclesiástica com sua mudança para Roma, em 1897. Nomeado membro da comissão litúrgica do Vaticano em 1902, recebeu também a cátedra de história eclesiástica no Seminário Pontifício Romano e depois, em 1904, na faculdade da Propaganda Fide.

Com a ascensão de Pio X ao papado, Benigni se lançou na campanha antimodernista do papa, devotando-se ao esforço do pontífice para erradicar quaisquer sinais de liberalismo da hierarquia da Igreja. Em 1907, fundou o jornal *Corrispondenza romana*, publicado de início em italiano e depois, de 1909 a 1912, em francês. Ele se destinava, nas palavras de Benigni, "a combater em todos os países a difusão de erros prevalentes: liberalismo, modernismo em suas várias formas, e toda oposição – aberta ou velada – às diretivas da Santa Sé".[28]

E, o mais importante, em 1909 com o estímulo de Pio X, Benigni criou uma organização, a Irmandade de São Pio V, para servir de ponta-de-lança na batalha contra o liberalismo e a modernidade na Igreja. A irmandade, com não mais de cinqüenta membros, espalhava-se por vários países, funcionando, sob a presidência de Benigni, como um círculo de espionagem secreta a serviço do papa. Benigni compilava fichas sobre clérigos e leigos que suspeitava de simpatias liberais, e transmitia os indícios de sua deslealdade – na forma de sermões e até de conversas ouvidas por acaso – ao Vaticano.

As atitudes de Benigni em relação aos judeus eram bem conhecidas, e estavam em harmonia com as de outros clérigos conservadores altamente colocados mais próximos do papa. Um artigo que ele escreveu para seu jornal *Piccolo Monitore*, em 1891, foi típico. "Se mantivermos as coisas tal com vêm sendo", advertiu, "dentro de poucos anos a propriedade e os negócios de todos os países serão divididos entre uma dúzia de Ciclopes exploradores. Destes, 11 pertencerão àquela valorosa raça rabínica que até hoje, em 1891, degolam crianças cristãs para o *Pessach* da Sinagoga."[29]

Pio X cumulou Benigni de honrarias e, o que foi ainda mais importante, de influência. Em 1906, Benigni foi nomeado a segunda autoridade da Congregação para Assuntos Eclesiásticos Extraordinários. Tinha também um acesso incomum ao papa, encontrando-se quase diariamente com o conselheiro mais próximo dele, monsenhor Giambattista Bressan, um homem que fora secretário pessoal de Pio X em Veneza e que este levara consigo para Roma. Embora alguns, na tentativa de defender a reputação do papa, tenham afirmado mais tarde que ele não tinha conhecimento da rede de espionagem de Benigni, pesquisa posterior revelou que não só a aprovava, e fazia uso dos seus relatórios, como de fato fornecia um subsídio anual para financiá-la.[30]

Como seu predecessor, também Pio X recebeu um apelo de alto nível para que o Vaticano fizesse alguma coisa para se distanciar da campanha do assassinato ritual contra os judeus. O modo como lidou com esse apelo diz-nos alguma coisa sobre o quanto as idéias do Vaticano sobre os judeus haviam mudado pouco nesses primeiros anos do século XX.

O caso que estimulou o novo pedido veio a ser o mais famoso julgamento por assassinato ritual do século XX, o do caso de Mendel Beilis, realizado em Kiev em 1913. Beilis, que trabalhava numa fábrica local pertencente a um judeu, foi preso em 1911, acusado do assassinato ritual de um menino no terreno da fábrica. Esse foi um caso que, desde o início, teve todas as marcas de uma tentativa de armar uma incriminação por parte de autoridades russas, interessadas em manter os sentimentos antijudaicos num diapasão febril. Quando o caso foi se aproximando do julgamento, a imprensa católica da Europa usou-o para manter vivas as paixões populares ligadas ao assassinato ritual judaico. Ocorrendo já em pleno século XX, o caso Beilis produziu também forte reação das várias organizações de direitos judaicos que haviam brotado na Europa e na América do Norte ao longo das décadas anteriores. Como era possível, elas perguntavam, que no século XX judeus pudessem ainda ser levados a julgamento sob a acusação de assassinato ritual?

Os líderes judaicos ficaram particularmente alarmados com o dilúvio de artigos na imprensa católica narrando, em horripilantes detalhes, o martírio passado de cristãos nas mãos dos judeus. Era hora mais uma vez, pensaram, de recorrer ao papa em busca de ajuda. Sabiam bem, é claro, que pouco mais de uma década antes o papa anterior se negara a atender a um pedido semelhante, mas agora um novo papa, considerado mais favorável aos judeus, ascendera ao trono de são Pedro. Os líderes judaicos tiveram também mais uma informação sobre o caso de Kiev que aumentou seu interesse em obter o apoio do Vaticano. Embora a religião oficial no Império Russo fosse o cristianismo ortodoxo, um padre católico fora convocado como testemunha-chave no julgamento Beilis. Era seu papel estabelecer se o assassinato de crianças cristãs e a ingestão de seu sangue era uma obrigação religiosa para os judeus.

Os judeus debateram qual seria a melhor forma de conseguir que o papa os ouvisse com simpatia. Lucien Wolf, o chefe do comitê de relações exteriores da principal organização judaica britânica, propôs uma abordagem indireta. Em vez de um judeu enviar um apelo diretamente ao pontífice, seria melhor encontrar um católico eminente para fazê-lo em nome dos judeus. Wolf sugeriu a Lorde Leopold Rothschild que pedisse ao duque de Norfolk para transmitir tal apelo ao papa. O próprio Wolf rascunharia a carta, que seria enviada com a assinatura de Rothschild.

A 7 de outubro de 1913, o dia em que a carta foi finalmente enviada para Norfolk, Wolf escreveu para seu homólogo em Berlim, Paul Nathan, que estava coordenando atividades pró-Beilis na Alemanha. Explicou como a tática deles evoluíra. Alguns membros da organização deles, Wolf lembrou, haviam proposto que pedissem ao próprio papa para condenar a acusação de assassinato ritual. Mas, escreveu Wolf, "pensei, e tanto Lorde Rothschild quando o sr. [Claude] Montefiore [presidente da Associação Anglo-Judaica] concordaram comigo, que seria pura perda de tempo pedir mais uma declaração papal sobre o assunto". A recusa de Leão XIII pouco mais de uma década antes estava demasiado vívida para que tivessem qualquer esperança de que o papa concordaria em condenar pessoalmente acusações de assassinato ritual.

Na verdade, de início os líderes judeus não estavam convencidos de que o esforço para pedir ajuda ao Vaticano valeria a pena, pois o custo de uma segunda recusa papal poderia ser alto. Como Wolf explicara numa carta anterior, sem data, a Montefiore: "Não levei adiante [a aproximação com o Vaticano] em parte porque estive ocupado com outras coisas e em parte porque Lorde Rothschild não me pareceu muito entusiasmado com ela."

O que subseqüentemente os convenceu a prosseguir foi um plano alternativo proposto por A. S. Yahuda, um conhecido erudito judeu. Yahuda sugeriu um pedido mais modesto. Em vez de pedir ao papa para fazer ele próprio qualquer pronunciamento, o que viam como arriscado, deveriam simplesmente pedir ao Vaticano que autenticasse certos documentos anteriores da Igreja sobre o assunto. "Se o requerimento pedisse apenas um pronunciamento sobre a Acusação do Sangue", escreveu Wolf, "concordo com Lorde Rothschild que não obteríamos nenhuma resposta satisfatória, mas, na questão da autenticidade das Bulas Papais, não vejo como o Papa poderia com justiça recusar-se a nos atender."

Para melhorar ainda mais as suas chances, Wolf e seus colegas decidiram encaminhar seu pedido ao secretário de Estado, Merry del Val, e não diretamente ao papa. Não pediriam nenhuma declaração do próprio papa, apenas a certificação pelo secretário de Estado da exatidão de textos selecionados contendo condenações anteriores do Vaticano à acusação de assassinato ritual.

Mas Wolf tinha algumas más notícias para seu colega alemão. Pesquisando pronunciamentos papais anteriores, o comitê britânico fizera uma descoberta frustrante. O "fato" de que muitas organizações judaicas tinham estado trombeteando – que papas anteriores haviam negado a existência do assassinato ritual judaico – não era verdadeiro. "Menciono isto", escreveu Wolf, "para recomendar-lhe e aos nossos amigos que não repitam a afirmação de que houve várias Bulas Papais condenando a Acusação do Sangue, pois, se a verdade fosse conhecida, poderíamos ser sujeitos a um ataque muito prejudicial." Papas anteriores não haviam condenado acusações particulares de assassinato ritual; nenhum deles jamais emitira uma refutação geral da acusação.

Entre os documentos que Wolf e seus colegas encontraram, os dois que a seu ver poderiam ser mais úteis eram uma encíclica de Inocêncio IV no século XIII e um relatório escrito em 1758 pelo cardeal Lorenzo Ganganelli a pedido do Santo Ofício, ambos defendendo os judeus de acusações de assassinato ritual. Foi a autenticidade deles que Lorde Rothschild pediu ao secretário de Estado para ratificar.[31]

A carta de Rothschild, datada de 17 de outubro de 1913, pode ser encontrada hoje nos Arquivos Secretos do Vaticano, juntamente com o bilhete do duque de Norfolk que a acompanhou, numa pasta rotulada "Sobre o alegado assassinato ritual pela nação judaica". "Provavelmente vossa Eminência não desconhece", escreveu Rothschild ao secretário de Estado do Vaticano, "que na Cidade de Kieff [sic] no Império da Rússia certas pessoas mal-intencionadas renovaram recentemente contra os judeus as atrozes acusações de Assassinato Ritual, que foi mais de uma vez condenado pela sabedoria e a solicitude católica dos Soberanos Pontífices".

Em seguida, Rothschild explicou por que o testemunho do Vaticano se tornara decisivo no caso Beilis. No julgamento, Justinus Pranaitis, um padre católico romano e professor de teologia, dera um testemunho que "reitera os conhecidos argumentos pelos quais acusações de assassinato ritual foram sustentadas em tempos passados". O padre negara também, segundo Rothschild, que jamais tivesse sido emitido algum documento papal que lançasse dúvida sobre a acusação de assassinato ritual, afirmando ao contrário que o Vaticano estabelecera que os judeus de fato praticavam assassinato ritual. O padre Pranaitis afirmou que os documentos citados pelos judeus para provar o contrário eram na verdade falsificações. Dada essa situação, escreveu Rothschild, seria de grande auxílio se o Vaticano pudesse fornecer uma autenticação oficial do texto dos dois documentos em questão, dos quais anexava cópias à sua carta.

A carta de Rothschild chegara através do duque de Norfolk, que incluiu também o bilhete que Rothschild lhe enviara. "Como o julgamento começa esta semana", Rothschild escrevera a Norfolk, "seria de grande proveito se pudéssemos ter a resposta de Sua Eminência tão logo lhe seja possível."[32]

Após consultar o papa e o Santo Ofício da Inquisição, o cardeal Merry del Val respondeu a Rothschild no dia 18 de outubro. Sua carta era curta mas ia ao xis da questão. "*My Lord*", escreveu em inglês, "Em resposta à sua carta de 7 de outubro, estou em condições de certificar que a cópia datilografada do Relatório de Ganganelli aos Consultores do Santo Ofício é substancialmente precisa. Posso lhe dar esta garantia após investigações feitas no Santo Ofício, onde o documento original é conservado. Quanto ao extrato da Carta de Inocêncio IV, não pode haver dúvida quanto à sua exatidão ... que é confirmada pelo fato de Ganganelli citá-la em seu Relatório."[33]

No dia 22 de outubro, uma cópia da carta do secretário de Estado, autenticada pela embaixada da Rússia em Londres, estava nas mãos de Paul Nathan em Berlim. Imediatamente, ele a enviou por correio especial para Kiev, onde chegou aos advogados de Beily no dia 27 de outubro. Mas os judeus logo se desapontaram, pois o tribunal russo se recusou a aceitar o documento. Só podia ser aceito como indício se o próprio Merry del Val o enviasse diretamente para o tribunal.[34]

Rothschild respondera de início à carta do secretário de Estado com um bilhete de agradecimento, contendo sua interpretação auspiciosa do que o cardeal dissera: não só a carta do cardeal teria grande peso no julgamento de Kiev, escreveu, como iria também "provar para o mundo em geral que a Santa Sé no presente momento, como em tempos passados, repudia cabalmente essa acusação vil e injustificável". Posteriormente, ao saber que o tribunal russo rejeitara a carta, enviou um telegrama urgente ao secretário de Estado. Antes que a carta pudesse ser usada no julgamento, informou ao cardeal, "é necessário que a assinatura de vossa Eminência seja legalmente autenticada, o que significa que vossa Eminência terá de telegrafar uma repetição da sua carta que me enviou, endereçando-a a Boldyro, o juiz presidente do Tribunal de Justiça do Distrito de Kieff".

Mas aquilo estava indo longe demais. Na pasta dos Arquivos Secretos do Vaticano, manuscrita no pé do telegrama de Rothschild, pode ser encontrada a seguinte anotação do secretário de Estado, com data de 4 de novembro de 1913: "Lamento sinceramente dizer que me é de todo impossível tomar a iniciativa de endereçar qualquer comunicação a Kieff. Se questionado por pessoa qualificada, estou naturalmente pronto a confirmar declarações contidas na carta que lhe enviei. Com a mais elevada estima, Card. Merry del Val."[35]

Em conseqüência, a declaração do Vaticano nunca entrou oficialmente no julgamento do caso Beilis. Mas é possível que mesmo assim tenha ajudado. Há indícios de que o próprio czar leu a declaração do cardeal, pois estava acompanhando o julgamento atentamente. Quando o júri – apesar da crença local generalizada na culpa do judeu – leu seu veredicto de absolvição, muitos observadores – e não só aqueles envolvidos com a acusação de assassinato ritual – suspeitaram de que os jurados haviam sofrido pressões. Altos funcionários do governo, pensou-se, procuraram poupar o governo russo da publicidade internacional desfavorável que uma condenação teria ocasionado.[36]

Para os que consideram que Pio X fez uma ruptura radical com as atitudes passadas do Vaticano em relação aos judeus, o caso Beilis marcou uma guinada histórica. Após décadas de campanhas aprovadas pelo papa difamando os judeus com a pecha do assassinato ritual, um papa se levantara e os defendera.

Em apoio a esta interpretação, Andrew Canepa cita uma carta que o próprio papa enviou a seu velho amigo judeu Romanin Jacus, três semanas depois que Merry del Val mandou seu famoso telegrama para Lorde Rothschild. Ao se referir ao julgamento que se processava em Kiev, o papa assegurou a seu amigo que "a Santa Sé estudará todos os meios para evitar as conseqüências fatais do abominável fanatismo dessas populações", e acrescentou, "rezo para que o julgamento termine sem prejudicar os pobres judeus."[37]

Se recuarmos um passo, contudo, o que mostra o caso Beilis exatamente? Antes de qualquer coisa, a declaração emitida pelo Vaticano dificilmente poderia ter sido mais limitada e circunspecta. Ela simplesmente reconheceu a autenticidade, que nunca fora seriamente posta em dúvida, de dois textos da Igreja; de fato um deles – uma encíclica papal – era amplamente disponível como documento publicado. Nem o papa nem seu secretário de Estado aproveitaram o pedido para fazer uma declaração geral de repúdio a todas as acusações de assassinato ritual contra os judeus.

Mais significativo ainda é que, ao deixar de dar esse passo, o papa permitiu à impressa católica, inclusive àquela considerada dentro e fora da Igreja como veículo dos seus verdadeiros sentimentos, continuar a açoitar os judeus com a acusação de assassinato ritual. *L'Unità cattolica*, em Florença, oferece um excelente exemplo. Conhecido por refletir as perspectivas papais, e gozando de estreitas relações com Pio X, o jornal publicou artigo após artigo durante o julgamento Beilis afirmando a culpa judaica. Quando jornais judaicos publicaram cópias da mensagem de Merry del Val, e afirmaram que ela mostrava que o próprio papa rejeitava a acusação de assassinato ritual, *L'Unità cattolica* e grande parte do resto da imprensa católica mais próxima do Vaticano zombaram dessa afirmação. De fato, *L'Unità cattolica* publicou o texto do telegrama do secretário de Estado para mostrar que em nenhum momento ele fizera tal declaração.

Em sua edição de 15 de novembro de 1913, o jornal judaico italiano *Il Vessillo israelitico* publicou uma matéria de seu correspondente em Florença narrando esses acontecimentos e acusando "o órgão do Vaticano em Florença, *L'Unità cattolica*", de "conduzir uma verdadeira campanha anti-semita contra nós".[38] No fim do mês, judeus do lugar escreveram uma inflamada carta de protesto ao jornal, citando a declaração do secretário de Estado como prova de que o Vaticano se opunha à crença no assassinato ritual.

O editor de *L'Unità cattolica* publicou a carta dos judeus junto com sua resposta. Os judeus, escreveu, estavam lamentavelmente enganados. Como o mostrara o julgamento dos assassinos de Simão de Trento e a subseqüente canonização do pequeno mártir, a crença no assassinato ritual judaico "não pode escapar à consciência dos católicos". O editor continuou: "Como é bem sabido, o pequeno são Simão foi venerado nos altares não por ter sido assassinado, mas porque foi provado por numerosas confissões ter-se tratado de um crime cometido para fins rituais." Quanto à encíclica de Inocêncio IV, atestada como autêntica pelo cardeal Merry del Val, "ela prova apenas a magnanimidade ou, ainda melhor, a afeição que os papas mostraram em todas as épocas pelos judeus. A carta do cardeal Merry del Val atesta sua autenticidade, mas está longe de negar a existência do Rito em questão". Evidentemente, continuou o editor, ele não quis sugerir que todos os judeus estavam envolvidos no assassinato de crianças cristãs para a obtenção de seu sangue. Aludiu apenas, disse o editor, "àquelas comunidades judaicas ou àqueles judeus individuais que estavam no passado ou estão ainda hoje ligados às velhas tradições".[39]

Também na França a imprensa mais próxima do Vaticano usou o julgamento Beilis para renovar a campanha do assassinato ritual contra os judeus, e mais uma vez a carta de Merry del Val nada fez para desencorajá-los. Não há melhor exemplo disso que *L'Univers*, que durante décadas teve a reputação de ser o jornal francês mais próximo do Vaticano. *L'Univers* iniciou uma série de reportagens sobre o caso Beilis a 30 de outubro de 1913, *depois* que a carta do secretário de Estado fora divulgada, com um artigo que começava: "Esse caso de Kiev traz claramente à mente o de Damasco... Nunca a solidariedade judaica esteve tão vividamente exposta." O jornal continuou para apresentar o que qualificava de prova esmagadora da culpa dos judeus de Damasco. O próprio cônsul francês revelou, escreveu o jornal, "que a vítima teve seu sangue paciente e meticulosamente exaurido, segundo a forma encontrada em crimes rituais. Suspeitou-se de que o próprio rabino primaz teria realizado o sacrifício, com a colaboração de vários fanáticos".[40]

Alguns dias mais tarde, sob o título "O julgamento de Kiev – testemunho importante", *L'Univers* relatou o depoimento emocionante de uma testemunha especializada no julgamento Beilis. A testemunha declarara com toda certeza que os judeus ainda praticam o assassinato ritual no século XX. Depois de descrever a maneira pavorosa como os judeus torturam suas vítimas, o jornal concluiu: "O júri ficou fortemente impressionado com as declarações do professor, que goza de excelente reputação no mundo intelectual."[41]

Vários dias depois, *L'Univers* vinculou o tradicional tema católico do assassinato ritual judaico ao tema moderno da campanha judaica pela dominação do mundo. Referindo-se ao depoimento de uma testemunha, relatou: "Ele observou que, enquanto os protestantes e as outras Igrejas cristãs estão divididos em seitas, os judeus não conhecem nenhuma divisão desse tipo. Desejam possuir o mundo inteiro e entendem que só poderão alcançar essa meta se permanecerem unidos." E aqui o artigo retornou às acusações mais tradicionais contra os judeus: "Segundo o Talmude, os cristãos não são seres humanos e, em conseqüência, tem-se o direito de sacrificá-los."[42]

No dia 12 de novembro, o mesmo dia em que noticiou o veredicto absolvente do júri de Kiev, o jornal católico francês *L'Univers* voltou-se diretamente para a questão da carta de Merry del Val para Lorde Rothschild. Os judeus, afirmou o jornal, orquestraram uma campanha da imprensa destinada a mostrar que nunca cometeram assassinato ritual. Num "esforço para implantar essa mentira, chegaram ao desplante de invocar o testemunho da Santa Sé a seu favor. A audácia deles não conhece limites". Prosseguindo, o jornal contava como os judeus, por intermédio de Lorde Rothschild, haviam encaminhado uma petição ao Vaticano, rogando que a autenticidade de certos documentos eclesiásticos fosse confirmada.

"Teria bastado ir a uma biblioteca pública para encontrar os livros que autenticariam esses documentos", observou o autor em *L'Univers*. "Em essência foi isso que, à sua maneira espirituosa, o cardeal Merry del Val disse nas poucas linhas de sua resposta." Mas o que dizem realmente os documentos em questão? O papa Inocêncio, escreveu o jornalista, em sua carta apostólica aos bispos da Alemanha e da França, "não nega em absoluto a existência do assassinato ritual de crianças cristãs". Ele havia tão-somente pedido aos bispos que pusessem fim a abusos dessa acusação, pois algumas pessoas estavam fabricando casos de assassinato ritual para acobertar seus próprios fins torpes. Quanto ao relatório do cardeal Ganganelli ao Santo Ofício, escrevia o autor do artigo, ele dizia respeito apenas a um caso particular. Mesmo que devesse ser amplamente interpretado, significaria pouco, pois era apenas a opinião pessoal de Ganganelli, não uma declaração da Santa Sé. De fato, nenhum papa poderia jamais negar em princípio a acusação de assassinato ritual, pois a Santa Sé reconhecera oficialmente esse tipo de assassinato ao canonizar Simão de Trento e outros mártires cristãos que foram assim vitimados pelos judeus.[43]

Os documentos mais importantes que temos para interpretar a posição do Vaticano sobre o caso Beilis são os dois longos artigos da autoria de padre Paolo Silva, que *Civiltà cattolica* estampou sobre a questão. Publicados na primavera de 1914, nos últimos meses do reinado de Pio X, foram lidos pelo mundo católico como um ponto final na polêmica em curso na imprensa européia sobre a visão que o Vaticano tinha do assassinato ritual judaico. Lembremos que o texto dos artigos da *Civiltà cattolica* era enviado previamente ao secretário de Estado para sua revisão. É quase inconcebível que o jornal os poderia ter publicado sem a aprovação de Merry del Val.

"Entre as autoridades consultadas ... para demonstrar a inexistência do assassinato ritual, há uma a que as sinagogas atribuem mais valor que a todos os comícios e todos os jornais do mundo", escreveu o padre Silva. "É uma que merece nossa própria atenção especial também, pois é a autoridade da Santa Sé." É bastante curioso, embora facilmente compreensível, acrescentou o padre Silva, "ver a afobação com que esses eternos execradores do nome cristão procuraram pedir o testemunho do papa para escapar a essa acusação capital".

Os judeus, escreveu o padre Silva, não só tinham o descaramento de aproximar-se da Santa Sé a propósito dessa questão, como por alguma razão consideraram Lorde Rothschild a pessoa mais indicada para escrever em nome deles. "Confessamos", escreveu o jesuíta, "que não conseguimos entender por que um homem fala em nome de seu povo quando, essencialmente, não passa de um rico negociante, um banqueiro". É revelador, continuou, que a autoridade mais estimada dos judeus seja um homem como esse, pois isso demonstra que "toda a religião judaica foi reduzida ao culto do bezerro de ouro". "O que pediu de fato o Senhor dos Judeus?" Ele queria que o papa dissesse se uma carta de Inocêncio IV e um relatório de um consultor do Santo Ofício eram autênticos ou não. "Bem", escreveu o padre Silva, "já se observou com razão que certamente não era necessário aproximar-se do cardeal secretário de Estado para obter tal verificação."

Em seguida, o padre Silva examinou a questão do testemunho do padre Pranaitis no julgamento Beilis como especialista em teologia. Após louvar o vasto conhecimento de Pranaitis, o padre Silva afirmou que os judeus haviam deturpado o testemunho do padre. O padre nunca duvidara da autenticidade dos documentos em questão, "mas negara o significado que os defensores da sinagoga lhes atribuíram ... e nisso Pranaitis estava mil vezes correto".[44]

Depois de reproduzir o texto da encíclica escrita por Inocêncio IV em 1247, o padre Silva acrescentou-lhe seu próprio comentário: "Ora, está claro que não há em tudo isso nada do que Rothschild e seus correligionários afirmam encontrar." Silva então reimprimiu a breve carta de Merry del Val a Rothschild para demonstrar que em momento algum o secretário de Estado negara a existência do assassinato ritual judaico.

Prosseguindo, o artigo de *Civiltà cattolica* afirmou que, apesar da absolvição, o caso de Kiev mostrava todos os sinais de um assassinato ritual praticado pelos judeus. Somente subornos às autoridades russas haviam livrado os judeus.

"E façamos um resumo das coisas", escreveu o padre Silva. "Um menino desaparece no terreno de uma fábrica judaica e seu corpo é encontrado crivado de ferimentos. A ciência estabeleceu a hora e o método; mediu os golpes sistemáticos e a agonia sofrida pela vítima. Indicou o objetivo ... o assassinato foi cometido por pessoas que queriam extrair o sangue. Ora, só se conhece uma raça dessas pessoas."

No mês seguinte, *Civiltà cattolica* apresentou mais indícios do caso de Kiev, retratando a natureza diabólica dos judeus em detalhes ainda mais escabrosos: o judeu, escreveu o padre jesuíta Silva, bebe sangue o tempo todo e, de fato, ele encontrara textos que revelam que os judeus consideram o sangue "uma bebida como o leite". A coisa importante que o judeu precisa ter em mente, o padre escreveu, é que ele deve não simplesmente matar a criança cristã, mas assegurar que ela morra da maneira mais dolorosa possível.

Vale a pena lembrar aqui o ano em que isso foi publicado. Era 1914.[45]

PARTE TRÊS

Nas vésperas do Holocausto

12

Um futuro papa na Polônia

O momento dramático em que Pio X morreu, no dia 20 de agosto de 1914, duas semanas após a deflagração da Primeira Guerra Mundial, levou alguns a dizer que o pontífice morrera de desgosto. Embora ninguém imaginasse ainda a plena extensão que os horrores da guerra teriam, os cardeais que se reuniram a toda pressa no último dia de agosto sabiam que não havia tempo para delongas. Em menos de uma semana, elegeram Giacomo della Chiesa, arcebispo de Bolonha, como sucessor de Pio X.

Por trás da eleição de Della Chiesa, havia entre muitos cardeais o sentimento de que a falta de habilidades diplomáticas de Pio X custara caro à Igreja. Com a aproximação da Grande Guerra, o Vaticano parecia perigosamente isolado. Em 1904, uma disputa crescente levara a França a uma completa ruptura de relações com o Vaticano, seguida no ano seguinte por uma nova lei francesa separando Igreja e Estado. Conflitos semelhantes atormentavam as relações do Vaticano também com outros países.

Nascido numa família aristocrática de Gênova que já contava um papa em sua árvore genealógica, Della Chiesa era formado pela Academia de Eclesiásticos Nobres de Roma. Quando jovem, foi o protegido de Mariano Rampolla, que, em 1882, ao ser nomeado núncio na Espanha, o levara consigo como seu secretário. Em seguida, quando Rampolla se tornou secretário de Estado de Leão XIII, em 1887, Della Chiesa foi nomeado mais uma vez seu assistente, ascendendo mais tarde ao posto de subsecretário de Estado.

Em seus longos anos na Secretaria de Estado, Della Chiesa impressionou por seu bom julgamento político, suas habilidades diplomáticas e seu senso da história. Desenvolveu também amplo conhecimento da política européia.

Em 1907, Della Chiesa recebeu seu primeiro papel pastoral de vulto quando, aos 53 anos, foi nomeado arcebispo de Bolonha. Tinha agora a amplitude de experiência – diplomática e pastoral – que se considerava o *background* ideal para um papa. No entanto, quase não se tornou cardeal a tempo de participar do conclave de 1914, elevando-se a essa posição apenas três meses antes da morte de Pio X. Ao ganhar o voto de seus colegas cardeais, Della Chiesa tomou o nome de Bento XV.

Bento XV diferia de todos os seus predecessores não só em formação e estilo, como também em sua perspectiva e abordagem do mundo. Após um século de papas que, desde a abdicação de Napoleão, haviam tentado restaurar a antiga teocracia católica, ali estava finalmente um papa que compreendia que o velho mundo jamais poderia ser trazido de volta, que a Igreja tinha de encontrar uma maneira de se entender com os tempos modernos.[1]

Quase da noite para o dia as acusações da conspiração maçônica contra a Igreja, um traço regular das encíclicas papais desde o tempo de Pio IX, desapareceram. Outro sinal de que uma brisa nova soprava através do Vaticano foi o nervosismo com que os membros da Igreja mais comprometidos com a postura papal anterior reagiram à eleição de Bento XV. Entre eles estavam os editores dos jornais mais estreitamente associados a Leão XIII. Por muito tempo, eles se haviam atribuído o papel de bravos cavaleiros clericais na cruzada papal contra os tempos modernos. Quando, para sua consternação, o editor do florentino *L'Unità cattolica* ficou sabendo que Della Chiesa fora eleito papa, percorreu desesperadamente as páginas de edições passadas de seu jornal à procura de alguma coisa positiva que tivesse sido escrita ali sobre o novo pontífice. Embora Della Chiesa tivesse servido nos sete anos anteriores como arcebispo de Bolonha, não longe de Florença, o editor só conseguiu encontrar uma menção positiva a algo que ele tivesse feito ali: sua condenação do tango![2]

Após o pontificado de Bento XV, nenhum papa pôde retornar à intransigência de seus predecessores, nem aspirar a um restabelecimento dos Estados Papais, ou rejeitar sumariamente todas as idéias modernas. Sua influência, contudo, foi limitada, em boa parte porque permaneceu no cargo apenas sete anos. Faltava também ao novo papa o carisma de alguns de seus predecessores, e muita gente o considerava desinteressante.

Numa descrição bastante indelicada – e talvez até injusta –, a destacada jornalista americana Anne O'Hare McCormick retratou o papa numa cerimônia no Vaticano em 1921, anunciando os nomes de bispos recém-designados, como não muito impressionante. "Em sua figura insignificante e seu rosto bastante inexpressivo", ela observou, "não há nenhuma majestade, espiritual ou secular... Ele estava perdido em algo de impessoal, perpétuo, obliterante." Pouco depois da morte do papa, no ano seguinte, ela o evocou em termos igualmente pouco lisonjeiros: "Era visto em funções públicas no Vaticano", escreveu, "arqueado sob sua tiara, definhado em sua exaltada posição, claramente entediado e sobrecarregado por sua grandiosidade... Não fazia nenhum apelo à imaginação – um homenzinho desajeitado, cansado, amarelado, um ombro ligeiramente mais alto que o outro, sem nenhuma eloqüência, nenhuma radiância, nenhum encanto pessoal."[3]

Por mais inexpressivo que possa ter parecido a essa jornalista americana, porém, Bento XV teve inegavelmente a coragem de tentar traçar um novo curso para as relações papais com os judeus – embora esse curso se fosse inverter após sua morte, em janeiro de 1922. Com sua eleição para o papado, a campanha anti-semita na imprensa ligada ao Vaticano logo foi refreada. Em nenhum lugar isso foi mais evidente que em *Civilità cattolica*, que, depois de seus dois artigos arrepiantes sobre o assassinato ritual judaico nos últimos meses do pontificado de Pio X, esperou até os primeiros meses do papado do sucessor de Bento XV, Pio XI, para retomar plenamente sua campanha anti-semita.

A preocupação que dominou o pontificado de Bento XV foi a Primeira Guerra Mundial e, em particular, a busca de uma maneira de influenciar o acordo de paz que a seguiu. Como depois se viu, a conferência de paz após a guerra faria muito para moldar a história política do século XX. O problema, da perspectiva do Vaticano, começou em abril de 1915, quando os aliados assinaram, secretamente, o Tratado de Londres. Por insistência da Itália – um Estado cuja legitimidade a Santa Sé ainda se recusava a reconhecer 54 anos após a sua criação –, o tratado continha um artigo que excluía o Vaticano de qualquer conferência ao término da guerra.

Entre os esforços do Vaticano para ganhar um lugar na mesa da paz, certamente um dos mais estranhos envolveu negociações secretas com as comunidades judaicas da França, da Inglaterra e dos Estados Unidos. Em sua forma inicial, as propostas do Vaticano foram desencadeadas pelo que estava acontecendo nos territórios poloneses sob domínio czarista. Fugindo em debandada ante o avanço do exército alemão, tropas russas estavam fazendo devastações nesses territórios, assassinando judeus e pilhando suas casas. Segundo a proposta secreta do Vaticano, o papa condenaria a violência antijudaica e, em troca, os judeus da França, da Grã-Bretanha e dos Estados Unidos tentariam convencer seus governos a dar um lugar para o Vaticano na conferência de paz.

As negociações foram lideradas por um político e jornalista católico francês, François Deloncle, junto com um judeu francês, Lucien Perquel. Os entendimentos, contudo, logo se enredaram na política internacional. Com a Rússia lutando ao lado dos outros exércitos aliados contra a Alemanha e a Áustria, nem o governo francês nem o britânico viam com bons olhos uma condenação do exército russo pelo Vaticano. Deloncle, por outro lado, estava entre os que acreditavam que a Rússia ortodoxa cristã representava, em longo prazo, uma ameaça maior para a sociedade ocidental do que a Alemanha e a Áustria. Essa era também a opinião de muitos no Vaticano, entre os quais Eugenio Pacelli, o futuro papa Pio XII, que, de sua posição no serviço diplomático do Vaticano, ajudou a incentivar as conversas de Deloncle.

Em maio de 1915, o papa recebeu Deloncle e Perquel, ao que se seguiu uma audiência concedida apenas a Deloncle no mês seguinte. O papa os recebeu calorosamente e propôs-se a preparar uma encíclica em defesa dos judeus a ser divulgada no primeiro aniversário da deflagração da guerra. Acrescentou, contudo, que, para que seus esforços fossem eficazes, era importante que sua posição diplomática fosse fortalecida. Convocou as comunidades judaicas a usar sua influência junto a seus governos para que fosse dado um assento à Santa Sé, como uma potência neutra, na conferência do pós-guerra. Mais tarde, o Vaticano pediu também aos judeus que ajudassem a convencer os governos britânico, francês e americano a apoiar um Estado polonês independente após a guerra.

Apesar do entusiasmo inicial, as negociações malograram. No início de 1916, as organizações judaicas, tanto francesas quanto britânicas, haviam se voltado contra o plano e estavam temendo que os americanos embarcassem nele. Numa carta datada de 28 de abril de 1916, David Alexander e Claude Montefiore, presidentes das duas maiores organizações judaicas britânicas, escreveram ao presidente do Comitê Judaico Americano em Nova York para convencer os americanos a rejeitar a proposta do Vaticano.

"Nem precisamos dizer", escreveram, "que, se as propostas de M. Deloncle tivessem se limitado a uma intervenção humanitária do papa em favor de nossos infelizes irmãos, nós as teríamos acolhido sem reservas e com a maior gratidão; mas, como verão, os motivos da intervenção proposta, como M. Deloncle nos confessou francamente, eram tais que nenhum cidadão britânico poderia, nas presentes circunstâncias da Europa, admitir, ao passo que a própria intervenção foi subordinada a condições que, a nosso ver, tinham por objetivo envolver toda a comunidade judaica em perigos extremamente graves."

Alexander e Montefiore argumentaram que judeus, como tais, não deviam se envolver em questões de política internacional que não dissessem respeito especificamente ao bem-estar de suas comunidades. Se fizéssemos o que o Vaticano propôs, escreveram, "teríamos deixado mal os nossos melhores amigos junto às Grandes Potências, perdido a solidariedade dos liberais russos, perpetuado e justificado certas tendências anti-semitas na Igreja Ortodoxa Grega".

Quanto à idéia de que os judeus deveriam pressionar seus governos a apoiar um papel formal para a Santa Sé na conferência de paz após a guerra, "essa proposta envolve toda a delicada questão do status soberano do papa, a que a Itália é extremamente sensível. A Itália certamente se ofenderia com a participação de Sua Santidade no Congresso da paz ... e certamente não perdoaria os judeus se os considerasse alinhados contra ela nessa questão". A situação tampouco era muito melhor na Inglaterra, onde "ressentimentos protestantes seriam certamente despertados pelo ressurgimento da questão do legado, e certamente encontrariam um eco irado na França, em setores onde se encontram hoje nossos melhores amigos. Tudo isso só poderia resultar numa vasta e exacerbada ampliação do anti-semitismo".

Finalmente, escreveram, era inconveniente para judeus estrangeiros tomar uma posição pública em relação à independência polonesa. "É uma questão que os poloneses, judeus e cristãos, devem decidir por si mesmos." Ademais, "o apoio judaico internacional ao partido pró-independência polonesa neste momento seria visto em toda parte como uma manifestação contrária à Rússia, e conseqüentemente como uma tentativa de estorvar os Aliados na guerra".[4]

Com relutância, o Comitê Judaico Americano cerrou fileiras com as organizações francesa e britânica e a missão Deloncle foi encerrada.[5]

Embora excluído de um lugar formal à mesa da paz, o papa continuou preocupado com o destino da Polônia, com sua grande população católica romana. A Polônia emergira da era napoleônica retalhada, seu território dividido entre a Rússia czarista, o Império Austro-Húngaro e a Prússia. Um século depois, tornou-se um dos campos de batalha da Primeira Guerra Mundial. No início da guerra, tropas czaristas tomaram o território polonês da Galícia, governado pela Áustria, deixando a Rússia no controle da maior parte da Polônia. Em 1915, porém, num contra-ataque, os exércitos alemão e austríaco derrotaram os russos e impuseram o controle germânico-austríaco a praticamente tudo o que fora outrora o reino da Polônia. Mais tarde, com a derrota das potências do Eixo, o futuro dos territórios poloneses continuou sendo uma das principais questões perante a conferência de paz do pós-guerra.[6]

No fim da guerra, o arcebispo de Varsóvia pediu ao papa que enviasse um emissário à Polônia para fazer um inventário da situação. Em resposta, Bento XV tomou o que se pode considerar a decisão isolada mais importante de seu pontificado, embora na época ele não tivesse condições de compreender isso. Designou como seu embaixador especial um homem sem absolutamente nenhuma experiência diplomática, uma pessoa que parecia sob muitos aspectos a escolha mais improvável: o bibliotecário do Vaticano, Achille Ratti.[7]

Nascido em 1857 perto de Milão, Ratti revelara, como um jovem padre, pendores eruditos, e começara a trabalhar em bibliotecas da Igreja. Seus talentos o levaram a postos de crescente responsabilidade, até que, em 1910, foi nomeado por Pio X vice-prefeito, e, quatro anos mais tarde, prefeito da Biblioteca do Vaticano. Se Bento XV não tivesse designado o clérigo intelectual para o posto diplomático em Varsóvia em 1918, toda a história da Igreja no século XX poderia ter sido diferente. Pois foi com base em seus três anos em Varsóvia que Ratti foi nomeado arcebispo de Milão e feito cardeal em junho de 1921. Apenas sete meses depois, foi eleito papa, tornando-se Pio XI.

É por causa de Achille Ratti ter-se tornado quem se tornou que sua experiência na Polônia assume tão enorme importância. Esse era o homem que, como papa, guiaria a resposta da Igreja à ascensão do fascismo na Itália e do nazismo na Alemanha. Ele é que decidiria a reação da Igreja na década de 1930 às leis anti-semitas implantadas pelos regimes fascista italiano e nazista alemão. Durante sua estada na Polônia, encarregado de investigar as condições locais e comunicá-las ao Vaticano, Ratti confrontou-se, pela primeira vez na sua vida, com o "problema judaico". Foi na Polônia, em meio à maior população judaica da Europa, que ele experimentou em primeira mão a poderosa mistura de catolicismo, nacionalismo e anti-semitismo.

Para avaliar plenamente a importância dos relatórios poloneses de Ratti, é preciso ter em mente mais uma coisa. O Vaticano proibiu o acesso a quaisquer documentos de Ratti a partir do momento em que ele se tornou papa, em 1922. Normas em vigor nos arquivos do Vaticano proíbem a consulta de material produzido após o pontificado de seu predecessor, Bento XV.[8] Os papéis dos anos que Ratti passou em Varsóvia ficam exatamente aquém dessa data final e permitem uma penetração de valor incalculável na mente do homem que, como papa, planejaria a reação da Igreja ao Holocausto que se prenunciava.

A importância da Polônia para os judeus da Europa era realmente enorme. No século XIV, o rei Casimiro, o Grande, convidara os judeus a ir para a Polônia e servir de intermediários entre os soberanos aristocráticos e a massa dos camponeses. Proibidos, como em toda parte, de possuir terras eles próprios, tornaram-se negociantes, emprestadores de dinheiro, coletores de impostos e administradores de propriedades rurais, operando até a casa de cunho real. Durante os três séculos seguintes, aproximadamente, quase todos os médicos da Polônia foram judeus. No século XVIII, porém, à medida que a influência da Rússia sobre a Polônia continuava a crescer, a condição dos judeus piorou.

A servidão só foi abolida na Polônia em 1862, e o legado feudal do país continuou a pesar muito ao longo do século XIX. Nesse século, a maior parte do país permaneceu sob domínio russo e quando, nas suas duas últimas décadas, novas restrições legais foram impostas aos judeus na Rússia, e a violência contra eles irrompeu, grandes números deles se mudaram para a Polônia, a oeste. No final do século XIX, três milhões de judeus viviam ali, um décimo da população polonesa total, a maior concentração de judeus na Europa. Em sua vasta maioria, eram pobres, vivendo em aldeias, onde trabalhavam como modestos artesãos, vendedores ambulantes ou pequenos lojistas, e permaneciam socialmente segregados, a maior parte falando iídiche em vez de polonês. O papel tradicional dos judeus como intermediários significava que, em cidadezinhas por todo o país, eles muitas vezes eram os donos do único armazém geral, um judeu era o único emprestador de dinheiro no lugar, e quem negociava com gado tendia a ser judeu. Isso significava que em tempos difíceis, que eram demasiado freqüentes, era a um judeu que um camponês cristão tinha de recorrer para pedir dinheiro emprestado, muitas vezes para ser repelido; era um judeu que vinha cobrar uma dívida; e era um judeu que os camponeses tinham de procurar para vender suas poucas vacas. Nada disso poderia tornar os judeus benquistos entre os camponeses cristãos.

Embora a proporção de judeus economicamente prósperos fosse pequena, seu impacto na modernização da economia da Polônia no início do século XX foi imenso. A Polônia entrou no século XX sem uma burguesia cristã bem desenvolvida. Os aristocratas tinham uma longa tradição de desprezo ao comércio, e a economia da Polônia era uma das mais atrasadas da Europa. Os negócios modernos que se haviam desenvolvido eram em grande parte produto da iniciativa judaica. A modesta industrialização da Polônia devia-se em boa medida a judeus, que dirigiam também muitos bancos, talvez a maioria deles. Com grande presença na minúscula classe média polonesa, os judeus eram também numerosos entre os que tinham nível educacional elevado: em 1929, por exemplo, 40% de todos os poloneses com graus universitários eram judeus.[9]

O desenvolvimento de movimentos nacionalistas modernos na Polônia pode ser datado da década de 1880, quando o território ainda estava dividido entre áreas sob controle da Rússia, da Áustria e da Alemanha. Nessa década, os territórios sob controle russo viram a ascensão de um movimento nacionalista sob a liderança de Roman Dmowski, um anti-semita encarniçado. Para Dmowski e sua liga nacionalista pró-russa, o problema judaico era absolutamente central, pois viam os judeus como um elemento estrangeiro que minava a força da Polônia católica. Ao mesmo tempo, na porção da Polônia controlada pela Áustria, a luta contra a influência perniciosa dos judeus estava emergindo de maneira semelhante como um dos princípios centrais do novo movimento nacionalista-católico. Sintomática foi a convocação pelo Congresso Católico, realizado em 1893 em Cracóvia, para um boicote a todos os negócios judaicos. Também nessa época, um padre, Stanislaw Stojalowski – que já encontramos antes – estava viajando de aldeia em aldeia na Galícia austríaca, incitando os camponeses católicos contra os judeus.

Embora essas coisas tenham se aquietado no início do novo século, o movimento anti-semita voltou a explodir com a deflagração da guerra. Com a derrota das forças czaristas em 1915, e a invasão germano-austríaca, as pessoas passaram a procurar um culpado e o encontraram nos judeus, acusados de ter recebido os invasores estrangeiros de braços abertos.

À medida que a guerra se arrastava, ficou cada vez mais claro que a Polônia, tendo sido temporariamente unificada sob o controle germano-austríaco, continuaria a ser um estado unificado também depois da guerra. Quando a guerra finalmente terminou, apelos internacionais pela proteção das minorias na Polônia, junto com as tentativas de algumas organizações judaicas polonesas de conseguir uma medida de autonomia para os judeus, desencadearam uma reação brutal. Em Cracóvia, Kielce, Lublin e dezenas de cidades e aldeias na Galícia, populações locais, acrescidas de elementos dos vários exércitos desmobilizados na Polônia, fizeram motins, massacrando judeus e queimando suas casas, negócios e sinagogas. Os *pogroms* foram estimulados pela imprensa nacionalista, cheia de velhas e novas acusações. Os judeus matavam crianças cristãs por causa de seu sangue, bradavam; os judeus haviam traído a Polônia durante a guerra, colaborando com os ocupantes alemães; os judeus haviam lucrado com a guerra, enriquecendo enquanto os verdadeiros poloneses sofriam; os judeus estavam por trás do bolchevismo, o mais novo flagelo a ameaçar a Polônia.

Quando a Conferência de Paz de Paris começou, em janeiro de 1919, Roman Dmowski estava lá, servindo como um dos dois representantes oficiais da Polônia. A perspectiva de uma subida ao poder do encarniçadamente anti-semita Dmowski ou de um de seus associados do Partido Nacional Democrático intensificou a preocupação com a sorte dos judeus da Polônia na comunidade democrática. Em conseqüência, ao restaurar o Estado polonês, que fora erradicado em 1795, o tratado de paz obrigou o governo polonês a oferecer garantias de proteção aos direitos dos judeus e de outras minorias étnicas.[10]

A situação, do ponto de vista judaico, deteriorou-se rapidamente quando, naquele mesmo ano, foi deflagrada uma guerra entre a Polônia e a recém-criada União Soviética. Exércitos poloneses penetraram profundamente no território russo e, ao longo do caminho, ajudaram a organizar *pogroms* contra os judeus. Quando, no ano seguinte, o exército polonês recuou ante um avanço do Exército Vermelho, tanto militares cristãos quanto a Igreja espalharam a idéia de que o bolchevismo era obra dos judeus, um instrumento empregado em sua luta pela conquista do mundo. Típica disso foi a carta que os bispos da Polônia enviaram em 1920 aos seus irmãos bispos de outros países: "O real objetivo do bolchevismo é a conquista do mundo inteiro. A raça que o dirige conseguiu dominá-lo por meio de seu ouro e de seus bancos. Hoje, o impulso imperialista ancestral que corre em suas veias é esmagar o povo sob o jugo de sua dominação." Todo polonês sabia exatamente a que raça os bispos poloneses estavam se referindo. Seguiu-se uma nova onda de *pogroms*.[11]

Foi nesse campo de batalha do pós-guerra que o bibliotecário do Vaticano pisou em junho de 1918, sob a supervisão do cardeal Pietro Gasparri, o secretário de Estado de Bento XV, então com 66 anos. Homem de origem humilde – era chamado pelas costas "*il contadino*" (o camponês) – e o último de nove filhos, Gasparri galgara os postos da carreira eclesiástica à força de inteligência e trabalho árduo. Conhecido como um dos maiores especialistas da Igreja em direito canônico, passara as duas últimas décadas do século anterior lecionando a matéria no Instituto Católico de Paris. Estimado por Leão XIII, foi nomeado arcebispo em 1898 e enviado como núncio para o Peru, voltando para Roma três anos depois para se tornar secretário da Congregação para Assuntos Eclesiásticos Extraordinários. Nomeado cardeal em 1907, Gasparri foi escolhido por Bento XV em 1914 como seu secretário de Estado, substituindo Merry del Val.[12]

Achille Ratti ficou chocado ao saber que o papa o escolhera para a delicada missão diplomática em Varsóvia, mas providenciou rapidamente seus preparativos para a partida. O secretário de Estado entregou-lhe um memorando que explicava seus deveres. "A missão confiada a Mons. Ratti", escreveu Gasparri, "deve ser puramente eclesiástica, isto é, identificar as necessidades religiosas naquelas regiões, que foram por muito tempo sujeitas ao regime do governo Imperial russo, e remeter essas constatações à Santa Sé. Ele deve ademais colaborar estreitamente com os prelados poloneses num esforço para completar o trabalho de reconstrução que eles empreenderam, da melhor maneira possível."[13]

Pouco depois que o secretário de Estado deu a Ratti suas instruções, o próprio papa enviou uma carta a todos os bispos da Polônia informando-os da missão de Ratti e pedindo-lhes que se mantivessem unidos para defender a Igreja nos tempos criticamente importantes em que viviam. Ao chegar a Varsóvia no início do verão, Ratti recebeu instruções do arcebispo de Varsóvia, a maior autoridade eclesiástica da Polônia. Grande parte do país continuava em frangalhos, ele foi informado. As pessoas viviam na pobreza e a inquietação social estava se espalhando, jogando um grupo étnico contra outro. Havia também, contudo, grande entusiasmo, pois a perspectiva de um Estado Polonês independente, após mais de um século de dominação estrangeira, animava as pessoas.

Ratti ficou sabendo também que havia alguma divergência entre os bispos poloneses. De especial interesse para ele era o caso de Augustinus Losinski, bispo de Kielce, conhecido por sua insistência em formar um partido católico nacionalista unificado. Em meados de junho, pouco depois de chegar à Polônia, Ratti foi visitar o bispo de Kielce para tentar convencê-lo dos perigos de uma identificação demasiado estreita da Igreja com um único partido num momento de grande incerteza política.

Numa tentativa de reforçar a união dos bispos, o arcebispo de Varsóvia convocou uma conferência de todos os bispos poloneses no final de julho. Após esse encontro, Ratti descreveu o que acontecera num relatório que mandou para o cardeal Gasparri em Roma. Na conferência, contou Ratti, ele argumentara energicamente contra a formação de um partido político católico único. "Fiz essa proposta após ter sondado devidamente as pessoas e em entendimento com o Monsenhor Arcebispo, que também julgou que devíamos aproveitar a presença do Monsenhor de Kielce para tratar do assunto." Os argumentos de Ratti, que aos olhos dos bispos poloneses refletiam os do próprio papa, foram aceitos, pelo menos naquele momento.

Em seu relatório a Gasparri, porém, Ratti acrescentou uma nota de preocupação com o bispo de Kielce. "Devo dizer, infelizmente, que o achei muito mudado, e para pior, desde que o deixei em Kielce."[14]

Não era segredo para ninguém que Ratti se encontrava em Varsóvia para informar o papa sobre a situação corrente da Polônia, e ele recebeu um sem-número de conselhos de pessoas interessadas em influenciar sua visão. Nessas conversas e cartas, um tema sempre surgia: os problemas da Polônia eram causados pelos judeus.

No dia 1º de setembro de 1918, por exemplo, em uma de suas viagens pelo país para apurar fatos, Ratti recebeu um relatório, em francês, intitulado "Notas sobre a atual questão polonesa dedicadas a Sua Excelência Monsenhor Achille Ratti, Visitante Apostólico". Seu autor, conde George Moszynski, pediu a Ratti que transmitisse suas idéias ao papa. "Após as derrotas de 1859 e 1866",[15] o conde escrevera, "a Áustria buscou sua salvação no liberalismo judaico e maçônico ... Era uma grande desgraça para o futuro de nosso país que os estadistas sérios da Galícia se deixassem seduzir por ensinamentos liberais, patrocinados pelos judeus vienenses e através dos quais os judeus se associaram à política austro-polonesa." Seguia-se uma longa análise, ferozmente anti-semita, do problema.[16]

À medida que sua familiaridade com a situação na Polônia aumentava, Ratti passou a enviar ao secretário de Estado as suas próprias análises do papel dos judeus na sociedade polonesa. Esses relatórios, junto com os documentos que o enviado papal continuou a acumular, dão-nos um vislumbre precioso da evolução da sua concepção sobre os judeus.

Numa carta ao cardeal Gasparri do final de outubro de 1818, Ratti descreveu a inquietação que atormentava o país. "Houve alguns dias de grande perturbação, com algumas ameaças – logo dissipadas ou quase – por grupos extremistas propensos à desordem: os socialistas-anarquistas, os bolchevistas (veteranos da revolução russa ou influenciados por ela) e os judeus."[17]

Cerca de uma semana depois, ocorreu o que, até onde sabemos, foi o único encontro que o futuro papa jamais teve com judeus poloneses. O enviado papal estava em meio a uma série de viagens pela Polônia para cumprir a sua missão de inspecionar a situação religiosa, social e política do país em benefício do Vaticano. Foi em sua visita a Sandomierz que seu encontro com os judeus teve lugar.

Sua maneira de contar ao secretário de Estado como os judeus haviam solicitado um encontro é por si só reveladora. "Até os judeus (numerosos aqui também, como em quase todas as cidades do reino, seja grande ou pequena, eles só subsistem através do pequeno comércio envolvendo contrabando, fraude e usura) pediram para ser recebidos." Tendo Ratti dito ao bispo local que estava disposto a ver os judeus, eles foram introduzidos. "O rabino veio com os líderes da Sinagoga, cobrindo-me de cumprimentos e dizendo o quanto estavam felizes por saudar o enviado pontifício em nome de todo o seu povo. Agradeci-lhes", escreveu Ratti, "lembrando a justiça e a caridade que o pontífice sempre mostrou [aos judeus], inclusive na própria Roma. Disse-lhes também que estava feliz por receber a visita deles no dia em que toda a Igreja, e particularmente a de Sandomierz, estava celebrando e glorificando o nascimento de Maria, que veio do seu povo." Ratti concluiu seu relato: "O rabino disse-me que ele e seu povo estavam gratos e lisonjeados, e pareceu-me, a mim e a todos os outros ali presentes, que realmente estavam."[18]

Os judeus tinham motivos para ficar agradecidos por qualquer atenção que pudessem obter do enviado papal, pois os tempos não estavam bons para eles na Polônia. De fato, poucos dias depois da visita de Ratti, uma nova série de *pogroms* eclodiu, com mais mortes e espancamentos de judeus, e mais casas judaicas destruídas. Em reação, a 25 de novembro, o arcebispo de Varsóvia lançou um chamamento pelo fim da violência antijudaica.[19]

Notícias de novas atrocidades contra os judeus poloneses começaram a se espalhar pela Europa e pela América do Norte, e um número crescente de jornais responsabilizou a Igreja polonesa, pelo menos em parte, pelos massacres. Para Bento XV, mais favoravelmente disposto em relação aos judeus que seus predecessores e no meio de uma delicada tentativa diplomática de ter a voz do Vaticano ouvida no acordo de paz, essas notícias não eram bem-vindas. Aproveitando o fato de ter um enviado especial no cenário dos acontecimentos, o secretário de Estado remeteu no dia 22 de dezembro um telegrama criptografado a monsenhor Ratti. Com o cabeçalho "Assunto: Exame das matanças de judeus noticiadas", dizia: "Após notícias recentes relativas à matança de judeus, o Santo Padre recebeu petições. Queira Vossa Excelência obter informação exata a esse respeito e interessar-se no bem-estar deles."[20]

A resposta de Ratti a essa solicitação é muito reveladora. Embora judeus estivessem sendo assassinados em muitas partes da Polônia, suas casas e sinagogas, inteiramente queimadas, e o próprio papa lhe tivesse pedido para se interessar pelo bem-estar dos judeus, Ratti não fez nada parecido. O exame das suas atividades nos meses seguintes revela que, ao contrário, fez tudo o que pôde para impedir qualquer ação da Igreja em favor dos judeus e evitar que o Vaticano fizesse qualquer intervenção que pudesse desencorajar a violência. O telegrama do secretário de Estado chegou quando Ratti estava no meio do primeiro conjunto de relatórios ao Vaticano sobre a situação dos judeus da Polônia, mas esses relatórios, em vez de advertir para os perseguidores dos judeus, dedicavam-se a alertar o Vaticano para os perigos representados pelos próprios judeus.

No início de dezembro, antes de receber o telegrama do secretário de Estado, Ratti lhe enviara um panorama da situação polonesa em que advertia para a influência desproporcional dos judeus na Polônia. "Há cerca de 600 mil protestantes e cerca de dois milhões de judeus, mas sua importância religiosa é desprezível, a não ser pelas freqüentes conversões ao catolicismo." Ratti continuou: "Em contraposição, contudo, sua importância econômica, política e social (especialmente a dos judeus) é grande, de fato, enorme." Ratti prometeu ao secretário de Estado fornecer-lhe mais detalhes no seu relatório seguinte.[21]

Esse relatório foi feito no início de janeiro de 1919, no rastro dos *pogroms* e após o telegrama que o cardeal Gasparri lhe enviara. Para os que vêem em Achille Ratti o homem que, em contraste com seu sucessor, Pio XII, iria se tornar o "papa bom", o espírito ecumênico que defenderia com empenho os interesses dos judeus perseguidos da Europa, o relatório só pode ser desalentador.

"De minha parte, e como um dever que acredito que minha missão me impõe, nunca cesso de repetir a esses Excelentíssimos Bispos e Reverendíssimos Padres que, quanto mais passo a admirar a bondade e a fé de seu povo, tendo podido vê-lo e conhecê-lo de perto, mais temo que ele possa cair nas garras das influências malignas que estão montando uma armadilha para ele e ameaçando-o. Lamentavelmente, se não for defendido pela obra de boas influências, esse povo certamente sucumbirá."

Após essa avaliação abstrata, vaga, Ratti chega finalmente ao que interessa. Quem são exatamente esses inimigos do cristianismo, da Igreja, do povo polonês? "Uma das influências mais fortes e mais malignas sentidas aqui, talvez a mais forte e a mais maligna, é a dos judeus."[22]

O enviado papal, é claro, não ignorou as instruções urgentes que recebera do cardeal Gasparri de examinar os relatos sobre violência contra os judeus da Polônia. Como podemos ver por seus arquivos, dedicou considerável tempo à tarefa nesses meses.

Entre suas primeiras fontes de informação esteve um relatório por ele encomendado em dezembro sobre as relações entre os católicos e os judeus da Polônia (denominadas, como o eram universalmente pelos católicos poloneses, relações entre poloneses e judeus, pressupondo-se que nenhum judeu podia ser polonês). O autor, que escreveu em francês e cujo nome não foi registrado, era muito provavelmente um aristocrata polonês católico.

"Os judeus na Polônia", ele comunicou ao monsenhor Ratti, "são, em contraste com os que vivem em outras partes do mundo civilizado, um elemento improdutivo. É uma raça de lojistas por excelência", embora, acrescentou, "a grande maioria da população judaica esteja mergulhada nas profundezas da pobreza." Fora um número relativamente pequeno de artesãos, ele relatou, a raça judaica "consiste em pequenos comerciantes, revendedores e usurários – ou, para ser mais preciso, as três coisas simultaneamente – que vivem de explorar a população cristã". Durante a recente ocupação alemã, o fato de "o jargão que os judeus falam na Polônia [i.e., o iídiche] não passar de um dialeto alemão", permitiu aos judeus se beneficiarem e, ele afirmou, a espionagem dos alemães "foi realizada exclusivamente pelos judeus". Atribuiu o recente *pogrom* em Lvov, na Galícia, à ira popular com a ligação dos judeus com os bolchevistas, um tema que percorre toda a literatura polonesa anti-semita do período. "Devemos chamar a atenção para o papel dos judeus no movimento bolchevista. Não queremos afirmar que todo judeu é, *ipso facto*, um bolchevista. Longe disso. Não podemos negar, contudo, o papel preponderante que os judeus desempenham nesse movimento, tanto entre os comunistas poloneses quanto entre os bolchevistas russos, cujos líderes – com a exceção de Lenin – são todos judeus poloneses ou judeus lituanos."[23]

Enquanto isso, matérias na imprensa estrangeira no final de 1918 relatando a matança de judeus poloneses e a queima de suas casas provocaram indignação entre muitos católicos poloneses. Essas matérias eram resultado, eles acreditavam, de uma conspiração judaica contra o nascente Estado polonês. Alguns admitiam a violência, mas culpavam agitadores externos por ela. De todo modo, afirmava-se, qualquer violência que católicos poloneses tivessem infligido aos judeus era culpa dos próprios judeus.

Pouco depois que os primeiros artigos começaram a ser publicados na imprensa estrangeira, Ratti recebeu uma cópia de uma declaração preparada pela missão diplomática polonesa em Viena, que ele classificou sob o tópico "Sobre os pretensos *pogroms* judaicos na Galícia praticados por poloneses". Em resposta às notícias da imprensa estrangeira sobre os "chamados *pogroms* dos judeus na Galícia ocidental", o documento oferecia uma versão alternativa. "Após a recente subversão política na Áustria, diferentes bandos de desertores se formaram em certas regiões da Galícia ocidental e logo foram reforçados por alguns elementos locais obscuros. Encontrando seu melhor butim e sua presa mais fácil nas lojas, esses bandos começaram a saqueá-las. Como o pequeno comércio nas pequenas cidades e povoados da Galícia está em grande parte em mãos judaicas, esse movimento assumiu um caráter anti-semita." Em seguida, porém, o relatório passava a sustentar que uma conspiração maior, mais sinistra, estava envolvida. "Há certos indícios", concluía, "de que esse movimento foi estimulado por agentes estrangeiros enviados por aqueles grupos que têm interesse em provocar perturbações na Polônia e apresentá-la perante o mundo civilizado como um país atolado na anarquia."[24]

Um desses *pogroms* ocorrera nos dias 11-12 de novembro em Kielce, onde quatro judeus haviam sido mortos, 250 feridos e muitas casas e lojas destruídas. Entre os documentos que monsenhor Ratti reuniu havia vários produzidos pelo conselho municipal de Kielce tratando desses eventos.

Três semanas após a violência, os 15 membros judaicos do conselho municipal de Kielce enviaram uma carta de protesto ao presidente do conselho. Entre outras queixas, afirmaram que nem o governo municipal nem o governo central haviam feito coisa alguma para deter a violência; que a polícia local permanecera hostil aos judeus durante os ataques; e que, embora o conselho municipal se tivesse reunido duas vezes desde o *pogrom*, não julgara conveniente condenar a violência nem mandara prender nenhum dos responsáveis por ela.

A apresentação dessa petição provocou um irado debate, lançando os conselheiros judeus contra a maioria católica. O presidente do conselho rejeitou os ataques dos judeus e os responsabilizou pela violência. O que provocara a desordem, disse, foi uma reunião que um grupo de judeus realizara num teatro local. Vazara a informação de que, dentro do teatro, os judeus estavam gritando, "Abaixo a língua polonesa! Não queremos um governo polonês!" Bem, disse o presidente, em tais circunstâncias "não surpreende muito que o povo fique alvoroçado e seja levado a cometer excessos". Um outro conselheiro católico acrescentou: "Sinto ter de concordar que tudo isso é resultado de uma campanha de provocação que os judeus vêm movendo há muito tempo contra os poloneses." Ao que um conselheiro judeu lamentou: "Antes havia um boicote [de lojas judaicas], ódio, mas não derramamento de sangue."

Outro conselheiro judeu levantou-se então para dizer que ele próprio fora o vice-presidente da reunião realizada no teatro, e que podia atestar que "todos os discursos, seja em polonês, seja em iídiche, terminaram com o grito: 'Vida longa a uma Polônia democrática, unida e livre!'" Concluiu: "Não houve nenhum discurso antipolonês. O *pogrom* estava sendo preparado de antemão."

No fim da reunião, o conselho municipal de Kielce aprovou uma moção por maioria. Ela condenava a violência contra os judeus, mas apressava-se a acrescentar que os responsáveis por ela eram os próprios judeus. "O Conselho afirma", dizia a moção

> que os movimentos anti-semitas foram uma reação instintiva da massa dos cidadãos. Foram despertados pela incessante exploração praticada pela classe dos lojistas, composta em 80% por judeus, e pelo comportamento provocativo dos judeus durante o tempo da guerra, quando se puseram a serviço dos alemães e dos austríacos. Foram também provocados pela reunião judaica que se realizou em Kielce a 11 de novembro, na qual os judeus pediram não só plenos direitos legais, que o Estado polonês não lhes recusa, como privilégios especiais,

> que não possuem em nenhum outro Estado. Clamaram por autonomia nacional, o que é um ataque aos interesses vitais do Estado polonês e uma expressão de sua aspiração a formar uma Polônia judaica, algo que o povo polonês jamais permitirá.[25]

Monsenhor Ratti pôde se inteirar do papel desempenhado pela Igreja na área de Kielce através de um outro documento que obteve e mandou traduzir do polonês. Era uma carta que o bispo de Kielce enviara a 29 de dezembro de 1918 a todo o clero de sua diocese. As eleições parlamentares estavam se aproximando – seriam realizadas no mês seguinte – e ele queria preparar seus padres para o papel que desempenhariam.

"O objetivo da Liga Cristã da Unidade Nacional é aperfeiçoar o povo da zona rural nos domínios religioso, civil e cultural. A política tem um papel apenas secundário. Os padres devem promover essa liga para impedir que as pessoas – especialmente seus próprios paroquianos – ingressem em organizações socialista-populistas. Os senhores não deveriam ficar contrariados se os camponeses se mostrarem relutantes por ora." A relutância deles, continuou o bispo, era resultado da campanha de difamação que "os membros do Partido Socialista Polonês e os judeus" haviam movido contra os padres.

Na campanha eleitoral que se aproximava, os padres "devem ter um papel ativo. Esse não é somente um dever cívico", lembrou-lhes, "mas um dever religioso, porque a natureza dos deputados vai determinar as leis e os direitos para a Igreja e para a vida católica". O bispo arrolou então uma série de regras que seus padres deveriam cumprir. A campanha eleitoral lançaria dois grupos, um contra o outro. "O primeiro consiste no bloco nacional, em que se situam os partidos que defendem os princípios nacionais; o segundo consiste no bloco socialista, a que (afora os judeus) os 'populistas' ... também aderem. Os padres deveriam, portanto, pautar sua ação segundo a do Comitê do bloco nacional, para preparar uma lista comum. Não estabeleçam nenhum contato com o bloco socialista e 'populista'."

"O púlpito", escreveu o bispo, "não é lugar apropriado para propaganda política". Mas, acrescentou rapidamente, "o padre pode dizer do púlpito em que lista o povo deve votar". Não desanimem, disse a seus padres. "Não se perturbem quando ouvirem gritos de 'abaixo os padres' e não tenham medo. Acautelem [seus paroquianos] contra o programa socialista e populista. Eles prometem muito, mas se chegassem ao poder, abandonariam o povo aos judeus e ao governo socialista."[26]

Ao mesmo tempo que colhia informações sobre a situação em Kielce, monsenhor Ratti reuniu também relatórios sobre outras violências recentes contra os judeus. No início de janeiro, recebeu um relato, em francês, intitulado "A verdade sobre o *pogrom* em Lvov, por uma testemunha imparcial." Começava lembrando que o *pogrom* de Lvov, que irrompeu a 21 de novembro, fora noticiado por jornais do mundo inteiro. Contudo, apesar das afirmações em contrário encontradas nesses relatos, "as autoridades polonesas tomaram todas as medidas necessárias para satisfazer as necessidades da justiça criminal". O objetivo de seu relatório, declarou o correspondente de Ratti, era corrigir notícias bombásticas da imprensa e expor os fatos imparcialmente.

A imprensa noticiara que muitos dos assassinos e saqueadores eram soldados poloneses, mas isso era uma impressão errônea causada pelo fato de que muitos criminosos comuns haviam vestido uniformes militares para afastar suspeitas. No dia 23 de novembro, o relatório continuou, casas judaicas foram queimadas, juntamente com "três sinagogas e várias casas de oração judaicas. Além disso, cem rolos da Torá foram queimados, entre eles, alguns de grande valor histórico". Entretanto, insistiu o informante de Ratti, as notícias veiculadas pela imprensa judaica "de uma dúzia de judeus queimados vivos durante o incêndio da sinagoga eram absolutamente falsas". Todos os que estavam no interior tinham conseguido escapar "através de uma fenda que se abriu na sua parede".

"A notícia do número de judeus vitimados pelo *pogrom* de Lvov", ele escreveu, foi exagerada, embora, acrescentou, "não se possa negar que ele foi acompanhado de certos atos de crueldade".

O governo se pusera em ação rapidamente e, tomando medidas severas, pusera fim ao *pogrom* no mesmo dia em que começara. Uma avaliação precisa dos danos, ele calculou, incluiria 73 assassinados – "inclusive alguns judeus queimados vivos", acrescentou entre parênteses –, 280 gravemente feridos, mais de quinhentos estabelecimentos judaicos destruídos e 54 casas maiores queimadas. Até meados de dezembro, concluiu, quatro mil famílias haviam se registrado para obter assistência, tendo sido "vítimas de assassinato, fogo, pilhagem e furto".[27]

No dia 15 de janeiro, monsenhor Ratti estava pronto para enviar seu relatório – intitulado "A situação na Polônia. Os *pogroms* anti-semitas" – ao cardeal Gasparri. "Quanto aos *pogroms* e massacres de judeus, a cujo respeito Vossa Excelência me mandou o telegrama cifrado número 22", escreveu, "estive investigando-os e continuo a fazê-lo, já tendo vários documentos em mãos. Mas nada ainda é claro e definitivo. Certamente, nada aconteceu em Varsóvia. Digo, nada de importância ou gravidade; os judeus ali são incrivelmente numerosos (aproximadamente trezentos mil!) e não poderiam ser mais detestados, mas não estão sendo molestados, muito menos perseguidos".

Ratti contou ter recebido detalhes sobre dois *pogroms*, um em Kielce e um em Lvov. Quanto ao de Kielce, ele informou ao secretário de Estado: "Tenho em mãos a transcrição de uma sessão daquele Conselho Municipal do início de dezembro." Que concluíra ele desses dados? Era tudo muito turvo: "Os judeus culpam os cristãos e os cristãos culpam os judeus." Ele esperava, escreveu, mais informação antes de chegar a qualquer conclusão sobre o assunto.

Na área de Lvov, relatou monsenhor Ratti, as desordens haviam deixado "centenas de mortos e áreas inteiras saqueadas e incendiadas". Mas era pouco claro, escreveu, a quem exatamente se devia culpar pela violência. Um inquérito governamental fora aberto, e ele comunicaria o resultado ao secretário de Estado assim que o recebesse.[28]

Embora tenha continuado a colher relatos dos massacres periódicos de judeus, monsenhor Ratti nunca enviou ao secretário de Estado nenhuma avaliação adicional da violência contra eles, e certamente nunca fez coisa alguma para contestar a idéia de os assassinatos serem culpa dos próprios judeus.

Enquanto o próprio Ratti parecia desinteressado da violência contra os judeus, os diplomatas de vários dos países que participaram da conferência de paz de Versalhes estavam horrorizados com notícias da nova onda de *pogroms*. Em conseqüência, no tratado final assinado em junho de 1919, as potências vitoriosas impuseram ao governo polonês a adoção de uma série de medidas destinadas a proteger sua população judaica.[29] Entretanto, apesar dessas garantias legais, os judeus da Polônia tinham razões para estar com medo. Para a grande maioria dos poloneses, ser polonês significava ser católico. Sintomaticamente, quando, em fevereiro daquele ano, o primeiro parlamento do Estado polonês prestes a se tornar independente se reuniu, os parlamentares começaram sua primeira sessão se reunindo na majestosa catedral de Varsóvia para celebrar uma missa solene.[30]

Embora a intensidade do anti-semitismo em meio ao clero católico da Polônia dificilmente pudesse ser exagerada, monsenhor Ratti não viu nada de errado. Não teve nada a dizer, por exemplo, sobre clérigos eminentes como o padre Józef Kruszynski que, como muitos de seus colegas padres, estava convencido da conspiração judaica mundial. Em 1920, Kruszynski explicou que "a pureza racial criou o que é chamado um tipo antropológico". Três anos mais tarde, Kruszynski escreveria: "Para que o mundo ficasse livre do flagelo judaico, seria necessário exterminá-los, até o último deles." Para que não se pense que idéias como essas eram encaradas como menos respeitáveis entre a hierarquia católica da Polônia da época, vale a pena lembrar que dois anos depois, em 1925, Kruszynski foi nomeado reitor da Universidade Católica de Lublin. Como o papa Pio XI, Achille Ratti morreria pouco antes de poder ver o panorama previsto pelo padre Kruszynski tornar-se realidade, com a morte da maioria esmagadora dos três milhões de judeus da Polônia.[31]

Resta um episódio da missão Ratti à Polônia que suscita algumas questões perturbadoras, refletindo as tentativas muito recentes do Vaticano de reescrever a história de suas próprias relações com os judeus. Isso envolve o relatório final da missão Ratti, escrito em julho de 1921 e publicado – sob forma editada – pela imprensa do Vaticano, em 1990.

Ratti fora posto numa posição difícil como núncio papal na Polônia, pois as tensões eram grandes e ele freqüentemente se via apanhado no meio de forças políticas antagônicas. O que acabou por pô-lo em apuros – na verdade, ocasionou uma partida precipitada – foi sua tentativa de manter o Vaticano fora da batalha acerca das fronteiras que separavam a Polônia de seus vizinhos.

Em 1919, a Santa Sé estivera entre os primeiros a reconhecer a legitimidade de um Estado polonês, e foi nessa época que Ratti foi promovido de visitante apostólico a núncio papal. Mas as fronteiras do novo Estado polonês estavam sendo contestadas, com os nacionalistas poloneses fazendo campanha para tê-las expandidas de modo a incorporar terras que consideravam historicamente parte da pátria. Monsenhor Ratti fez o que pôde para esfriar as paixões e evitar que a Igreja ficasse demasiadamente identificada com qualquer das partes, nas disputas. Foi ainda mais cauteloso em casos – como a controvérsia em relação à Alta Silésia – que envolviam populações católicas romanas de ambos os lados da fronteira (Polônia e Alemanha). Mas o resultado foi que o núncio papal começou a ser atacado por partidários de ambos os lados, a tal ponto que o Vaticano julgou mais prudente chamá-lo de volta. O papa Bento XV fez isso de uma maneira que demonstrava o quanto apreciara o trabalho de seu núncio, promovendo-o ao prestigioso posto de arcebispo de Milão. No início de junho de 1921, Ratti deixou a Polônia.[32]

Partiu antes que seu trabalho estivesse terminado, pois o secretário de Estado queria um relatório final, completo, da missão, que durara três tumultuados anos. Felizmente, Ratti deixara atrás de si seu assistente em quem mais confiava, monsenhor Ermenegildo Pellegrinetti.

Pellegrinetti era um padre de origem humilde, então com 45 anos. Conhecera Ratti em Roma pouco antes de o bibliotecário do Vaticano receber a surpreendente notícia de sua designação para Varsóvia. Ratti pediu a Pellegrinetti que fosse com ele como seu assistente especial e, de fato, Pellegrinetti chegou a Varsóvia antes mesmo de Ratti, no início do junho de 1918. Graças a Ratti, o padre logo foi inserido no serviço diplomático do Vaticano e o acompanhou em todas as viagens de averiguação dos fatos através da Polônia.

A 11 de junho de 1921, uma semana após a partida de monsenhor Ratti, Pellegrinetti escreveu em seu diário o quanto se sentia sozinho, deixado para trás em Varsóvia. Mas tudo isso mudou quando, no dia 1º de julho, recebeu um telegrama criptografado do cardeal Gasparri. Deveria preparar um relatório sobre as constatações da missão do monsenhor Ratti, detalhando a situação política e religiosa na Polônia. "Finalmente encontrei alguma coisa para fazer!" escreveu. "Minha cabeça está girando, mas vou trabalhar duro."

Durante a semana seguinte, trabalhou realmente com afinco, rascunhando e rerrascunhando um relatório de sete páginas. Ficou orgulhoso do resultado, como confiou a seu diário: "Pode parecer gabolice, mas acho que o trabalho foi um sucesso, escrito de maneira agradável tanto na linguagem quanto no estilo."[33]

Ao preparar o documento, intitulado "Relatório final da missão de Achille Ratti na Polônia", Pellegrinetti estudou todas as cartas que Ratti escrevera ao secretário de Estado durante os três anos anteriores, bem como todos os outros materiais que ele reunira. Queria preparar um relatório de que Ratti se orgulhasse e, como veremos, há todas as razões para acreditar que Ratti ficou extremamente satisfeito com ele.

Os judeus foram uma das principais preocupações do relatório. Ratti e seu assistente haviam se impressionado com o quanto os poloneses equiparavam sua identidade nacional à sua condição de católicos, e com o quanto, inversamente, os católicos não consideravam os judeus da Polônia – embora em muitos casos os ancestrais deles tivessem vivido ali por muitos séculos – em absoluto poloneses. O território da nova República Polonesa, escreveu Pellegrinetti, contém "numerosos protestantes entre os alemães, cismáticos [i.e., cristãos ortodoxos] entre os russos... e ademais as cidades estão cheias de judeus". Mas, acrescentou, "a totalidade da população que é polonesa por raça e por língua, ou que se sente polonesa, é, afora um punhado de exceções ... declaradamente católica". Dessa maneira é formada, ele escreveu, "a equação popular polonês = católico". Isso podia por vezes produzir resultados cômicos. Quando o bispo de Minsk, ele contou, perguntou a um judeu qual era sua nacionalidade, o homem "respondeu que era católico, isto é ... que falava polonês!" Assim, concluiu Pellegrinetti, "patriotismo e catolicismo tornaram-se de muitas maneiras dois aspectos do mesmo sentimento".[34]

Toda uma seção do relatório final da missão Ratti foi intitulada simplesmente "Os judeus". Em 1990, a Imprensa do Vaticano, numa série especial de livros destinada a tornar mais acessíveis os documentos mais importantes dos arquivos do Vaticano, publicou um volume dedicado a relatórios da missão Ratti em Varsóvia, inclusive o relatório final. A versão publicada da seção do relatório final dedicada aos judeus começa com a abertura real tomada do documento original: "A Polônia é o país mais judaizado do mundo. Os judeus ali podem somar até três milhões. Vivem em sua maior parte nas cidades, em muitas das quais constituem a maioria absoluta da população. Há 350 mil deles somente em Varsóvia."

Após essa introdução, um leitor familiarizado com o documento original, presente nos Arquivos Secretos do Vaticano, descobre que alguma coisa está errada. A seção sobre os judeus, diferentemente do resto do relatório, é interrompida com inserções entre parênteses, em itálico, que fornecem sumários em vez do texto efetivo.

A primeira dessas interrupções diz o seguinte: "Mons. Pellegrinetti enfatiza então brevemente alguns elementos que caracterizavam os judeus, entre outros, que eles não falam polonês e sim iídiche (isto é, um dialeto baseado no alemão com algumas palavras eslávicas e hebraicas), que usam em suas escolas e em sua imprensa, escrito com caracteres hebraicos. E após lembrar que se vestem de maneira diferente e têm costumes diferentes dos de todos os demais cidadãos, praticando em sua maior parte – como ocorre em outros lugares – o comércio grande e pequeno, não deixa de observar que muitos são da classe trabalhadora, e com freqüência vivem em grande pobreza." Depois deste parágrafo, o texto real prossegue.

Por que esta seção sobre os judeus foi parafraseada em vez de publicada em sua forma original? No documento original, a passagem sobre os traços que distinguem os judeus dos poloneses inclui alguns não mencionados na versão publicada. "Não só eles diferem visivelmente dos poloneses em razão de suas características raciais (baixa estatura, nariz grande, orelhas proeminentes, bolsas sob os olhos etc.). Diferem também por causa de sua religião e da forte consciência e da pretensão que têm de formar uma nacionalidade distinta." Quanto à passagem parafraseada sobre as ocupações dos judeus, o verdadeiro relatório diz: "Eles trabalham, como alhures, no comércio grande e pequeno, incluindo agiotagem, especulação e contrabando, em que são especialistas, mas a classe trabalhadora é também numerosa e freqüentemente vive em grande pobreza."[35]

Mesmo as porções publicadas do relatório Ratti apresentam um retrato dos judeus da Polônia como um perigo para a sociedade. O relatório continuava: "Encontra-se acentuado contraste entre os capitalistas judeus que, infelizmente, têm grande parte da riqueza da Polônia em suas mãos, e o proletariado judaico, em cujo meio os partidos mais avançados encontram seguidores, inclusive o bolchevismo, do qual os judeus são a principal força na Polônia."

Os czares russos, escreveu Pellegrinetti, haviam empurrado toda a "massa judaica" para terras que haviam sido outrora parte da Polônia. Fizeram-no, o padre explicou, "com o duplo objetivo de remover esse elemento indesejável da zona que era predominantemente russa e, ao mesmo tempo, enfraquecer o elemento polonês, que estava constantemente sonhando com revolta, misturando [os judeus] com eles". O relatório mostra claros sinais das sugestões que monsenhor Ratti estivera recebendo de seus conselheiros poloneses locais, que tachavam os judeus de traidores. "Os alemães que invadiram o território russo os beneficiaram, usando-os como espiões e auxiliares nas requisições e na pilhagem do país."

Com o fim da guerra e a criação do novo Estado polonês, Pellegrinetti seguiu informando, os poloneses tinham sido obrigados pelo Tratado de Versalhes a dar aos judeus a maior liberdade, inclusive permissão para que continuassem usando seu "jargão" em vez do polonês. Isso levou a um agudo conflito. "Há poucos judeus", continuou o relatório Ratti, "que se consideram pertencentes à nação polonesa. Esses são os chamados 'assimiladores', rejeitados pela ampla maioria de seus correligionários. A massa judaica acredita pertencer a uma outra nação e, de fato, ser antipolonesa".

O relatório traçou um quadro dos judeus como uma força estrangeira insidiosa que corroía a nação polonesa, impedindo-a de realizar suas aspirações nacionais. "Os ocupantes estrangeiros sempre tiveram de tentar proteger e beneficiar os judeus para deter e enfraquecer os poloneses. Tendo agora se tornado os soberanos, os poloneses têm todo interesse em reforçar seu próprio elemento étnico e enfraquecer aquele que é estrangeiro pela raça, pela língua e pelo sentimento." Agora que os poloneses estavam de novo no comando, acrescentou, os judeus estavam descontentes ao ver que seu próprio lugar previamente privilegiado no comércio enfrentaria a competição polonesa.

Aqui, o relatório Ratti fornece uma resposta atrasada ao pedido urgente do secretário de Estado de que as notícias da imprensa estrangeira sobre ataques sangrentos aos judeus na Polônia fossem investigadas. Tudo não passava, a missão concluiu, de invenção difamatória, uma tentativa judaica de desacreditar a nação polonesa. "A hostilidade judaica contra o novo Estado está à mostra em toda parte, especialmente no exterior, onde as pessoas falam de *pogroms*, de boicotes, de perseguição etc., com claro exagero. Na realidade, os judeus vivem em paz aqui, e as poucas mortes que ocorreram tiveram lugar exclusivamente durante operações de guerra. Não houve nenhuma ocorrência de *pogroms* premeditados durante tempos normais."

O relatório acata o tipo de teoria conspiratória repetidamente encontrado no movimento católico anti-semita. "É certo que os judeus constituem uma causa importante de fraqueza no Estado polonês. Tendo os bancos, a imprensa e muitos cargos importantes em suas mãos, e apoiados por sua organização internacional, buscam a formação de uma Polônia judaica." Nessa visão, os judeus eram uma ameaça à integridade da Polônia porque acreditavam "que a Polônia é um país misto, onde poloneses e judeus deveriam viver com direitos iguais e sem que qualquer das partes pretendesse ter o direito de impor seu próprio caráter nacional ou tornar-se predominante".

Continuando, Pellegrinetti observou que, enquanto socialistas e radicais tinham atitudes pró-judaicas, os nacionalistas poloneses "acusam os judeus de quase todos os seus problemas". Aqui, a versão do relatório publicada pelo Vaticano edita uma outra porção, substituindo-a por sua própria glosa. "Exceto por certos boatos acerca dos judeus", o editor nos diz, o relatório descreve aqui, brevemente, problemas associados à conversão dos judeus. Além disso, escreve o editor, o relatório também "lembra que os judeus fizeram um apelo ao núncio em Varsóvia, no fim de 1918, mas nunca depois disso, tendo aparentemente encontrado outros meios mais eficientes".

A passagem original cortada aqui começa realmente observando: "É desnecessário dizer que perigo [os judeus] representam, de um ponto de vista religioso. Felizmente, o perigo é em parte reduzido pela antipatia nacional por eles." Quanto a conversões de judeus ao catolicismo, algumas se dão por motivos práticos de avanço na carreira ou casamento, mas outras são sinceras. Contudo "o caso de um polonês que se torna judeu é extremamente raro, pois isso significa rejeitar a própria nação".

A versão publicada desta passagem fez também um corte na descrição do único encontro verdadeiro de Ratti com judeus, em seus três anos na Polônia. Os judeus tinham pedido a ajuda do núncio no fim de 1918, mas depois nunca tinham voltado. O comentário feito sobre isto no relatório original era ligeiramente diferente da glosa editada que depois lhe foi dada. O original diz: "Aparentemente, eles têm outras armas de ataque e defesa."[36]

Ao mesmo tempo que procuravam manter sua supremacia na esfera capitalista, segundo o relatório da missão Ratti, os judeus eram também responsáveis pelas tentativas comunistas de solapar a Polônia. Por sorte, porém, a identificação dos judeus com os comunistas, escreveu Pellegrinetti, era uma espécie de bênção. "O comunismo está menos desenvolvido graças à antipatia aos russos, que são seus paladinos, e aos judeus que (embora não todos) fazem a sua propaganda."[37]

Achille Ratti não precisou de muito tempo para mostrar seu apreço por tudo que seu ex-assistente fizera. Mal se passara meio ano depois que ele se tornara arcebispo de Milão e recebera a recompensa adicional de ser nomeado cardeal, o papa Bento XV morreu. O conclave para eleger seu sucessor dividiu-se inicialmente entre dois homens que haviam servido como secretários de Estado, os cardeais Merry del Val e Gasparri. Mas quando Gasparri viu que não conseguiria votos suficientes, fez o que podia para obter apoio a toque de caixa para o homem que, segundo acreditava, continuaria suas políticas. Mais tarde, Achille Ratti mostrou sua gratidão por esse apoio mantendo Gasparri como secretário de Estado por mais oito anos. A 6 de fevereiro de 1922, Achille Ratti, que apenas quatro anos antes era o bibliotecário do Vaticano, tornou-se papa, tomando o nome Pio XI.[38] Um mês depois, no dia 8 de março, Pellegrinetti recebeu um telegrama criptografado em Varsóvia: acabara de ser nomeado núncio papal na Sérvia. Em maio, foi recompensado com um arcebispado também. A ascensão de Pellegrinetti não fora muito menos rápida que a de Ratti.[39]

Em seu conjunto, os relatórios sobre os judeus poloneses que o próprio Achille Ratti escreveu para o secretário de Estado, junto com o relatório final de sua missão e os documentos sobre os judeus que reuniu enquanto estava em Varsóvia, fornecem-nos um recurso valioso. Permitem-nos, pela primeira vez, compreender as atitudes em relação aos judeus que Pio XI levou consigo ao se tornar o pontífice.

Há indícios ainda mais diretos de que a experiência polonesa de Ratti moldou a visão dos judeus da Europa que ele manteria como papa. Numa conversa que teve com Benito Mussolini em fevereiro de 1932, o próprio papa suscitou a questão dos judeus. Lamentando a perseguição ènfrentada pela Igreja Católica em várias partes do mundo, voltou sua atenção para a Rússia. Ali, Pio XI disse a Mussolini que os problemas da Igreja tinham sido causados em parte pela "antipatia que o judaísmo tem do cristianismo". O papa continuou, dizendo: "Quando estava em Varsóvia, vi que os comissários [bolchevistas] ... eram todos judeus." Apressou-se a acrescentar que os judeus italianos representavam uma exceção. O papa pensava que os judeus na Itália – alguns dos quais havia conhecido – eram basicamente bons. Mas a massa dos judeus do continente, as hordas de judeus que viviam na Europa central e do leste, eram coisa completamente diferente, uma ameaça à sociedade cristã saudável – uma lição que ele aprendera na Polônia.[40]

13

Antecâmara do Holocausto

Ao longo dos 17 anos do pontificado de Pio XI, as sementes do anti-semitismo moderno começaram a produzir suas flores funestas. Quando o papa morreu, em 1939, judeus em vastas regiões da Europa haviam sido despojados dos direitos civis conquistados menos de um século antes, e viviam num crescente clima de medo, humilhação e violência.

A história completa do papel que leigos, padres, bispos e os próprios papas católicos desempenharam para tornar o Holocausto possível é imensa e complexa. Partes dela, especialmente as que dizem respeito aos anos da guerra propriamente dita, 1939-1945, já foram examinadas e debatidas numa literatura ampla e controversa. Mas, em forte contraste com todas as polêmicas sobre o que a Igreja fez e deixou de fazer quando o Holocausto já estava em marcha – e especialmente o debate sobre o papel do sucessor de Pio XI, Pio XII –, o período que levou ao Holocausto recebeu relativamente pouca atenção. É para esses anos, contudo, que devemos nos voltar se quisermos saber como o assassinato sistemático dos judeus da Europa pôde se tornar possível.

A história que contamos aqui difere, sob mais um aspecto, da que é mais comumente contada. Por razões compreensíveis, grande parte da literatura focaliza a própria Alemanha, e o papel desempenhado ali pela Igreja Católica e pelos católicos (bem como, é claro, as igrejas protestantes e os protestantes). Com demasiada freqüência, porém, saltou-se de um exame da Igreja Católica na Alemanha para generalizações mais amplas sobre as atitudes dos papas em relação aos judeus e o papel do Vaticano na promulgação do anti-semitismo moderno. Isso é um erro, e por isso focalizamos aqui mais diretamente o papel do Vaticano e do papa, na evolução do anti-semitismo moderno. Ao mesmo tempo, olhamos, para além da Alemanha, outros dramas em curso na Europa na época, dramas que estariam todos ligados, no fim, àquele maior, do Holocausto.

O papel desempenhado pelo Vaticano no desenvolvimento das políticas de discriminação e importunação que armaram o palco para o Holocausto se manifesta com maior clareza naqueles lugares em que a influência da Igreja era maior. O caso da Alemanha é complicado pelo fato de que ali os católicos compunham uma minoria (embora grande). Em contraposição, na Itália, França, Áustria e Polônia os católicos formavam a grande maioria da população, e a Igreja Católica desfrutava de um lugar central (embora certamente não inconteste) na sociedade.

O caso da Itália é de especial importância por várias razões. Em primeiro lugar, até muito mais tarde no século (com João Paulo II), os papas eram todos italianos, como o era a grande maioria dos cardeais que dirigiam o Vaticano. Suas atitudes eram moldadas pela criação que tinham tido na Itália e por sua participação numa densa rede de organizações católicas do país. Uma vez estabelecidos em Roma, continuavam a acompanhar com especial interesse os desenvolvimentos na sociedade e na política italiana. Em segundo lugar, porque o Vaticano e o papa estavam em Roma, e como tanto o papa quanto a maioria dos cardeais de sua cúria eram italianos, o Vaticano tinha uma influência mais direta sobre as atitudes populares na Itália que alhures.

O livro *Os protocolos dos sábios de Sião* oferece um bom ponto de partida para se pôr à luz o papel do anti-semitismo católico na ascensão do anti-semitismo nazista e fascista na década de 1920. Os proponentes dos *Protocolos* apresentaram a obra como um documento recém-descoberto que detalhava o plano secreto dos judeus para assumir o controle do mundo.[1]

A história dos *Protocolos* é retorcida. Suas origens estão num panfleto político escrito por um francês, Maurice Joly, em 1864. Atacando as ambições desmedidas do imperador francês Napoleão

III, e nada tendo a ver com os judeus, ele empregava as imagens de uma conspiração secreta maquinada no inferno. Alguns anos depois, um anti-semita alemão plagiou a obra de Joly como parte de um romance que escreveu, mas, em vez de focalizar Napoleão III, fantasiou um encontro conspiratório secreto de rabinos, realizado de cem em cem anos, em que planos abomináveis para o século seguinte eram urdidos. Na altura da década de 1890, agentes da polícia secreta russa haviam transformado esta última versão num texto intitulado *Protocolos dos sábios de Sião*. Impresso primeiramente em russo na virada do século, esse texto foi usado num esforço para difamar o movimento de reforma russo, que partidários do czar identificavam com os judeus. Essa edição é que foi traduzida em inglês, alemão, francês e italiano, e publicada na Europa central e ocidental no início de 1919. Os *Protocolos* apresentavam-se como as minutas recém-encontradas de uma reunião realizada pelo conselho diretor internacional secreto dos judeus, tramando a conquista do mundo. Evidentemente, tal conselho diretor jamais existiu, nem uma reunião desse tipo jamais ocorreu.

Após a primeira publicação dos *Protocolos* em Londres, em 1920, Lucien Wolf, um dos líderes da comunidade judaica britânica, publicou um panfleto demonstrando a natureza do embuste. Em 1921, uma série de artigos no *Times* de Londres acrescentou outros detalhes à história. Apesar de seu desmascaramento como uma falsificação grosseira, porém, o livro tornou-se rapidamente a bíblia do movimento anti-semita da década de 1920 em toda a Europa e nos Estados Unidos, tendo sido publicado e patrocinado pelo próprio partido nazista.

É fácil entender por que o livro deve ter parecido tão convincente para muitos católicos, pois seu tema básico vinha sendo promovido pelas publicações da Igreja, desde as do Vaticano até boletins diocesanos, havia décadas. Tanto na Itália quanto na França, os disseminadores mais conhecidos da fraude foram padres católicos. Na Itália, foi ninguém menos que monsenhor Umberto Benigni que usou o livro para ajudar a mover uma renovada cruzada anti-semita na década de 1920. Benigni, ex-chefe do serviço secreto de espionagem de Pio X e ex-membro altamente graduado da Secretaria de Estado do Vaticano, vinha publicando condenações aos judeus como assassinos rituais, desde 1890. No entanto, foi só em 1920 que começou a se concentrar tão intensamente na ameaça judaica. De 1920 a 1921, publicou seu próprio *Bolletino antisemita*. Depois, associou-se ao jornal *Fede e Ragione*, que fora fundado no final de 1919 por um outro padre, Paolo de Töth, ex-diretor do jornal diário de Florença, *L'Unità cattolica*. Inicialmente bimensal, em 1923, *Fede e Ragione* passou a ser publicado toda semana e tinha dois escritórios editoriais, um em Florença, chefiado pelo padre De Töth, e um em Roma, dirigido por monsenhor Benigni.

Benigni publicou a primeira edição italiana dos *Protocolos dos sábios de Sião* em 1921, na forma de uma série de suplementos a *Fede e ragione*, a que deu seguimento no ano seguinte com um pequeno volume separado sob o título *Os documentos da conquista judaica do mundo*. O outro editor importante dos *Protocolos* na Itália foi Giovanni Preziosi, que lançou sua própria edição ao mesmo tempo. Preziosi, que deixara o sacerdócio em 1913, tornou-se com Benigni um batalhador incansável pela importância dos *Protocolos*. Em conformidade com a posição oficial da Igreja, Benigni e Preziosi tinham ambos o cuidado de declarar que nada tinham contra os judeus como pessoas. Como disse Benigni num artigo de 1921: "Não escrevemos para organizar uma campanha contra a religião judaica ou mesmo contra a raça judaica. Respeitamos a raça semita e sua religião mosaica. Lutamos, isto sim, contra a degeneração da religião mosaica mediante a introdução de ensinamentos talmúdicos, que é responsável pelo princípio de que os judeus devem ser os senhores do mundo."[2]

Quando as novas "evidências" da conspiração mundial judaica começaram a circular pela Europa ocidental, o diário do Vaticano, *L'Osservatore romano*, voltou-se para a questão. Também ele se esforçou para demonstrar que o problema não estava com os judeus por si mesmos, mas com seu modo de agir. Era preciso distinguir, afirmou o autor, entre "a religião judaica e o poder político e social dos judeus do mundo". O judeu tinha direito a ser tratado com tolerância, mas somente na medida em que renunciasse à sua "hostilidade ao cristianismo, movida por ódio racial e pela sede de dominação".[3]

Na França, o principal promotor de *Os protocolos dos sábios de Sião* e o mais conhecido expoente do anti-semitismo católico na década de 1920 foi o padre Ernest Jouin, um homem que passara a dedicar a sua vida a alertar seus irmãos católicos para a ameaça judaica. Ao publicar a fraude na França, em 1920, ele pôde assinar seu prefácio, destinado a estabelecer a autenticidade da obra, "E. Jouin, Prelado de Sua Santidade", porque Bento XV o havia homenageado com esse título em reconhecimento por seu trabalho em prol da Igreja.[4]

A proeminência de Jouin na campanha católica francesa contra os judeus datava de 1912, quando ele lançara a *Revue Internationale des Sociétés Secrètes*. No ano seguinte, fundara a Liga Franco-Católica, da qual continuou presidente pelo resto da sua vida. Tanto a revista quanto a liga eram motivadas por seu desejo de servir à Igreja. Procurava unicamente, ele declarou, seguir a injunção do papa de que o clero combatesse as forças que conspiravam para destruir o cristianismo. Sua obsessão especial era a conspiração judaico-maçônica e, num discurso feito ao Congresso da Liga Antijudeu-maçônica em 1929, arrogou-se orgulhosamente a criação do termo "judeu-maçônico" nove anos antes.[5] E proclamou: "Israel é rei, o maçom é seu auxiliar, o bolchevista, seu executor. O judeu acredita na dominação do mundo por sua raça."

A insistência de Jouin na suposta conspiração judaico-maçônica estava em harmonia com os desenvolvimentos no movimento anti-semita alemão. Na esteira da Primeira Guerra Mundial, a alegação de que a derrota alemã fora causada exatamente por tal conspiração ganhou crescente popularidade. Maçons e judeus, vistos ambos como parte de uma rede internacional de pessoas basicamente fiéis não à nação em que se encontravam mas uns aos outros, passaram a ser vistos conjuntamente como os conspiradores que tramavam contra a nação.

Para Jouin a "descoberta" dos *Protocolos* não podia ter sido mais bem-vinda, pois a obra fornecia, achava ele, provas irrefutáveis de que a conspiração judaica secreta, para a qual vinha advertindo durante quase uma década, era um fato estabelecido. Como monsenhor Jouin escreveu em seu comentário aos *Protocolos*, sua lição era clara: "Do tríplice ponto de vista da raça, da nacionalidade e da religião, o judeu tornou-se o inimigo da humanidade."[6] Gabando-se de sua biblioteca pessoal de trinta mil volumes e de uma vida inteira dedicada ao estudo da questão judaica, Jouin não cessava de repetir seu alerta para as "duas metas" que os judeus de toda parte partilhavam: "A dominação universal do mundo e a destruição do catolicismo, por ódio a Cristo." Em 1925, ele elogiou Mussolini por redimir a Itália, salvando-a das mãos do "sovietismo" judeu-maçônico. Teve palavras elogiosas também para os alemães que, segundo ele, haviam, "melhor do que nós, reconhecido o perigo judaico".[7]

Jouin apresentava seu trabalho, e sua revista, que era sua peça central, como abençoados pelo papa. A capa interna de cada edição da década de 1920 proclamava: "*A Revista Internacional das Sociedades Secretas* faz o que os papas sempre prescreveram: desmascara não só maçons como também ... todos os ramos da Contra-Igreja erigida em oposição à Igreja de Jesus Cristo para tentar destruí-la."[8]

Em 1918, seis anos depois de Jouin ter fundado sua revista anti-semita, o papa Bento XV enviou-lhe uma mensagem papal especial de reconhecimento. "Sabemos que o senhor conduziu seu ministério sagrado de maneira exemplar", pronunciou o papa. "O senhor tem a maior solicitude pela salvação eterna dos fiéis e, com determinação e com coragem, defendeu os direitos da Igreja Católica – não sem perigo para sua própria vida – contra as seitas que são os inimigos da religião. Finalmente, o senhor não poupou nada, nem seu trabalho nem despesas, para difundir suas obras sobre esses assuntos entre o público." Um ano depois, o cardeal Gasparri, secretário de Estado, enviou a Jouin uma nota de apreciação papal por seu trabalho na batalha contra a conspiração maçônica. Ela concluía com estas palavras: "Sua Santidade sente-se, portanto, feliz por congratulá-lo e encorajá-lo em seu trabalho, cuja influência é tão importante ao alertar os fiéis e ajudá-los a lutar eficazmente contra as forças que pretendem destruir não só a religião como toda a ordem social."

Mas isso também não foi tudo, pois, quando Achille Ratti tornou-se papa, mostrou também ao cruzado anti-semita francês uma rara simpatia. Em novembro de 1923, numa época em que Jouin estava atraindo grande atenção no mundo católico como o principal defensor francês de *Os protocolos dos sábios de Sião*, o papa Pio XI honrou-o com uma audiência privada. Nesta – segundo Jouin –, o papa lhe disse: "Leve adiante sua Revista, apesar das suas dificuldades financeiras, pois o senhor está combatendo nosso inimigo mortal." Dois meses depois, o papa decidiu conceder-lhe mais uma honraria. Jouin já fora feito prelado por Bento XV e carregava orgulhosamente o título de monsenhor. Pio XI o elevou ainda mais na hierarquia eclesiástica designando-o protonotário apostólico.[9]

Mas o quadro não era de todo melancólico, pois havia membros do clero católico que estavam consternados com a permanente identificação da Igreja com o anti-semitismo e sentiam-se especialmente repugnados por suas formas mais cruas, como as constantes acusações de assassinato ritual judaico. De maneira mais notável, em 1926, uma holandesa convertida do judaísmo, Francesca van Leer, convenceu Anthony van Asseldonk, procurador geral dos Cânones da Santa Cruz, a fundar em Roma uma nova associação chamada "Os Amigos de Israel". O objetivo da organização era a conversão de judeus ao catolicismo; seus membros, atraídos do mundo inteiro, incluíam três mil padres, 278 bispos e 19 cardeais.

Os líderes da organização, como logo ficou claro, tinham em mente um programa mais ambicioso do que imaginavam muitos dos que nela haviam se inscrito. Havia sido proposto aos clérigos ingressar numa organização dedicada à conversão dos judeus. Mas os líderes acreditavam que, primeiro, grandes mudanças deveriam ser feitas no modo como a Igreja tratava os judeus. Seus objetivos foram expostos num livreto intitulado *Pax super Israel*, que afirmava que os judeus não mais deveriam ser estigmatizados como o povo "deicida". O livreto rejeitava os casos de assassinato ritual judaico como histórias de comadres e censurava a Igreja por apoiar movimentos anti-semitas. A melhor maneira de induzir judeus à conversão, afirmavam os autores, era tratá-los com respeito.

"Os Amigos de Israel" não duraram. Os inquisidores, horrorizados com as doutrinas heréticas contidas em *Pax super Israel*, condenaram-nos oficialmente. E o Santo Ofício não parou por aí. No dia 25 de março de 1928, emitiu um decreto dissolvendo a organização e ordenando que "ninguém no futuro escrevesse ou publicasse livros que favorecem de alguma maneira essas iniciativas errôneas". Preocupados com a impressão que essa medida draconiana poderia causar fora do mundo católico, os cardeais acrescentaram uma advertência, condenando "o ódio contra o povo que Deus outrora escolheu, esse ódio que é hoje comumente conhecido pelo nome de 'anti-semitismo'". A sociedade tinha de se dissolver, acrescentava o documento do Santo Ofício, porque abraçava "uma maneira de agir e pensar contrária à opinião e ao espírito da Igreja, ao pensamento dos Santos Padres e à própria liturgia".[10]

A dissolução de uma organização católica internacional que contava entre seus membros tantos padres, bispos e até cardeais não podia deixar de despertar grande curiosidade na Igreja. Que significava ela? Nem o Santo Ofício nem o Vaticano ofereceram qualquer outra explicação oficial. Restou a *Civiltà cattolica* explicar a mensagem que o Vaticano queria transmitir. Num artigo cujo título "O perigo judaico e os 'Amigos de Israel'" indicava seu teor, a revista forneceu o que foi amplamente interpretado no mundo católico como a explicação definitiva da Igreja para a dissolução da organização. Enrico Rosa, autor do artigo, além de diretor da revista, era conhecido havia muito no mundo católico como particularmente sintonizado com os desejos do papa. Como o expressou seu obituário na revista jesuíta uma década mais tarde, "Não é exagero dizer que o padre Enrico Rosa permaneceu trinta anos à frente dos jornalismo católico italiano como intérprete e intrépido defensor das diretrizes da Santa Sé".[11]

Sem dúvida, escreveu o padre Rosa, os organizadores de "Os Amigos de Israel" haviam começado com uma meta louvável, a conversão dos judeus. Lamentavelmente, seus esforços haviam degenerado rapidamente em algo muito diverso.

O padre Rosa examinou a condenação ao anti-semitismo contida na declaração do Santo Ofício, que alguns fora da Igreja estavam celebrando como uma mudança de posição do Vaticano. Que significava ela realmente? A resposta, explicou, era que havia uma variedade anticristã de anti-semitismo, que a Igreja condenava, e um reconhecimento saudável da ameaça representada pelos judeus, que a Igreja não só perdoava como abraçava. O decreto condenava o anti-semitismo "em sua forma e espírito anticristãos, tal como foi interpretado e aplicado por alguns de seus proponentes antigos e modernos, estranhos ao catolicismo genuíno". Essas pessoas eram "adversárias dos judeus por motivações político-partidárias ou por paixões, ou em razão de nacionalidade ou de interesses materiais". Entretanto, embora tal forma anticristã de anti-semitismo devesse ser rejeitada, acrescentou o padre Rosa, a Igreja devia se proteger "com igual diligência, do outro extremo, não menos perigoso, e na verdade mais sedutor, dada sua aparência de bondade". Esse extremo era representado pelos Amigos de Israel.

Civiltà cattolica, escreveu seu diretor, "sempre tomou cuidado, na penosa luta contra o perigo judaico, de equilibrar caridade e justiça, evitando e – onde eles aparecem – combatendo explicitamente os excessos do anti-semitismo, que foram agora novamente condenados". Mas, acrescentou o padre Rosa, o perigo que os judeus representavam não podia ser ignorado. Até sua emancipação no século anterior, os judeus tinham estado sujeitos a restrições especiais, que os confinavam – "mais como uma medida preventiva do que como uma punição" – ao gueto. A emancipação, porém, tornara os judeus "ousados e poderosos, fazendo deles, sob o pretexto da igualdade, cada vez mais predominantes e privilegiados, especialmente na esfera econômica". Em conseqüência, algumas pessoas haviam defendido o uso da violência contra eles, mas, explicou o padre Rosa, a Igreja Católica não podia apoiar tal caminho. A Igreja sempre buscara proteger "mesmo seus mais acerbos inimigos e perseguidores, que é o que os judeus são".

As palavras do Santo Ofício de condenação ao anti-semitismo, escreveu o padre Rosa, significavam que os católicos não deviam "odiar os judeus, muito menos oprimi-los injustamente, mas sim rezar por eles, a despeito de sua cegueira". Mas essa caridade católica, advertiu, "não nos deve fazer esquecer a triste realidade, ou nos cegar para ela, como parece ter acontecido com alguns dos principais líderes e proponentes dos Amigos de Israel".

O padre Rosa passou então a descrever essa "triste realidade". Os judeus eram culpados pela Revolução Russa como o haviam sido pela Revolução Francesa. "Tentamos nestas páginas demonstrar o quanto os judeus são culpados pela Revolução Russa e como a geração corrompida de judeus foi influente nela, como haviam sido previamente na Revolução Francesa, e como foram na mais recente na Hungria, com todos os seus massacres, crueldade e horrores bárbaros. O resultado foi o colapso do Império Moscovita e a tirania imposta pela tomada bolchevista, que ameaça a Europa."

Infelizmente, escreveu o diretor de *Civiltà cattolica*, a "propaganda judaica" nos trouxe a este ponto. O perigo era grande, pois, apesar dos constantes esforços de subversão dos judeus, os governos haviam sido inexplicavelmente brandos na tomada de contramedidas. Assim, no curto tempo em que haviam gozado de plenos direitos, os judeus haviam estabelecido sua "hegemonia em muitos setores da vida pública, especialmente na economia e na indústria, bem como nas altas finanças, onde de fato se diz que gozam de um poder ditatorial. Eles podem ditar leis aos Estados e aos Governos, em matérias tanto políticas quanto financeiras, sem temer rivais".

O esmagador poder judaico surgira, escreveu o padre Rosa, apesar do fato de os judeus serem uma minoria tão pequena. Na Inglaterra, eles compunham menos de 1% da população; na França, menos de 0,5% e na Itália, apenas 0,1%. Apesar disso, "são os primeiros nos grandes negócios, ocupando os postos mais elevados, especialmente na indústria e nos grandes bancos, na diplomacia, e ainda mais predominantes das seitas ocultas, tramando para alcançar sua hegemonia mundial".[12]

Lendo essas palavras, o que podemos dizer sobre a negação pela recente Comissão do Vaticano de que a Igreja foi alheia ao anti-semitismo moderno? Ou a sua afirmação de que a difusão do anti-semitismo nas décadas de 1920 e 1930 se deu em face de forte oposição da Igreja?

À medida que a virulência do anti-semitismo cresceu na Europa central, nas décadas de 1920 e 1930, recebida pelo silêncio papal, católicos em busca de orientação não podiam encontrar fonte melhor que *Civiltà cattolica* e *L'Osservatore romano*. Um leitor da revista jesuíta na década de 1920 teria sido inteirado, por exemplo, da situação assustadora na Áustria. Duas matérias, uma do início de 1921 e a outra do fim de 1923, são de especial interesse porque abrangem dois pontificados, uma tendo sido publicada no final do reinado de Bento XV e a outra no início do de Pio XI. O cardeal Gasparri foi secretário de Estado sob ambos os papas, e não há dúvida de que qualquer matéria tratando de eventos políticos na Áustria teria de ter tido sua aprovação.[13]

O correspondente da revista em Viena relatou no início de 1921 "a invasão, durante a guerra, de um enxame de judeus poloneses", o que, combinado com uma alta da inflação, havia "dissipado todas as riquezas da Áustria". Enquanto os católicos sofriam, os judeus, "tendo depositado seu dinheiro em segurança em países estrangeiros", cabriolavam no luxo. "A culpa por essas desgraças", relatou o correspondente, "recai em grande parte sobre os socialistas que, assumindo o governo após sua derrocada, formaram... uma espécie de milícia nacional subserviente aos capitalistas judeus". O correspondente de *Civiltà cattolica* passou então a relatar que em Viena era "a opinião comum entre os católicos... que por trás do bolchevismo e do comunismo não está outra coisa senão a maçonaria judaica, que, por meio do confisco total da riqueza dos cristãos, está rumando para o domínio absoluto do judaísmo".[14]

No fim do ano seguinte, 1922, com Achille Ratti agora papa, o correspondente de *Civiltà cattolica* em Viena enviou uma notícia ainda mais dramática. Se os judeus conseguirem o poder, "Viena não passará de uma cidade judaica; terrenos e casas serão todos deles, os judeus serão os patrões e os cavalheiros; os cristãos, seus criados. É isso que os judeus querem para a futura Viena, e a violência incessante dos socialistas, exercida por uma multidão crédula sob a astuta direção dos judeus, serve unicamente a esse fim". O futuro era realmente assustador: "A Áustria será absolutamente súdita, tributária e escrava dos judeus, ou não existirá de maneira alguma. Esta, em suma, é a idéia mestra de nossos líderes socialistas judeu-maçônicos."

Retomando um tema agora familiar para o Vaticano, o correspondente de Viena procurou distinguir entre dois tipos de anti-semitismo. Um era não-católico e imoral, o outro – a forma verdadeira, original de anti-semitismo – era católico e louvável. "Em sua forma original", ele escreveu, "o anti-semitismo nada mais é que a reação absolutamente necessária e natural à arrogância dos judeus... O anti-semitismo católico – embora nunca vá além dos limites da lei moral – adota todos os meios necessários para emancipar o povo cristão do abuso de que é vítima por parte de seu inimigo jurado".[15]

De fato, as sementes do anti-semitismo católico, que haviam sido plantadas na Áustria com a ajuda do Vaticano, nas duas últimas décadas do século XIX, continuaram a frutificar nos anos que se seguiram à Primeira Guerra Mundial. Uma conferência feita por um conhecido orador jesuíta, Victor Kolb, cujo texto foi amplamente distribuído, reflete o teor das atitudes católicas na Áustria em relação aos judeus quando a guerra começou. Numa reunião da organização católica Piusverein (Associação de Pio), que era dedicada à promoção da imprensa católica na Áustria, o padre Kolb alertou para os perigos que ameaçavam o país. "Para onde quer que os senhores olhem verão sempre o trabalho do judaísmo, um trabalho consciente, financiado por recursos ilimitados, sempre voltado para a supremacia sob todas a formas." Convinha lembrar o modo da Associação de Pio: "proteção do povo germânico, interna e externamente, contra a penetração judaica, contra a obra destrutiva dos judeus." O discurso de Kolb foi imediatamente traduzido em italiano e impresso a pedido do padre Wladimir Ledóchowski, o padre polonês que logo se tornaria o superior mundial da ordem jesuíta. Ele providenciou a distribuição de cópias do discurso por todo o Vaticano. Mais de duas décadas depois, Ledóchowski teria um papel importante, e ainda misterioso, na ação que frustrou a única tentativa feita pelo papa Pio XI de condenar oficialmente a perseguição nazista dos judeus, como logo veremos.[16]

Na altura da década de 1920 e ao longo da década de 1930, podia-se dar por certo que qualquer organização austríaca que se considerava católica era também anti-semita. As publicações católicas austríacas nesse período transbordavam de denúncias contra os judeus. Emblemático disso era o prestigioso semanário católico *Schönere Zukunft*. Apresentando comentários sobre os acontecimentos da época por bispos e professores católicos de teologia, semana após semana ele veiculava ataques à influência perniciosa dos judeus sobre a sociedade austríaca. De maneira semelhante, a revista satírica católica *Kikiriki* especializava-se em descrições dos "judeus da bolsa de valores" e suas páginas eram cheias de caricaturas maldosas de judeus ortodoxos com o rosto ladeado por cachos. De fato, a revista foi descrita como uma precursora do famigerado semanário nazista de Julius Streicher, *Der Stürmer*. Enquanto isso, o Partido Social Cristão dedicou uma seção inteira de seu novo programa de 1926 à sua batalha contra a ameaça judaica.[17]

Com o crescimento do movimento nazista, alguns leigos, padres e monges católicos da Áustria viram-se atraídos por sua inflexível hostilidade aos judeus. Temendo que os nazistas estivessem ganhando a lealdade dos fiéis católicos, a hierarquia da Igreja austríaca tentou lembrar-lhes a distinção traçada pelo Vaticano entre o bom e o mau anti-semitismo. O exemplo mais conhecido e mais influente de um apelo desse tipo foi a carta pastoral publicada por Johannes Maria Gföllner, o bispo de Linz, exatamente quando Hitler estava prestes a tomar o poder na Alemanha. De fato, a carta teve ampla influência, pois foi traduzida e reproduzida pela imprensa católica de toda a Europa. O bispo procurou advertir seus diocesanos para os perigos representados pela ideologia nazista. "Odiar o povo judeu e desprezá-lo unicamente por causa de sua ascendência é desumano e anticristão." E acrescentou: "A Igreja sempre condenou esses *pogroms*, e protegeu o povo judeu contra ódio injusto."

Mas, mal havia condenado esse ódio "injusto" aos judeus, o bispo lançou sua própria advertência: "É indubitável que muitos judeus, excluída qualquer preocupação religiosa, exercem uma influência extremamente perniciosa em quase todos os setores da civilização moderna. A economia e os negócios ... o direito e a medicina, a sociedade e a política estão todos sendo infiltrados e contaminados por princípios materialistas e liberais que derivam sobretudo do judaísmo. Jornais e folhetos, o teatro e o cinema, estão cheios de elementos frívolos e imorais que envenenam profundamente a alma cristã do povo, e é de fato o judaísmo que, em geral, os inspira e os dissemina."

Após prosseguir vinculando os principais perigos político-econômicos da época – capitalismo internacional, socialismo e comunismo – ao "judaísmo degenerado", o bispo chegou à sua conclusão. "Não é apenas legítimo combater e liquidar a influência perniciosa do judaísmo", aconselhou, "esse é na verdade o estrito dever de consciência de todo cristão informado. Podemos apenas esperar que arianos e cristãos venham a reconhecer cada vez mais os perigos e distúrbios criados pelo espírito judaico e combatê-los mais tenazmente".[18]

A declaração do bispo austríaco foi, sob muitos aspectos, característica da abordagem da Igreja Católica Romana à ascensão do nazismo na Alemanha e na Áustria. Hitler e seus apaniguados representavam uma ameaça para a Igreja, porque visavam substituir a lealdade popular a uma visão de mundo e a uma liturgia católicas pelo culto ao Estado, ao partido e ao regime. Mas o anti-semitismo dos nazistas era um problema para a Igreja na década de 1930 não por causa da imagem negativa que propunha dos judeus, que era em grande parte partilhada pela própria Igreja; o problema originava-se, ao contrário, do perigo de que os nazistas explorassem um apelo anteriormente identificado com a Igreja para atrair católicos para uma causa não-cristã. Ao condenar o nazismo, os líderes eclesiásticos estavam ansiosos para mostrar às pessoas que elas não precisavam aderir ao nazismo para ser contra os judeus. A antiga distinção que a Igreja estabelecera entre o anti-semitismo bom, católico, e o anti-semitismo mau, pagão, foi mais uma vez posta em evidência.

Desenvolvimentos semelhantes estavam em curso na Polônia. Em 1936, o eclesiástico mais graduado do país, o cardeal August Hlond, divulgou uma carta pastoral advertindo que os judeus eram a "vanguarda do ateísmo, do movimento bolchevista e da atividade revolucionária". Embora condenasse a violência antijudaica, estimulou o boicote às firmas e publicações judaicas. Os judeus, advertiu, estavam movendo uma guerra contra a Igreja Católica. Sua carta aos fiéis foi uma obra-prima no tocante à distinção entre bom e mau anti-semitismo, entre o que era aprovado e o que era condenado pela Igreja: "Não se pode odiar ninguém. Nem mesmo os judeus. É bom preferir-se a própria gente quando se vai às compras, evitar lojas judaicas ... mas é proibido demolir uma loja judaica, estragar suas mercadorias, quebrar janelas ou jogar coisas nas casas deles."[19] O cardeal Hlond, como pessoa especialmente próxima do Vaticano, pertencia a uma minoria moderada da Igreja polonesa no que dizia respeito aos judeus, sendo considerado por muitos complacente demais com eles. No ano seguinte, o Sínodo dos Bispos Poloneses adotou uma resolução sobre a educação pública que pedia que os judeus fossem proibidos de lecionar para estudantes católicos e que crianças judias não mais pudessem estudar nas mesmas classes que as católicas.[20]

A identificação dos judeus com a subversão foi um tema comum da imprensa católica polonesa. Excetuando-se as publicações católicas mais extremistas, elas em geral evitavam aceitar a caracterização dos judeus proposta pelos nazistas, até porque a glorificação de uma raça "ariana" tinha implicações impalatáveis para um povo eslavo, como era o polonês. Mas alertas para os perigos que os judeus representavam e para os pedidos de que os judeus fossem mantidos longe dos verdadeiros poloneses permeavam a imprensa católica e, presumivelmente, os sermões dos párocos também.[21] Como escreveu o editor jesuíta de uma publicação polonesa católica, a Polônia, com sua grande população judaica, tinha um problema judaico "cem vezes mais grave que o de qualquer outro lugar". O anti-semitismo nazista, com sua filosofia pagã, devia ser condenado, escreveu o jesuíta, mas a melhor coisa que poderia acontecer à Polônia católica seria tornar-se "assemita".[22]

A exigência de que os judeus fossem expulsos da Polônia não era nenhum monopólio da franja extremista da Igreja. No fim da década de 1930, um jornal democrata-cristão polonês declarou em editorial que o problema judaico persistiria enquanto os judeus continuassem gozando de direitos civis, uma posição que outros jornais e organizações católicos assumiram também. Uma brochura publicada pelos jesuítas poloneses expressou isso com simplicidade: "Os judeus deveriam ser expelidos das sociedades cristãs." A reivindicação de uma Polônia livre de judeus foi na verdade um refrão comum na imprensa católica, nos anos que precederam a invasão nazista. Mas, para distinguir sua posição daquela da ainda mais violenta campanha nazista contra os judeus, a imprensa católica polonesa exortava uma abordagem mais "civilizada". Como o expressou o jornal católico polonês *Maly Dziennik*, no início de 1939: "Devem-se compelir os judeus a emigrar, não pelos métodos nazistas, mas privando-os da cidadania e reorganizando nossa economia nacional de acordo com as necessidades do povo polonês. Não há outro meio."[23]

O Vaticano viu a ascensão dos nazistas ao poder na Alemanha com preocupação, mas uma vez que Hitler assumiu a chefia do governo em 1933, procurou chegar a um entendimento com ele. Grande peso foi atribuído à formulação de uma nova concordata em que o governo garantiria proteção à Igreja e asseguraria sua liberdade de operar sem intervenção. Esse acordo foi negociado pelo secretário de Estado de Pio XI, Eugenio Pacelli, que substituíra o cardeal Gasparri na década de 1930 e que, alguns anos mais tarde, se tornaria ele próprio o pontífice, como Pio XII. Mal a concordata fora assinada, porém, em 1933, os nazistas começaram a violá-la.

Cada vez mais irritados com essas violações das prerrogativas da Igreja e as restrições cada vez maiores impostas às suas atividades, os bispos alemães se reuniram em 1937 e rascunharam uma lista de 17 casos de violações cometidas pelo governo. Em seguida, uma delegação de cardeais e bispos foi a Roma para se encontrar com o secretário de Estado Pacelli e Pio XI. O resultado foi uma nova encíclica, promulgada em março de 1937 pelo papa como *Mit brennender Sorge* (Com profunda ansiedade). Ela censurava severamente o governo alemão por romper os termos da concordata e o acusava de "hostilidade fundamental a Cristo e Sua Igreja". Prosseguindo, a encíclica condenava a deificação da raça e do Estado, e pedia o livre exercício da religião pela Igreja. Embora não contivesse nenhuma menção explícita aos judeus, nem nenhum ataque direto ao anti-semitismo, a encíclica criticava claramente o regime alemão e provocou uma resposta irada do governo nazista.[24]

Os acontecimentos dos meses seguintes, em conjunção com o agravamento da enfermidade do papa, deixaram insegura a imprensa mais próxima do Vaticano, quanto a que linha adotar. Durante a primeira metade de 1937, *Civiltà cattolica* continuou fazendo suas condenações de costume aos judeus. Mas, de maneira patente, o padre Mario Barbera, que escrevera ataques estridentes aos judeus no início daquele ano, mudou de curso de maneira drástica – ainda que por pouco tempo – em meados de 1937. Antes, ele louvara Mussolini por reconhecer "a mão dos judeus" por trás do comunismo. Citara também, com aprovação, uma suposta afirmação de Marx de que o movimento dos trabalhadores oferecia "os meios que os judeus podiam usar para se tornar senhores do mundo". Em um outro artigo, falara da queda dos judeus por pornografia e seu interesse doentio por sexo.[25]

O artigo do padre Barbera em *Civiltà cattolica*, no verão desse ano, começou em terreno conhecido: "De fato, os judeus têm tido esmagadora predominância na vida moderna, e assim foram ao mesmo tempo aqueles que mais influenciaram a concepção de vida materialista, imoral e irreligiosa." Em seguida, porém, de maneira notável, o artigo passou a convocar os católicos a criar uma atmosfera propícia à conversão dos judeus. Isso todo bom católico deveria fazer, "removendo de seu coração, de sua língua, de sua conduta toda forma de anti-semitismo; não façam causa comum com os ... promotores do anti-semitismo, e evitem tudo que poderia razoavelmente ofender ou humilhar os judeus".[26]

Poucos meses mais tarde, porém, no fatídico ano de 1938, nas vésperas dos horrores da Kristallnacht (a "Noite dos Cristais") na Alemanha, e com o governo fascista italiano preparando suas "leis raciais" contra os judeus, *Civiltà cattolica* retornou às suas velhas advertências.[27]

Barbera começou retomando o tema da dupla nacionalidade dos judeus. Quer fosse italiano, austríaco ou alemão, um judeu era basicamente um judeu, escreveu, comprometido com a meta da dominação do mundo. Como prova, o padre Barbera citou uma edição recente do jornal fascista italiano *Il Regime fascista*, que provava, disse ele, que os judeus controlavam a cidade de Trieste, embora compusessem menos de 0,2% da sua população.

"A questão judaica", ele advertiu, "permanecerá sem solução, porque, como todos concordam – até aqueles mais favoravelmente inclinados para os judeus – o messianismo corrupto deles, isto é, sua ânsia de dominação financeira e política em âmbito mundial, é a verdadeira causa que torna o judaísmo uma fonte de desordens e de perigo permanente para o mundo. A única solução católica para o problema perene, concluiu o padre Barbera, era aquela que os papas tinham abraçado havia muito. Isso significava "caridade, sem perseguições, e, ao mesmo tempo, prudência ao lado de medidas necessárias". Essas medidas deveriam incluir "um tipo de segregação ou discriminação que seja apropriada ao nosso tempo; em suma, uma hospitalidade e uma coexistência pacífica, de maneira similar àquela empregada no caso dos estrangeiros".[28]

Alguns meses depois, o padre Barbera e seus colegas de *Civiltà cattolica* voltaram sua atenção para outra das ameaças representadas pelos judeus da Europa, a situação alarmante em que se encontrava a Hungria. "Os judeus tornaram-se os senhores da Hungria sob todos os aspectos", ele escreveu. Mas em conseqüência da recente onda de anti-semitismo de lá, explicou, os judeus tinham ficado atemorizados e assim estavam pavoneando sua moderação. Um jornal judaico, contou o padre Barbera, chegara a elogiar o papa por sua oposição ao "neopaganismo racista". "É claro", acrescentou Barbera, "que os católicos húngaros não estão ansiosos para ter aliados como esse para a Igreja".

Os judeus húngaros, escreveu o padre Barbera, não precisavam de nenhuma organização central: "A solidariedade instintiva e insuportável da nação deles é bastante para que façam causa comum ao perseguir sua meta messiânica da dominação do mundo." Sob essa luz, "o anti-semitismo dos católicos húngaros não é, portanto, um anti-semitismo vulgar, fanático, nem um anti-semitismo racista. É um movimento de defesa de tradições nacionais e em prol da verdadeira liberdade e independência do povo magiar". Como exemplo desse anti-semitismo católico, saudável, citou o recente programa promulgado pelos 250 mil membros da Ação Católica Húngara, que declarava: "Os judeus ... não têm o direito de influenciar a vida intelectual do país, nem a imprensa, nem a literatura, nem a vida artística. Esse mesmo princípio deveria ser aplicado contra todos os húngaros que mostram solidariedade aos judeus."

Desde 1922, relatou o padre Barbera, estivera em efeito um *numerus clausus* que limitava os estudantes judeus nas universidades húngaras a não mais de 5%, a proporção de judeus na população. Uma limitação similar da presença de judeus nas profissões liberais, nos bancos, na imprensa e em outros setores econômicos estava sendo preparada, embora fixada de início em 20%. "Para dizer a verdade", escreveu Barbera, "esse número não é muito restritivo ... mas por ora as pessoas querem proceder gradualmente, sem perseguições, favorecendo esperançosamente a partida pacífica dos judeus da Hungria". E concluiu: "Não entraremos nos detalhes das leis propostas; observamos apenas que são inspiradas pelas nobres tradições magiares do cavalheirismo e da hospitalidade leal, limitados apenas por pura necessidade."[29]

Para os que vêem no papa Pio XI um homem que se levantou contra o anti-semitismo, 1938 foi um ano crucial, já que representou um momento crítico para os judeus na Alemanha e na Itália. Dois elementos em particular atraíram a atenção dos defensores de Pio XI: observações que ele fez em setembro para um grupo de peregrinos belgas no Vaticano e informações de que encomendou uma encíclica "secreta" destinada à condenação do anti-semitismo.

No outono de 1938, o papa, fisicamente combalido, estava cada vez mais perturbado por notícias dos ataques que os nazistas estavam infligindo aos judeus da Alemanha. Com os alemães se preparando para a guerra, e a própria Igreja sob ataque, ele estava tendo profundas dúvidas acerca de suas relações anteriores com o regime nazista, que estava começando a considerar intrinsecamente mau. Em setembro, doente e com poucos meses de vida pela frente, Pio XI recebeu um grupo de belgas que viera para uma audiência. Ao aceitar um livro de orações especial que eles lhe haviam trazido, disse-lhes: "O anti-semitismo não é compatível com o pensamento e a realidade sublime que são expressos neste texto. É um movimento abominável, um movimento de que não podemos, como cristãos, tomar parte." Ao pensar sobre a infeliz situação dos judeus, o papa ficou claramente comovido e, de fato, começou a chorar. Por entre lágrimas, disse: "O anti-semitismo é inadmissível. Somos todos espiritualmente semitas."[30]

Estas talvez sejam as palavras mais famosas jamais pronunciadas por Pio XI. A Comissão do Vaticano sobre o *Shoah*, de 1998, as cita como prova da constante oposição dos papas ao anti-semitismo, e especialmente como demonstração da atitude benevolente do papa que se sentava na cadeira de São Pedro quando os preparativos para o Holocausto começaram. Menos freqüentemente citado é o que o papa introduziu no meio desses comentários, imediatamente antes de advertir que o anti-semitismo era inadmissível. "Reconhecemos o direito que todos têm de se defender, de tomar medidas para se proteger contra tudo que ameaça seus legítimos interesses."[31] No contexto, o sentido da advertência do papa é claro: sim, também os católicos são espiritualmente semitas, pois descendem espiritualmente do Povo Escolhido. Mas a pesada carga de ter passado seus primeiros anos crescendo numa Igreja em que os judeus eram aviltados, seguida por sua experiência na Polônia, continuava com ele. Matar judeus, queimar suas casas e lojas, humilhá-los, tudo isso era anticristão e desumano. Mas tomar medidas "legítimas" para defender o resto da população dos judeus, a isso ele nada tinha a opor.

A declaração do papa aos peregrinos belgas nunca foi publicada no jornal do próprio Vaticano, embora outros jornais católicos da Europa tenham divulgado o caso. Tendo sido observações informais e espontâneas, não foram registradas em nenhum documento papal oficial. Foram sentidas e sinceras, o grito de um homem que via uma sombra escura tornar-se cada vez mais escura através da Europa.[32]

No começo do verão de 1938, Pio XI decidira que algum tipo de declaração pública sobre o anti-semitismo era necessário, e convidou um padre jesuíta americano, padre John LaFarge, para um encontro com ele. Nesse encontro do dia 22 de junho, o papa deu ao surpreso americano o encargo de rascunhar uma encíclica sobre a unidade da humanidade, que condenaria tanto o racismo quanto o anti-semitismo. O papa lera um livro de LaFarge sobre o preconceito racial nos Estados Unidos, e pensara que o padre americano seria uma boa pessoa para preparar tal encíclica. LaFarge, assombrado com a enormidade da tarefa que lhe fora dada, foi ter com o superior da ordem jesuíta, o padre polonês Wladimir Ledóchowski, para pedir ajuda. Ledóchowski acrescentou dois outros jesuítas para trabalhar com LaFarge: o alemão Gustav Gundlach e o francês Gustave Desbuquois.

Lembremos que o padre Ledóchowski é o mesmo que, em 1914, tomara a iniciativa de mandar traduzir em italiano e distribuir aos membros da cúria vaticana a diatribe anti-semita proferida pelo padre Kolb na Áustria. Nesse contexto, não surpreende que o superior dos jesuítas tenha escolhido Gustav Gundlach para trabalhar com LaFarge no esboço da encíclica. Gundlach era uma renomada autoridade católica em anti-semitismo, tendo escrito o texto católico alemão padrão sobre o assunto, a entrada "Anti-semitismo" da abalizada enciclopédia teológica germano-católica, publicada poucos anos antes. Naquele texto, ele invocou, mais uma vez, a antiga distinção entre os dois tipos de anti-semitismo moderno, um "anticristão", baseado em noções völkish e raciais, e o outro, que estava em harmonia com os ensinamentos cristãos. Este último se opunha aos judeus por causa de sua "influência nefasta" sobre a sociedade. Essa forma católica de anti-semitismo, aprovada pela Igreja, não comportava ódio racialmente baseado. Mas, segundo Gundlach, dada a real ameaça representada pelos judeus, os católicos deviam fazer tudo que estivesse ao seu alcance – dentro da lei – para combater a influência negativa dos judeus sobre a vida econômica e política, sobre as ciências e as artes.[33]

Como não é de surpreender, o longo arrazoado que os três jesuítas produziram não chegava a ser uma sonora condenação do anti-semitismo. O rascunho concentrou-se na oposição da Igreja ao racismo e em sua crença na unidade da humanidade. Sua seção sobre os judeus, embora condenando idéias racistas sobre eles, refletia plenamente as atitudes seculares da Igreja. Os judeus, "cegados por uma visão de domínio e ganho material", não tinham sido capazes de reconhecer o Salvador. Seus líderes "haviam invocado, sobre suas próprias cabeças, uma maldição divina" que condenava os judeus "a errar perpetuamente sobre a face da terra". As esperanças da conversão final dos judeus que a Igreja alimenta, continuava a minuta, "não a cegam para os perigos espirituais a que o contato com judeus pode expor as almas, nem a fazem ignorar a necessidade de salvaguardar seus filhos do contágio espiritual". Refletindo o artigo anterior de Gundlach, a encíclica em esboço atribuía aos governos o direito de tratar "dos problemas referentes ao povo judaico que se situam naquelas esferas puramente profanas", e assim "a Igreja deixa ao poder interessado a solução desses problemas". A Igreja pedia apenas que os Estados exercessem "justiça e caridade" em todas as medidas que tomassem para proteger a sociedade cristã contra os judeus.[34]

Mas, fraca como era, a encíclica de condenação ao anti-semitismo racista nunca foi promulgada. As circunstâncias de sua sorte permanecem um tanto misteriosas. O padre LaFarge e seus colegas concluíram a minuta no final de setembro, e LaFarge levou-a pessoalmente a Roma para entregá-la ao padre Ledóchowski, esperando que ele a enviaria imediatamente ao papa. O superior dos jesuítas, no entanto, não tinha particular entusiasmo pelo plano do papa e, em vez de enviá-la para Pio XI, entregou-a ao colega jesuíta Enrico Rosa, ex-diretor de *Civiltà cattolica*. Lembremos que nessa época Rosa estava escrevendo uma série regular de artigos de condenação dos judeus, e é difícil evitar a impressão de que, ao enviar a minuta da encíclica para ele, Ledóchowski estava tentando não só adiá-la como sabotá-la. O próprio padre Gundlach, que ficou furioso ao ver os meses de trabalho que dedicara ao projeto desperdiçados, expressou essa suspeita. O que ocorreu foi que o padre Rosa morreu um mês e meio após receber a minuta. Quando ela chegou a Pio XI, no início de 1939, o papa estava em seu leito de morte e, de fato, morreu no dia 9 de fevereiro sem promulgar a encíclica. Seu sucessor, Pio XII, ansioso para tentar restaurar as relações com Hitler, decidiu que era melhor evitar qualquer crítica ao anti-semitismo nazista e não tomou nenhuma medida. O documento foi enterrado nos arquivos do Vaticano.[35]

Mas não era só na Alemanha que, em 1938, os judeus começavam a ser perseguidos. Poucos dias apenas antes do famoso encontro de Pio XI com os peregrinos belgas, no início de setembro, o governo italiano anunciou a sua primeira leva de leis antijudaicas. Suplementadas dois meses depois por medidas adicionais, as chamadas "leis raciais" demitiram todos os professores judeus nas escolas públicas, excluíram as crianças judias das escolas secundárias, e determinaram a separação entre as crianças judias e as católicas nas escolas elementares. Os judeus foram excluídos do serviço público e banidos de outras esferas da vida pública; foram expulsos das forças armadas e proibidos de possuir qualquer negócio de vulto. O casamento entre judeus e católicos foi proibido e os judeus não mais podiam empregar cristãos em suas casas.[36]

Se não tivessem sido seguidas tão de perto pelo assassinato em massa dos judeus da Europa, as leis raciais da Alemanha e da Itália atrairiam hoje muito mais atenção. As leis raciais italianas, em particular, têm sido estranha e perturbadoramente ignoradas, quase como se devessem ser desculpadas em retrospecto por serem tão brandas comparadas com o massacre real dos judeus. A campanha antijudaica fascista é perturbadora também por outra razão. As leis raciais soam estranhamente familiares, pois pouco diferiam daquelas que a própria Igreja empregara quando estava no poder na Itália.

Mussolini e seus sequazes tinham aguda consciência dessa similaridade e usaram o fato de que a Igreja promovera por muito tempo medidas como essas em apoio à sua própria ação. Em 1939, por exemplo, Roberto Farinacci, membro do Grande Conselho Fascista falou sobre "A Igreja e os judeus" no Instituto para a Cultura Fascista de Milão. "Por mais de vinte anos", Farinacci lembrou orgulhosamente, "venho denunciando o perigo judaico e a necessidade de livrar os centros nervosos de nosso país dos judeus, que, por meios diabólicos, conseguiram estender seus tentáculos por toda parte". Não só os judeus eram culpados pelo bolchevismo e pelas revoluções comunistas, como, acrescentou Farinacci, estavam também por trás do movimento antifascista na Itália. "Nós católicos fascistas", disse ele, "consideramos o problema judaico de um ponto de vista estritamente político... Mas conforta nossa alma saber que se, como católicos, nos tornamos anti-semitas, devemos isso aos ensinamentos que a Igreja promulgou ao longo de vinte séculos passados".

Até a Revolução Francesa, Farinacci recordou, todos os Estados – "sua legislação inspirada pela da Igreja" – haviam excluído os "judeus de cargos públicos, das escolas, dos graus universitários, do exercício das profissões liberais. Tudo isso em harmonia com os dispositivos sancionados pela Igreja, por seus concílios e bulas papais".

O que aconteceu quando a Revolução Francesa emancipou os judeus? Acaso a Igreja alterou então as suas leis, os seus decretos papais? ele perguntou. "Minha pergunta é irônica. A Igreja não podia se corrigir sem desfechar um golpe de morte na infalibilidade de seus ensinamentos; não podia, e tampouco queria. Ao contrário, ela confirmou suas medidas e seus princípios antijudaicos."

Aqui, Farinacci – e nisso não foi diferente de muitos outros líderes fascistas – reconheceu o importante papel desempenhado por *Civiltà cattolica*, "sem dúvida", ele disse, "entre todos os periódicos católicos, o de maior autoridade". Citou em particular um artigo de 1890. Nele, "os direitos do homem proclamados pela Revolução Francesa são qualificados de direitos do judeu, e os remédios [que outros haviam proposto] contra a 'raça depravada', contra esse inimigo da humanidade – os remédios mais radicais, incluindo o confisco de seus bens e a expulsão – são julgados inadequados. De fato, o reverendo jesuíta pede a anulação de todas as leis que dão aos judeus igualdade política e civil". *Civiltà cattolica*, continuou Farinacci, vem de há muito alertando seus leitores para a maneira como os judeus usavam os maçons como meio de perseguir o cristianismo. De fato, apenas alguns meses atrás, lembrou, a revista jesuíta declarara que "a religião judaica era profundamente corrompida". O artigo lembrara que "o judaísmo ainda pretende a dominação do mundo". O artigo, enfatizou o líder fascista, fora publicado apenas alguns meses antes, "isto é, depois que o fascismo e o nazismo já tinham começado a testar essas mesmas verdades, em detrimento dos judeus".

Farinacci lembrou que a constituição da ordem jesuíta proibia a aceitação, como membros, de "quem quer que descendesse da raça judaica ... até a quinta geração", e acrescentou, "o racismo ariano dos jesuítas é, portanto, mais severo que o da própria Alemanha". Os fascistas tinham assim nos jesuítas "precursores e mestres constantes na questão judaica... E, se podemos ser acusados de alguma coisa, não é de termos aplicado toda a intransigência deles às nossas relações com os judeus".

E os jesuítas também não estavam sozinhos, disse Farinacci, e aqui deu o exemplo de monsenhor Jouin na França, com sua *Revue Internationale des Sociétés Secretes*, e sua publicação dos *Protocolos dos sábios de Sião*. Em seguida, Farinacci citou longos trechos da mensagem de louvor ao trabalho de Jouin, da autoria do papa Bento XV.[37]

O uso de textos da Igreja por proponentes fascistas das leis raciais manifestou-se também no livreto de 1939, "Por que somos anti-semitas", de Niccolò Giani, professor de História Fascista na Universidade de Pavia. Após lembrar a conhecida acusação da Igreja de que o Talmude manda os judeus matarem mesmo o melhor dos cristãos, e tratarem todos os cristãos como animais, ele citou um evento mais recente. No começo daquele ano, como parte da celebração da Epifania, o bispo de Cremona fizera um sermão em sua catedral que apoiava claramente as leis raciais. Poucas semanas depois que a segunda leva de leis raciais italianas foi anunciada, o bispo disse à sua congregação: "A Igreja nunca negou o direito que tem o Estado de limitar ou impedir a influência econômica, social e moral dos judeus, quando esta for nociva para a tranqüilidade e o bem-estar da nação. A Igreja nunca disse ou fez nada para defender os judeus, os judaicos ou o judaísmo."[38] O sermão recebeu ampla atenção e foi citado no *L'Osservatore romano*, do próprio Vaticano.[39]

O gesto do bispo de Cremona de dar as bênçãos da Igreja às leis raciais não foi em absoluto atípico da hierarquia da Igreja Italiana. Um mês depois do sermão do bispo, um dos cardeais mais eminentes da Itália, o arcebispo de Florença, usou o boletim arquidiocesano para aconselhar seus padres e os fiéis sobre como reagir aos desenvolvimentos recentes. "A Igreja", escreveu, "ensina absoluto respeito e perfeita obediência à lei e à autoridade civil, quando elas não ordenam o que é contrário à lei divina". E foi adiante: "Quanto aos judeus, ninguém pode esquecer a obra ruinosa que eles muitas vezes empreenderam, não só contra o espírito da Igreja, mas também em detrimento da coexistência civil. Basta lembrar que, com a deflagração da Primeira Guerra Mundial, os judeus da Itália conseguiram assegurar que o Vigário do Príncipe da Paz, o Santo Padre, fosse excluído da futura conferência de paz." O arcebispo continuou: "Acima de tudo, no entanto, a Igreja em todas as épocas julgou a convivência com os judeus perigosa para a Fé e para a tranqüilidade do povo cristão. Daí, as leis promulgadas pela Igreja durante séculos com o objetivo de isolar os judeus." A Igreja, escreveu, nunca mudara a sua política de proibir os cristãos de trabalhar em lares judaicos, ou de proibir as crianças cristãs de ter mestres judeus. Isso não era uma matéria de raça, acrescentou, era uma matéria de religião.[40]

Não é preciso dizer que Farinacci e os outros líderes fascistas que citaram a Igreja para justificar as novas leis anti-semitas o faziam por razões políticas próprias, e há fortes motivos para questionar a sua sinceridade. Mas eles só podiam usar a Igreja dessa maneira porque ela realmente ajudara a assentar as fundações das leis raciais fascistas. Década após década, forças próximas ao Vaticano haviam condenado os judeus como conspiradores malignos contrários ao bem público. Década após década, viram a imprensa ligada ao Vaticano lamentar os efeitos funestos da emancipação dos judeus. Por décadas, autoridades da Igreja haviam chamado a atenção para o dano decorrente de se concederem direitos civis aos judeus. Durante décadas, a imprensa católica italiana condenara a influência desproporcional dos judeus na Itália. Depois de tudo isso, realmente não era de surpreender que a campanha antijudaica de Mussolini encontrasse tão pouca resistência entre os católicos italianos.

Nem o papa nem qualquer outra autoridade da Igreja se opôs aos esforços do fascismo para despojar os judeus de seus direitos. As queixas do papa com relação às leis raciais, na medida que chegaram a ser proferidas, disseram respeito unicamente àqueles elementos marginais que afetavam os católicos.[41]

Isso se reflete no artigo publicado no outono de 1938, em que *Civiltà cattolica* noticiou pela primeira vez as novas leis. No dia 1º de setembro, relatou a revista, o Conselho de Ministros da Itália promulgara um decreto que revogava a cidadania italiana de todas as pessoas "de raça judaica" que a tivessem adquirido após 1918, e ordenava ainda que todos os judeus que não fossem cidadãos deixassem a Itália no prazo de seis meses. A notícia de *Civiltà cattolica* continuou: "O conselho de Ministros desferiu um golpe não menos vigoroso nos judeus, em sua sessão de 2 de setembro." O jornal estampou então, na íntegra, o texto da expulsão das crianças e professores judeus das escolas e a expulsão dos judeus membros de todos os institutos e academias eruditos, científicos e artísticos. O jornal acrescentou, sem comentários, uma elucidação adicional do governo. Em todas essas medidas, "para os propósitos desta lei, todos os que nasceram de pais que são, ambos, de raça judaica são considerados da raça judaica, mesmo que professem uma religião diferente do judaísmo".

Imediatamente após esse item, *Civiltà cattolica* voltou-se para o uso que o regime fascista fizera recentemente da revista jesuíta, para justificar as novas leis raciais. A imprensa fascista dedicara especial atenção a uma série em três partes que a revista publicara em 1890 sobre "a questão judaica na Europa". Lembrando o uso fascista desse trabalho anterior, os jesuítas de *Civiltà cattolica* mostraram-se ansiosos por distinguir entre sua própria abordagem, católica, e a abordagem fascista ao problema judaico. "Devemos notar que não se pode reconhecer naquela vigorosa campanha [de 1890], inspirada como foi pelo espetáculo da invasão judaica e da arrogância judaica, o mérito de ter 'sabido formular o problema racial de maneira fascista' antes que ela tivesse esse nome [i.e., fascista], como pretendeu *Il Regime fascista* de 28 de agosto."

A diferença de abordagem pouco tinha a ver com qualquer julgamento relativo à depravação dos judeus ou ao perigo que representavam, pois nisso pouco havia para distinguir a Igreja dos fascistas. A diferença estava antes no uso da biologia para justificar a discriminação dos judeus. Aqui, a revista reiterou a mensagem contida em seu texto original de 1890: "A questão judaica de nosso tempo não difere significativamente daquela que afetou os povos cristãos nos tempos medievais." Naqueles artigos de 1890, o padre Ballerini deixara claro que o problema só surgira depois que os judeus haviam rejeitado Jesus, abandonado a lei mosaica e abraçado o Talmude. É o Talmude que "as nações cristãs detestam – não a sua parte teológica, que foi praticamente reduzida a nada –, mas seu aspecto moral, que contradiz os princípios mais elementares de ética natural". Assim, concluiu a revista jesuíta, em observações escritas dias apenas após a introdução das leis raciais na Itália, a batalha católica contra os judeus "deve ser compreendida como uma luta inspirada unicamente pela necessidade de legítima defesa do povo cristão contra uma nação estrangeira nas nações onde eles vivem e contra o inimigo jurado de seu bem-estar. Isto sugere [a necessidade de] medidas para tornar essa gente inofensiva".[42]

Com toda a atenção que foi dada ao que Pio XII disse ou deixou de dizer sobre a campanha conduzida pelos nazistas contra os judeus – sobre a qual a sua influência era na melhor das hipóteses limitada – é notável a pouca atenção que se deu ao que Pio XI teve a dizer sobre as leis raciais promulgadas na Itália em 1938. Essas leis foram concebidas, aprovadas e anunciadas na própria Cidade Santa, onde a sua influência – menos de uma década depois que o governo italiano reconhecera a Igreja Católica Romana como a religião oficial do Estado – era realmente enorme. De setembro a novembro de 1938, o governo italiano havia declarado os judeus indesejáveis, arrancado as crianças judias das escolas, e excluído grandes números de judeus adultos de seus empregos. Convocara os católicos a evitar os judeus, a tratá-los como fonte de contaminação.

Qualquer pessoa que tenha lido este livro até aqui não acharia surpreendente que, em resposta a essas medidas contra os judeus, nem o papa nem a hierarquia do Vaticano tenham pronunciado uma só palavra de protesto. A explicação desse fato é simples: as novas leis de Mussolini concretizavam medidas e concepções defendidas havia muito tempo pela própria Igreja.

Houve, no entanto, um aspecto das leis raciais italianas que de fato atraíram o protesto papal e, de fato, claramente irritaram o idoso papa. As novas leis tratavam o judeu convertido como judeu, e por conseguinte proibiam casamentos de católicos que haviam nascido judeus com outros católicos. Os que já estavam nesse tipo de casamento deveriam ser tratados como fornicadores.

Em contraste com seu silêncio acerca de todas as determinações das leis raciais dirigidas aos judeus, Pio XI fez enérgica oposição a essa cláusula. A 10 de outubro de 1939, o representante do governo italiano junto à Santa Sé enviou a Mussolini um relatório referente à reação do Vaticano à segunda leva de leis raciais, então em preparo. "As recentes deliberações do Grande Conselho com relação à defesa da raça", escreveu, "não encontraram, no seu todo, uma recepção desfavorável no Vaticano". Passou então a relatar que a única preocupação que os altos funcionários do Vaticano haviam expressado era que as novas leis interferissem em questões de casamento, os quais – segundo a concordata – deviam ser regulados pela Igreja, não pelo Estado. O emissário do governo italiano concluiu: "Recebi confirmação dessas impressões do monsenhor Montini [da Secretaria de Estado do Vaticano]... As principais, na verdade as únicas, preocupações da Santa Sé [com relação às novas leis raciais] envolvem o caso de casamentos com judeus convertidos."[43]

O papa ficou tão perturbado com esse ponto que, quando seus esforços para eliminar a medida proposta acerca do casamento encontrou resistência, tomou a medida inusitada de escrever diretamente ao próprio rei Vítor Emanuel III. A nota do papa, chamando a atenção do rei para a lei proposta "para a proteção da raça italiana", não faz absolutamente nenhuma menção às medidas antijudaicas que estão no seu núcleo, não formula nenhum protesto contra elas. O papa pediu ao rei tão-somente que fizesse alguma coisa com relação ao dispositivo referente ao casamento de católicos que haviam nascido judeus.[44]

Essa mesma atitude foi transmitida de maneira mais geral aos fiéis católicos na Itália nos meses em que as novas medidas contra os judeus italianos começaram a ser aplicadas. Em meados de novembro, o jornal do Vaticano, *L'Osservatore romano*, publicou um artigo sobre as leis raciais, focalizando a objeção da Igreja aos dispositivos que impediam o casamento entre católicos e judeus convertidos ao catolicismo. Enquanto crianças judias estavam sendo expulsas das escolas do país, cientistas judeus expulsos das organizações científicas do país, e funcionários públicos e professores judeus, dos seus empregos, a mensagem era clara: a Igreja não tinha nenhuma objeção.[45]

Quando Pio XI morreu, no início de 1939, foi sucedido por Eugenio Pacelli, seu secretário de Estado, que tomou o nome de Pio XII. Um ano depois, com a Segunda Guerra Mundial em pleno andamento, a Itália aliou-se à Alemanha, declarando guerra à França e à Grã-Bretanha. Também o Holocausto estava começando a tomar seu curso mortífero, e suas atrocidades logo seriam narradas numa torrente de notícias horripilantes que jorraria sobre a Santa Sé, vinda da Europa ocupada pelos nazistas.[46]

A guerra que, segundo Mussolini acreditava, seria curta e gloriosa não foi nem uma coisa nem outra. Na altura de 1943, a maré virara e no dia 10 de julho de 1943 as primeiras divisões anglo-americanas desembarcaram na Sicília. Dois dias depois, o Governo Militar Aliado, embora ainda controlasse só um pequeno território italiano, anunciou a revogação de quaisquer leis que discriminassem pessoas com base em sua religião ou raça.[47]

A reversão do rumo da guerra produziu um golpe de Estado palaciano que derrubou Mussolini duas semanas depois e levou a tentativas italianas frenéticas para negociar um armistício com as forças aliadas que avançavam rapidamente a partir do sul. Em meio ao caos, no dia 10 de agosto de 1943, duas semanas depois da queda de Mussolini, o representante oficioso do Vaticano junto ao governo italiano, padre Tacchi Venturi, escreveu ao secretário de Estado da Santa Sé, cardeal Luigi Maglione, sugerindo que aproveitassem a derrubada do antigo regime para efetuar uma mudança nas leis raciais italianas. Mas o que o emissário do Vaticano tinha em mente não era uma revogação geral das leis antijudaicas. O que propôs – espelhando as preocupações de Pio XI de cinco anos antes – foi que o Vaticano tomasse medidas para anular aqueles dispositivos que discriminavam cristãos convertidos do judaísmo.[48]

A 18 de agosto, o cardeal Maglione respondeu com entusiasmo a essa proposta, presumivelmente após discuti-la com o papa Pio XII. Disse ao padre Tacchi Venturi que fizesse todo o possível para que três mudanças fossem feitas nas leis raciais italianas: (1) famílias formadas por casais compostos de um católico de nascimento e um judeu convertido ao catolicismo deveriam doravante ser consideradas inteiramente "arianas"; (2) indivíduos que estivessem no processo de se tornar católicos no momento em que as leis raciais entraram em vigor (1938) e que foram subseqüentemente batizados deveriam ser considerados católicos e não judeus; e (3) casamentos celebrados desde 1938 entre uma pessoa nascida católica e um católico nascido judeu deveriam ser considerados legalmente válidos.[49]

No dia 29 de agosto, o padre Tacchi respondeu ao secretário de Estado. Desde sua última nota, fora procurado por um grupo de judeus italianos, que estavam então vivendo sob grande medo da iminente invasão de toda a Itália pelos nazistas. Haviam pedido, escreveu ele, "o completo retorno da legislação que fora introduzida pelos regimes liberais e que permanecera em vigor até novembro de 1938". Em suma, pediam que as leis que garantiam os direitos civis dos judeus fossem restauradas. Mas, relatou o emissário do Vaticano, ele rejeitara seus apelos. Ao preparar sua petição ao novo ministro italiano do Interior, "limitei-me, como me competia, unicamente aos três pontos especificados na louvável mensagem de Vossa Eminência de 18 de agosto... Tomei o cuidado de não pedir a total revogação de uma lei [i.e., as leis raciais] que, segundo os princípios e as tradições da Igreja Católica, certamente tem algumas cláusulas que deveriam ser abolidas, mas claramente contém outras que têm mérito e deveriam ser confirmadas".[50]

Pouco depois, soldados alemães marcharam pela península abaixo e entraram em Roma, onde, no dia 16 de outubro, cercaram o antigo gueto e arrebanharam mais de mil judeus.

Agitado pela notícia do arrebanhamento, o cardeal Maglione convocou sem demora o embaixador alemão, Ernst von Weizsäcker.

Imediatamente após esse encontro histórico, o próprio cardeal descreveu o que acontecera.

"Excelência", o cardeal implorou a Von Weizsäcker, "o senhor tem um coração indulgente, bom; procure salvar esses inocentes. É doloroso para o Santo Padre, extremamente doloroso, que exatamente aqui em Roma, sob os olhos do pontífice, tantas pessoas sejam expostas ao sofrimento unicamente por terem uma ascendência particular.

"Então, depois de alguns momentos de reflexão, o embaixador me perguntou: 'Que faria a Santa Sé se as coisas fossem levadas à frente?'

"Respondi: 'A Santa Sé não gostaria de se ver constrangida a pronunciar suas palavras de reprovação.'

"O embaixador observou: 'Faz mais de quatro anos que acompanho e admiro a atitude da Santa Sé. Ela foi capaz de governar um barco em meio a bancos de areia sem soçobrar, e, embora sem dúvida tenha tido mais fé nos aliados, soube como manter um equilíbrio perfeito.'"

Se o cardeal Maglione jamais pretendera que esse apelo ao embaixador alemão fosse um meio de protestar contra o arrasto dos judeus de Roma junto ao alto comando nazista, logo mudou de idéia. Von Weizsäcker advertiu-o de que a ordem para a captura dos judeus viera "do lugar mais alto" (isto é, do próprio Hitler) e sugeriu que o cardeal talvez não desejasse irritar o alto comando nazista forçando-o a relatar a seu governo as palavras de reprovação da Santa Sé.

"Respondi", recordou o cardeal Maglioni, "que tentara intervir apelando para seus sentimentos de humanidade. Deixei a seu critério mencionar ou não nossa conversa, que foi tão cordial".[51]

O secretário de Estado continuou: "Quis lhe lembrar que a Santa Sé tinha, como ele próprio notara, extremo cuidado em não dar ao povo alemão a impressão de ter feito ou querer fazer a menor coisa contra a Alemanha durante uma guerra terrível."[52]

"Tive, no entanto, de lhe dizer que a Santa Sé não devia ser posta na posição de ser forçada a protestar. Quanto às conseqüências, caso a Santa Sé fosse obrigada a fazer isso, só nos restaria confiar na divina Providência."

Mas o secretário de Estado de Pio XII concluiu seu encontro com o embaixador alemão naquele dia sinistro com uma palavra tranqüilizadora: "Eu repito", disse o cardeal Maglione, "Vossa Excelência me disse que tentará fazer alguma coisa pelos pobres judeus. Eu lhe agradeço por isso. Quanto ao resto, deixo ao seu critério. Se considerar mais oportuno não mencionar esta conversa, assim seja."[53]

Dois dias depois, mais de mil dos judeus arrebanhados em Roma pelos alemães foram postos num trem com destino a Auschwitz. Só um punhado sairia de lá com vida.

Agradecimentos

Se o Vaticano não tivesse posto esse tesouro de documentos relativos a seu passado à disposição do mundo acadêmico, este livro não poderia ter sido escrito. A abertura, no início de 1998, dos arquivos centrais da Inquisição foi apenas o evento mais recente e espetacular nesse movimento para permitir a pesquisadores escavar a história da Igreja. Uma vez que os materiais com que trabalhei ali tratavam de tópicos sensíveis, e que a natureza de meu projeto não tendia em absoluto a despertar o entusiasmo de todos no Vaticano, gostaria antes de qualquer coisa de agradecer a todos aqueles na Igreja que tornaram uma pesquisa como esta possível.

O ano final do trabalho com este livro, em 1999-2000, dificilmente poderia ter sido mais agradável, ou mais conducente ao completamento deste projeto. No gozo de uma licença sabática da Brown University, fui acolhido durante três meses pela American Academy de Roma, como professor do Departamento de Educação. Essa academia é um ambiente maravilhoso para um projeto como este, empoleirada sobre Roma, a uma bela caminhada de meia hora dos arquivos do Vaticano. Agradecimentos especiais vão para Lester Little, o diretor, que ajudou a tornar o lugar tão hospitaleiro e ao mesmo tempo tão encorajador da pesquisa histórica.

Passei dezembro em Paris, na Maison Suger, enquanto trabalhava em vários arquivos e bibliotecas. Agradecimentos especiais são devidos a Maurice Aymard, chefe do conselho diretor da Maison Suger.

Um *professorship* Fulbright na Faculdade de Ciências Políticas na Universidade de Bolonha ofereceu-me um ambiente familiar quando a escrita deste livro ganhava fôlego. O corpo docente e o pessoal administrativo ali foram extremamente hospitaleiros e deram-me todos os recursos de que precisei para meu trabalho. Agradeço em particular a meu colega e amigo Tiziano Bonazzi.

O último mês de um ano em que um prazer sucedeu a outro foi passado, em junho, no Rockefeller Foundation Conference and Study Center, em Bellagio, junto ao lago Como, na Itália. Não teria podido haver melhor lugar para trabalhar neste manuscrito, nem eu vivi jamais num lugar mais bonito em minha vida. Gianna Celli, a diretora residente, verdadeiramente opera maravilhas. Meus agradecimentos à Rockefeller Foundation por seu apoio e a Susan Garfield, diretora do programa Bellagio.

A pesquisa para este livro foi também financiada por fundos de pesquisa da Paul Dupee University Professorship na Brown University e de uma subvenção da Lucius Littauer Foundation. Beneficiei-me também de apoio suplementar fornecido pela Brown, pelo que gostaria de agradecer à diretora Kathryn Spoehr.

A pesquisa para o livro teve lugar em diversos arquivos, sobretudo em Roma. Gostaria de agradecer a todos os arquivistas que facilitaram meu trabalho. Entre eles estão o Archivio Segreto Vaticano; o Archivio della Congregazione per la Dottrina della Fede; o Archivio della Congregazione di Propaganda Fide; o Archivio di Stato di Roma (agradecimentos especiais a Elvira Grantaliano); o Archivio del Vicariato di Roma (e seu diretor, Domenico Rocciolo); o Archivio degli Agostiniani dell'Assunzione (especialmente Jean Paul Perier-Muzet); e o Archivio Storico della Comunità Ebraica di Roma (e sua diretora, Simona Foà). Em Paris, gostaria de agradecer aos arquivistas da Alliance Israélite Universelle e do Ministère des Affaires Étrangères.

Meu muito obrigado também aos bibliotecários que contribuíram com seu tempo e seu conhecimento. Entre os que foram particularmente úteis à pesquisa para este livro estiveram aqueles, em Roma, da Biblioteca della *Civiltà Cattolica*; da Biblioteca di Storia Moderna e Contemporanea; e da Biblioteca Apostolica Vaticana. Em Paris, os bibliotecários do Institut Catholique e da

Alliance Israélite Universelle foram extremamente úteis, como o foram Otello Sangiorgi e Mirtide Gavelli, na Biblioteca del Museo del Risorgimento, em Bolonha. Finalmente, agradeço muito aos bibliotecários da Brown University.

Ao enfrentar um assunto tão vasto como o deste livro, que cobre 125 anos, vários países e tópicos que abrangem da história da Igreja e dos judeus à história política, tive muito que aprender. Entre os que me ajudaram ao longo do caminho só posso mencionar uns poucos, aqui. Giovanni Pizzorusso, Tomasso Caliò e Marina Caffiero forneceram seu conselho especializado em Roma. Gostaria especialmente de agradecer a Tomasso por me encaminhar aos documentos do caso de Damasco existentes nos arquivos da Propaganda Fide, com que ele já começara a trabalhar. Gostaria também de agradecer a Giovanni Miccoli por sua gentileza. Miccoli fez um trabalho pioneiro nos arquivos do Vaticano sobre a política papal em relação aos judeus, especialmente no período de Leão XIII a Pio XII. Ao fazer meu trabalho para este livro, me apóio nos seus ombros. Em Bolonha, tive a sorte, como sempre, de poder contar com o conhecimento de história da Igreja, de Pier Cesare Bori e Mauro Pesce.

Vários alunos da Brown University ajudaram-me com esta pesquisa, entre os quais Frank Biess (agora membro do corpo docente da University of California, San Diego), Erick Castellanos, Sara Colangelo e Roberto Ludovico. Em Roma, tive a sorte de ter a ajuda da jovem acadêmica italiana, Sara Messinger, e da recém-graduada pela Brown, Annabel Briger. Ao longo de todo o projeto, fui também competentemente ajudado por Katherine Grimaldi e Deborah Healey, na Brown.

Por comentários sobre a totalidade ou partes do primeiro manuscrito do livro, gostaria de agradecer a Giovanni Pizzorusso, Frank Biess, Thomas Row, Prsemyslaw Urbanczyk e a minha filha, Molly Kertzer. Nenhum deles (exceto talvez Molly) deve ser considerado responsável por quaisquer de seus conteúdos ou quaisquer erros restantes. Agradeço também a Tracy Kidder por suas úteis sugestões, em Roma, quando eu estava decidindo como escrever o livro.

Meu agente literário, Ted Chichak, foi uma fonte de estímulo, apoio e bons conselhos. Obrigado a Paolo Zaninoni, meu editor de texto em Rizzoli, por seu entusiasmo pelo projeto desde o início e por seus conselhos à medida que o manuscrito se desenvolvia. Carol Brown Janeway, minha editora de texto na Knopf, tem boa parte da responsabilidade por eu ter tomado a peito este livro desta maneira neste momento, pelo que lhe agradeço. Gostaria também de agradecer à assistente dela, Stephanie Koven Katz, por todo o seu bom trabalho, e a Melvin Rosenthal, o editor de produção do livro.

Por todas as dificuldades que ela teve de passar – indo de Roma para Paris, para Bolonha, para Capri, para Bellagio – enquanto eu escrevia este livro, é pouco provável que minha mulher, Susan, desperte muita compaixão. Mas não sei o que eu teria feito sem ela.

Dedico este livro a meu filho, Seth Kertzer, e a minha irmã de criação, Eva Paul. Um filho melhor que Seth, não posso imaginar. Por Eva – que empurrava meu carrinho de bebê pelas ruas de Manhattan, menos de três anos depois que a guerra terminara na Europa – tenho grande ternura e imensa admiração.

Apêndice

Papas e seus secretários de Estado

PAPAS (1740-1958)*

Bento XIV (Prospero Lambertini): 17 de agosto de 1740 a 3 de maio de 1758
Clemente XIII (Carlo Rezzonico): 6 de julho de 1758 a 2 de fevereiro de 1769
Clemente XIV (Lorenzo Ganganelli): 19 de maio de 1769 a 4 de setembro de 1774
Pio VI (Giovanni Braschi): 15 de fevereiro de 1755 a 29 de agosto de 1799
Pio VII (Luigi Barnaba Chiaramonti): 14 de março de 1800 a 20 de agosto de 1823
Leão XII (Annibale della Genga): 28 de setembro de 1823 a 10 de fevereiro de 1829
Pio VIII (Francesco Saverio Castiglioni): 31 de março de 1829 a 30 de novembro de 1830
Gregório XVI (Mauro Cappellari): 2 de fevereiro de 1831 a 1º de junho de 1846
Pio IX (Giovanni Maria Mastai-Ferretti): 16 de junho de 1846 a 7 de fevereiro de 1878
Leão XIII (Gioacchino Pecci): 20 de fevereiro de 1878 a 20 de julho de 1903
Pio X (Giuseppe Sarto): 4 de agosto de 1903 a 20 de agosto de 1914
Bento XV (Giacome della Chiesa): 3 de setembro de 1914 a 22 de janeiro de 1922
Pio XI (Achille Ratti): 6 de fevereiro de 1922 a 10 de fevereiro de 1939
Pio XII (Eugenio Pacelli): 2 de março de 1939 a 9 de outubro de 1958

SECRETÁRIOS DE ESTADO SELECIONADOS**

Ercole Consalvi (sob Pio VII 1800-6; 1814-23)
Bartolomeo Pacca (sob Pio VII, *protosegretario di stato* 1808-9)
Giulio Maria della Somaglia (sob Leão XII 1823-28)
Tommaso Bernetti (sob Leão XII 1828-29; sob Gregório XVI 1831-36)
Giuseppe Albani (sob Pio VIII 1829-30)
Luigi Lambruschini (sob Gregório XVI 1836-46)
Giacomo Antonelli (sob Pio IX, 1848-76)

---

* As datas dos reinados papais são dadas a partir da data da eleição.

** Só os secretários de Estado mencionados neste livro estão arrolados aqui.

Ludovico Jacobini (sob Leão XIII 1880-87)
Mariano Rampolla del Tindaro (sob Leão XIII 1887-1903)
Rafael Merry del Val (sob Pio X 1903-14)
Pietro Gasparri (sob Bento XV 1914-22, sob Pio XI 1922-30)
Eugenio Pacelli (sob Pio XI 1930-39)
Luigi Maglione (sob Pio XII 1939-44)

Notas

CHAVE PARA A CITAÇÃO DE FONTES DE ARQUIVO

Archivio della Congregazione per la Dottrina della Fede (ACDF); Santum Officiium (S.O.), Stanza Storica (St.St.). Este é o arquivo recém-aberto da Inquisição no Vaticano.
Archivio Segreto Vaticano (ASV)
Epoca Moderna (EM), Segreteria di Stato (SS)
Archivio della Nunziatura di Versavia (ANV)
Archivio del Vicariato di Roma (AVR)
Pia casa dei catecumeni e neofiti (PCCN)
Archivio della Congregazione di Propaganda Fide, Roma (ACPF)
Archivio Storico della Communità Ebraica di Roma (ASCER)
Archivio di Stato di Roma (ASR)
Archivio degli Agostiniani dell'Assunzione, Roma (AAAR)
Archives, Alliance Israélite Universelle, Paris (AAIU)
Archives, Ministère des Affaires Étrangères, Paris (AMAE)

INTRODUÇÃO

1. O texto em inglês da carta do papa e do relatório da comissão é de *First Things* 83 (maio 1998), pp. 39-43.
2. Sobre a abertura dos arquivos centrais da Inquisição no início de 1998, ver Prosperi 1998a e Prosperi 1998b, bem como os outros ensaios nesse volume.
3. A declaração da comissão só veio à luz meses depois da declaração da Igreja francesa sobre a responsabilidade dos cristãos pelo Holocausto, igualmente motivada pelo apelo de João Paulo II para que a Igreja refletisse sobre o que fizera para tornar o Holocausto possível. A declaração da Igreja francesa é muito melhor que a do Vaticano, admitindo responsabilidade por promulgar imagens antijudaicas que ajudaram a levar ao Holocausto (Église de France 1997).
4. Embora seja interessante que imediatamente após a guerra – quando o Vaticano publicou o primeiro volume da nova *Enciclopedia cattolica*–, a entrada sobre "anti-

semitismo" (Romeo 1948, pp. 1494-1505) qualifique o termo de "muito impróprio ... até porque os judeus foram tradicionalmente odiados pelo principal povo semita moderno, os árabes." Diante disso, o autor sugeria a substituição do termo por "antijudaísmo".

5. De Rosa 1999, pp. 93-94. Grifo no original.
6. A obra de Raul Hilberg, *The Destruction of the European Jews* (vol. I, pp. 11-12) fornece um quadro com duas colunas, intitulado "Medidas canônicas e antijudaicas", que mostra as leis antijudaicas nazistas de um lado e, de outro, dá a contrapartida de cada uma no direito canônico. O quadro não considera, contudo, a extensão em que os dispositivos da Igreja, muitos datados de tempos medievais, continuavam em vigor no século XIX. Ver também Nicholls 1993.
7. Niewyk 1990, p. 369. Sobre a indiferença popular ao anti-semitismo na Alemanha e seu papel na abertura do caminho para o Holocausto, ver Kaplan 1998. A forte tradição de anti-semitismo católico na Alemanha e seu desdobramento no anti-semitismo político que floresceu no país após a Primeira Guerra Mundial são claramente expostos no estudo de Harris (1994) da história do anti-semitismo na Baviera.
8. Pauley 1992, p. xix.
9. A literatura sobre a história do anti-semitismo é imensa. Entre as obras gerais notáveis que tratam do período examinado neste livro estão os clássicos de Isaac 1964; Poliakov 1975, 1990; e Katz 1980. Lindemann (1997) forneceu também recentemente uma visão geral, mas é mais controverso, vinculando a magnitude do anti-semitismo ao tamanho e à influência da população judaica em cada país. Para uma visão geral das raízes teológicas do anti-semitismo, ver Rüther (1974). Rubin (1999) oferece também um exame de alguns dos principais temas das atividades antijudaicas da Igreja no final do período medieval, e Chazan (1997) vincula esses temas ao anti-semitismo moderno. Para um panorama recente do anti-semitismo cristão do tempo de Jesus até o presente, ver Carroll 2001.
10. Nem é preciso dizer que a visão que o Vaticano teve de cada um desses três foi muito diferente, desde o regime espanhol, que desde o início se apoiou pesadamente na Igreja, até o regime nazista, cuja ideologia era a mais distante da Igreja.
11. Miccolli 2000, p. 322.
12. Os comentários de Lutero foram tomados de passagens reproduzidas em Hsia (1998, p.133) e Steiman (1998, p. 57).
13. Estas citações foram tomadas de Holmes (1978, p. 231).
14. Gigot (1910, p. 404).

1 – UMA OPORTUNIDADE PERDIDA

1. Coppa 1998, p. 19.
2. Rosa 1989, p. 94.

3. Sobre a Igreja e os judeus no século XVIII, ver Caffiero 1997a e Rosa 1997. Sobre Clemente XIV, ver Rosa 1982.
4. Gregorovius 1966, pp. 67-70.
5. Moroni 1843, p. 20.
6. ACDF, S.O., St.St. TT2,0,2, Editto, xx, xxxiv. Sobre a história do distintivo amarelo dos judeus, ver Kisch 1957.
7. ACDF, S.O. St.St. TT2,0,2, Editto, xxxii.
8. Ibid., xxxi.
9. Ibid., xliii.
10. Coppa 1998, p. 31.
11. Cecchi 1975.
12. Citado em Colapietra 1963, pp. 18-19.
13. Citado em Leflon 1977, p. 549.
14. Citado em Roveri 1974, p. 143.
15. Colapietra 1963, p. 34.
16. Citado em Roveri 1974, p. 144. Bernetti serviu como secretário de Estado sob dois papas, em 1828-29 sob Leão XII e em 1831-36 sob Gregório XVI. Aqui, Consalvi refere-se ao importante papel desempenhado por alguns dos judeus de Ferrara no comércio internacional e na modernização econômica.
17. Blustein 1921, p. 215.
18. Sobre as relações entre o governo papal e o governo austríaco nesses anos, ver Reinerman 1979. O príncipe Metternich, chanceler da Áustria e arquiteto da conferência de Viena, viu Consalvi como um aliado no esforço para reformar os Estados Papais e, com Consalvi, viu os *zelanti* como uma grande ameaça para a sobrevivência dos Estados Papais.
19. "Copie de note demandée par S. E. le Ministre d'Autriche le 28.7^{bre} 1815, redigée et consignée le même jour." ASR, Camerale II, Ebrei, b. 10.
20. ASR, Ministero dell'Interno, tit. 66, v. 846.
21. ASR, Camerale II, Ebrei, b. 10.
22. "Dal Palazzo Imperiale e Reale, Li 17. Novembre 1815." ASR, Ministero dell'Interno, tit. 66, v. 486, fasc. 1843.
23. "Progetto di nota: Il Sottoscrito Cardinale Segretario di Stato ..." ASR, Camerale II, Ebrei, b. 10.
24. Num. 3. Lettera di Segreteria di Stato. Roma, 15 de novembro de 1817. ACDF, S.O., St.St. TT3, b. 6.
25. Sobre os esforços de Consalvi e Pio VII para reformar os Estados Papais, ver Convegno Internazionale 1981.
26. Wiseman 1858, p. 44.

2 – BATISMOS FORÇADOS

1. Sobre a história da posição do vice-regente de Roma, ver Del Re 1976.

2. A melhor descrição que temos de como era a vida para essas judias "teimosas" nos Catecúmenos é o diário publicado de Anna Del Monte (1989), contando os 13 dias que foi obrigada a passar lá em 1749. Pinta um retrato dramático da pressão psicológica que essas mulheres enfrentavam.
3. Os regulamentos que governavam a Casa dos Catecúmenos na primeira metade do século XIX pouco diferiam dos que vigoravam um século antes. A política básica estava codificada num documento de 1703: "Se um catecúmeno possuir uma esposa, ou for comprometido embora não casado, ou tiver filhos, sejam adultos ou jovens, ou quaisquer netos ou descendentes que estejam sob seus cuidados e encontrem-se em Roma, o notário da Casa dos Catecúmenos deve ser imediatamente chamado e por documento público lavrar uma declaração do catecúmeno expressando a sua renúncia aos ritos de sua seita e o seu desejo de abraçar a sagrada religião cristã ... e fazer a oferta de sua esposa, ou noiva, ou filhos ou descendentes à sagrada fé católica, oferta em virtude da qual será ordenado que eles sejam retirados do gueto, ou de onde quer que se encontrem, e levados para a Casa dos Catecúmenos, de modo que as crianças – homens ou mulheres – sejam feitas cristãs e de modo que a vontade dos adultos possa ser investigada durante um período de pelo menos quarenta dias. Durante esse período, deve-se pregar para eles a palavra evangélica, e abrir suas mentes para que conheçam a falsidade de sua seita, de modo que sejam convertidos à fé sagrada. Os que concordarem se tornarão catecúmenos, ao passo que os que não concordarem, uma vez encerrado o tempo acima mencionado, deverão ser devolvidos à sinagoga, que deve pagar as despesas usuais. Mas sua retirada [do gueto] deve ser feita imediatamente, de modo que os judeus não descubram o fato, evitando assim muitos perigos e [tentativas de] dissuasão, e outros distúrbios. Tudo isso deve ser feito com uma licença dos superiores, e se [os parentes] estiverem fora de Roma, deve-se escrever ao Santo Ofício e fazer com que sejam mantidos num lugar seguro [de modo que possam ser levados para a Casa dos Catecúmenos]." Fonte: *Istruzione e vita dei catecumeni, 1703*, reproduzido em Rocciolo 1999a, pp. 420-22. Para uma descrição dos arquivos da Casa dos Catecúmenos de Roma, ver Rocciolo 1999b.
4. Esta descrição do caso Anticoli baseia-se no relato do reitor em AVR, PCCN, n. 183 "Libro dei battesimi 1814-1824", p. 32.
5. O texto clássico do Novo Testamento é Paulo (Romanos 9-11). Para saber mais sobre este elemento da teologia cristã, ver Caffiero 1991.
6. Gregorovius 1966, p. 81.
7. Uma série de análises detalhadas dos judeus e muçulmanos admitidos na Casa dos Catecúmenos de Roma pode ser encontrada em Rudt de Collenberg 1986, 1987, 1988.
8. Ver Rudt de Collenberg 1988, p. 149 e Rocciolo 1999a sobre a organização da Casa dos Catecúmenos. Rocciolo 1999a, p. 399, também discute a proibição feita aos judeus convertidos de assumir funções pastorais.

9. Esses regulamentos são reproduzidos em Fiorani 1999, p. 179. O reitor dos Catecúmenos nas últimas décadas do século XVIII, Francesco Rovira Bonet, desempenhou um papel importante na política judaica de Pio VI. Além de seu trabalho como reitor, escreveu duas obras influentes, uma sobre o assassinato ritual de Simão de Trento pelos judeus (Rovira Bonet 1775) e outra tratando diretamente da conversão dos judeus (Rovira Bonet 1794). Ver também Caffiero 1993.
10. Rudt de Collenberg (1988, p. 144) examinou os livros batismais da Casa dos Catecúmenos de Roma para esse período e descobriu que, dos 894 judeus com 21 anos ou mais que foram batizados entre 1614 e 1798, 702 eram homens. Mesmo entre as crianças mais velhas o predomínio masculino é evidente: dos 488 judeus de 11 a vinte anos batizados nesse período, 314 (64%) eram homens.
11. Citado em Fiorani 1999, p. 185n. Rocciolo (1999a, p. 406n65) chega à mesma conclusão sobre o estado miserável em que se encontrava a maioria dos judeus que iam para a Casa dos Catecúmenos de livre e espontânea vontade.
12. Canonici 1999, pp. 258-59.
13. AVR, PCCN, b.28, ff. 9-10.
14. O relato do reitor sobre o caso Pacifici encontra-se em AVR, PCCN, n. 182 "Libro dei battesimi 1814-1824", pp. 21, 159-162; os documentos da Inquisição sobre o assunto estão em ACDF, S.O., St.St. TT.3.g.3 fasc. 8.
15. A documentação do reitor sobre o caso Tivoli encontra-se em AVR, PCCN, n. 183 "Libro dei battesimi 1814-1824", pp. 148-150. A correspondência diplomática toscana é relatada em Salvadori 1993, pp. 121-26.
16. Ruch 1905, p. 344.
17. Este caso é baseado em materiais encontrados em AVR, PCCN, n. 183 "Libro dei battesimi 1814-1824", ff. 61-64.
18. O nome da mãe não é informado.
19. Salvadori 1993, pp. 133-34.
20. AVR, Atti della Segreteria del Vicariato – Ebrei, b. 1, fasc. 19.
21. ACDF, S.O., St.St., CC-4.e. "Destribuita: Pro Feria IV die 6 7bre 1817".
22. Esta análise baseia-se no exame do registro batismal dos Catecúmenos para este período. Com duas exceções, todos os judeus levados à força listados aqui foram capturados porque seus maridos, noivos ou pais haviam ingressado voluntariamente nos Catecúmenos e os "ofertado". Vinte e cinco eram filhos de homens que tinham procurado o batismo voluntariamente. As duas exceções são meninos, de 13 e 14 anos, que, segundo consta, teriam dito que queriam se tornar cristãos e por isso foram levados pela polícia.
23. AVR, PCCN, n. 183 "Libro dei battesimi 1814-1824", f. 44.
24. Ibid.
25. Ibid., f. 98.
26. Ibid., ff. 156-58, 159-60. Esses métodos permaneceram inalterados ao longo das décadas seguintes. De fato, para tomar apenas um exemplo, duas décadas depois

que dom Filippo deu lugar a seu sucessor, Consilio Terracino ingressou na Casa dos Catecúmenos. Era início de dezembro de 1845 e ele foi solicitado a ofertar sua mulher, Perla, que estava então grávida de quatro ou cinco meses. O próprio cardeal vigário emitiu a ordem para a retirada da mulher do gueto pela polícia papal. Depois que a mulher passou quarenta dias lá, nunca vacilando em sua decisão de retornar ao gueto, o cardeal vigário procurou o reitor e propôs uma solução idêntica àquela que fora adotada no caso de Flaminia, 22 anos antes. A mulher foi posta sob a responsabilidade dos *fattori* do gueto, foi visitada por uma parteira ligada ao vicariato e os *fattori* foram advertidos da horrível sorte que lhes caberia se algo de "sinistro" (notavelmente, a mesma palavra volta a aparecer) acontecesse ao feto. A mulher entrou em trabalho de parto, e mal o bebê nasceu foi retirado dela e levado a toda pressa para os Catecúmenos. No dia seguinte, a menininha teve a honra de ser batizada por um supervisor da instituição, cardeal Mezzofanti (AVR, PCCN, n. 185, "Libro dei battesimi 1828-78").

27. O caso Citone é particularmente interessante, em especial porque os judeus do gueto conseguiram uma entrevista com o secretário de Estado Consalvi, que fez o que pôde para ajudá-los. Os documentos da Inquisição sobre o caso encontram-se em ACDF, S.O, St.St. TT3.g.3, fasc. 6,7,9. Os relatos do reitor sobre o caso encontram-se em AVR, PCCN, n. 183, "Libro dei battesimi 1814-1824", ff. 65-74.

28. Homens e mulheres eram diferentemente afetados por isso. Nos anos entre a reabertura dos Catecúmenos, em meados de 1814, até 1824, 91 homens judeus (com vinte anos ou mais) entraram ali espontaneamente, mas somente nove mulheres o fizeram. Dos 25 adultos levados à força para a instituição pela polícia, todos eram mulheres, pois a Igreja exigia que os maridos judeus ofertassem suas mulheres, mas estas não podiam ofertar seus maridos.

Como vimos, nem todos os que entravam na Casa dos Catecúmenos, nem mesmo os que o faziam por escolha, chegavam a ser batizados. Das mulheres levadas à força pela polícia, a maioria de fato voltava para o gueto, embora as que tivessem ido com crianças pequenas fossem obrigadas a deixá-las. Na verdade, todas, das 27 crianças com menos de dez anos levadas pela polícia para os Catecúmenos, foram batizadas. Das 25 mulheres com vinte anos ou mais que foram para lá levadas à força nesse período, 16 foram devolvidas ao gueto sem o batismo. Das 11 crianças entre dez e 14 anos que foram levadas à força para a instituição, somente duas foram devolvidas ao gueto, ao passo que entre os nove adolescentes mais velhos levados à força cinco retornaram sem ser batizados. A grande preponderância de homens que se apresentavam voluntariamente para o batismo entre os judeus representava a continuação de um padrão muito mais antigo. Meus cálculos baseiam-se nas entradas encontradas nos registros batismais da Pia Casa.

Canonici (1999, p. 253) calcula que, de 1614 a 1788, 417 homens e 204 mulheres do gueto de Roma foram batizados. Não distingue, contudo, entre mulheres que foram espontaneamente para a Casa dos Catecúmenos e aquelas (em muitos casos com seus filhos pequenos) que foram para lá levadas à força, de modo que o número subestima a magnitude dessa diferença entre homens e mulheres judeus.

3 – O GUETO

1. Wiseman 1858, p. 213. Nessa época, Wiseman era um estudante em Roma. No ano seguinte, ele obteria um doutorado do English College em Roma.
2. Sobre as relações de Metternich com a Santa Sé nos anos da Restauração, ver Reinerman 1979, 1989; e Nada 1957. Um esboço biográfico de Leão XII pode ser encontrado em Fonzi 1951.
3. Sobre o papa Leão XII e as execuções em Roma, ver Boutry 1997, pp. 356-7. Sobre outros aspectos da campanha de repressão, ver Leflon 1977, pp. 671-97, 742; e Coppa 1998, pp. 60-61.
4. Citação encontrada em Caffiero 1997b, p. 378.
5. Sobre a história dos sermões forçados, ver Rodocanachi 1891, pp. 277-80; Stow 1977; Gregorovius 1966, pp. 76-79; Martano 1987; Satta 1987; e Foa 1997, pp. 58-68.
6. A Sagrada Inquisição Romana e Universal era a mais antiga das congregações permanentes compostas por cardeais e com sede no Vaticano. Foi instituída em 1542 como meio de combater a difusão das heresias da Reforma. Embora de âmbito teoricamente universal (com exceção da Espanha e de Portugal, que tinham suas próprias inquisições), sua capacidade de agir fora dos territórios diretamente subordinados ao papa dependia das relações com as autoridades civis locais.
7. ACDF, S.O., St.St., TT.3.b.6. "Relazione sopra gli Ebrei".
8. Jabalot 1825. Ver a análise de Caffiero (1997b) da significação da obra de Jabalot.
9. Jabalot, 1825, p. 17.
10. Ibid., p. 20.
11. Miccoli 1997a, p. 1385.
12. "Relazione sopra gli Ebrei", cap. III: "Circa la familiarità degli Ebrei con i Cristiani, e disordini accaduti". ACDF, S.O., St.St., TT3–b, 6.
13. ACDF, S.O., St.St., TT.3.b.9, Pesaro 1823.
14. AVR, Atti della Segreteria del Vicariato, Ebrei, b. 1 n. 8. O mesmo documento pode ser encontrado nos arquivos da Inquisição em St.St., TT.3.c.10. Ver também a discussão em Bountry 1997, p. 359. Como ele mostra, o fato de os judeus ainda possuírem tantos negócios fora do gueto mais de uma década após a restauração do poder papal mostra a não imposição das restrições à posse de imóveis pelos judeus por parte do governo Consalvi. Para uma história geral dos judeus de Roma, talvez a melhor obra continue sendo Berliner 1992. Sobre a expansão do gueto de Roma por Leão XII, ver Colzi, 1994.

15. ACDF, S.O., St.St., TT.3.c.10.
16. ACDF, S.O., St.St., TT.3.c.10.3; ASR, Camerale II, Ebrei 67.
17. ACDF, S.O., St.St., CC.2.h. "Ghetto di Senigaglia".
18. ACDF, S.O., St.St., TT.3.c.5.
19. ACDF, S.O., St.St., TT.3.b.1.
20. ACDF, S.O., St.St., CC.2.f: "Ristretti e Documenti: Ebrei sparsi in Luoghi senza Ghetto."
21. Chadwick 1998, p. 23. Devo meu retrato de Gregório XVI também a Chadwick 1998, pp. 2-6. Sobre o pontificado de Gregório XVI, ver também Demarco 1949.
22. ASR, Camerale II, Ebrei, b.11, ff. 104-7. 22 Nov. 1835. "Commissione speciale pel claustro israelitico"; ASR, Camerale II, Ebrei, b.11, ff 379-82. "Rapporto all'Emo, e Remo Principe Il Seg Card Gamberini, Seg per gli A. di Strato interni, e Presidente della Congne. Specle di Sanità. 24 Aprile 1836".
23. ASR Camerale II–Ebrei b.12. "Rapporto I per la Suprema Commissione d'Incolumità a dì 14 di Ottobre 1836".
24. ASR Camerale II, Ebrei, b.15, nº 1421.
25. Gregorovius 1966, pp. 49-50; Boiteux 1976, pp. 750-53.
26. Fischer 1998, p. 109.
27. ASR, Misc. Carte Ris., ff. 111-23 (n. 59755); ASR, Ministero dell'Interno, tit. 66, vol. 486, fasc. 1836.
28. ACDF, S.O., St.St., TT.3. b. 13.
29. ACDF, S.O., St.St., TT.3.f.4.
30. ACDF, S.O., St.St., TT.3.f.5.
31. ACDF, S.O., St.St., TT.3.f.4: "Editto del Governo Papale d'Ancona contro gli Ebrei e pochi cenni sollo stesso".
32. ACDF, S.O., St.St., TT.3.g, fasc. 5.
33. Como Reinerman (1989, p. 323) o expressou, referindo-se a esse período, "A dependência em que o regime papal estava da proteção austríaca era agora absoluta".
34. A relação de Metternich com os Rothschilds é explorada em várias obras, notavelmente Ferguson 1998 e Corti 1928 e 1929.
35. Corti 1928, pp. 42-46; Ferguson 1998, p. 254.
36. Essa era uma argumentação familiar para os que pediam ao Vaticano que concedesse mais direitos aos judeus. Sustentava que a Igreja não podia esperar que outros países, em que os católicos eram minoria, concedessem direitos aos católicos, se esses mesmos direitos eram negados a minorias nos Estados Papais.
37. ACDF, S.O., St.St., TT.3.f., fasc. 5. Reinerman (1989) apresentou uma excelente análise das relações entre Metternich tanto com o papa Gregório XVI como com secretário de Estado Lambruschini, embora seu livro termine em 1838, antes, portanto, dos eventos descritos aqui.
38. ACDF, S.O., St.St., TT.3.f., fasc. 5.

39. A carta indica que, nessa época, os judeus podiam ter imóveis no gueto, o que de fato não acontecera antes.
40. ACDF, S.O., St.St., TT.3.g, fasc.5.
41. Ibid. O fracasso de Metternich nesse caso refletiu um fracasso maior de seus esforços para levar os papas a modernizar seu governo, e com isso estabelecer um regime mais estável, cuja sustentação não dependeria do apoio militar estrangeiro. Reinerman (1989, p. 324) escreveu sobre o crescente pessimismo de Metternich com relação à sobrevivência dos Estados Papais, dada sua relutância a fazer reformas. "A diplomacia austríaca", escreveu Reinerman, "envidara seus melhores esforços para insuflar nova vida no Poder Temporal e seus melhores esforços não tinham sido bons o bastante".
42. ACDF, S.O., St.St., TT.3.d, fasc. 6.
43. AVR, Atti della Segreteria del Vicariato, Ebrei, fasc. 21: "Editto per gli Ebrei che devono andare ogni Sabbato alla Predica..." e "Vacanze della Predica", ambos sem data. Segundo Moroni (1843, pp. 24-26), esses sermões forçados tinham lugar apenas cinco vezes por ano durante o reinado de Gregorio XVI. Nesse caso, isso significaria que cada judeu com mais de 12 anos ouviria um sermão cerca de uma vez por ano.

4 – O RETORNO DO ASSASSINATO RITUAL

1. ACPF, SRC, Siri, vol. 13, Dal 1838 al 1840; ff. 592-93. "Ragguagli intorno all'assassinio del P. Tommaso da Sardegna e d'Ibraimo suo servo in Damasco", *La Voce della Verità*, 30 aprile 1840, assinado por Fr. Francesco da Sardegna, Capp.
2. *Aceldama ossia processo celebre* 1896, p. 18.
3. Metzler 1973. Sobre o cardeal Lambruschini, ver Giampaolo 1931; Manzini 1960.
4. O reino savoiano da Sardenha tinha sua capital em Turim.
5. Para informação sobre o contexto diplomático do caso de Damasco, ver o excelente livro de Jonathan Frankel 1997.
6. ACPF, SRC, Siri, v. 13, ff. 490-493.
7. ASV, EM, Esteri 1839-40, b. 536, fasc. "Uccisione in Damasco", f. 9.
8. Ibid., ff. 35-43.
9. Esses vários grupos cristãos tinham sua origem em Igrejas cristãs primitivas; de fato, o Patriarcado de Antióquia é considerado pela tradição como tendo sido fundado pelo próprio são Pedro. Depois de séculos de separação, eles se uniram à Igreja romana no século XVIII, embora conservando alguma autonomia.
10. "Rogamos calorosamente à misericórdia de Vossa Santidade, como pai de todos os fiéis, que faça com que – embora isso possa não ser fácil para todos – pelo menos os consulados das Potências Católicas, como a Áustria, a Toscana e o Reino das

Duas Sicílias, sejam dados a indivíduos católicos, que possam ser capazes de ajudar os Fiéis nessas partes e de eliminar o apoio fornecido pelos cônsules judeus, que desonram o nome de Cristo e são os inimigos secretos da Soberania deles." ACPF, SRC, Siri, v.13, f. 520.

11. ACPF, SRC, Siri, v. 13, ff. 553-54. Uma longa seção (15 páginas impressas) de extratos da obra do "ex-rabino" morávio foi também introduzida em certo ponto do registro de Damasco e é reproduzida na versão dos documentos do caso publicada por Laurent 1846, pp. 378-93.
12. ACPF, SRC, Siri, v. 13, ff. 547-58.
13. ASV, EM, Esteri 1839-40, b. 536, fasc. "Uccisione in Damasco", ff. 47-48.
14. Ibid., ff. 50-53.
15. ACPF, SRC, Siri, ff. 632-33.
16. O que me parece especialmente intrigante é o fato de Beaudin, o assistente do cônsul francês, ter sido solicitado pelo ministro francês das Relações Exteriores a enviar uma série de documentos detalhando suas relações comerciais com muitos dos judeus que denunciara como assassinos do padre Tomasso e do seu criado. Ele mandou autenticar 14 desses documentos no dia 10 de julho de 1840 e os enviou para o Ministério das Relações Exteriores em Paris. Esses documentos revelam que um negociante local de Damasco havia sido o principal agente em Damasco de negociantes baseados na Europa que faziam cobranças a comerciantes judeus em Damasco que, segundo eles, lhes deviam dinheiro. Desde pelo menos 1828 e até o momento em que o frade desapareceu, Beaudin esteve empenhado em extrair dinheiro desses proeminentes negociantes judeus em Damasco, e em alguns casos os processou judicialmente. Um dos elementos mais impressionantes do caso de Damasco sempre foi que os acusados do hediondo assassinato constituíssem boa parte da elite comercial da comunidade judaica. Que Beaudin possa ter desempenhado um papel-chave dirigindo as acusações contra eles é uma possibilidade intrigante, especialmente porque o cônsul francês, Ratti Menton, só recentemente chegara a Damasco, não falava a língua e pouco sabia sobre a cidade. Para cópias dos documentos de Beaudin, ver Laurent 1846, pp. 226-48.
17. A citação, da edição de 12 de abril de *Oesterreichischer Beobachter*, é tomada de Frankel (1997, pp. 137-38), cuja exposição desse caso, bem como das reações diplomáticas que ele suscitou de modo mais geral, foi extremamente útil.
18. Frankel 1997, pp. 42-43.
19. Ibid., p. 43.
20. Ibid., pp. 150-55.
21. ASV, EM, Esteri 1839-40, b. 536, fasc. "Uccisione in Damasco", ff. 12-14.
22. Ibid., ff. 15-16.
23. Ferguson 1998, p. 397.
24. ASV, EM, Esteri 1839-40, b. 536, fasc. "Uccisione in Damasco", ff. 17-20.
25. Ibid., ff. 23-25.

26. Ibid., ff. 26-29.
27. Ver as entradas "Talmud, Babylonian" e "Talmud, Burning of" na *Encyclopaedia Judaica* (1971, vol. 15) e Kertzer e Hoffman 1993, pp. 47-50. Steinsaltz 1976 apresenta uma breve e boa introdução ao Talmude.
28. ASV, EM, Esteri 1839-40, b. 536, fasc. "Uccisione in Damasco", f. 44.
29. Sobre a lei talmúdica relativa ao comportamento que os judeus deviam exibir ao tratar com cristãos, e a evolução de sua interpretação, ver Katz 1961.
30. ASV, EM, Esteri 1839-40, b. 536, fasc. "Uccisione in Damasco", ff. 30-35.
31. Sobre a conversão e a tortura de Moisés Abu e Afieh, ver Frankel 1997, pp. 44-47 et passim.
32. Sobre Crémieux, ver Posener 1940.
33. ASV, EM, Esteri 1839-40, b. 536, fasc. "Uccisione in Damasco", f. 157.
34. Montefiore 1890, p. 287.
35. ACPF, SRC, Siri, v. 14, n. 1199

5 – O FIM DE UMA ERA

1. Sobre a eleição de Pio IX, ver Chadwick 1998, pp. 60-63; e Martina 1974. As mais notáveis biografias de Pio IX são as de Aubert 1990e e Martina 1974, 1986 e 1990.

   Antes de ascender ao trono de são Pedro, Pio IX tivera pouco contato com judeus. A exaustiva biografia que Falconi (1981) fez de seus primeiros 35 anos não menciona nenhuma experiência desse tipo, e é também improvável que em seu primeiro bispado, em Spoleto, ele tenha tido alguma. Em Imola, que foi seu segundo bispado, sua única responsabilidade por judeus envolvia a cidadezinha de Lugo, que ficava em sua diocese e tinha um pequeno gueto. Dois anos apenas antes de sua eleição para o papado, como arcebispo de Imola, ele fora instruído pelo Santo Ofício em Roma a mandar retirar uma criança judia de 19 meses do avô no gueto de Lugo. O pai da criança, um jovem viúvo, entrara na Casa dos Catecúmenos em Roma e ofertara o filho. Arrancar o menino de sua família provou-se uma tarefa difícil, e Mastai-Ferretti não conseguiu tirá-lo do gueto durante vários meses. Finalmente, contudo, conseguiu enviar a criança para ser batizada em Roma. ASVR, CC, n. 185, Libro di Battesimi, 1828-78, pp. 42, 47.
2. ARS, Ministero dell'Interno, tit. 66, 1847, vol. 486, pp. 135-45 (13 settembre 1846).
3. Martina 1967, p. 211.
4. ACDF, S.O., St.St., TT.3.f, fasc. 4.
5. Ibid., "I popolani di Roma e l'Università Israelitica".
6. "Indirizzo della Deputazione Israelitica di Roma a Nostro Signore Papa Pio IX. Nell'udienza sovrana accordatale il giorno 10 Gennaro 1848". ASCER, b.1 V b.
7. ACDF, S.O., St.St., TT.3.g.1.
8. ACDF, S.O., St.St., TT.2.n.17. Grifo no original.

9. Ibid., Ferrara, 23 dicembre 1847.
10. "Gli ebrei si devono respettare". *Il Povero*, 5 gennaro 1848 (Bolonha).
11. Chadwick 1998, p. 77.
12. Carta datada de 23 dezembro de 1849, citada em Ferguson 1998, p. 476.
13. Esses eventos são descritos em Corti 1928, pp. 272-76, com base, em grande parte, na correspondência original.
14. A petição judaica inicial, apresentada na audiência papal de 5 de janeiro, juntamente com a decisão papal de criar uma comissão encontram-se em ASR, Ministero dell'Interno, tit. 66, vol. 486, nº 39282; o relatório da comissão encontra-se lá sob o nº 501781 (15 ottobre 1851). Os esforços de Carl Rothschild e James Rothschild em Paris, para obter apoio diplomático austríaco, em 1815, à tentativa de fazer o papa ceder e libertar os judeus dos Estados Papais das restrições sob as quais viviam, são descritos em Corti 1928, pp. 275-76. Ver também Barbagallo 2001.
15. Martina 1967, p. 233.
16. Reproduzido em Gennarelli 1862, pp. 78-81.
17. Martina, 1967, p. 254.
18. ACDF, S.O., St.St., BB, 5, g.
19. Carta de 11 agosto 1852. Ibid. O arcebispo de Bolonha enviou uma carta semelhante aos cardeais do Santo Ofício, datada de 20 agosto 1852, pedindo que não impusessem essas restrições aos judeus.
20. Esta história é contada em meu livro *O seqüestro de Edgardo Mortara* (1997), e conto-a aqui apenas brevemente. Em benefício dos leitores, meu relato neste livro baseia-se sobretudo em materiais que só consegui consultar após meu livro anterior. Trata-se da correspondência entre o embaixador francês junto à Santa Sé e o ministro das Relações Exteriores em Paris.
21. Sobre Antonelli, ver Aubert 1961; Coppa 1990; Falconi 1983.
22. AMAE, Correspondance Politique Rome. Vol. 1008, pp. 343-348, Ambassade de France à Rome. Direction Politique n. 54; Rome 24 juillet 1858.
23. AMAE, Correspondance Politique Rome. Vol. 1008, pp. 432-34.
24. AMAE, Correspondance Politique Rome. Vol. 1009, pp. 8-16.
25. Dois rascunhos ligeiramente diferentes dessa carta do conde Walewski, ambas datadas de 22 de setembro de 1858, Biarritz, encontram-se em AMAE, Correspondance Politique Rome. Vol. 1008, pp. 443-44 e pp. 445-46.
26. AMAE, Correspondance Politique Rome. Vol. 1008, pp. 458, 459.
27. AMAE, Correspondance Politique Rome. Vol. 1009, pp. 18-19.
28. Carta de 9 de outubro de 1858. Ibid., pp. 19-24.
29. Sobre Roma em 1851, ver Blustein (1921, p. 230). O caso Velletri foi objeto de um apelo enviado à recém-formada Alliance Israélite Universelle, em Paris, pelos judeus de Ferrara; AAIU, Italie, IC4, carta datada de 15 de agosto de 1862.
30. "*Quanta cura*, December 8, 1864". *Catholic Encyclopedia*.

31. "Syllabus", *Catholic Encyclopedia*. O grifo é meu.
32. Miccoli 1999, p. 226; Trachtenberg 1983, p. 20. Sobre o uso da expressão com relação aos maçons, e sua identificação com o anti-semitismo popular no fim do século XIX, ver Mola, 1992, p. 219.
33. Sobre Lorenzino, ver especialmente Volli 1968 e Caliò 1995.
34. A citação é da edição de 1896 de Gougenot (p. 120), que tem também o prefácio aludido acima. Albert Monniot, autor de *Le Crime rituel chez les Juifs* (1914, pp. 130-31) é apenas um dos muitos autores que citam a homenagem que o papa fez a Gougenot com esse fim. Sobre a edição nazista do livro de Gougenot, ver Taradel e Raggi 2000, p. 197n64.
35. Para uma discussão recente da oposição dentro do concílio à proclamação da infalibilidade do papa, ver Wills 1999, pp. 248-56.
36. Chadwick 1998, pp. 217, 227.
37. Graetz 1992, p. 157.
38. Grifo no original. O texto deste discurso é reproduzido em De Franciscis 1872, p. 223, e foi aprovado pelo papa antes da publicação. Outras observações similares feitas por Pio IX sobre os judeus nesse período são citadas em Miccoli 1997a, p. 1404.

6 – A IMPRENSA CATÓLICA

1. O cômputo dos periódicos católicos é tomado de Tagliaferri 1993, pp. 3-4.
2. Sobre a história de *Civiltà cattolica*, ver Dante 1990 e De Rosa 1999. Um breve exame da campanha anti-semita da revista nas duas últimas décadas do século é encontrado em Luzzanato 1987.
3. Oreglia, *Civiltà cattolica*, 10 febbraio 1881, p. 489.
4. Como a edição especial pelo qüinquagésimo aniversário da revista o expressou, "Mais do que uma simples revista, [*Civiltà cattolica*] é uma instituição desejada e criada pela Santa Sé e posta a seu exclusivo serviço para a defesa da doutrina Sagrada e dos direitos da Igreja" ("Per il cinquantesimo della Civiltà cattolica – ricordo storico", *Civiltà cattolica* série XVII, vol. VI, p. 21, citado em Taradel e Raggi 2000, pp. 6-7).
5. De Rosa 1999 propõe uma visão abalizada, de um integrante, da história de *Civiltà cattolica*, em que se baseia a descrição acima, das relações da revista com o papa. O número da circulação foi tomado do índice geral da revista de 1904 compilado por Giuseppe del Chiaro (1904), pp. iii-iv.
6. Sobre Oreglia, ver seu necrológio em *Civiltà cattolica*, 1895, IV, pp. 504-8.
7. Oreglia, *Civiltà cattolica*, 1880, IV, pp. 108-9.
8. Ibid., pp. 109-10, 112.
9. Oreglia, *Civiltà cattolica*, 1881, I, p. 225.
10. Ibid., I, p. 602.

11. Ginzburg 1990, pp. 63-74, oferece uma análise da difusão da teoria de que havia uma conspiração judaica por trás da peste que devastou a Europa a partir do século XIV.
12. Oreglia, *Civiltà cattolica,* 1881, IV, p. 477.
13. Steiman 1998, p. 35.
14. Stow 1977, p. 58. Sobre os papas e o Talmude na Idade Média e início do período moderno, ver Parente 1996 e Cohen 1999, pp. 317-63.
15. Oreglia, *Civiltà cattolica,* 1881, I, p. 727.
16. Katz 1961, pp. 158-59, 186.
17. Ver, por exemplo, Frankel 1992; Rozenblit 1992; e Silber 1992.
18. Oreglia, *Civiltà cattolica,* 1882, (8 novembre).
19. Vale a pena observar que essa torrente de longos artigos dedicados à denúncia dos judeus ocorreu pouco depois que a revista – que se transferira para Florença após a anexação de Roma pela Itália – voltou para Roma (1887) e foi posta sob supervisão papal particularmente estreita (De Rosa 1999, p. 19; Taradel e Raggi 2000, p. 29).
20. Raffaele Ballerini, "Gli ebrei: perché restino ebrei". *Civiltà cattolica,* 1892, II, pp. 136-38.
21. Ballerini 1891. Em 1890, em meio à renovada cruzada anti-semita da revista, os jesuítas tiveram o prazer de receber as bênçãos de Leão XIII. Os autores de *Civiltà cattolica,* escreveu o papa, "têm perseguido em seus escritos o estudo da verdade combinada com a lei da justiça, e, tendo empregado grande inteligência em suas obras, adquiriram grande reputação" (Del Chiaro 1904, p. vi).
22. F. Saverio Rondina, "La morale giudaica", *Civiltà cattolica* 1893, I, pp. 145-53.
23. "Cose straniere – Germania", *Civiltà cattolica,* 1893, I, pp. 374-78.
24. Ballerini, "La dispersioni d'Israele pel mondo moderno", *Civiltà cattolica,* 1897, II, pp. 257-71.
25. Malgeri 1981, p. 278; Miccoli 1999, p. 243.
26. "L'antisemitismo in Francia", *L'Osservatore romano,* 1 luglio 1892, p. 1.
27. "L'antisemitismo in Francia", *L'Osservatore romano,* 2 luglio 1892, p. 1.
28. "Massoneria e giudaismo", *L'Osservatore romano,* 28 gennaio 1898, p. 1.
29. "Le solite frasi", *L'Osservatore romano,* 22 gennaio 1898, p. 1.
30. "L'emancipazione degli ebrei", *L'Osservatore romano,* 25 gennaio 1989, p. 1.
31. Lazzarini 1952, p. 423. Ao caracterizar esses periódicos como estreitamente identificados com o papa, não pretendo sugerir que nunca houvesse atritos entre eles e os pontífices. Nos primeiros anos do papado de Leão XIII, em particular, quando alguns conservadores na Igreja temiam que a forte linha conservadora de Pio IX pudesse ser enfraquecida pelo novo papa, de espírito aparentemente mais aberto, surgiram tensões ocasionais. Foi o que ocorreu em 1885 quando *L'Osservatore cattolico* publicou um artigo que parecia criticar Leão XIII por ter sido demasiado aberto ao permitir que italianos participassem do Estado italiano,

ainda tachado de ilegítimo. Em nenhum caso, porém, as acusações incessantes aos judeus feitas nesses jornais deram motivo a qualquer aborrecimento papal. Ver Taradel e Raggi 2000, p. 28.

32. Canavero 1988.
33. Cardini 1948, p. 674. Sobre Albertario ver Fonzi 1960a.
34. Davide Albertario, "Gli ebrei nel mondo", *L'Osservatore cattolico*, 12-13 novembre 1885. Grifo no original.
35. "Trionfo degli Ebrei ossia il divorzio in Montecitorio", *L'Unità cattolica*, 15 marzo 1892, p. 249.
36. "L'antisemitismo in Francia", *L'Unità cattolica*, 26 giugno 1892, p. 589.
37. "Lo spavento degli ebrei per l'azione dei cattolici italiani", *L'Unità cattolica*, 13 ottobre 1892, pp. 919-920.
38. Duas semanas depois, num artigo intitulado "Poucos, mas demais – ou o poder esmagador dos judeus", o jornal advertiu que, embora não houvesse muitos judeus na Itália, eles tinham o talento de sempre encontrar seu nicho "onde quer que haja pouco ou nenhum trabalho a ser feito e muito dinheiro a ser ganho". "Pochi, ma troppi – ossia la strapotenza degli ebrei", *L'Unità cattolica*, 28 ottobre 1892, p. 1001.
39. "Gli ebrei nell'affare del Panama", *L'Unità cattolica*, 2 dicembre 1892, p. 1117. Sobre a história da associação dos judeus com a adoração do bezerro de ouro feita pelos cristãos, ver Bori 1983.

7 – VAMPIROS JUDEUS

1. Muito foi escrito sobre os primórdios da disseminação da acusação de assassinato ritual. Para um bom exemplo, focalizando a Inglaterra, ver McCulloh 1997.
2. A literatura sobre a história do assassinato ritual em seus primórdios é grande. Entre as obras gerais significativas estão Hsia (1988) e Trachtenberg (1983).
3. Cohen 1982, p. 13.
4. Grazyel 1989, pp. 13-14; Steiman 1998, p. 34.
5. Sobre essas ordens e os judeus nesse período, ver Cohen 1982.
6. Citado em Hsia 1992, p. 70.
7. Ibid., p. 72.
8. Este relato do caso de Simão de Trento baseia-se principalmente em Hsia (1992), Esposito (1990), Nardello (1972) e Quaglioni (1900).
9. Esta idéia é defendida também por Miccoli 1997a, pp. 1525-26.
10. Para um exame da imagem literária do vampiro no século XIX, ver Twitchell 1981. Uma coletânea de extratos da literatura vampiresca do século XIX pode ser encontrada em Gladwell e Havoc 1992. Vale a pena mencionar que o clássico de Bram Stoker, *Drácula*, foi lançado em 1897.

11. Roth 1935; Dagan 1903.
12. Hellwig 1971, pp. 81-88, 94-95. *O judeu do Talmude* de Rohling teria 17 edições e seria lido por centenas de milhares de pessoas.
13. Tomo esse incidente de uma carta encontrada em AAIU, Italie, I.C.5, correspondence nº 102 do comitê AIU local de Reggio Emilia para Adolphe Crémieux, President du Comité Central de l'Alliance Israélite Universelle à Paris, Reggio, li 24 Mai 1872. A citação de *L'Unità cattolica* (n. 112, 1872) é tomada de Taradel e Raggio 2000, p. 171n50.
14. Oreglia, *Civiltà cattolica*, 1881, III, pp. 96-103.
15. Oreglia, *Civiltà cattolica*, 1881, III, pp. 477.
16. Oreglia, *Civiltà cattolica*, 1882, II, pp. 473-82.
17. Oreglia, *Civiltà cattolica*, 1882, I, p. 739. O caso do início da década de 1880 que mais chamou a atenção de Oreglia, e a da imprensa católica em geral, foi o ocorrido em Tiszaeszlar, na Hungria, que resultou num julgamento sensacional. Para um relato do julgamento por um judeu da época, ver Nathan 1892; para uma análise mais recente com extensão de livro, ver Handler 1980.
18. Katz 1961, p. 174.
19. Rondina, "La morale giudaica", *Civiltà cattolica*, 1893, I, pp. 145-60.
20. Rondina, "La morale giudaica e il mistero del sangue", *Civiltà cattolica*, 1893, I, pp. 269-81.
21. Oreglia, *Civiltà cattolica*, 1881, III, pp. 230-35. Oreglia, *Civiltà cattolica*, 1884, II, pp. 223-29.
22. "L'antisemitismo nel secolo decimonono", *L'Osservatore romano*, 10 luglio 1892.
23. "Per l'ebreo Buschoff", *L'Osservatore romano*, 21 luglio 1892, p. 2. O jornal católico em Verona se entusiasmou tanto com o caso Buschoff que, na tentativa de alcançar um público mais amplo, publicou um livrinho sobre o assunto, cheio de detalhes sangrentos (*Verona Fedele* 1892).
24. "Un nuovo assassinio rituale", *L'Osservatore romano*, 4 novembre 1899, p. 2.
25. "Omicidio rituale giudaico", *L'Osservatore romano*, 23 novembre 1899.
26. "Lettere berlinesi", *L'Osservatore cattolico*, 8-9 marzo 1892, p. 2.
27. "L'Osservatore cattolico in Vaticano", *L'Osservatore cattolico*, 7-8 marzo 1892, pp. 1-2.
28. "Lettere berlinesi", *L'Osservatore cattolico*, 15-16 marzo 1892, p. 1.
29. "Lettere berlinesi", *L'Osservatore cattolico*, 28-29 marzo 1892, p. 2.
30. "Gli assassini rituali ebrei affermati nella Dieta dell'Austria Inferiore", *L'Osservatore cattolico*, 8-9 aprile 1892, p. 1. Grifo no original. O prenome do deputado não é informado, mas parece ter sido Ernst.
31. "L'Osservatore cattolico nella Dieta Austriaca", *L'Osservatore cattolico*, 20-21 aprile 1982, p. 2.
32. "Un giornale antisemita", *L'Osservatore cattolico*, 22-23 aprile 1892.

33. Constant 1897, pp. 280-81. Para a tradução italiana do livro do "ex-rabino" moldávio, ver Neofito ex rabbino 1883.
34. *Aceldama ossia processo celebre* 1896, p. 7.

8 – FRANÇA

1. Pio IX é o único papa a ter sido canonizado após o século XVI. No mesmo dia em que ele foi beatificado, o papa João XXIII foi beatificado também.
2. Segundo Launay (1997, p. 15), 23 dos sessenta cardeais na época do conclave de 1878 eram não-italianos.
3. O número de documentos que Leão XIII produziu durante seu papado atacando a maçonaria é assombroso, montando, segundo Mola (1992, p. 217), a bem mais de mil.
4. Aubert 1990a, p. 71.
5. O retrato de Leão XIII traçado acima baseia-se principalmente em Aubert 1990a; Chadwick 1998, pp. 276-330; Martire 1951; e Launay 1997, pp. 15-20.
6. Sobre Rompolla, ver Malgeri 1982, Aubert 1990a, p. 92, e Civinni 1997.
7. Aubert 1990c, pp. 338-345.
8. Aubert 1990d, p. 56.
9. Hyman 1998; Malino 1999.
10. AAAR, B. 127. V. Bailly Lettres XII 1898-1900, pp. 97-8 n. 3283 au P. François Picard, Rome, 19 settembre 1899.
11. Sorlin 1967, p. 42.
12. "Une lettre du Pape relative à la presse", *La Croix*, v. 2, n. 22 (février 1882), pp. 721-722.
13. Em Verdès-Leroux 1969, p. 85.
14. "Qui gouverne la France?" *La Croix*, v. 2, n. 21 (janvier 1882), p. 711 (não assinado).
15. F. Picard, "Les Juifs", *La Croix*, v. 2 n. 22 (février 1882), pp. 723-726. Grifo no original.
16. Lindemann 1997, p. 115-16.
17. V. de P. Bailly, "L'ennemi", *La Croix*, 1882, n. 3, pp. 161-169. Caixa alta no original. O chamado às armas dos assuncionistas espalhou-se rapidamente pela França e até pela Itália. Em 1890, o "Doutor" Martinez – identificado como professor de teologia – publicou um livro na França intitulado *Le Juif. Voilà l'ennemi!* Em sua resenha, *Civiltà cattolica* (4 ottobre 1890) teceu loas ao livro e exortou algum escritor italiano "a prestar um grande serviço à Itália" traduzindo-o. Foi o que um padre fez no ano seguinte, publicando uma edição italiana sob o título *L'Ebreo. Ecco il nemico*, com o imprimátur da Igreja.
18. Katz 1970; Nicolaevsky 1966, pp. 37-39. O caso italiano foi um tanto diferente, pois ali algumas lojas maçônicas estavam envolvidas na organização em prol da unificação da Itália (embora, na época em que a Itália foi unificada, os judeus

desempenhassem um papel mínimo na maçonaria italiana) e da separação entre Igreja e Estado. Para detalhaes, ver Mola 1992.

19. P. F. "Mystères Talmudiques", *La Croix*, v. 3. n. 26, pp. 142-153 (1882).
20. Esse estudo foi feito por Delmaire 1991, p. 78.
21. Delmaire, 1991, pp. 104, 110.
22. Delmaire 1991, pp. 191-192, 209-10. A população dos departamentos do norte da França na época incorporava bem menos de um judeu para mil cristãos.
23. A primeira indicação das novas instruções do papa foi dada através do arcebispo de Algiers que, a pedido do papa, anunciou a política publicamente em novembro de 1890, provocando uma tempestade em meio ao clero francês e a segmentos leigos conservadores.
24. Foi no rastro da ordem dada por Leão XIII à Igreja Católica francesa de fazer as pazes com o governo que, em julho de 1892, ele concordou em ser entrevistado por uma jornalista leiga para o jornal francês não-católico *Figaro*. A entrevista, cujo tema foi a Igreja e o anti-semitismo, foi publicada a 3 de agosto. Nela, Leão XIII enfatizou que a violência dirigida contra quem quer que fosse era contrária aos ensinamentos da Igreja e ressaltou também a concepção da Igreja de que todas as pessoas, de onde quer que viessem, eram filhos de Deus, sendo sua alma feita da mesma essência. Em geral, ele se ateve à perspectiva tradicional da Igreja, frisando o papel dos papas na proteção dos judeus e convidando os judeus a aceitarem o batismo e se converterem. Mas, ao alertar para o perigo de uma peste que estava afetando a sociedade moderna, a que chamou de "o reinado do dinheiro", e ao insistir na necessidade de defesa contra ela, o papa – sem mencionar os judeus – martelou num dos principais temas da campanha anti-semita católica da época. Sobre a entrevista dada ao *Figaro*, ver o relato de Miccoli 1996.
25. AAAR, Lettres du P. François Picard 1893-1895. VIII 1896, n. 3515 au Père Vincent de Paul Bailly, Rome, 18 mars 1896.
26. AAAR, b. 127. V. Bailly, Lettres XII 1898-1900, n. 3285 au P. François Picard, Rome, 25 settembre 1899.
27. ASV, SS, EM, a. 1902, r. 248, fasc. 7 "Lamenti contro La Croix ... diretta dai PP. Assunzionisti..." prot 51896, 30 agosto 1899, f. 3.
28. Citado em Canepa 1978, p. 55.
29. Busi 1986, p. 59.
30. Ibid., p. 46.
31. Citado em ibid, p. 76.
32. O artigo, de *L'Univers* 13 mai 1886, é citado em Arnoulin 1902: 157-58.
33. Verdès-Leroux 1967, p. 147.
34. Jacquet e Rouyer 1897. Ver também Sternhell 1978, p. 237; Pierrard 1998, p. 27. Para uma olhada nas relações de Drumont com os jesuítas, ver Arnoulin 1902.
35. Drumont 1891, pp. 321-27.
36. ASV, SS, EM, a. 1895, r. 66 fasc. unico, Nonciature Apostolique en France, n. 453, Paris 19 Marzo 1981, ao Card. Rampolla, Roma.

37. Ibid. n. 1214. Resposta do Card. Rampolla a Monig.[r] Nunzio Ap.[o], Parigi, 2 Aprile 1891; e nº 1660 Nunciature ... France to Card. Rampolla nº 457. Paris, 6 aprile 1891. Na altura de 1900, no rastro da batida da polícia nos escritórios editorais de *La Croix* e do que considerou um apoio insuficiente da Igreja aos assuncionistas, Drumont desfechou um ataque ainda mais feroz. Dessa vez, mirou não só o núncio papal como também o secretário de Estado, cardeal Rampolla, a quem acusou de trair a França para agradar aos judeus. Novamente, procurou atrair a massa do baixo clero, jogando com seus ressentimentos contra o alto clero. O núncio papal relatou isso ao secretário de Estado numa carta datada de 31 de março de 1900, a que anexou um artigo de 1º de fevereiro de *La Libre Parole*. ASV, S.S., EM, 1902, rub. 248, fasc. 7 "Lamenti contro La Croix... diretta dai PP. Assunzionisti..." prot 55850, Nunzio di Francia al Segretario di Stato, 31 marzo 1900, ff. 156-7.
38. "L'antisemitismo in Francia", *L'Osservatore romano*, 1 luglio 1892, p. 1. Para um exemplo dos elogios de *Civiltà cattolica* aos escritos de Drumont, ver Bellerini 1891, p. 38.
39. O programa do congresso encontra-se em ASV, EM, a. 1900, r. 248, fasc. 9, ff. 27-30.
40. "Le Congrès de Lyon", *La Croix*, 28 novembre 1896, p. 2.
41. "Congrès de Lyon", *La Croix*, 1º décembre 1896, p. 2. Para um exame do papel de Drumont na ascensão do anti-semitismo moderno na França, ver Winock 1982.
42. ASV, SS, EM, a. 1900, r. 248, fasc. 9, ff. 52-53 (15 novembre 1896).
43. A literatura sobre o caso Dreyfus é imensa e continua a crescer substancialmente a cada ano. Coletâneas de ensaios úteis sobre o caso foram organizadas por Birnbaum 1994 e Drouin 1994.
44. Citado em Holmes 1978, p. 234.
45. Uma idéia semelhante é defendida por Levillain 1994, pp. 435-36.
46. Wilson 1982, p. 526.
47. Wilson 1982, pp. 107-12. Sobre motins antijudaicos na França em 1898, ver Birnbaum 1988 e 1998.
48. "Tradimento e traditori", *L'Osservatore romano*, 2-3 dicembre 1897, p. 2.
49. Citado de "L'antisemitismo in Francia", em Miccoli 1997a, p. 1503.
50. Em Brennan 1998, pp. 403, 450.
51. "Gli oppressori degl'Ebrei", *L'Osservatore romano*, 16 settembre 1899, p. 1.
52. "Un nuovo assasinio rituale", *L'Osservatore romano*, 4 novembre 1899, p. 2; "L'Omicidio rituale giudaico", *L'Osservatore romano*, 23 novembre 1899, p. 1.

9 – ÁUSTRIA

1. Wistrich 1989, p. 34; Moro 1992, p. 323. Para um excelente estudo de desenvolvimentos comparáveis na Baviera, ver Harris 1994.

2. Rozenblit 1992, p. 226.
3. Schorske 1980, pp. 120-30.
4. Entre as obras sobre Lueger e o cenário político austríaco por volta da virada do século, ver Schorske 1980.
5. Sobre Galimberti, ver Mellano 1998; sobre Rampolla, ver Malgeri 1982.
6. Miccoli 1977a, pp. 1426-27.
7. ASV, SS, EM, a. 1891, r. 247, fasc. 1, ff. 157-58.
8. O núncio não dá o prenome de Rothschild, mas presumivelmente era a Ferdinand Rothschild que se referia.
9. ASV, SS, EM, a. 1891, r. 247, fasc. 1, ff. 174-76. Grifo no original.
10. Sobre Agliardi, ver Fonzi 1960b.
11. Minha discussão deste episódio baseia-se na excelente exposição de Miccoli (1999, pp. 235-38), que examina o material relevante nos arquivos do Vaticano.
12. Taradel e Raggi 2000, p. 36.
13. Citado em Fumagalli 1993, p. 129.
14. Miccoli 1997a, p. 1455; Pulzer 1964, pp. 173-84.
15. ASV, SS, EM, a. 1895, r. 247, fasc. 2, prot. 27191 (31 maggio 1895), ff. 66-68.
16. ASV, SS, EM, a. 1895, r. 247, fasc. 2, prot. 26831 (10 ottobre 1895), ff. 47-50.
17. ASV, SS, EM, 1895, r. 247, fasc. 2, prot. 27788 (27 novembre 1895), ff. 130-3.
18. Raffaele Ballerini, "La dispersione d'Israele pel mondo moderno", *Civiltà cattolica*, 1897, II, pp. 257-71.
19. ASV, SS, EM, a. 1902, r. 247 fasc. 10, prot. 16418 (2 febbraio 1894), ff. 4-5.
20. ASV, SS, EM, a. 1902, r. 247 fasc. 10, prot. 16418 (5 febbraio 1894, f. 7.
21. ASV, SS, EM, a. 1902, r. 247 fasc. 10, prot. 44717 (23 giugno 1898), ff. 182-3.
22. ASV, SS, EM, a. 1902, r. 247 fasc. 10, prot. 44717 (27 giugno 1898, f. 184.
23. ASV, SS, EM, a. 1902, r. 247 fasc. 10, prot. 44731 (27 giugno 1898), ff. 186-7.
24. ASV, SS, EM, a. 1902, r. 247 fasc. 10, prot. 44994 (30 giugno 1898), ff. 50-51.
25. ASV, SS, EM, a. 1902, r. 247 fasc. 10, prot. 45120 (15 luglio 1898), ff. 54-55. Sobre a investigação do Santo Ofício: ASV, SS, EM, a. 1902, r. 247 fasc. 10 prot. 44820. Suprema Congregazione del S. Uffizio. Cancelleria. Roma (5 luglio 1898 ao Segretario di Stato), f. 194.
26. ASV, SS, EM, a. 1902, r. 247 fasc. 10, prot. 45342 (19 luglio 1898), ff. 197-8; prot. 45353 (5 juillet 1898), ff. 199-200.
27. ASV, SS, EM, a. 1902, r. 247 fasc. 10, prot. 58937 (24 sett 1900), ff. 210-211.
28. ASV, SS, EM, a. 1899, r. 247 fasc. 5 (14 maggio 1899), prot. 50204, ff. 147-8.
29. Taradel e Raggi 2000, p. 43.
30. ASV, SS, EM, a. 1899, r. 247 fasc. 3, prot. 51833 (27 agosto 1899), ff. 159-60.
31. ASV, SS, EM, a. 1899, r. 247 fasc. 3, prot. 51833 (31 agosto 1899), ff. 161-62.
32. ASV, SS, EM, a. 1902, r. 247 fasc. 9, prot. 63124 (4 maggio 1901), ff. 159-60

10 – RAÇA

1. Minha discussão das leis da pureza do sangue espanhol é baseada em grande parte na excelente obra de Yerushalmi 1993. Para uma discussão recente dessa história de pensamento racial sobre os judeus pela Igreja, ver Parte Cinco ("The Inquisition: Enter Racism") de Carroll 2001.
2. Citado em Kaplan 1988, p. 154.
3. Steiman 1998, p. 62. Um exemplo fascista italiano é fornecido por Farinacci 1939, pp. 13-14.
4. Berkley 1988, p. 88.
5. Citado em Salvadori 1999, p. 67.
6. Republicado como Grégoire 1988. Sobre a vida de Grégoire, ver Ezran 1992.
7. Badinter 1988.
8. Lovsky 1970, p. 234; Trachtenberg 1983, p. 48.
9. Toaff 1988, pp. 103-4.
10. Busi 1986, p. 62; Delmaire 1991, p. 151; Modras 1994, pp. 151-52.
11. Pierrard 1998, pp. 59. Para uma discussão da história da iconografia católica do judeu e de seu uso no século XX, ver Pallottino 1994.
12. Chabouty 1880, pp. 669.
13. Em Delmaire 1991, p. 111.
14. Em Wilson 1982, p. 526.
15. Sobre o anti-semitismo exterminador, ver Goldhagen 1996.
16. Wistrich 1989, pp. 221-22.
17. "L'emancipazione degli ebrei", *L'Osservatore romano*, 24-25 gennaio 1898, p. 1.
18. Citado em Canepa 1978; de "Il Giudaismo nel mondo".

11 – ASSASSINATO RITUAL E OS PAPAS NO SÉCULO XX

1. Machin 1999.
2. A correspondência está reproduzida em "Une correspondance intéressante", *L'Univers Israélite*, 1 mars 1890, pp. 363-65.
3. Pierrard 1997, p. 128.
4. ASV, EM, SS, a. 1895, r. 66, fasc. unico, n. 82426, 26 juillet 1889.
5. ASV, EM, SS, a. 1895, r. 66, fasc. unico, n. 82426, 2 agosto 1889. A última frase refere-se ao fato de Desportes ter enviado uma segunda cópia, para o próprio Rampolla.
6. Desportes 1890, pp. 15-16. Grifo no original.
7. ASV, EM, SS, a. 1895, r. 66, fasc. unico, n. 88675, 31 ottobre 1890.
8. ASV, EM, SS, a. 1900, r. 66, fasc. unico, n. 53476, 27 novembre 1899, f. 18.
9. Na nota que enviou juntamente com a carta, o reitor descreveu a carta de *Lord* Russell como um pedido de um humilde filho da Igreja para que o Santo Padre interviesse "contra a propaganda anti-semita na Hungria e na França, no mínimo

reiterando a censura à acusação de assassinato ritual previamente promulgada por Pontífices romanos". ASV, EM, SS, a. 1900, r. 66, fasc. unico, n. 53445, 4 dicembre 1899, ff. 15-16,

10. ASV, EM, SS, a. 1900, r. 66, fasc. unico, n. 53441, 4 dicembre 1899, f. 17.
11. ASV, EM, SS, a. 1900, r. 66, fasc. unico, n. 53943, 21 dicembre 1899, f. 23; n. 53943, 1 gennaio 1900, f. 25.
12. Esses foram examinados para esse caso por Giovanni Miccoli (1997a, pp. 1532-38), em cuja obra baseio-me aqui.
13. Em Miccoli 1997a, p. 1533.
14. Cenci 1933:5 e figura 1.
15. Sobre o julgamento por assassinato ritual de Polna, ver Nussbaum 1947.
16. ASV, SS, a. 1900, r. 66, fasc. unico, n. 55196, 27 febbraio 1900, ff. 31-32.
17. ASV, SS, a. 1900, r. 66, fasc. unico, n. 57936, Suprema Congregazione del S. Uffizio, Cancelleria, 31 luglio 1900, f. 41.
18. Encontrada em ACDF, arquivo Rerum Variarum, 1901, n. 7 bis (Sul sacrifizio di sangue attribuito agli ebrei), como citado em Taradel e Raggi 2000, pp. 43-44.
19. Por exemplo, num período comparável, três séculos antes (1550-1605), tinha havido 11 reinados papais completos.
20. Esse retrato de Giuseppe Sarto baseia-se principalmente em Aubert 1990b; Benigni 1911; Chadwick 1998; e Coppa 1998.
21. Herzl 1956, pp. 428, 430.
22. Sobre Merry del Val, ver Montini 1952 e Launay 1997.
23. Fumagalli 1993, p. 129.
24. Herzl 1956, pp. 427-30.
25. A designação para protonorário apostólico é uma das principais honrarias que o papa pode conceder, proporcionando muitos privilégios cerimoniais a quem a recebe.
26. Miccoli 1997a, p. 1376.
27. Pio X foi o primeiro papa desde Pio V, pontífice no século XVI, a ser santificado.
28. Em Pichetto 1983, p. 106.
29. Essa citação da edição de 3 de junho de 1891 de *Piccolo Monitore* está reproduzida em Taradel e Raggi 2000, p. 178n106.
30. Ver Poulat 1969. Sobre Benigni e Pio X, ver também Aubert 1990b; Pichetto 1983; e Coppa 1998, p. 147.
31. Documentos reproduzidos em Szajkowski 1963, pp. 208-9.
32. Rothschild para Merry del Val: ASV, EM, SS, a. 1913, r. 66, fasc. unico, prot. 67162, Oggetto: Intorno all'asserto assasinio rituale nella nazione Giudaica, ff. 44-47; Rothschild a Norfolk: ff. 41-42.
33. ASV, EM SS, a. 1913, r. 66, fasc. unico, prot. 67162, 18 de outubro de 1913, f. 43.
34. Szajkowski 1963, p. 207. Para detalhes do caso Beilis, ver Beilis 1992 e Leikin 1993.

35. Esses três documentos encontram-se em ASV, EM, SS, a. 1913, r. 66, fasc. unico, prot. 67162, ff. 30-31 (22 de outubro de 1913), f. 50 (3 de novembro de 1912) e f. 51 (4 de novembro de 1913).
36. Szajkowski 1963, p. 207.
37. Canepa 1992, p. 369.
38. "Notizie diverse – Italia", *Il Vessillo israelitico*, 15 novembre 1913, p. 620.
39. Citado em "Notizie diverse – Italia – Firenze", *Il Vessillo israelitico*, 30 novembre 1913, pp. 656-58.
40. "Au jour le jour – Comment se défend Israël", *L'Univers*, 30 octobre 1913.
41. "Le Procès de Kiev – Une importante déposition", *L'Univers*, 2-3 novembre 1913, p. 2.
42. "Le Procès de Kiev", L'Univers, 2-3 novembre 1913, p. 2.
43. "La lettre de Lord Rothschild au cardinal Merry del Val à propos du meurtre rituel", *L'Univers*, 12 novembre 1913, p. 3.
44. Pranaitis havia publicado, em 1892, um livro em latim sobre como o Talmude encarava os cristãos. Nele, apresentava a exigência do Talmude de que os judeus assassinassem crianças cristãs para obter seu sangue. Enviou esse livro aos editores de *Civiltà cattolica* com uma dedicatória pessoal e no ano seguinte, 1893, foi citado com aprovação pelo padre Rondina nas páginas da revista, como oferecendo prova de assassinato ritual. Só 46 anos mais tarde seria lançada uma edição em italiano do livro do padre Pranaitis, publicada por *La difesa della razza*, a revista fascista dedicada a obter apoio para a campanha anti-semita do regime. Ver Taradel e Raggi 2000, pp. 33, 179n126. De fato, enquanto escrevo, uma versão inglesa do livro pode ser encontrada em *sites* anti-semitas nas World Wide Web. Pranaitis conseguiu fazer sucesso no ciberespaço.
45. Paolo Silva, "Raggiri ebraici e documenti papali: a proposito d'un recente processo", *Civiltà cattolica*, 1914, II, pp. 196-215, 330-44.

12 – UM FUTURO PAPA NA POLÔNIA

1. Sobre Bento XV, ver De Rosa 1966 e Monticone 1990.
2. Tagliaferri 1993, p. 192.
3. McCormick 1957, pp. 14, 17. Sua impressão pouco lisonjeira parece ter sido, contudo, compartilhada por muitos, na comunidade diplomática. John Duncan Gregory, o assistente do ministro britânico na corte papal, e católico, fez a seguinte descrição do papa Bento XV num memorando para seu secretário das Relações Exteriores, no final de 1917: "O atual papa é, sem sombra de dúvida, uma mediocridade. Tem a mentalidade de um funcionário subalterno, a inexperiência de um italiano paroquial que praticamente nunca viajou e um método tortuoso de conduzir os negócios, que resulta de anos de trabalho burocrático ligado a uma diplomacia de quinta categoria [a do Vaticano]... É desprovido de qualquer

encanto pessoal ou personalidade e teimoso e irascível num grau acentuado" (Hachey 1972). Note-se porém que, depois que o papa morreu, O'Hare começou a alterar sua opinião, escrevendo que Bento XV, apesar de sua aparência pouco sedutora, teve um registro de realizações diplomáticas significativas em favor da Igreja, num período difícil.

4. AAUI, Angleterre. I. D. 13. Pologne. Carta a Louis Marshall, Presidente, American Jewish Committee (cópia carbono), de David L. Alexander, Presidente, London Committee of Deputies of the British Jews, e Claude Montefiore, Presidente, Anglo-Jewish Association, Londres, 28 de abril de 1916, Jewish Conjoint Foreign Committee.
5. Rica documentação sobre esse episódio é encontrada em AAUI, Angleterre. I. D. 13. Pologne. Muitos desses documentos foram publicados, em tradução francesa, no caso dos escritos em inglês, em Korzec 197, que analisa esses materiais.
6. Castellan, 1981.
7. Uma breve análise da missão polonesa de Ratti é fornecida por Morozzo della Rocca 1996.
8. Periodicamente, o Vaticano anuncia que arquivos cobrindo mais um reinado papal passam a estar disponíveis para consultas por estudiosos. Ainda não se sabe exatamente quando será permitida a consulta dos papéis do pontificado de Pio XI (1922-1939).
9. Tollet 1992, p. 259; Watt 1979, pp. 357-58; Marcus 1983, pp. 4-8, 66-7, 100-10.
10. Para uma boa visão geral dos desenvolvimentos políticos na Polônia, nesses anos, incluindo o papel de Dmowski, ver Watt 1979.
11. Em Korzec 1980, p. 110n113. Minha descrição segue muito de perto a obra de Korzec.
12. Astorri 1999; Aubert 1981.
13. Em Wilk 1995, p. 37.
14. Carta de A. Ratti a Gasparri (17 de agosto de 1818), reproduzida em Wilk, vol.2 (1966) pp. 43-57.
15. Referências às derrotas austríacas associadas à guerra de unificação italiana, a primeira na Lombardia e a segunda no Veneto.
16. Relatório do conde Jerzy Moszynski a A. Ratti (1 août 1918), reproduzido em Wilk vol. 2 (1996), pp. 107-27.
17. ASV, ANV, b. 192, Ratti a Gasparri (24 ottobre 1918), ff. 534-38.
18. ASV, ANV, b. 192, prot. 238, Ratti a Gasparri (2 novembre 1918), ff. 565-75.
19. ASV, ANV, b. 200, f. 16 "Appel au calme", Joseph Bilczewski, Archevêque Métropolitain, 25 novembre 1918.
20. ASV, ANV, b. 191, prot. 439 A 172, telegrama criptografado, Gasparri a Ratti (22 dicembre 1918), ff. 512-513.
21. Ratti a Gasparri (7 dicembre 1918), reproduzido em Wilk, vol. 1 (1955), pp. 96-112,

22. Ratti a Gasparri (9 gennaio 1919), reproduzido em Wilk, vol. 3 (1997), pp. 250-61.
23. ASV, ANV, b. 205, "Notices sur les rapports polone-juifs" [sem data], ff. 322-27. De fato, uma parte muito visível da liderança bolchevista na Rússia, nos primeiros anos era de origem judaica, proveniente da pequena minoria de judeus russos que haviam abandonado a vida comunitária tradicional e ingressado na sociedade nacional. Lindeman (1997, pp. 424-36) estima que não menos que a metade da mais alta liderança bolchevista, nos anos que se seguiram imediatamente à Revolução Russa, era de origem judaica.
24. ASV, ANV, b. 200, ff. 22-23. Légation de Pologne à Vienne. Nota della Legazione Polacca a Vienna a tutte le Legazioni sui pretesi pogrom ebraici in Galizia da parte polacca (envoyé vers la fin de novembre [1918]).
25. ASV, ANV, b. 205, fasc. 3: "Gli Ebrei e la Questione Ebraica in Polonia (1915-19)". Protesta dei consiglieri ebrei di Kielce sul pogrom antigiudaico di Kielce dell'11 e 12 novembre 1918; e relativa discussione di essa al Consiglio Comunale della stessa città", ff. 312-31.
26. Agostinus Losinski, epus Kielcensis ad clerum diocesis Kielcensis, Kielce, 29 dicembre 1918, copia versio ex lingua Polonica (ms.), ASV, ANV, b. 206, ff. 382-3; reproduzido em Wilk, v. 3 (1997), pp. 368-70.
27. ASV, ANV, b. 200: "La vérité sur le 'Pogrom' de Lvov. Par un impartial. Varsovie janvier 1919", ff. 5-21.
28. ASV, ANV, b. 192, prot. 505, p. 240. Ratti a Gasparri, Versavia 15 gennaio 1919; "Oggetto: La situazione in Polonia. I pogrom antisemiti". ff. 868-873r.
29. Reddaway 1951, pp. 507-8.
30. Kloczowski 1990, pp. 452-53,
31. Zawadzki 1955, pp. 434-35. Estimativas do número de judeus poloneses que morreram no Holocausto podem ser encontradas em Hilberg 1985, v. 3, pp. 1212-1213. Um censo oficial dos judeus na Polônia em 1939 contou 3.551.000 judeus. Menos de 400 mil sobreviveram.
32. De Rosa 1966, p. 413. A Alta Silésia localiza-se no ponto em que a Alemanha, a Polônia e a Tchecoslováquia se uniam.
33. O diário de Pellegrinetti abrangendo este período foi publicado por Natalini 1994. As citações aqui são da p. 250.
34. ASV, ANV, b. 193, "Relazione finale della Missione di Mons. Ratti in Polonia redatta da Mons. Pellegrinetti, Luglio 1921", ff. 426-498. Grande parte deste relatório, mas, como logo veremos, não todo, foi publicado em Cavalleri 1990. Esta citação é de f. 426 da cópia de arquivo.
35. O original está em ASV, ANV, b. 193, "Relazione finale della Missione di Mons. Ratti in Polonia redatta da Mons. Pellegrinetti, Luglio, 1921", f. 433; Cavalleri 1990, p. 150.
36. ASV, ANV, b. 193, "Relazione finale della Missione di Mons. Ratti in Polonia redatta da Mons. Pellegrinetti, Luglio 1921", f. 433; Cavalleri 1990, p. 150.

37. ASV, ANV, b. 193, "Relazione finale della Missione di Mons. Ratti in Polonia redatta da Mons. Pellegrinetti, Luglio 1921", f. 451.
38. Levillain 1996, p. 8; Astorri 1999, p. 505.
39. Natalini 1994, pp. 52-53.
40. Citado em Moro 1988, p. 1118.

13 – ANTECÂMARA DO HOLOCAUSTO

1. Sobre o *Protocolo dos sábios de Sião*, ver especialmente Cohen 1981, mas também Romano 1992 e Segel e Levy 1995.
2. Pichetto 1983, p. 119n33. Ver esta fonte também para mais material sobre Benigni, Preziosi e os *Protocolos*.
3. "La Questione israelita e i cattolici francesi", *L'Osservatore romano*, 9 ottobre 1921, citado em Moro 1988, pp. 1067-68.
4. Jouin 1920, p. 29.
5. Posteriormente, a RISS vendeu o texto do discurso como um panfleto. Sua capa consistia num retrato do padre Jouin em trajes clericais (Jouin 1929).
6. Citado em Sauvêtre 1936, pp. 177, 179.
7. Mgr. Jouin, "L'Impérialisme Juif. V. Conclusion", *Revue Internationale des Sociétés Secrètes*, 1925, pp. 81, 90. Sobre a biblioteca de Jouin, ver Pichetto 1983, p. 114.
8. *Revue Internationale des Sociétés Secrètes* 1925.
9. Sauvêtre 1936, pp. 194-96, 223; De Felice 1993, pp. 42-43.
10. As citações estão reproduzidas em Miccoli 1997a, pp. 1565-66. Estou em dívida nesta discussão com a excelente análise que Miccoli fez deste caso. Material adicional vem de Modras 1994, pp. 271-72. O texto da extinção dos Amigos de Israel é encontrado em *Acta apostolica sedis* 1928.
11. D. Mondrone, "Il padre Enrico Rosa D. C. D. G., "In memoria Patris", *Civiltà cattolica*, 1938, IV, p. 485. A opinião que Pio XI tinha da revista, nessa época, se expressa também numa carta que ele escreveu em 1924. Nela, elogia o fato de que "desde os primórdios mesmo da revista, os autores se atribuíram aquele dever sagrado e imutável de defender os direitos da Sé Apostólica e a fé católica, e, lutando contra o veneno que a doutrina do liberalismo injetou nas próprias veias dos Estados e das sociedades...." (*Civiltà cattolica*, 1924, III, p. 291).
12. Enrico Rosa, "Il pericolo giudaico e gli 'Amici d'Israele'", *Civiltà cattolica*, 1928, II, pp. 335-44.
13. Houve também um terceiro artigo, que foi publicado entre os dois, em meados de 1921 (III, p. 384), e que fala do plano de Cidade de Viena de elevar os impostos territoriais para forçar os proprietários católicos a vender suas casas para os judeus.
14. "Austria", *Civiltà cattolica*, 1921, I, pp. 472-73.
15. "Austria", *Civiltà cattolica*, 1922, IV, pp. 369-71.
16. Martina 1998, pp. 348-49, 354; Miccoli 1997a, pp. 1547-48.

17. Pauley 1992, pp. 151-53. O moto de *Der Stümer, Die Juden sind unser Unglueck* – Os judeus são nossa desgraça – poderia ter sido o moto de muitas organizações e publicações católicas ao longo dos cinqüenta anos que precederam a Segunda Guerra Mundial.
18. Miccoli 1997a, pp. 1555-56.
19. Modras 1994, p. 226.
20. Heller 1977, pp. 110, 112.
21. Modras 1994, pp. 118-22, 151-52.
22. Modras 1994, pp. 247.
23. Modras 1994, pp. 284-85; Zawadzki 1955. Os italianos se mantinham informados dos desenvolvimentos na Polônia através da imprensa católica italiana. Em 1934, por exemplo, em resposta a uma onda de violentas demonstrações anti-semitas na Polônia, um grupo de rabinos procurou o arcebispo de Varsóvia, Aleksander Kakowski, para lhe pedir que se pronunciasse contra o anti-semitismo. O arcebispo se negou a fazê-lo, dizendo que, embora condenasse "toda violência, fosse obra de judeus ou católicos", os católicos haviam sido intoleravelmente provocados pelos judeus, que eram os propagadores do anticlericalismo, do ateísmo e da pornografia na Polônia. "O movimento anti-semita", concluiu o cardeal polonês, "embora produza excessos que são deploráveis, foi em grande parte provocado pelos próprios judeus."

    As observações do cardeal foram reproduzidas no principal jornal dedicado ao clero na Itália, *L'Amico del clero*, que fez o seguinte comentário sobre os judeus poloneses: "Então é assim que são as coisas com essa boa gente, gemendo enquanto pisoteiam a liberdade que lhes foi concedida em seu detrimento, não respeitando sequer a hospitalidade que receberam em países católicos e, quando podem, tomando as rédeas do poder para levar [esses países] à sua ruína moral e material por causa do ódio que têm por Cristo e por todos os que carregam as marcas da civilização cristã." Após uma pausa para lembrar os leitores de que a Igreja se opunha a toda violência, a matéria concluía afirmando que os próprios judeus haviam "muitas vezes provocado essas reações através de suas afrontas e suas provocações" (Miccoli 2000, pp. 300-1).
24. Cornwell 1999, pp. 184-86.
25. Mario Barbera, "La questione giudaica e il Sionismo", *Civiltà cattolica*, 1937, II, p. 418-30. "La questione giudaica e le conversioni", *Civiltà cattolica*, 1937, II, pp. 497-502. Barbera era considerado o grande especialista do país em educação católica (ver Ghizzoni 1997). Os judeus como culpados pelo comunismo foi um tema importante na literatura católica sobre os judeus nas vésperas do Holocausto. Típica disso foi a entrada sobre "marxismo" no respeitado manual germânico católico sobre religião editado pelo arcebispo de Friburg em 1937: "o socialismo materialista fundado originalmente pelo judeu Karl Marx." O "bolchevismo" era definido nas mesmas linhas como "um despotismo de Estado asiático, na realidade

a serviço de um grupo de terroristas dirigidos por judeus" (citado em Miccoli 2000, pp. 291-2).

26. Mario Barbera, "La questione giudaica e l'apostolato cattolico", *Civiltà cattolica*, 1937, III, pp. 27-39.
27. O ano de 1938 marcou uma importante guinada para os judeus da Europa, com legislação limitando os seus direitos entrando em vigor na Polônia, Romênia, Hungria, Áustria e Itália. Pouca ou nenhuma objeção foi expressada pelo Vaticano à aprovação dessas leis e, de fato, em vários desses países o clero católico esteve ativamente envolvido na campanha pela sua aprovação. As Leis de Nuremberg da Alemanha, que privaram os judeus dos direitos civis, haviam entrado em vigor em 1935. Na "Noite dos Cristais" (9 de novembro de 1938), simpatizantes do nazismo investiram violentamente contra os judeus, destruindo grande número de sinagogas, lojas pertencentes a judeus e lares judaicos.
28. Mario Barbera, "Intorno alla questione del sionismo", *Civiltà cattolica*, 1938, II, pp. 76-82.
29. Mario Barbera, "La questione dei giudei in Ungheria", *Civiltà cattolica*, 1939, III, pp. 146-53. Ver Herczl (1993) para um estudo histórico sério do papel central desempenhado pela Igreja Católica na evolução do movimento anti-semita moderno na Hungria.
30. "À propos de l'antisémitisme – Pélerinage de la Radio catholique belge". *Documentation Catholique* (1938), pp. 1459-62.
31. "Un discours du pape – L'antisémitisme est inadmissible. Nous sommes spirituellement des sémites", *La Croix*, 17 septembre 1938, p. 1.
32. Miccoli (2000, pp. 308-10) especula que a decisão tomada tanto por *Civiltà cattolica* quanto por *L'Osservatore romano* de não publicar os comentários de Pio XI sobre os judeus reflete a mudança do centro de poder do Vaticano nessa conjuntura. Com Pio XI doente, outros no Vaticano – presumivelmente acima de todos o secretário de Estado, Eugenio Pacelli, que logo o sucederia como papa – assumiram o controle, e não aprovaram as observações de Pio XI em favor dos judeus. Embora anteriormente o papa não tivesse tolerado nenhuma oposição interna desse tipo, nessa altura, poucos meses apenas antes de sua morte, ele não era mais a figura poderosa que fora antes. Mais tarde, o embaixador alemão junto à Santa Sé, Ernst von Weizsäcker, comparando Pio XI com seu sucessor, Pio XII, escreveu: "Se Pio XI, tão impulsivo e vigoroso, tivesse vivido um pouco mais, teria com toda probabilidade produzido uma ruptura das relações entre o Reich e a Cúria" (citado em Miccoli 2000, p. 163).
33. Para uma análise da entrada sobre anti-semitismo da enciclopédia de Gundlach, ver Miccoli 1997b. Uma tradução em inglês da entrada completa é encontrada em Passelecq e Suchecky 1997, pp. 47-49.
34. O texto completo do esboço da encíclica é reproduzido em Passelecq e Suchecky 1997, pp. 176-275. As citações aqui são das páginas 249-257.

35. A história da encíclica "escondida" é contada por Passelecq e Suchecky 1995 (ver também o prefácio por Emile Poulat), e por Miccoli 1997b e 2000, pp. 315-20. Ver também a discussão de Cornwell (1999, pp. 192-95). Como Pio XI nunca tomou nenhuma medida em relação à encíclica, não há como saber se ficou – ou teria ficado – satisfeito com ela. É significativo, porém, que tenha confiado a tarefa ao padre LaFarge, que não tinha nenhuma experiência de trabalho nesse nível de responsabilidade vaticana e só se encontrava em Roma por acaso. É difícil evitar a impressão de que o papa, adotando uma abordagem tão heterodoxa, estivesse tentando contornar os canais normais, na crença de que seus conselheiros mais próximos se oporiam à preparação de semelhante encíclica.
36. Ghisalberti 1990, p. 86
37. Farinacci 1938. Grifo no original. Roberto Farinacci era um dos mais pró-nazistas entre os líderes fascistas, e fez parte da minoria na reunião histórica do Grande Conselho de 25 de julho de 1943 a votar contra a deposição de Mussolini. Mais tarde, uniu-se a Mussolini no regime italiano fantoche de Salò e, logo após a Libertação, foi executado por forças guerrilheiras. Sobre a evolução do anti-semitismo do regime fascista italiano, ver Sarfatti 2000.
38. Giani 1939, p. 24.
39. Ver Pichetto 1983, p. 89.
40. Arcebispo Dalla Costa, citado em Cavarocchi 1999, pp. 420-421.
41. Sobre a posição ambígua da Igreja em face do uso fascista de "raça" contra os judeus, especialmente como refletido em *Civiltà cattolica* de 1938 a 1943, ver Taradel e Raggi 2000, pp. 98-123.
42. "Italia: 2. La posizioni degli Ebrei. –3. La 'Civiltà cattolica' e la 'Questione ebraica', *Civiltà cattolica,* 1938, III, pp. 558-61. Grifo no original.
43. De Felice 1993, p. 294.
44. O texto da nota do papa é encontrado em De Felice 1993, p. 564. Ver também a análise de Miccoli (1989) da Santa Sé e as leis raciais na Itália, bem como Spinosa 1952.
45. *L'Osservatore romano,* 14-15 novembre 1938; discutido em Marchi 1994, p. 838. O assunto da ausência de clamor público na Itália diante das leis raciais de 1938 continua praticamente tabu, pois contraria o que Bidussa (1994) chamou de o "mito do bom italiano". Segundo esse mito, enquanto alemães, austríacos, poloneses, franceses, húngaros, croatas e outros colaboraram de bom grado com a campanha nazista contra os judeus, os bons italianos fizeram tudo que podiam para ajudá-los. O estudo da colaboração italiana com o regime fascista em geral mal começou, muito menos o da colaboração com as leis raciais.
46. Para uma discussão particularmente desalentadora, enviada a Pio XII no final de agosto de 1942, referente ao massacre de dezenas de milhares de judeus, homens, mulheres e crianças, na Ucrânia, ver "Le métropolite de Lépol des Ruthènes Szeptyckyj ao pape Pie XII", Léopol, 29-31 août, 1942, document n. 406 in Blet et al. 1967, pp. 625-29.

47. Sarfatti 2000, pp. 224-25.
48. Carta do padre Tacchi Venturi ao cardeal Maglione, Roma, 10 de agosto de 1943. Documento n. 289 em Blet et al. 1975, pp. 423-24.
49. Carta do cardeal Maglione ao padre Tacchi Venturi, 18 de agosto de 1943. Ducumento n. 296 em Blet et al. 1975, pp. 433-34.
50. Carta do padre Tacchi Venturi ao cardeal Miglione, 29 de agosto de 1943. Documento n. 317 em Blet et al. 1975, pp. 458-62. Tacchi Venturi incluiu com essa carta a petição que enviara a Umberto Ricci, o novo ministro das Relações Exteriores da Itália. Ela começava: "O Eminentíssimo secretário de Estado de Sua Santidade pede-me que entre em contato com as autoridades competentes do Real Governo Italiano para obter aceitação das seguintes três propostas concernentes à lei racial existente." Após apresentar cada uma das três propostas, ele assim concluiu seu apelo ao representante do novo governo: "Este é um excelente meio pelo qual o governo pode reparar a ofensa feita ao Pontífice Romano pela violação da Concordata..."
51. Notas do cardeal Maglione, 16 de outubro de 1946. Documento n. 368 em Blet et al. 1975, pp. 505-6.
52. Em sua discussão desse encontro, Miccoli (2000, p. 253) observa que ele reflete a deferência do Vaticano para com a idéia nazista de que os judeus eram o inimigo do povo alemão. De fato, o Vaticano aceitava a lógica nazista segundo a qual qualquer apelo em favor dos judeus que estavam sendo enviados para a morte representava um ato de hostilidade ao povo alemão.
53. Notas do cardeal Maglione ... p. 506.

Referências citadas

A lista que se segue consiste nas obras publicadas citadas no texto. Não inclui quaisquer materiais de arquivo, nem quaisquer fontes jornalísticas ou artigos da imprensa católica, cujas referências completas aparecem nas notas.

Acta apostolicae sedis, XX (1928), pp. 103-4.

Aceldama ossia processo celebre istruito contro gli Ebrei di Damasco nell'anno 1840. 1896. Cagliari: G. Dessi.

Albert, Phyllis Cohen, 1992. "Israelite and Jew: How did nineteenth-century French Jews understand assimilation?" Pp. 88-109 em Jonathan Frankel e Stephen J. Zipperstein, orgs. *Assimilation and Community: The Jews in Nineteenth-Century Europe.* Cambridge: Cambridge University Press.

Arnoulin, Stéphane, 1902. *M. Edouard Drumont et les jésuites.* Paris: Librairie des Deux-Mondes.

Astorri, R. 1999. "Gasparri, Pietro". *Dizionario biografico degli italiani* 52:500-7.

Aubert, Roger. 1961. "Antonelli, Giacomo". *Dizionario biografico degli italiani* 3:484-93.

______. 1981. "Gasparri". *Dictionnaire d'histoire et de géographie ecclésiastiques* 19:1365-75.

______. 1990a. "Leone XIII: Tradizione e progresso". Pp. 61-106 em Elio Guerriero e Annibale Zambarbieri, orgs., *La Chiesa e la società industriale (1878-1922).* Storia della Chiesa, vol. XXII/1. Turim: Edizioni Paoline.

______. 1990b. "Pio X tra restaurazione e riforma". Pp. 107-54 em Elio Guerriero e Annibale Zambarbieri, orgs., *La Chiesa e la società industriale (1878-1922).* Storia della Chiesa, vol. XXII/1. Turim: Edizioni Paoline.

______. 1990c. "Chiesa e stati europei". Pp. 337-424 in Elio Guerriero e Annibale Zambarbieri, orgs., *La Chiesa e la società industriale (1878-1922).* Storia della Chiesa, vol. XXII/1. Turim: Edizioni Paoline.

______. 1990d. "Introduzione: I cattolici alla morte di Pio IX". Pp. 35-38 em Elio Guerriero e Annibale Zambarbieri, orgs., *La Chiesa e la società industriale (1878-1922).* Storia della Chiesa, vol. XXII/1. Turim: Edizioni Paoline.

______. 1990e. *Il Pontificato di Pio IX* (1846-1878). Traduzido por Giacomo Martina. *Storia della Chiesa*, vols. XXI/1 e XX1/2. 4ª ed. Turim: San Paolo.

Badinter, Robert. 1988. "Introduction" a Henri Grégoire, *Essai sur la régéneration physique, morale et politique des Juifs*. Paris: Stock.

Ballerini, Raffaele. 1891. *Della questione giudaica in Europa*. Prato: Contrucci.

Barbagallo, Francesco. 2001. "The Rothschilds in Naples". *Journal of Modern Italian Studies* 5:294-309.

Beilis, Mendel. 1992. *Scapegoat on Trial: The Story of Mendel Beilis*. Introduzido e editado por Shari Schwartz. Nova York: CIS Publishers.

Benedetto XIV. 1751. *Lettera della S. di N.S. Benedetto XIV a Monsignor Pier Girolamo Guglielmi Assessore del Sant'Officio Sopra l'offerta dell'Avia Neofita di alcuni suoi nipoti infanti ebrei alla fede Cristiano*. Roma.

Benigni, Umberto. 1911. "Pius X". *Catholic Encyclopedia* 12:137-39.

Berkley, George E. 1988. *Vienna and Its Jews: The Tragedy of Success, 1880s-1980s*. Cambridge, Mass.: Abt Books.

Berkovitz, Jay R. 1989. *The Shaping of Jewish Identity in Nineteenth-Century France*. Detroit: Wayne State University Press.

Berliner, Abraham. 1992. (Orig. alemão, 1893). *Storia degli ebrei di Roma*. Traduzido por Aldo Audusio. Milão: Rusconi.

Bidussa, D. 1994. *Il mito del bravo italiano*. Milão: Saggiatore.

Birnbaum, Pierre. 1988. *Un mythe politique: "la Republique Juive": de Leon Blum à Pierre Mendès France*. Paris: Fayard.

______. 1998. *Le moment antisémite: un tour de la France en 1898*. Paris: Fayard.

______. org. 1994. *La France et l'affaire Dreyfus*. Paris: Gallimard.

Blet, Pierre, Robert A. Graham, Angelo Martini e Burkhart Schneider, orgs. 1967. *Actes et documents du Saint Siège relatifs à la Seconde Guerre Mondiale*, vol. 3: *Le Saint Siège et la situation religieuse en Pologne et dans les pays baltes, 1939-1945*. Cidade do Vaticano: Libreria Editrice Vaticana.

______. orgs. 1975. *Actes et documents du Saint Siège relatifs à la Seconde Guerre Mondiale*, vol. 9: *Le Saint Siège et les victimes de la guerre (janvier-décembre 1943)*. Cidade do Vaticano: Libreria Editrice Vaticana.

Blouin, Francis X., Jr. 1998. *Vatican Archives: An Inventory and Guide to Historical Documents of the Holy See*. Nova York: Oxford University Press.

Blustein, Giacomo. 1921. *Storia degli Ebrei in Roma*. Roma: Maglione & Strini.

Boiteux, Martine. 1976. "Les Juifs dans le carnaval de la Rome moderne (XVe-XVIIIe siècles)". *Mélanges de l'École Française de Rome – moyen âge–temps modernes* 88:745-87.

Bori, Pier Cesare. 1983. *Il Vitello d'Oro: Le radici della controversia antigiudaica*. Turim: Boringhieri.

Boutry Philippe. 1997. "Une théologie de la visibilité: Le projet *zelante* de resacralisation de Rome et son échec (1823-1829)". Pp. 316-67 em Maria Visceglia e Catherine Brice, orgs., *Cérémonial et rituel à Rome (XVIe–XIXe siècle)*. Roma: École Française de Rome.

Brennan, James F. 1998. *The Reflection of the Dreyfus Affair in the European Press, 1897-1899.*

Breunig, Charles. 1970. *The Age of Revolution and Reaction 1789-1850*. Nova York: Norton.

Busi, Frederick. 1986. *The Pope of Antisemitism: The Career and Legacy of Edouard-Adolphe Drumont*. Lanham, Md.: University Press of America.

Caffiero, Marina. 1991. *La nuova era: Miti e profezia dell'Italia in rivoluzione*. Gênova: Marietti.

______. 1993. "Le insidie de 'perfidi giudei'. Antiebraismo e riconquista cattolica alla fine del Settecento." *Rivista storica italiana* 105:555-81.

______. 1997a. "Tra Chiesa e Stato. Gli ebrei italiani dell'età dei Lumi agli anni della Rivoluzione". Pp. 1089-1132 em Corrado Vivanti, org., *Storia d'Italia, Annali 11, Gli ebrei in Italia, vol. 2, Dall'emancipazione a oggi*. Turim: Einaudi.

______. 1997b. "Tra repressione e conversioni: la 'restaurazione' degli ebrei". Pp. 373-95 em Anna L. Bonella, Augusto Pompeo e Manola Venzo, orgs., *Roma fra la Restaurazione e l'elezione di Pio IX*. Roma: Herder.

Caliò, Tommaso. 1995. "Un omicidio rituale tra storia e leggenda: il caso del beato Lorenzino da Marostica". Studi e materiali di storia delle religioni 19:1:55-82.

Canavero, Alfredo. 1988. *Albertario e "L'Osservatore cattolico"*. Roma: Stadium.

Canepa, Andrew M. 1978. "Cattolici ed ebrei nell'Italia liberale (1870-1915)". Comunità vol. 32, nº 179, pp. 43-109.

______. 1992. "Pius X and the Jews: a reappraisal". *Church History* 61:382-72.

Canonici, Claudio. 1999. "Condizioni ambientali e battesimo degli ebrei romani nel Seicento e Settecento". *Ricerche per la storia religiosa di Roma* 10:235-72.

Cardini, Luigi. 1948. "Albertario, don Davide". *Enciclopedia Cattolica* 1:674.

Carroll, James. 2001. *Constantine's Sword*. Boston: Houghton Mifflin.

Castellan, Georges. 1981. "Dieu garde la Pologne!" *Histoire du catholicisme polonais (1795-1980)*. Paris: Laffont.

Cavalleri, Ottavio. 1990. *L'Archivio di Mons. Achille Ratti visitatore apostolico e nunzio a Vasavia (1918-1921)*. Cidade do Vaticano: Archivio Vaticano.

Cavarocchi, Francesca. 1999. "La stampa ecclesiastica di fronte alle leggi razziali". Pp. 415-29 em Enzo Colloti, org., *Razza e fascismo: La percuzione contro gli ebrei in toscana (1938-1943)*. Roma: Carocci

Cecchi, Dante. 1975. *L'amministrazione pontificia nella Prima Restaurazione (1800-1809)*. Macerata: Deputazione di storia patria per le Marche.

Cenci, Pio. 1933. *Il Cardinali Raffaele Merry del Val*. Prefácio do card. Eugenio Pacelli. Roma: Berruti.

Chabouty (abbé) E. M. [sob pseudônimo C. C de Saint André]. 1880. *Franc-Maçons et juifs, sixième âge de l'église d'après l'Apocalypse*. Paris: Société générale de Librairie Catholique.

Chadwick, Owen. 1998. *A History of the Popes 1830-1914*. Oxford: Claredon Press.

Chazan, Robert. 1997. *Medieval Stereotypes and Modern Anti-Semitism*. Berkeley: University of California Press.

Civinini, Laura. 1997. "La nunziatura di Parigi. Politica e religione a fine Ottocento". *Nuova rivista storica* 81:1-30.

Clark, Christopher. 1999. "German Jews". Pp. 122-47 em Rainer Liedtke e Stephan Wendehorst, orgs., *The Emancipation of Catholics, Jews and Protestants*. Manchester: Manchester University Press.

Cohen, Jeremy. 1982. *The Friars and the Jews: The Evolution of Medieval Antijudaism*. Ithaca: Cornell University Press.

______. 1999. *Living Letters of the Law: Ideas of the Jew in Medieval Christianity*. Berkeley: University of California Press.

Cohn, Norman R. 1981. Warrant for Genocide. *The Myth of the Jewish World-Conspiracy and the Protocols of the Elders of Zion*. Chico, Calif.: Scholars Press.

Colapietra, Raffaele. 1963. *La chiesa tra Lamennais e Metternich: il pontificato di Leone XII*. Brescia: Morcelliana.

Colzi, R. 1994. "L'Ampliamento del ghetto disposta da papa Leone XII". *Archivio della Società Romana di Storia Patria* 117:215-30.

Consalvi, Ercole. 1950. *Memorie del Cardinal Ercole Consalvi*. Editado por Mons. Mário Nasalli Rocca di Corneliano. Roma: Angelo Signorelli.

Constant, R. P. 1897. *Les Juifs devant l'Église et l'histoire*. Paris: Gaume & Cie.

Convegno Internazionale di Storia del Risorgimento. 1981. Atti del Convegno *"Pio VII e il card Consalvi. Un tentativo di riformare nello Stato pontificio"*. Viterbo: Auatrini Archimede.

Coppa, Frank J. 1900. *Cardinal Giacomo Antonelli and Papal Politics in European Affairs*. Albany: State University of New York Press.

______. 1998. *The Modern Papacy since 1789*. Londres: Longman.

Cornwell, John. 1999. *Hitler's Pope*. Nova York: Viking.

Corti, Egon. 1928. *The Reign of the House of Rothschild, 1830-1871*. Traduzido por Brian e Beatrix Lunn. Nova York: Cosmopolitan.

______. 1929. La maison Rothschild. L'essor (1770-1830). Paris: Payot.

Dagan, Henri. 1903. *L'Oppression des juifs dans l'Europe orientale*. Paris. Cahiers de la Quinzaine.

Dante, Francesco. 1990. *Storia della "Civiltà cattolica" (1850-1891): il laboratorio del Papa*. Roma: Studium.

De Felice, Renzo. 1993. *Storia degli ebrei italiani sotto il fascismo*. Edição revista. Turim: Einaudi.

De Franciscis, Pasquale. 1872. *Discorsi del sommo pontefice Pio IX pronunziati in Vaticano ai fedeli di Roma e dell'orbe dal principio della sua prigionia fino al presente*. vol. I. Roma: G. Aurelj.

Del Chiaro, Giuseppe. 1904. *Indice generale della Civiltà cattolica*. Roma: La Civiltà Cattolica.

Del Monte, Anna. 1989. *Ratto della Signora Anna del Monte, trattenuta a' Catecumini tredici giorni dall 6 fino alli 19 maggio anno 1749*. Organizado por Giuseppe Sermonetta. Roma: Carucci.

Del Re, N. 1976. *Il viceregente del vicariato di Roma*. Roma: Instituto di Studi Romani.

Delmaire, Danielle. 1991. *Antisémitisme et catholiques dans le Nord pendant l'affaire Dreyfus*. Lille: Presses universitaires de Lille.

Demarco, Domenico. 1949. *Il tramonto dello Stato pontificio. Il papato di Gregorio XVI*. Turim: Einaudi.

De Rosa, Giuseppe. 1966. "Benedetto XV". *Dizionario biografico degli italiani* 8:408-17.

______. 1999. *La Civiltà cattolica: 150 anni al servizio della Chiesa 1850-1999*. Roma: La Civiltà cattolica.

Desportes, Henri. 1889. *Le Mystère du sang chez les Juifs*. Paris: A. Savine.

______. 1890. *Tué par les juifs, avril 1890: histoire d'un meurtre rituel*. Paris: A. Savine.

Drouin, Michel, org. 1994. L'Affaire *Dreyfus de A à Z*. Paris: Flammarion.

Drumont, Edouard. 1887. *La France juive*. 2 vols. 115ª ed. Paris: C. Marpon & E. Flammarion.

______. 1891. *Le testament d'un antisemite*. Paris: Dentu.

Église de France. 1997. *Le repentir: declaration de l'Église de France: 30 septembre 1997*. Paris: Desclée de Brouwer.

Esposito, Anna. 1990. "Lo stereotipo dell'omicidio rituale nei processi tridentini... Simone". Pp. 553-95 em Anna Esposito e Diego Quaglioni, orgs., *Processi contro gli ebrei di Trento (1475-1478)*. Pádua: Antonio Milani.

Ezran, Maurice. 1992. *L'abbé Gregoire, défenseur des juifs et des noirs: révolution et tolérance*. Paris: Harmattan.

Falconi. Carlo. 1981. *Il giovane Mastai*. Milão: Rusconi.

______. 1983. *Il cardinale Antonelli*. Milão: Mondadori.

Farinacci, Roberto. 1938. *La Chiesa e gli ebrei*. Conferenza tenuta il 7 novembre xvii ... a Milano per l'inaugurazione annuale dello Istituto di cultura fascista. Roma.

Ferguson, Niall. 1998. *The House of Rothschild*. Nova York: Viking.

Fiorani, Luigi. 1999. "Verso la nuova città: Conversione e conversionismo a Roma nel Cinque-Seicento". *Ricerche per la storia religiosa di Roma* 10:91-186.

Fischer, Lucia Frattarelli. 1998. "Ebrei a Pisa fra Cinquecento e Settecento". Pp. 89-115 in Michele Luzzati, org., *Gi Ebrei di Pisa (Secoli IX-XX)*. Pisa: Pacini Editore.

Fleury, Alain. 1986. *"La Croix" et l'Allemange 1930-1940*. Paris: Cerf.

Foa, Anna. 1997. *Ebrei in Europa: dalla peste nera all'emancipazione*. Roma: Editori Laterza.

Fonzi, Fausto. 1951. "Leone XII". *Enciclopedia Cattolica* 7:1156:8.

______. 1960a. "Albertario, Davide". *Dizionario biografico degli italiani* 1:669-71.

______. 1960b. "Agliardi, Antonio". *Dizionario biografico degli italiani* 1:405-6.

Frankel, Jonathan. 1992. "Assimilation and the Jews in Nineteenth-Century Europe". Pp. 1-37 in Jonathan Frankel e Stephen J. Zipperstein, orgs., *Assimilation and Community: The Jews in Nineteenth Century Europe*. Cambridge, Cambridge University Press.

______. 1997. *The Damascus Affair*. Cambridge: Cambridge University Press.

Freymond, Jacques, e Miklós Molnár. 1966. "The rise and fall of the First International". Pp. 3-35 em Milorad M. Drachkovitch, org., *The Revolutionary Internationals, 1864-1943*. Stanford: Stanford University Press.

Fumagalli, Pier Francesco. 1993. "Ebrei e cristiani in Italia dopo il 1870: Antisemitismo e filosemitismo". Pp. 125-51 em *Italia Judaica, Gli ebrei nell'Italia unita 1870-1945*. Roma: Ministero per i beni culturali.

Gennarelli, Achille. 1862. *Le dottrine civili e religiose della Corte di Roma in ordine al dominio temporale*. Florença: Mariani.

Ghisalberti, Alberto M. 1990. Il Parlamento italiano. Storia parlamentare e politica dell'Italia 1861-1992, vol. 12. Milão: Nuova CEI.

Ghizzoni, Claudia. 1997. *Educazione e scuola all'indomani della Grande Guerra. Il contributo de "La Civiltà cattolica" (1918-1931)*. Brescia: Editrice La Scuola.

Giampaolo, Maria Antonetta. 1931. "La preparazione politica del cardinale Lambruschini". *Rassegna storica del risorgimento* 18:81-163.

Giani, Niccolò. 1939. *Perchè siamo antisemiti*. s.p.: Quaderni della Scuola di Mistica fascista Sandro Italico Mussolini.

Gigot, Francis G. 1910. "Judaism". *Catholic Encyclopedia* 8:386-404.

Ginzburg, Carlo. 1990. *Ecstasies: Deciphering the Witches' Sabbath*. Traduzido por Raymond Rosenthal. Londres: Hutchinson Radius.

Gladwell, Adèle O. e James Havoc, orgs. 1992. *Blood & Roses: The Vampire in 19th Century Literature*. Londres: Creation Press.

Goldhagen, Daniel. 1966. *Hitler's Willing Executioners*. Nova York: Knopf.

Gougenot, Henri Roger des Mousseaux. 1896 [1869]. *Le Juif, le judaïsme et la judaïsation des peuples chrétiens*. Paris: Plon.

Graetz, Michael. 1992. "Jewry in the modern period: the role of the 'rising class' in the politicization of Jews in Europe". Pp. 156-75 em Johathan Frankel e Stephen J. Zipperstein, orgs., *Assimilation and Community: The Jews in Nineteenth-Century Europe*. Cambridge: Cambridge University Press.

Grayzel, Solomon. 1989. *The Church and the Jews in the XIIIth Century*, vol. 2, 1254-1314. Nova York: Jewish Theological Seminary.

Grégoire, Henri. 1988. *Essai sur la régéneration physique, morale et politique des Juifs*. Paris: Stock.

Gregorovius, Ferdinand. 1966. *The Ghetto and the Jews of Rome*. Traduzido por Moses Hadas. Nova York: Schocken.

Hachey, Thomas E., org. 1972. *Anglo-Vatican Relations 1914-1939. Confidential Annual Reports of the British Ministers to the Holy See*. Boston: Hall.

Handler, Andrew. 1980. *Blood Libel at Tiszaeszlár*. Nova York: Columbia University Press.

Harris, James F. 1994. *The People Speak! Anti-Semitism and Emancipation in Nineteenth Century Bavaria*. Ann Arbor: University of Michigan Press.

Heller, Celia S. 1977. *On the Edge of Destruction: Jews of Poland between the Two World Wars*. Nova York: Columbia University Press.

Hellwig, I. A. 1971. *Der konfessionelle Antisemitismus im 19. Jahrhundert in Österreich*. Viena: Herder.

Herczl, Moshe Y. 1993. *Christianity and the Holocaust of Hungarian Jewry*. Nova York: New York University Press.

Herzl, Theodor. 1956. *Diaries*. Traduzido por Marvin Lowenthal. Nova York: Dial Press.

Hilberg, Raul. 1985. *The Destruction of the European Jews*, 3 vols. Nova York: Holmes and Meier.

Holmes, Jan Derek. 1978. *The Triumph of the Holy See. A Short History of the Papacy in the Nineteenth Century*. Londres: Burns & Oates.

Hsia, R. Po-Chia. 1988. *The Myth of Ritual Murder: Jews and Magic in Reformation Germany*. New Haven: Yale University Press.

______. 1992. *Trent 1475: Stories of a Ritual Murder Trial*. New Haven: Yale University Press.

Hyman, Paula E. 1992. "The social contexts of assimilation: Village Jews and city Jews in Alsace". Pp. 110-29 em Jonathan Frankel e Stephen J. Zipperstein, orgs., *Assimilation and Community: The Jews in Nineteenth-Century Europe*. Cambridge, Cambridge University Press.

______. 1998. *The Jews of Modern France*. Berkeley: University of California Press.

Isaac, Jules. 1964. *The Teaching of Contempt: Christian Roots of Anti-Semitism.* Traduzido por Helen Weaver. Nova York: Holt, Rinehart and Winston.

Jabalot, Ferdinand. 1825. *Degli ebrei nel loro rapporto colle nazioni cristiane.* Roma: V. Poggiolo.

Jacquet, A. J. e E. Rouyer. 1897. *Concours de la Libre Parole, sur les moyens pratiques d'arriver à l'anéantissement de la puissance juive en France.* Paris: Nouvelle Bibliothèque Nationale.

Jouin, Ernst, 1920. *Le péril judéo-maçonnique*, vol. 1, *Les "Protocoles" des Sages de Sion.* Paris: Revue Internationale des Sociétés Secrètes.

______. 1929. *Discours de Monseigneur Jouin au Congrès de La Ligue anti-judéomaçonnique le lundi 26 novembre 1928.* Paris: Revue Internacionale des Sociétés Secrètes.

Kaplan, Joseph, 1988. "Jews and Judaism in the political and social thought of Spain in the sixteenth and seventeenth centuries". Pp. 153-160 em Shmuel Almog, org., *Antisemitism through the Ages.* Nova York: Pergamon Press.

Kaplan, Marion. 1998. *Between Dignity and Despair: Jewish Life in Nazi Germany. Nova York*: Oxford University Press.

Katz, Jacob. 1961. *Exclusiveness and Tolerance: Studies in Jewish-Gentile Relations in Medieval and Modern Times.* Nova York: Schocken.

______. 1970. *Jews and Freemasons in Europe 1723-1939.* Traduzido por Leonard Oschry. Cambridge: Harvard University Press.

______. 1980. *From Prejudice to Destruction: Anti-Semitism, 1700-1933.* Cambridge: Harvard University Press.

Kertzer, David I. 1997. *The Kidnapping of Edgardo Mortara.* Nova York: Knopf.

Kertzer, Morris N. e Lawrence A. Hoffman. 1933. *What is a Jew?* Nova York. Macmillan.

Kisch, Guido. 1957. "The yellow badge in history". Historia Judaica 19:89-146.

Kloczowski, Jerzy. 1990. "I cattolici nell'Europa centro-orientale". Pp. 425-59 em Elio Guerriero e Annibale Zambarbieri, orgs., *La Chiesa e la società industriale (1878-1922).* Storia della Chiesa vol. XXII/1. Turim: Edizioni Paoline.

Korzec, Pawel. 1973. "Les relations entre le Vatican et les organisations juives pendant la première guerre mondiale". *Revue d'histoire moderne et contemporaine* 20:301-33.

______. 1980. Juifs en Pologne. *La question juive pendant l'entre-deux-guerres.* Paris: Presses de la Fondation Nationale des Sciences Politiques.

Landauer, Carl. 1959. *European Socialism, vol. I, From the Industrial Revolution to the First World War and Its Aftermath.* Berkeley: University of California Press.

Launay, Marcel. 1997. *La papauté à l'aube du XXe siècle.* Paris: Cerf.

Laurent, Achille. 1846. *Relation historique des affaires de Syrie depuis 1840 jusqu'en 1842 ...* vol. 2: *La procédure complète dirigée en 1840 contre les Juifs de Damas.* Paris: Gaume Frères.

Lazzarini, Andrea. 1952. *"Osservatore Romano, L'"*, *Enciclopedia Cattolica* 9:422-3.

Leflon, Jean. 1977. *Restaurazione e crisi liberale (1815-1846).* Traduzido por Carmelo Naselli, 2ª ed. Storia della Chiesa XX/2. Turum: Editrice Saie.

Leikin, Ezekiel. 1993. *The Beilis Transcripts: The Anti-Semitic Trial That Shook the World.* Northvale, J.J.: Jason Aronson.

Levillain,Philippe. 1994. "Les catholiques à l'épreuve: variations sur un verdict". Pp. 411-50 em Pierre Birnbaum, org., *La France et l'affaire Dreyfus.* Paris. Gallimard.

______. 1996. "Achille Ratti Pape Pie XI (1857-1939)". Pp. 5-13 em *Achille Ratti Pape Pie XI.* Actes du colloque organisé par l'École française de Rome. Roma: École Française de Rome.

Lindemann, Albert S. 1997. *Esau's Tears. Modern Anti-Semitism and the Rise of the Jews.* Nova York: Cambridge University Press.

Lovsky, F., org. 1970. *L'Antisémitisme chrétienne.* Paris: Cerf.

Luzzatto, Gadi. 1987. "Aspetti di antisemitismo nella "Civiltà cattolica" dal 1881 al 1903. *Bailamme* I/2, pp. 125-38.

Machin, Ian. 1999. "British Catholics". Pp. 11-32 em Rainer Liedtke e Stephan Wendehorst, orgs., *The Emancipation of Catholics, Jews and Protestants.* Manchester: Manchester University Press.

Malgeri, Francesco. 1981. "La stampa quotidiana e periodica e l'editoria". *Dizionario storico del movimento cattolico in Italia 1860-1980*, vol. 3, pp. 273-295. Casale Monferrato: Marietti.

______. 1982. "Rampolla del Tindaro". *Dizionario storico del movimento cattolico in Italia 1860-1980*, vol. 2, pp. 532-4. Casale Monferrato: Marieti.

Malino, Frances. 1999. "French Jews". Pp. 83-99 em Rainer Liedtke e Stephan Wendehorst, orgs., *The Emancipation of Catholics, Jews and Protestants.* Manchester: Manchester University Press.

Manzini, Luigi M. 1960. *Il cardinale Luigi Lambruschini.* Cidade de Vaticano: Biblioteca Apostolica Vaticana.

Marchi, Valerio. 1994. " 'L'Italia' e la 'questione ebraica' negli anni Trenta". *Studi Storici* 35:811-49.

Marcus, Joseph. 1983. *Social and Political History of the Jews in Poland, 1919-1939.* Berlim: Mouton.

Martano, Renata. 1897. "La missione inutile: La predicazione obbligatoria agli ebrei di Roma nella seconda metà del Cinquecento". Pp. 93-110 em M.

Caffiero, A. Foa e A. Morisi Guerra, orgs., *Itinerari Ebraico-Cristiani: Società cultura mito*. Fasano: Schena editore.

Martina, Giacomo. 1967. *Pio IX e Leopoldo II*. Roma: Pontificia Università Gregoriana.

______. 1974. *Pio IX (1946-1850)*. Miscellanea Historiae Pontificiae 38. Roma: Editrice Pontificia Università Gregoriana.

______. 1986. *Pio IX (1851-1866)*. Miscellanea Historiae Pontificiae 51. Roma: Editrice Pontificia Università Gregoriana.

______. 1990. *Pio IX (1867-1878)*. Miscellanea Historiae Pontificiae 58. Roma: Editrice Pontificia Università Gregoriana.

______. 1998. *Storia della Chiesa da Lutero ai nostri giorni*, vol. 3, L'Età del liberalismo. Brescia: Morcelliana.

Martinez (dott.). 1891. *L'Ebreo, ecco il nemico!* Prato: Giachetti.

Martini, Angelo. 1963. *Studi sulla questione romana e la Conciliazione*. Roma: Ed. Cinque Lune.

Martire, Egilberto. 1951. "Leone XIII". *Enciclopedia Cattolica* 7:1158-64.

McCormick, Anne O'Hare. 1957. *Vatican Journal, 1921-1954*. Org. por Marion T. Sheehan. Nova York: Farrar, Strauss and Cudahy.

McCulloh, J. M. 1997. "Jewish ritual murder: William of Norwich, Thomas of Monmouth, and the early dissemination of the myth". *Speculum* 72:698-740.

Mellano, M. F. 1998. "Galimberti, Luigi". *Dizionario biografico degli italiani* 51:492-4.

Metzler, J., org. 1973. *Compendio di storia della Sacra Congregazione per l'evangelizzazione dei popoli o "De Propaganda Fide"*, 1622-1972. Roma: Pontificia Università Urbana.

Miccoli, Giovanni. 1989. "Santa Se e Chiesa italiana di fronte alle leggi antiebraiche del 1938". Pp. 163-274 em *La Legislazione antiebraica in Italia e in Europa*. Roma: Camara dei Deputati.

______. 1996. "Un'intervista di Leone XIII sull'antisemitismo". Pp. 577-605 em *Cristianesimo nella storia. Saggi in onore di Giuseppe Alberigo*. Bolonha: Il Mulino.

______. 1997a. "Santa Sede, questione ebraica e antisemitismo fra Otto e Novecento". Pp. 1371-1577 em Corrado Vivanti, org., *Storia d'Italia, Annali 11, Gli ebrei in Italia*, vol. 2, *Dall'emancipazione a oggi*. Turim: Einaudi.

______. 1997b. "L'enciclina mancata di Pio Xi sul razzismo e l'antisemitismo". *Passato e presente* 15:35-54.

______. 1999. "Santa Sede, 'Questione ebraica' e antisemitismo alla fine dell'Ottocento". Pp. 215-46 em Alberto Burgio, org., *Nel nome della razza. Il razzismo nella storia d'Italia 1870-1945*. Bolonha: Il Mulino.

______. 2000. *I dilemmi e i silenzi di Pio XII*. Milão: Rizzoli.

Minerbi, Sergi I. 1900. *The Vatican and Zionism: Conflict in the Holy Land, 1895-1925.*

Modras, Ronald E. 1994. *The Catholic Church and Anti-Semitism: Poland, 1933-1939.* Langhorne, Pa.: Harwood Academic Publishers.

Mola, Aldo A. 1992. *Storia della Massoneria italiana dalle origini ai nostri giorni.* Milão: Bompiani.

Montefiore, Moses. 1890. *Diaries of Moses and Lady Montefiore*, org. por L. Loewe. Chicago: Belford-Clarke.

Monticone, Alberto. 1990. "Il pontificato di Benedetto XV". Pp. 155-200 em Elio Guerriero e Annibale Zambarbieri, orgs., *La Chiesa e la società industriale (1878-1922).* Storia della Chiesa vol. XXII/1. Turim: Edizione Paoline.

Montini, Renzo. 192. "Merry del Val, Rafael". *Enciclopedia Cattolica* 8:743-5.

Moro, Renato. 1988. "Le premesse dell'atteggiamento cattolico di fronte alla legislazione razziale fascista. Cattolici ed ebrei nell'Italia degli anni venti (1919-1932)". *Storia Contemporanea* 19:1013-119.

______. 1992. "L'atteggiamento dei cattolici fra teologia e politica". Pp. 305-47 em Francesca Sofia e Mario Toscano, orgs. *Stato nazionale ed emancipazione ebraica.* Roma: Bonacci.

Moroni, Gaetano. 1843. "Ebrei". Pp. 5-43, em Moroni, *Dizionario di erudizione storico-ecclesiastico*, vol. 47. Veneza: Emiliana.

Morrozzo della Roca, Roberto. 1996. "Achille Ratti e la Polonia (1918-1921)". Pp. 95-122 em *Achille Ratti: Pape Pie IX.* Actes du Colloque École Française de Rome. Roma: École Française de Rome.

Nada, Narciso. 1957. *Metternich e le riforme nello stato Pontificio.* Turim: Deputazione Subalpina di Storia Patria.

Nardello, Mariano. 1972. "Il presunto martirio del beato Lorenzio Sossio da Marostica". *Archivio Veneto* 103:25-45.

Natalini, Terzo. 1994. *I diari del Cardinal E. Pellegrinetti 1916-1922.* Cidade do Vaticano: Archivio Vaticano.

Nathan, Paul. 1892. *Der Prozess von Tisza-Eszlár.* Berlim. Fontane.

Neofito ex-rabbino. 1883. *Il sangue cristiano nei riti ebraici della moderna sinagoga: Rivelazioni di neofito ex-rabbino monaco greco per la prima volta pubblicate in italiano.* Prato: Giachetti.

Nicholls, William. 1993. *Christian Antisemitism: A History of Hate.* Northvale, N.J.: J. Aronson.

Nicolaevsky, Boris I. 1966. "Secret societies and the First International". Pp. 36-56 em Milorad M. Drachkovitch, org., *The Revolutionary Internationals, 1864-1943.* Stanford: Stanford University Press.

Niemeyer, Gerhart. 1966. "The Second International: 1889-1914". Pp. 95-127 em Milorad M. Drachkovitch, org., *The Revolutionary Internationals, 1864-1943.* Stanford: Stanford University Press.

Niewyk, Donald. 1990. "Solving the 'Jewish problem': Continuity and change in German antisemitism, 1871-1945". *Leo Baeck Institute Yearbook* 35:335-70.

Nussbaum, Arthur. 1947. "The 'ritual murder' trial of Polna". Historia Judaica 9:57-79.

Pallottino, Paola. 1994. "Origini dello stereotipo fisionomico dell' 'Ebreo' e sua permanenza nell'iconografia antisemita del novecento". Pp. 17-26 em Furio Jesi, org., *La menzogna della razza: documenti i immagini del razzismo e dell'antisemitismo fascista*. Bolonha: Grafis.

Parente, Fausto. 1996. "La Chiesa e il 'Talmud' ". Pp. 521-643 in Corado Vivanti, org., *Gli ebrei in Italia*, vol. 1, *Dall'alto Medioevo all'età dei ghetti*, Storia d'Italia, annali II. Turim: Einaudi.

Passelecq, Georges, e Bernard Suchecky. 1995. *L'Encyclique cachée de Pie XI*. Paris: Découverte. [Edição em inglês: 1997. *The Hidden Encyclical of Pius XI*, trad. Steven Randall. Nova York: Harcourt Brace.]

Pauley, Bruce F. 1992. *From Prejudice to Persecution: A History of Austrian Anti-Semitism*. Chapel Hill: University of North Carolina Press.

Pichetto, M. T. 1983. *Alle radici dell'odio. Preziosi e Benigni antisemiti*. Milão: Angeli.

Pierrard, Pierre. 1988. " 'La Croix' et les juifs de 1920 a 1940". pp. 278-84 em René Remond e Emile Poulat, orgs., *Cent ans d'histoire de La Croix 1883-1983*. Paris: Le Centurion.

______. 1997. *Juifs et catholiques français: d'Edouard Drumont à Jacob Kaplan (1886-1994)*. Paris: Editions du Cerf.

______. 1998. *Les Chrétiens et l'affaire Dreyfus*. Paris: Editions de l'Atelier.

______. Poliakov, Léon. 1975. *The History of Anti-Semitism*, vol. 3., *From Voltaire to Wagner*. Traduzido por Miriam Kochan. Nova York: Vanguard Press.

______. 1990. *Storia dell'antisemitismo*, vol. 4, *L'Europa suicida, 1870-1933*. Florença: La Nuova Italia.

Posener, S. 1940. *Adolphe Crémieux, a Biography*. Traduzido por Eugene Golob. Filadélfia: Jewish Publication Society.

Poulat. Emile. 1969. *Intégrisme et catholicisme intégral*. Paris: Casterman.

______. 1995. "Préface". Pp. 9-38 em Georges Passelecq e Bernard Suchecky, *L'Encyclique cachée de Pie XI*. Paris: Découverte.

Prosperi, Adriano. 1988a. "Una experienza di ricerca nell'archivio del Sant'Uffizio". *Belfagor* 53:309-45.

______. 1998b. "L'Inquisizione romana". Pp. 15-29 em *L'Apertura degli archivi del Sant'Uffizio Romano*. Roma: Accademia Nazionale dei Lincei.

______. Pulzer, Peter. 1964. *The Rise of Political Anti-Semitism in Germany and Austria*. Nova York: Wiley.

Quaglioni, Diego. 1990. "Il procedimento inquisitorio contro gli ebrei di Trento". Pp. 1-51 em Anna Esposito e Diego Quaglioni, orgs., Processi contro gli ebrei di Trento (1475-1478). Pádua: Antonio Milani.

Randall, A. 1956. *Vatican Assignment.* Londres: Heinemann.

Reddaway. W. F. 1951. "The Peace Conference, 1919". Pp. 400-511 em W. F. Reddaway, J. Penson, O. Halecki e R. Dyboski, orgs., *The Cambridge History of Poland: From Ausgustus II to Pilsudski (1697-1935).* Cambridge: Cambridge University Press.

Reinerman, Alan J. 1979. *Austria and the Papacy in the Age of Metternich*, vol. 1, *1809-30.* Washington, D.C.: Catholic University Press.

______. 1989. *Austria and the Papacy in the Age of Metternich.* vol. 2, *1830-1838.* Washington, D.C.: Catholic University Press.

Rocciolo, Domenico, 1999a. "Documenti sui catecumini e neofiti a Roma nel Seicento e Settecento". *Ricerche per la storia religiosa di Roma* 10:391-452.

______. 1999b. "L'archivio della Pia casa dei catecumini e neofiti di Roma". *Ricerche per la storia religiosa di Roma* 10:545-82.

Rodocanachi, Emmanuel. 1891. *Le Saint Siège et les Juifs. Le Ghetto à Rome.* Paris, Libraire de Firmin-Didot.

Rohling, August. 1872. *Der Talmudjude. Zur Beherzigung für Juden and Christen aller Stände.* Münster: Adolph Russels Verlag.

Romano, Sergio. 1992. *I falsi protocolli: il complotto ebraico dalla Russia di Nicola II ad oggi.* Milão: Corbaccio.

Romeo, Antonio. 1948. "Antisemitismo". Enciclopedia Cattolica 1:1494-1505.

Rosa, Mario. 1982. "Clemente XIV". *Dizionario biografico degli italiani* 26:343-62.

______. 1997. "La Santa Sede e gli ebrei nel Settecento". Pp. 1067-87 em Corrado Vivanti, org., *Storia d'Italia, Annali 11, Gli ebrei in Italia*, vol. 2, *Dall'emancipazione a oggi.* Turim: Einaudi.

Roth, Cecil, org. 1935. *The ritual murder libel and the Jew: The Report by Cardinal Lorenzo Ganganelli (Pope Clement XIV).* Londres: Woburn Press.

Roveri, Alessandro. 1974. *La Santa Sede tra rivoluzione francese e restaurazione. Il cardinale Consalvi 1813-1815.* Florença: La Nuova Italia.

______. 1983. "Ercole Consalvi". *Dizionario biografico degli italiani 28:33-43.*

Rovira Bonet, Francesco. 1775. *Ristretto dela vita e martirio di S. Simone fanciullo di Trento.* Roma: G. Bartolomiceli.

______. 1794. *Armatura de' forti ovvero memorie spettanti agli infedeli ebrei.* Roma.

Rozenblit, Marsha L. 1992. "Jewish assimilation in Habsburg Vienna". Pp. 225-45 em Jonathan Frankel e Stephen J. Zipperstein, orgs., *Assimilation and Comunity: The Jews in Nineteenth-Century Europe.* Cambridge: Cambridge University Press.

Rubin, Miri. 1999. *Gentile Tales. The Narrative Assault on Late Medieval Jews.* New Haven: Yale University Press.

Ruch, C. 1905. "Baptême des infidèles". *Dictionnaire de théologie catholique* 2:2:341-55. Paris: Letouze et Ané.

Rudt de Collenberg, Wipertus. 1986. "Le baptême des juifs à Rome de 1614 à 1798 selon les registres de la 'Casa dei Catecumini'. Première Partie 1614-1676". *Archivium Historiae Pontificiae* 24:9-231.

______. 1987. "Le baptême des juifs à Rome de 1614 à 1798 selon les registres de la 'Casa dei Catecumini'. Deuxième Partie 1676-1730". *Archivium Historiae Pontificiae* 25:105-262.

______. 1988. "Le baptême des juifs à Rome de 1614 à 1798 selon les registres de la 'Casa dei Catecumini'. Troisième Partie 1730-1798". *Archivium Historiae Pontificiae* 26:119-294.

Rüther, Rosemary. 1974. *Faith and Fratricide: The Theological Roots of Antisemitism.* Nova York: Seabury Press.

Salvadori, Roberto G. 1993. *Gli ebrei toscani nell'età della Restaurazione (1814-1848).* Florença: Centro Editoriale Toscano.

______. 1999. *1799 – Gli ebrei italiani nella bufera antigiacobina.* Florença: Giuntina.

Sarfatti, Michele. 2000. *Gli ebrei nell'Italia fascista.* Turim: Einaudi.

Satta, Fiamma. 1987. "Predicatori agli ebrei, catecumeni e neofiti a Roma nella prima metà del Seicento". Pp. 113-27 em M. Caffiero, A. Foa e A. Morisi Guerra, orgs., *Itinerari Ebraico-Cristiani: Società cultura mito.*

Sauvêtre, J. 1936. *Un bon serviteur de l'Église, mgr. Jouin protonotaire apostolique, curé de Saint-Augustin* (1844-1932). Paris: Maison Casterman, Ligue franc-catholique.

Schorske, Carl E. 1980. *Fin-de-Siècle Vienna: Politics and Culture.* Nova York: Knopf.

Segel, Benjamin W. e Richard S. Levy, orgs. 1995. *A Lie and a Libel: The History of the Protocols of Zion.* Lincoln: University of Nebraska Press.

Silber, Michael K. 1992. "The entrance of Jews into Hungarian society in Vormärz". Pp. 284-323 em Jonathan Frankel e Stephen J. Zipperstein, orgs. *Assimilation and Community: The Jews in Nineteenth-Century Europe.* Cambridge: Cambridge University Press.

Sorkin, David. 1992. "The impact of emancipation on German Jewry: A reconsideration." Pp. 177-98 em Jonathan Frankel e Stephen J. Zipperstein, orgs. *Assimilation and Community: The Jews in Nineteenth-Century Europe.* Cambridge: Cambridge University Press.

Sorlin, Pierre. 1967. *"La Croix" et les juifs (1880-1899): Contribution à l'histoire de l'antisémitisme contemporaine.* Paris: B. Grasset.

Spinosa, Antonio. 1952. "Le persecuzioni razziali in Italia – L'atteggiamento della Chiesa". *Il Ponte*, pp. 1078-96.

Steiman, Lionel B. 1998. *Paths to Genocide: Antisemitism in Western History*. Nova York: St. Martin's.

Steinsaltz, Adin. 1976. *The Essential Talmud.* Traduzido por Chaya Galai. Nova York: Basic.

Sternhell, Zeev. 1978. *La Droite révolutionnaire, 1885-1914: les origines françaises du fascisme*. Paris: Gallimard.

Stow, Kenneth R. 1977. *Catholic Thought and Papal Jewry Policy, 1555-1593.* Nova York: Jewish Theological Seminary of America.

Szajkowski, Zosa. 1963. "The impact of the Beilis case on Central and Western Europe". *American Academy of Jewish Research Proceedings* 31:197-218.

Tagliaferri, Maurizio. 1993. *L'Unità Cattolica: Studio di una mentalità.* Dissertatio ad Doctoratum, Pontificia Universitas Gregoriana (Roma).

Talmon, J. L. 1967. *Romanticism and Revolt: Europe 1815-1848.* Nova York: Harcourt, Brace & World.

Taradel, Ruggero, e Barbara Raggi. 2000. *La segregazione amichevole: "La Civiltà cattolica" e la questione ebraica 1850-1945.* Roma: Einaudi.

Toaff, Ariel. 1988. *Mostri giudaici: l'immaginario ebraico dal Medievo alla prima età moderna.* Bolonha: Il Mulino.

Tollet, Daniel. 1992. *Histoire des Juifs en Pologne*. Paris: Presses Universitaires de France.

Trachtenberg, Joshua. 1983. *The Devil and the jews: The Medieval Conception of the Jew and Its Relation to Modern Antisemitism.* Philadelphia: Jewish Publication Society.

Twitchell, James B. 1981. *The Living Dead: A Study of the Vampire in Romantic Literature.* Durham, N.C.: Duke University Press.

Verdès-Leroux, Jeannine. 1969. *Scandale financier et antisémitisme catholique.* Paris: Centurion.

Verona Fedele. 1892. *L'Infanticidio di Xanten e il proces ... contro l'ebreo Wolf Buschoff.* Verona: Verona Fedele.

Volli, G. 1968. "Il beato Lorenzino da Marostica presunta vittima d'un omicidio rituale." *Rassegna mensile d'Israele* 34:513-26 e 564-9.

Watt, Richard M. 1979. *Bitter Glory: Poland and Its Fate 1918-1939.* New *York:* Simon and Schuster.

Weil, Henri. 1921. "Un précédent de l'affaire Mortara." *Revue historique* 137:49-66.

Wilk, Stanislaus, org. 1995-99. *Achille Ratti (1918-1921). Acta Nuntiaturae Polonae.* Tomus 57, vols. 1, 2, 3, 5. Roma: Institutum Historicum Polonicum Romae.

Wills, Garry. 1999. *Papal Sin*. Nova York: Doubleday.

Wilson, Stephen. 1982. *Ideology and Experience: Anti-Semitism in France at the Time of the Dreyfus Affair*. East Brunswick, N.J.: Fairleigh Dickinson University Press.

Winock, Michel. 1982. *Edouard Drumont et Cie. Antisémitisme et fascisme en France.* Paris: Seuil.

Wiseman, Nicholas. 1858. *Recollections of the Last Four Popes and of Rome in Their Times*. London: Hurst and Blackett.

Wistrich, Robert S. 1989. *The jews of Vienna in the Age of Franz Joseph.* Oxford: Oxford University Press.

Yerushalmi, Yosef H. 1993. "L'antisémitisme racial est-il apparu au XXe siècle? De la 'limpieza de sangre' espagnole au nazisme: continuités et ruptures." *Esprit* (mars-avril), nº 190, pp. 5-35.

Zawadzki, Paul. 1995. "Nation catholique et racisme culturel." *Sens* nº 11, pp. 430-45.

Este livro foi composto pela MG Textos Editoriais Ltda.
Av. Venezuela, nº 131/813
e impresso na Editora JPA Ltda. Av. Brasil, 10.600 – Penha – Rio de Janeiro – RJ
para a Editora Rocco Ltda.